METODOLOGIAS DE PESQUISAS PÓS-CRÍTICAS EM EDUCAÇÃO

Dagmar Estermann Meyer
Marlucy Alves Paraíso
(organizadoras)

METODOLOGIAS DE PESQUISAS PÓS-CRÍTICAS EM EDUCAÇÃO

3ª edição

MAZZA
edições

METODOLOGIAS DE PESQUISAS PÓS-CRÍTICAS EM EDUCAÇÃO

3ª edição: 2021

Capa
Túlio Oliveira

Revisão
Eduardo Assis, Lourdes Nascimento, Paloma Figueiredo e Ricardo Neto

Projeto Gráfico e diagramação
Anderson Luizes – Casadecaba Design e Ilustração

M593 Metodologias de pesquisas pós-críticas em educação
Dagmar Estermann Meyer, Marlucy Alves Paraíso, (organizadoras). – 3.ed.
– Belo Horizonte : Mazza Edições, 2021.

312 p.; 16x23 cm

ISBN: 978-65-5749-012-9

1. Pesquisa – Metodologia – Educação. 2. Pesquisa - Metodologia – Saúde. 3. Pesquisa educacional. 4. Currículos. I. Meyer, Dagmar Estermann. II. Paraíso, Marlucy Alves.

CDD: 370.18
CDU: 37.012

A primeira edição deste livro foi publicada com recursos do CNPq.

MAZZA EDIÇÕES LTDA.
Rua Bragança, 101 – Pompeia
30280-410 BELO HORIZONTE – MG
Telefax: + 55 31 3481-0591
www.mazzaedicoes.com.br
pedidos@mazzaedicoes.com.br

Dedicamos este livro:

às autoras e aos autores pesquisadores/as do GECC (Grupo de Estudos e Pesquisas sobre Currículos e Culturas) e do GEERGE (Grupo de Pesquisa em Educação e Relações de Gênero) que aceitaram vivenciar a ousada experiência de "fabricação" deste livro;

às colegas Clarice Traversini (UFRGS); Inês Teixeira (UFMG) e Denise Gastaldo (Universidade de Toronto) pelas potentes palavras usadas para falar deste nosso trabalho;

aos órgãos financiadores das pesquisas aqui apresentadas (CNPq, CAPES e FAPEMIG) que tornaram esta produção possível.

Marlucy Paraíso e Dagmar Meyer

SUMÁRIO

PREFÁCIO

Pesquisador/a desconstruído/a e influente? Desafios da articulação teoria-metodologia nos estudos pós-críticos

Utilizar estratégias metodológicas qualitativas para explorar os campos da educação e da saúde, tendo por fim influenciar políticas, programas ou práticas, requer uma combinação de coragem, clareza teórico-metodológica e otimismo. Na maioria dos países, os sistemas educacionais e de saúde, e mesmo muitos de seus profissionais e usuários, consideram primordialmente dados estatísticos como produção de conhecimento científico. Duas características dessa forma de criar saberes são comumente identificadas: a mítica possibilidade de generalização de resultados e a crença na neutralidade do/a pesquisador/a, que seria alguém separado do contexto do estudo. É nesse cenário que versões positivistas de pesquisa qualitativa em educação e saúde são produzidas, incluindo aquelas que se consideram ateóricas. Já no Brasil, o crescimento e o domínio da pesquisa qualitativa de várias orientações teóricas na área da educação aumentou sua aceitação em vários âmbitos, mas esse crescimento se produziu em um hiato entre acadêmicos/as e formuladores/as de políticas e programas, o que representa atualmente um grande desafio para ambas as partes.

Dado esse panorama, pode parecer uma má ideia utilizar um referencial teórico pouco conhecido fora do ambiente acadêmico, que quer desconstruir discursos e também métodos de produção de conhecimento, se o desejo for o de promover transformações em prol da equidade educacional e social. Mas isso é justamente o que fazem os/as pesquisadores/as pós-críticos/as. Eles e elas propõem-se a examinar *o status quo* para desnaturalizá-lo, o que significa envolver-se na ambiciosa tarefa de explorar modos alternativos de pensar, falar e potencialmente fazer determinadas práticas sociais e, concomitantemente, remodelar as metodologias de pesquisa para que elas não se constituam como ferramentas de reprodução social. Esse duplo movimento poderia representar a morte da relevância social dessas pesquisas, uma vez que causam desconforto ou estranhamento por suas ideias e pela linguagem que utilizam, ao mesmo tempo que revisam métodos ainda não bem reconhecidos por suas aportações para políticas ou programas públicos, dada a situação descrita e o caráter contextual do conhecimento produzido por métodos qualitativos.

No entanto, há autores/as que aprenderam a navegar nesse mar de complexidade e que, por entenderem que isso é socialmente relevante, estão dispostos/as a compartilhar seus mapas conceituais com os/as demais. Os/as autores/as deste livro oferecem uma reflexão teórico-metodológica sobre estudos de grande relevância social, tanto pela análise de estratégias metodológicas utilizadas, quanto pelas aportações substantivas que apresentam. Fruto de estudos desenvolvidos por alunos/as de Programas de Pós-Graduação em Educação das Universidades Federais de Minas Gerais (UFMG) e do Rio Grande do Sul (UFRGS) vinculados/as às agendas de pesquisas das organizadoras do livro, Marlucy Alves Paraíso e Dagmar Estermann Meyer, este livro traz uma contribuição interdisciplinar e inovadora não só para o contexto nacional, mas também o internacional.

Nos capítulos iniciais, as organizadoras apresentam os pressupostos teórico-metodológicos que articulam a obra, explorando perspectivas pós-críticas para interrogar currículos e subjetividades produzidas por discursos dominantes compartilhados como metanarrativas que dão sentido ao que hoje tomamos como "realidade" na pedagogia escolar e cultural. A seguir, os/as demais autores/as descrevem como flexibilizaram ferramentas tradicionais de pesquisa qualitativa, como entrevistas ou grupos focais, ou como criaram novas estratégias metodológicas, como estudos de tela ou bate-papos virtuais. É importante notar que esses exemplos vêm de campos tão diversos como a pedagogia, a educação física, a biologia e a psicologia, o que faz com que o livro seja de interesse para um grande grupo interdisciplinar nas áreas da educação e da saúde.

A utilização de uma abordagem teórica comum a várias áreas do conhecimento permite criar uma linguagem interdisciplinar comum para falar sobre metodologias, além de diminuir distâncias entre disciplinas ao ressignificar conceitos e estabelecer fórmulas compartilhadas sobre como narrar resultados, para que estes sejam compreendidos por um público interdisciplinar, nesse caso passando pelas ciências humanas, sociais e da saúde. Outra característica desta publicação é relacionar-se com autores/as internacionais (anglo-saxões, em especial), ao incorporar metáforas muito utilizadas internacionalmente para pensar pesquisa qualitativa, como o são bricolagem, coreografia e piruetas metodológicas.

Assim, entre as múltiplas contribuições deste livro, algumas delas já citadas anteriormente, talvez a característica mais importante a ressaltar, que o distingue da maioria das publicações nacionais e internacionais sobre metodologia da pesquisa, seja o seu caráter inovador e não normativo. É comum encontrar manuais de pesquisa sobre "como fazer" estudos qualitativos nos quais autores/as, inclusive alguns pesquisadores/as teoricamente sofisticados/as, ao explicarem técnicas de geração de material empírico, desfazem uma condição *sine qua non* para o rigor de qualquer estudo qualitativo: a subordinação do método a uma perspectiva teórica explícita. Ou seja, uma entrevista é concebida, apresentada e conduzida de distintas formas dependendo do referencial teórico no qual se inscreve. Ao utilizar o termo "abordagem teórico-metodológica", as organizadoras já assinalam a conexão entre teoria pós-crítica e métodos pensados sob essa perspectiva descritos neste livro.

Como consequência de pensar e fazer pesquisas organizadas a partir do referencial pós-crítico, os/as autores/as rechaçam o caráter normativo dos métodos de pesquisa. Ao relativizá-los e revitalizá-los a partir do problema de pesquisa e da orientação teórica, criam-se novas metodologias ou métodos de geração de dados. Esse processo traz consigo a reincorporação da criatividade como elemento-chave da pesquisa qualitativa, mas, apesar de inovadora, a desconstrução das normas metodológicas está acompanhada de desafios. O primeiro deles é como descrever tais práticas metodológicas, quando conceitos bem estabelecidos já não retratam o ocorrido na pesquisa. Os capítulos deste livro são excelentes exemplos para quem tem essa questão em mente. No entanto, num tempo de artigos científicos limitados a poucas mil palavras e que são considerados por agências avaliadoras o maior indicador de produtividade acadêmica, como dar conta de explicar os procedimentos e o rigor teórico-metodológico dos estudos pós-críticos em diminutas linhas? Esse é um desafio para todos/as que utilizam a noção de rigor entendendo-a como sendo o fruto da congruência teórico-metodológica do estudo.

Devemos considerar ainda o desafio de como abordar a noção de rigor metodológico quando os métodos estão constantemente em fluxo entre afirmação e revisão. Seria possível afirmar que a conexão teoria-método, tendo como resultado um estudo de alta congruência epistemológica, é a principal manifestação de rigor dos estudos pós-críticos? Se, para alguns, o resultado da desconstrução metodológica é a criação de técnicas muito mais afinadas com os fenômenos estudados, para outros, ainda mais relativistas, isso poderia significar que o rigor, por ser um elemento do discurso científico dominante, deveria ser superado ou abandonado, aceitando-se a fragmentação do saber (que tem sido um efeito comum das teorias pós-críticas), uma vez que múltiplas formas de ver não só são possíveis, como desejáveis. Essa é, a meu ver, uma discussão pendente no pensamento pós-crítico: quanta reinvenção do caráter normativo da ciência se pode acolher se queremos ser reconhecidos como cientistas sociais ou *experts* de conhecimento educacional para influir em processos coletivos de pensar e fazer educação e saúde nos âmbitos locais, regionais e nacionais? De qualquer modo, essa discussão é ainda muito recente nas ciências da educação e quase inexistente em outras áreas do saber, o que permite seguir explorando-a, na medida em que se promove a reflexão individual e coletiva sobre os efeitos dessas abordagens teórico-metodológicas.

Finalmente, a utilização de teorias pós-críticas traz duas grandes aportações à produção científica atual em educação, que são de grande relevância: a criação de conhecimento contextualmente específico, no qual o que tradicionalmente se chama de aspectos micro e macroestruturais pode ser analisado em uníssono, e a explicitação do papel do/a autor/a, a que poderíamos nomear "sair do armário científico". Este livro apresenta ricos exemplos de como a posicionalidade do/a pesquisador/a é a ferramenta primordial para a interpretação do que ocorre no campo e para a criação de uma narrativa que, longe de ser neutra, é rigorosa e engajada, permitindo propor maneiras alternativas de ver e pensar fenômenos. Esse movimento que politiza a produção do conhecimento, no entanto, conflitua com o que tradicionalmente é concebido como produção do saber científico e autorizado a guiar programas e políticas. Por esse motivo, os exemplos aqui apresentados contribuem para demonstrar que a centralidade do/a pesquisador/a como principal ferramenta de pesquisa qualitativa resgata a subjetividade humana, para que ela seja utilizada para produzir saberes mais refinados e agudos sobre fenômenos sociais, sejam eles educacionais ou de outra ordem. O estudo de questões não generalizáveis é, então, menos um limite e mais uma vantagem a ser explorada, uma vez que a produção de conhecimento está colada a contextos específicos, encharcada de complexidade, impedindo simplificações, mas oportunizando a transferência de saberes para outros contextos de características semelhantes. É assim que a pesquisa qualitativa pós-crítica pode explicar sua relevância: como uma abordagem teórico-metodológica flexível, inserida em contextos específicos que falam das micropolíticas do cotidiano que constituem e são constituídas pelos discursos dominantes de nossa sociedade, na qual a subjetividade do/a pesquisador/a é uma ferramenta a serviço da investigação, um exercício simultaneamente rigoroso e político permeado pelas relações de poder que pretende estudar.

Denise Gastaldo[1]
Vice-diretora do Centro de Pesquisas Qualitativas Críticas em Saúde
Universidade de Toronto, Canadá
Toronto, junho de 2012

[1] PhD, vice-diretora do Centre for Critical Qualitative Health Research e professora adjunta da Bloomberg Faculty of Nursing, Universidade de Toronto, Canadá. Nos últimos 15 anos tem colaborado com diversos programas de pós-graduação e pesquisadores qualitativos em saúde na Espanha e na América Latina. Sua pesquisa se centra no estudo das iniquidades em saúde, em particular em gênero e migração como determinantes sociais da saúde. É coorganizadora de dois livros sobre pesquisa qualitativa em saúde na Ibero-América e coorganizadora de várias conferências internacionais sobre o tema.

APRESENTAÇÃO À TERCEIRA EDIÇÃO

Quase dez anos se passaram desde que lançamos a primeira edição deste livro. Ao longo dessa década, para nossa grande alegria, constatamos que o interesse pela temática se mantém vivo, e que o livro segue sendo demandado por estudantes de pós-graduação, docentes e pesquisadores/as. Então, cá estamos, aceitando mais um convite da Editora Mazza. Trata-se de apresentar a esse público uma terceira edição impressa e, também, sua versão digitalizada. E nós o fazemos porque, como organizadoras-autoras, professoras e pesquisadoras, continuamos acreditando que, mais do que nunca, é preciso renovar e reinventar nossos modos de interrogar o mundo que habitamos, bem como nossas formas de descrever-analisar o que, nele, se constitui como (im)possibilidades de vida. Entendendo o fazer pesquisa, nas perspectivas aqui assumidas, como forma–ação–movimento, no qual teoria, método, política e ética são indissociáveis, apostamos que a pesquisa rigorosa e comprometida pode contribuir para fortalecer nossa "coragem para sair do lugar, para escolher o que abandonar e o que conservar" nos diferentes trajetos que dela se bifurcam, porque "sem abandono não há renovação, e sem memória não há História" (Leyla Perrone Moisés, 2015).

DAGMAR MEYER
MARLUCY ALVES PARAÍSO

Belo Horizonte, Ano pandêmico de 2021.

Referência citada:

Moisés, Leila. Entre o perigo e a chance. **Revista Cult**, n. 11, jun. de 2015.

APRESENTAÇÃO À PRIMEIRA EDIÇÃO

Metodologias de pesquisas pós-críticas ou Sobre *como fazemos* nossas investigações

DAGMAR ESTERMANN MEYER
MARLUCY ALVES PARAÍSO

Uma metodologia de pesquisa é sempre pedagógica porque se refere a um *como fazer*, como fazemos ou como faço minha pesquisa. Trata-se de caminhos a percorrer, de percursos a trilhar, de trajetos a realizar, de *formas* que sempre têm por base um *conteúdo*, uma perspectiva ou uma teoria. Pode se referir a formas mais ou menos rígidas de proceder ao realizar uma pesquisa, mas sempre se refere a um *como* fazer. Uma metodologia de pesquisa é pedagógica, portanto, porque se trata de uma condução: como conduzo ou conduzimos nossa pesquisa.

Sua função pedagógica, no entanto, produz estranhamentos quando adjetivamos essas metodologias de pesquisas como "pós-críticas". Afinal, a maior parte das correntes teóricas denominadas pós-críticas não se referem a um método de pesquisa, no sentido usual do termo. Algumas delas – como os estudos culturais, os estudos *queer*, o pós-feminismo – dizem explicitamente que a metodologia deve ser construída no processo de investigação e de acordo com as necessidades colocadas pelo objeto de pesquisa e pelas perguntas formuladas (HUTCHEON, 1991; BUTLER, 1990; 1998, PINAR, 1998; PARAÍSO, 2004a; MEYER; SOARES, 2005). Além disso, alguns/algumas autores/as que são inspiradores/as para a produção de nossas metodologias e para a condução de nossas pesquisas pós-críticas, como Michel Foucault e Gilles Deleuze, por exemplo, nunca quiseram ser modelo teórico e nem metodológico para ninguém.

Talvez por isso, não sem razão, é comum sermos interrogadas sobre a forma com que conduzimos nossas investigações: "A pesquisa pós-crítica em educação é realizada de modo diferenciado da pesquisa crítica em educação?"; "O que é diferente?"; "Existe um método próprio para fazer pesquisas pós-críticas ou os métodos e os procedimentos são os mesmos usados pelas pesquisas críticas?"; "O que difere é apenas a teoria que se usa?"; "Podem-se usar, por exemplo, a etnografia, as entrevistas, as narrativas, a análise de conteúdo ou a análise do discurso?". Em síntese, estão nos perguntando: "Como vocês fazem pesquisa em educação e em saúde,[2] abordando as temáticas de currículo, gênero e sexualidade desde perspectivas pós-críticas?".

Dando início ao trabalho de responder a algumas dessas questões, que esperamos sejam mais bem respondidas pelo conjunto de trabalhos articulados por este livro, cabe registrar, já de início, que "metodologia" é um termo tomado em nossas pesquisas de modo bem mais livre do que o sentido moderno atribuído ao termo "método". Entendemos metodologia como um certo modo de perguntar, de interrogar, de formular questões e de construir problemas de pesquisa que é articulado a um conjunto de procedimentos de coleta de informações – que, em congruência com a própria teorização, preferimos chamar de "produção" de informação – e de estratégias de descrição e análise. O sentido que damos ao termo "método" em nossas pesquisas, portanto, está "bem mais próximo ao sentido que lhe dava a escolástica medieval: algo como um conjunto de procedimentos de investigação e análise quase prazerosos, sem maiores preocupações com regras" (VEIGA NETO, 2003, p. 20). Compreendemos o método, em síntese, como "uma certa forma de interrogação e um conjunto de estratégias analíticas de descrição" (LARROSA, 1994, p. 37). É desse modo que falamos em metodologias de pesquisas pós-críticas em educação e em saúde.

Essas metodologias são construídas de modo claro e combativo porque precisamos que nossas lutas por construir outras perguntas e outros pensamentos na educação e na saúde sejam mais compreensíveis. Por isso, construímos nossos modos de pesquisar movimentando-nos de várias maneiras: para lá e para cá, de um lado para o outro, dos lados para o centro, fazendo contornos, curvas, afastando-nos e aproximando-nos. Afastamo-nos daquilo que é rígido, das essências, das convicções, dos universais, da tarefa de prescrever e de todos os conceitos e pensamentos

[2] A referência a essas duas áreas, neste texto de apresentação e em outros capítulos que compõem este livro, justifica-se pela inserção de Dagmar Estermann Meyer nessas duas áreas de ensino e orientação.

que não nos ajudam a construir imagens de pensamentos potentes para interrogar e descrever-analisar nosso objeto. Aproximamo-nos daqueles pensamentos que nos movem, colocam em xeque nossas verdades e nos auxiliam a encontrar caminhos para responder nossas interrogações. Movimentamo-nos para impedir a "paralisia" das informações que produzimos e que precisamos descrever-analisar. Movimentamo-nos, em síntese, para multiplicar sentidos, formas, lutas.

É claro que fazemos pausas para planejar, anotar e avaliar os nossos movimentos; e para rever, ressignificar e olhar sob outros ângulos nossas perguntas e objetos. Mas o mais potente desses modos de pesquisar é a alegria do ziguezaguear. Movimentamo-nos ziguezagueando *no espaço entre* nossos objetos de investigação e aquilo que já foi produzido sobre ele, para aí estranhar, questionar, desconfiar. Ziguezagueamos entre esse objeto e os pensamentos que nos movem e mobilizam para experimentar, expressar nossas lutas, inventar. Movimentamo-nos em zigue-zague no espaço entre as lutas particulares que travamos com aqueles/as que fazem parte da tradição do campo que pesquisamos e aquilo que queremos construir, porque não queremos ficar "de fora" da busca por inventar outras práticas e participar de outras relações sociais, educacionais, políticas e culturais. É nesse espaço entre, que é também espaço de luta com, de rever tradições e de experimentar outros pensamentos que construímos nossas metodologias de pesquisas pós-críticas.

Essas pesquisas usam ou se inspiram em uma ou mais abordagens teóricas que conhecemos sob o rótulo de "pós" – pós-estruturalismo, pós-modernismo, pós-colonialismo, pós-gênero, pós-feminismo – e em outras abordagens que, mesmo não usando em seus nomes o prefixo "pós", fizeram deslocamentos importantes em relação às teorias críticas – Multiculturalismo, Pensamento da Diferença, Estudos Culturais, Estudos de Gênero, Estudos Étnicos e Raciais e Estudos *Queer*, entre outros. Apesar de diferenças significativas existentes entre essas correntes de pensamento,[3] entre suas problemáticas e entre os/as autores/as que se filiam ou são filiados a elas, são os efeitos combinados dessas correntes que chamamos teorias, abordagens ou pesquisas pós-críticas.

Essas teorias têm influenciado significativamente as pesquisas nas áreas da educação e da saúde, de modo geral, e nos campos dos estudos de currículo e estudos

[3] Para compreender algumas das diferenças entre algumas dessas correntes, ver Tomaz Tadeu da Silva (1993; 1995; 1999).

de gênero, de modo particular, no Brasil, nos últimos anos.[4] Elas têm inspirado diferentes pesquisas realizadas no GECC/FAE/UFMG (Grupo de Estudos e Pesquisas sobre Currículos e Culturas da Faculdade de Educação da Universidade Federal de Minas Gerais)[5] e no GEERGE/FACED/UFRGS (Grupo de Estudos em Educação e Relações de Gênero da Faculdade de Educação da Universidade Federal do Rio Grande do Sul).[6] Algumas delas se encontram neste livro, que tem por objetivo responder a pergunta "como fazemos nossas pesquisas pós-críticas?" e divulgar algumas metodologias usadas na realização das pesquisas desses dois grupos.

A ideia de produzir este livro surgiu em momentos de trabalho (bancas de qualificação e de defesas de teses, encontros e palestras) e de estudo que compartilhamos. Nessas conversas e sessões de trabalhos conjuntos, tornava-se cada vez mais evidente que tínhamos afinidades teóricas, políticas e intelectuais, assim como projetos e dúvidas que mereciam um investimento mais visível e sistematizado. A cada novo encontro, mais uma experimentação era divulgada, discutida, analisada, debatida. A cada novo encontro, crescia a vontade de divulgar as experiências que estávamos construindo em nossos grupos de pesquisas e em nossos Programas de Pós-Graduação, sobretudo no que diz respeito às metodologias que estávamos experimentando.

Sabemos que não são poucas as dúvidas metodológicas daqueles/as que se aventuram a investigar sem ter um caminho seguro a percorrer durante esse processo de pesquisar. Por tudo isso, estamos certas de que este é um bom momento para socializarmos, de forma mais sistemática, os modos como fazemos nossas pesquisas. E esse é o propósito deste livro, cujo projeto começamos a delinear no início de 2011 e que escrevemos, discutimos e revisamos, em trabalho conjunto dos dois grupos,

---

[4] Ver um mapa dessa influência em Paraíso (2004; 2005).

[5] Grupo criado em 2002, sediado na Faculdade de Educação da Universidade Federal de Minas Gerais (FAE/UFMG) e cadastrado na plataforma do CNPq. É formado por docentes e estudantes ligados ao Programa de Pós-Graduação em Educação da FAE/UFMG. Constitui-se em um espaço de produção, discussão de pesquisas e divulgação de conhecimentos sobre currículo e culturas. Investiga currículos de diferentes níveis de ensino e de outros artefatos culturais articulados a temáticas como: gênero, sexualidade, etnias e geração. As diferentes vertentes das teorias pós-críticas são os principais referenciais trabalhados pelos/as pesquisadores/as do grupo. Disponível em: <http://www.fae.ufmg.br/gecc/>.

[6] Grupo cadastrado na plataforma do CNPq, que está constituído por docentes e estudantes ligados ao PPG-EDU da UFRGS. Dedica-se, desde 1990, a atividades regulares de investigação e ensino focadas nas temáticas de gênero, sexualidade, raça/etnia, classe, religião e geração, em articulação com a educação e/ou a saúde. Teorizações pós-estruturalistas, particularmente aquelas produzidas nos campos dos Estudos Feministas, dos Estudos Culturais, dos Estudos Gays e Lésbicos e da Teoria *Queer* são suas referências centrais. Na internet, disponível em: <http://www.geerge.com>.

ao longo de 2012. Assim, e de forma não intencional, a forma colaborativa que esse trabalho assumiu nos permite atribuir ao próprio processo de composição do livro um caráter de "formação para a pesquisa".

A maior parte das pesquisas aqui divulgadas contou com financiamentos e/ou auxílios de órgãos públicos como CNPq, CAPES e FAPEMIG,[7] sendo que as organizadoras são também bolsistas de produtividade em pesquisa do CNPq.[8] Todas essas pesquisas estão intrinsecamente articuladas às agendas de pesquisa das docentes pesquisadoras que as orientaram e dialogam entre si, visibilizando as redes cumulativas de produção de conhecimento que integram. Isso aumenta nosso compromisso em tornar público o que construímos nesse nosso pesquisar.

O livro está constituído por um conjunto de treze artigos e todos eles descrevem e teorizam sobre a produção metodológica empreendida pelos/as autores/as durante a realização de suas investigações. O que une os artigos aqui reunidos, algumas vezes, são os/as autores/as em que se apoiam, os conceitos-ferramentas utilizados, o tipo de material investigado e/ou os procedimentos de investigação implementados. Mas de forma ainda mais importante eles/as compartilham o processo de formular outras interrogações e inventar diferentes modos de descrição e análise em suas investigações. O conjunto de artigos aqui apresentado também se conecta em função das perspectivas pós-críticas das quais retiramos pressupostos, procedimentos e inspirações para investigar em educação e saúde e com as quais saciamos a necessidade de inventar outros percursos metodológicos para responder às interrogações que nos são postas.

Tais artigos são oriundos de investigações realizadas sobre diferentes currículos escolares, sobre currículos culturais não escolares, sobre políticas públicas direcionadas para a inclusão social (com foco nas áreas da educação e da saúde) e sobre outros artefatos culturais (tais como: Orkut, literatura-teatro, revistas, músicas, cinema, televisão, internet) e descrevem os modos criados e/ou ressignificados para

[7] As pesquisas de Shirlei Sales, Marlécio Maknamara, Lívia Rezende, Sandra Andrade e Jeane Félix contaram com bolsas de doutorado do CNPq. A pesquisa de Patrícia Balestrin contou com bolsa CAPES-REUNI. A pesquisa de José Damico contou com bolsa PDEE da CAPES e foi a primeira tese de doutorado defendida em sistema de cotutela no PPG-EDU da UFRGS. A pesquisa de Thiago Ranniery contou com bolsa CAPES/PROEX e a de Cristina d'Ávila com bolsa da FAPEMIG. Além disso, cabe registrar que a pesquisa de Sandra Andrade ganhou o prêmio CAPES de melhor tese da área da Educação em 2009; a pesquisa de Shirlei Sales ganhou o Prêmio Construindo a Igualdade de Gênero do CNPq, em 2008, e a pesquisa de Lívia Rezende ganhou esse mesmo Prêmio em 2011.

[8] Dagmar Meyer é pesquisadora 1B e Marlucy Alves Paraíso é pesquisadora 1D do CNPQ.

conduzir os trabalhos de campo e a análise nessas investigações. Todos/as os/as autores/as que aqui escrevem compartilham a convicção de que é preciso renovar e reinventar modos de interrogar, formas de descrever-analisar e formas de exercitar a ética na pesquisa, dimensões estas que, nas perspectivas aqui trabalhadas, são indissociáveis. Compartilham a compreensão, então, de que, quando formulam suas questões de pesquisa, precisam, concomitantemente, construir percursos, estratégias e procedimentos que permitam responder a essas questões de pesquisa. Ao mesmo tempo, o investimento feito por cada um/a que aqui divulga seus trabalhos é, também, o de (re)construir "métodos" e (re)significar procedimentos éticos, de investigação e de análise que já existem, para dar-lhes outras configurações.

Nessa direção, apresentamos aqui um conjunto interconectado de textos que, para além de tudo que já foi dito acerca de suas características e objetivos, reforça uma das marcas mais importantes das pesquisas pós-críticas, qual seja, a de que o desenho metodológico de uma pesquisa não está (e nem poderia estar) fechado e decidido a priori e que não pode ser "replicado" do mesmo modo, por qualquer pessoa, em qualquer tempo e lugar. Demarcam, na sua própria composição e com o vocabulário que utilizam, que as abordagens teóricas com que trabalham requerem formas específicas de apresentação e elaboração textual; ou seja, em congruência com essas abordagens teóricas, eles e elas assumem que a forma (expressa, por exemplo, em organização, estrutura e apresentação do texto, em regras de citação bibliográfica etc.) e o conteúdo (expresso na discussão teórico-analítica que escolhemos fazer, nas palavras e símbolos que usamos e em como os usamos, por exemplo) são indissociáveis, o que é o mesmo que dizer que regras universais referentes à estrutura, à apresentação e à elaboração corretas de textos científicos, descoladas das teorizações nas quais tais textos se inscrevem, não se sustentam.

Assim, separados/as por grandes extensões de territórios, com diferentes percursos de formação e de trabalho, inseridos/as em diferentes instituições e linhas de pesquisa, e investindo em temáticas diversas as autoras e os autores que escrevem neste livro – em alguns casos, mesmo sem se conhecerem fisicamente – compartilham perspectivas teóricas, princípios ético-políticos, compromissos sociais, sensibilidades, desejos e prazeres com o pesquisar e isso, para nós, potencializa o ato de experimentar e criar. Fazendo parte de grupos de pesquisas distintos, que dialogam entre si, os/as autores/as deste livro compartilham, sobretudo, a certeza de que precisamos ser pesquisadores/as conectados/as com os desafios educacionais, culturais, sociais e políticos do nosso tempo. Um tempo que demanda de nós não apenas a compreensão do mundo que em vivemos, mas, sobretudo, a criação de instantes de suspensão dos sentidos já criados e a abertura de possibilidades de sua ressignificação. É isso que desejamos compartilhar com todos/as vocês que, neste momento, suspendem suas atividades cotidianas e fazem tempo para nos ler.

REFERÊNCIAS

BUTLER, Judith. Fundamentos contingentes: o feminismo e a questão do "pós-moderno". *Cadernos Pagu*, v. 11, p. 11-43, 1998.

BUTLER, Judith. *Gender Trouble*: Feminism and Subversion of Identity. Nova York: Routledge, 1990.

HUTCHEON, Linda. *Poética do Pós-modernismo*. Rio de Janeiro: [s.n.], 1991.

LARROSA, Jorge. Tecnologias do eu e educação. *In*: SILVA, Tomaz Tadeu (Org.). *O sujeito da educação:* estudos foucaultianos. Petrópolis: Vozes, 1994.

MEYER, Dagmar E.; SOARES, Rosângela. Modos de ver e de se movimentar pelos "caminhos" da pesquisa pós-estruturalista em Educação: o que podemos aprender com: e a partir de: um filme. *In*: COSTA, Marisa; BUJES, Maria Isabel (Org.). *Caminhos investigativos III*: Riscos e possibilidades de pesquisar nas fronteiras. Rio de Janeiro: DP&A, 2005.

PARAÍSO, Marlucy. Contribuições dos estudos culturais para a educação. *Presença Pedagógica*, Belo Horizonte, v. 10, n. 55, p. 53-61, 2004a.

PARAÍSO, Marlucy. Pesquisas pós-críticas em educação no Brasil: esboço de um mapa. *Cadernos de Pesquisa*, São Paulo, v. 34, n. 122, p. 283-303, 2004b.

PARAÍSO, Marlucy. Currículo-mapa: linhas e traçados das pesquisas pós-críticas sobre currículo. *Educação e Realidade*, Porto Alegre, v. 30, n. 1, p. 67-82, 2005.

PINAR, William (Org.). *Queer Theory in Education*. New Jersey: Lawrence Erlbaum Associates Publishers, 1998. p. 141-156.

SILVA, Tomaz Tadeu da (Org.). *Alienígenas na sala de aula:* uma introdução aos estudos culturais em educação. Petrópolis: Vozes, 1995.

SILVA, Tomaz Tadeu da. *Documentos de identidade*: introdução às teorias do currículo. Belo Horizonte: Autêntica, 1999.

SILVA, Tomaz. Tadeu da (Org.). *Teoria educacional crítica em tempos pós-modernos.* Porto Alegre: Artes Médicas, 1993.

VEIGA NETO, Alfredo. *Foucault e a educação.* Belo Horizonte: Autêntica, 2003.

CAPÍTULO 1

Metodologias de pesquisas pós-críticas em educação e currículo: trajetórias, pressupostos, procedimentos e estratégias analíticas

MARLUCY ALVES PARAÍSO

As teorias pós-críticas - multiculturalismo, pós-estruturalismo, estudos de gênero, pós-modernismo, pós-colonialismo, pós-gênero, pós-feminismo, estudos culturais, estudos étnicos e raciais, pensamento da diferença e estudos *queer* - têm influenciado as pesquisas que venho realizando desde 1995, quando iniciei meu trabalho como docente da Universidade Federal de Minas Gerais (UFMG). Elas têm sido inspiradoras também para diferentes pesquisas de mestrado e doutorado que venho orientando no Programa de Pós-Graduação em Educação da Faculdade de Educação (FAE) da UFMG, desde 2003.[9] Muitas foram, ao longo desses anos, as dúvidas que enfrentamos; as soluções que encontramos para articular teorias e interrogar os mais diferentes currículos que investigamos e as experimentações que fizemos com essas teorias em nossas pesquisas.

Entre as muitas questões que tivemos que resolver ao trabalharmos com as teorias pós-críticas em nossas investigações sobre currículo, as questões metodológicas, sem dúvida, foram aquelas que mais mobilizaram nosso pensamento e demandaram nosso esforço de invenção e ressignificação. Afinal, as teorias pós-críticas não

[9] Ver algumas dessas pesquisas em Paraíso (2010).

possuem um método recomendado para realizarmos nossas investigações. Dedicamos esforços para construirmos nossas metodologias, então, porque sabemos que o modo como fazemos nossas pesquisas vai depender dos questionamentos que fazemos, das interrogações que nos movem e dos problemas que formulamos. Mas é certo que com nossas empreitadas investigativas trocamos muitas experiências e acumulamos um conhecimento sobre esses modos de fazer pesquisa que consideramos importante compartilhar e divulgar. Já são mais de 15 anos de trabalho interrogando as metodologias de pesquisas existentes, ressignificando-as com base no que aprendemos das diferentes teorias pós-críticas e experimentando fabricar nossos modos de pesquisar em educação de acordo com a problemática que investigamos.

É sobre essas trajetórias de pesquisa, sobre as dúvidas mais recorrentes que tivemos, sobre aquilo que descartamos e aquilo que consideramos que não podemos abrir mão que escrevo este capítulo. Discuto, aqui, em síntese, algumas contribuições que as diferentes correntes teóricas pós-críticas trazem para o modo como conduzimos nossas pesquisas em educação e em currículo. Este capítulo tem como objetivo, portanto, mostrar como, nas pesquisas que realizamos, buscamos ampliar o vocabulário teórico-metodológico para interrogar os mais variados currículos que investigamos.

É importante explicitar que, apoiadas nos Estudos Culturais, que defendem que existe pedagogia, modos de ensinar e possibilidades de aprender nos mais diferentes artefatos culturais, que se multiplicaram na nossa sociedade, ampliamos nossos objetos curriculares, para investigar todo e qualquer artefato cultural que ensina, buscando mostrar o currículo que eles apresentam.[10] Claro, para isso tivemos que ampliar nosso vocabulário teórico-metodológico, porque foi necessário inventar procedimentos que nos possibilitassem "ler" esses diferentes artefatos e estabelecer relações com a educação escolar.[11] Mostro, então, neste capítulo, como fazemos nossas investigações, como elegemos e/ou articulamos diferentes teorias pós-críticas para ressignificar currículos, mostrar o que pode um currículo e registrar suas forças, seus limites e as suas possibilidades. Mostro alguns pressupostos que adotamos como

[10] Ver sobre isso Paraíso (2004a; 2010).

[11] Ver aqui mesmo, neste livro, metodologias construídas/usadas para investigar artefatos como músicas (Marlécio Maknamara), cibercultura/Orkut (Shirlei Sales) e televisão e cinema (Rosângela Soares e Patrícia Balestrin). Ver aqui neste livro, também, usos de diferentes instrumentos ou recursos metodológicos como a internet e os bate-papos virtuais (Jeane Félix) e a análise de imagens (Maria Simone Schwengber).

ponto de partida para nossas construções metodológicas. Mostro como algumas inspirações, que podem vir de qualquer coisa e lugar e em qualquer momento, são importantes para o modo como fazemos nossas pesquisas.

Argumento que em nossas metodologias temos, por um lado, algumas premissas e alguns pressupostos importantes que nos auxiliam a construir nossos caminhos e, por outro lado, alguns procedimentos gerais que nos possibilitam a abertura e a coragem necessárias para pesquisar em educação sem um método previamente definido a seguir. Na construção metodológica que fazemos, em momento algum desconsideramos o já produzido com outras teorias, com outros olhares, com outras abordagens sobre o objeto que escolhemos para investigar. Ocupamonos do já conhecido e produzido para suspender significados, interrogar os textos, encontrar outros caminhos, rever e problematizar os saberes produzidos e os percursos trilhados por outros. Enfim, buscamos as mais diferentes inspirações e articulações para modificar o dito e o feito sobre a educação e os currículos.

METODOLOGIAS PÓS-CRÍTICAS: PREMISSAS E PRESSUPOSTOS

Com a compreensão mais livre que temos de metodologia, podemos dizer que tanto a *genealogia* e a *arqueologia*, que Foucault tomou de Nietzsche para fazer suas análises históricas, como a *cartografia* ou *esquizoanálise*, usadas por Gilles Deleuze e Félix Gattari em seu "pensamento da diferença" são "métodos" de pesquisa, no sentido de que oferecem tanto modos específicos de interrogar como estratégias para descrever e analisar. A *desconstrução* usada por Jacques Derrida, apesar de sua insistência em ressaltar que não é método, também nos oferece modos de problematizar os textos e as estratégias para desconstruí-los e analisá-los. É sob *rasura*, portanto, que usamos estratégias de seus "métodos" como inspiração para as nossas investigações, sabendo, de antemão, que nenhum desses filósofos quis apresentar um método de pesquisa.

Os trabalhos desses filósofos têm sido de grande importância para as diferentes correntes pós-críticas e, consequentemente, para as pesquisas que temos realizado. Afinal, tanto seus modos de interrogar como suas estratégias descritivo-analíticas têm sido fundamentais para a construção das nossas "metodologias". Além disso, o que eles desconstruíram do pensamento moderno e alguns dos conceitos que criaram ou com os quais operaram passaram a constituir, também, alguns de nossos *pressupostos* ao desenvolvermos nossas pesquisas pós-críticas em educação. Sim, em nossas pesquisas, temos *premissas e pressupostos*![12] Alguns deles são fundamentais para o modo como conduzimos nossas investigações e imprescindíveis para construirmos nossa trajetória de pesquisa, porque nos mostram o que é preciso levar em consideração para construirmos os modos de interrogar adequados à perspectiva com a qual estamos trabalhando. Vejamos algumas delas.

Temos como *premissa*, em primeiro lugar, que este *nosso tempo vive mudanças significativas na educação* porque mudaram as condições sociais, as relações culturais, as racionalidades. Mudaram os espaços, a política, os movimentos sociais e as desigualdades. Mudaram também as distâncias, as geografias, as identidades e as diferenças. Mudaram as pedagogias e os modos de ensinar e aprender. Mudaram as estratégias de "colonizar", de educar e de governar. Mudaram os pensamentos, os raciocínios, os modos de "descolonizar", os mapas culturais. Nesses "novos mapas políticos e culturais" (SILVA, 2003), mudaram as formas como vemos, ouvimos, sentimos, fazemos e dizemos o mundo. Mudaram nossas perguntas e as coisas do mundo. Mudaram os "outros" e mudamos nós.

Por tudo isso, em segundo lugar, temos como *premissa*, ao pesquisar e construir nossas metodologias de pesquisas pós-críticas, que *educamos e pesquisamos em um tempo diferente*. Tempo que gostamos de chamar de "pós-moderno", porque ele produz uma descontinuidade com muitas das crias, criações e criaturas da modernidade.[13] Lutamos em nossos dizeres, em nossos fazeres e em nossas pesquisas educacionais contra algumas dessas criações modernas:[14] o sujeito racional, as causas únicas e universais, as metanarrativas, a linearidade histórica, a noção de progresso, a visão realista de conhecimento. Trata-se de um tempo que Sandra Corazza (2005) chama de "tempo do Desafio da Diferença Pura", porque, nesse tempo, "todas as suas

[12] Falo aqui em premissas e pressupostos juntos, porque em alguns momentos trata-se mesmo de premissas, já que não enunciamos previamente o raciocínio todo que dá base para o nosso pensar, pesquisar e escrever. Ele vai sendo enunciado no próprio desenvolvimento do escrito e da descrição analítica desse raciocínio. Outras vezes explicitamos os nossos pressupostos, que são, então, apresentados, comentados, discutidos e que conduzem todo o nosso pesquisar.

[13] Ver sobre isso Hutcheon (1991), Madan Sarup (1993) e Silva (2003).

[14] Hutcheon (1991) argumenta que as teorias pós-modernas vivem uma contradição: ao mesmo tempo que atuam no sentido de subverter os discursos dominantes, as narrativas mestras ou os grandes discursos, elas dependem desse mesmo discurso para sua existência física. Para a autora, é exatamente aí que reside a força das teorias pós-modernas: elas não negam a história e as referências. Elas nos mostram a necessidade de que repensemos as noções que temos de história e de referências. As teorias pós-modernas, portanto, usam as grandes explicações para se opor a elas.

concepções e práticas atestam a existência dos diferentes, que povoam nossas casas e ruas, salas de aula e pátios de recreio, dias e noites" (CORAZZA, 2005, p. 17). Seja qual for o nome, o certo é que, nesses tempos, vivemos muitos desafios e somos interpelados, em todos os momentos, pelas múltiplas lutas de diferentes grupos e pela alteridade dos/as diferentes que desejam ser educados de modo a possibilitar viver todas as suas inquietantes experiências. Juntamo-nos, em nossas investigações, a todos esses/as "diferentes" e buscamos maneiras de encontrar/formular linguagens no território da pesquisa educacional para abordar suas lutas, seus saberes e suas experiências.

Nas metodologias de pesquisas pós-críticas que usamos/fabricamos, temos como *premissa*, em terceiro lugar, que *as teorias, os conceitos e as categorias que podem explicar as mudanças na vida, na educação e nas relações que nela estabelecemos são outros*. Sabemos que a teorização cultural e social, os movimentos sociais, a pedagogia e a educação não podem ser mais os mesmos. Consideramos que nossos entendimentos disso tudo também devem ser outros. Não podemos mais pesquisar do mesmo modo que, em outros tempos, investigamos em educação e em currículo. Por isso, em nossas pesquisas, ampliamos nossas categorias de análise que deixaram de priorizar apenas classe social e passaram a atentar e a operar com questões de gênero, sexualidade, raça/etnia, geração, idade, cultura, regionalidade, nacionalidade, novas comunidades, localidade, multiculturalidade etc.

Partimos para pesquisar com a sensação embriagadora de que a pesquisa em educação de fato tem importância. Tal importância se dá, sobretudo, porque temos como *pressuposto*, em quarto lugar, que *a verdade é uma invenção, uma criação*. Não existe a "verdade", mas, sim, "regimes de verdade", isto é, discursos que funcionam na sociedade como verdadeiros (FOUCAULT, 2000). Esse pressuposto – uma das inúmeras aprendizagens que temos e tivemos com Friedrich Nietzsche e Michel Foucault – faz-nos pesquisar levando em consideração que todos os discursos, incluindo aqueles que são objeto de nossa análise e o próprio discurso que construímos como resultado de nossas investigações, são parte de uma luta para construir as próprias versões de verdade.[15]

[15] A preocupação de Foucault com a verdade deu-se sempre de modo diferente das preocupações tradicionais que pareciam buscar uma verdade preexistente. Foucault se preocupou com a "política do verdadeiro": processo pelo qual determinados discursos vêm a ser considerados verdadeiros. Não existe uma verdade a ser descoberta; existem discursos que a sociedade aceita, autoriza e faz circular como verdadeiros (FOUCAULT, 2000, p. 23).

Sabemos, assim, por um lado, que tudo aquilo que estamos lendo, vendo, sentindo, escutando e analisando pode e deve ser interrogado e problematizado, porque podemos mostrar "como os discursos se tornaram verdadeiros", quais foram as relações de poder travadas, quais estratégias foram usadas, que outros discursos foram excluídos para que esses pudessem ser autorizados e divulgados. Por outro lado, sabemos que aqueles significados sobre a educação, os currículos, os/as estudantes, os/as docentes, sobre os diferentes grupos culturais, sobre o ensino e a aprendizagem que produzimos disputarão sentido com outros discursos divulgados em outros espaços, por outras pessoas em diferentes meios.

Dessa forma, tudo aquilo que lemos para construir nossa problemática de pesquisa parece funcionar como um impulsor da nossa "vontade de potência", que nos tira da paralisia do que já foi significado e nos enche de desejo de mover, encontrar uma saída e estabelecer um outro modo de pensar, pesquisar, escrever, significar e divulgar a educação. Ao mesmo tempo sabemos, antecipadamente, que o discurso que produzimos com nossas pesquisas é um discurso parcial que foi produzido com base naquilo que conseguimos ver e significar com as ferramentas teóricas-analíticas-descritivas que escolhemos para operar. Sabemos, também, que o discurso que produzimos fará parte da luta pelo verdadeiro sobre o currículo e a educação.

Em quinto lugar, construímos nossas metodologias de pesquisas com o *pressuposto* de que *o discurso tem uma função produtiva naquilo que diz*. Esse pressuposto, apreendido dos trabalhos de Foucault (1988; 1995; 1996), que entende que os discursos "são práticas que formam sistematicamente os objetos de que fala" (FOUCAULT, 1995, p. 56), é importante para construirmos nossas metodologias de modo a buscar seu funcionamento e o que ele produz. Consideramos que a "realidade" se constrói dentro de tramas discursivas que nossa pesquisa precisa mostrar. Buscamos, então, estratégias de descrição e análise que nos possibilitem trabalhar com o próprio discurso para mostrar os enunciados e as relações que o discurso coloca em funcionamento. Perseguimos e mostramos suas tramas e suas relações históricas. Analisamos as relações de poder que impulsionaram a produção do discurso que estamos investigando, e mostramos com quais outros discursos ele se articula e com quais ele polemiza ou entra em conflito.

Ao focarmos nossa atenção no processo produtivo do discurso e da nossa própria linguagem, registramos e analisamos aquilo que nomeiam, mostram, incluem e excluem. Mostramos o que um discurso torna visível e hierarquiza. Multiplicamos as relações do discurso, mostrando a história de um enunciado, acompanhando sua descontinuidade e suas transformações. Mostramos, em síntese, como o discurso que investigamos produz objetos, práticas, significados e sujeitos. Esse pressuposto nos mobiliza a construir nossas metodologias, portanto, sabendo que a linguagem precisa receber a maior atenção de nós pesquisadoras: tanto a linguagem dos nossos objetos, a linguagem que escolhemos para descrever/analisar, como a nossa própria linguagem que vamos usar/inventar para falar, escrever e dizer sobre o nosso objeto de pesquisa.

Em sexto lugar trabalhamos em nossas pesquisas pós-críticas com o *pressuposto* de que *o sujeito é um efeito das linguagens*, dos discursos, dos textos, das representações, das enunciações, dos modos de subjetivação, dos modos de endereçamentos, das relações de poder-saber (ver também CORAZZA; TADEU, 2003, p. 11). O questionamento do sujeito centrado, homogêneo, coerente, racional, iluminado, unificado e universal ganhou uma dimensão inimaginável nas teorias sociais e culturais contemporâneas. Esse sujeito, centro do pensamento e da ação – que foi considerado durante muito tempo o centro da educação –, recebeu tantos questionamentos[16] que, hoje, como sugere Michael Peters (2000), parece inconcebível retornar "à ideia de que o homem é o mestre e possuidor da totalidade de suas ações e de suas ideias" (PETERS, 2000, p. 79). Michel Foucault foi um dos pensadores de importância central na problematização do sujeito. Em vez de aceitar a noção de que o sujeito está dado, de que o sujeito já existe e precisa ser apenas formado ou corrigido, Foucault dedicou-se a estudar não apenas como se deu a construção dessa noção de sujeito, mas a mostrar de quais maneiras nos constituímos como sujeitos (FOUCAULT, 1986; 1988; 1991; 1993). Foucault concebeu o sujeito, então, como um artifício da linguagem, uma produção discursiva, um efeito das relações de poder-saber. O sujeito passa a ser, então, aquilo que dele se diz.

Por isso trabalhamos e colocamos foco em nossas pesquisas nos *modos de subjetivação*, isto é: as formas pelas quais as práticas vividas constituem e medeiam certas relações da pessoa consigo mesma. Nessa perspectiva, *subjetivação* é entendida

[16] Para Peters (2000) a crítica do sujeito cartesiano foi iniciada de certo modo por Marx, ganhou outras dimensões em Nietzsche e Heidegger e recebeu contornos diferentes em Freud e Lacan (PETERS, 2000). Para Silva (2000) a "teoria do sujeito" vai se tornar claramente insustentável com as problematizações feitas por Foucault. Silva (2000) mostra ainda que a crítica a esse sujeito intensificou-se profundamente com Derrida – "para quem o sujeito é uma inscrição; pura exterioridade" – e foi levado às últimas consequências por Deleuze, a ponto de Deleuze dizer apenas que "o sujeito é um artifício" (SILVA, 2000, p. 16-17). Stuart Hall (1997), por sua vez, mostra como os estudos feministas também foram de fundamental importância para a desconstrução desse sujeito moderno.

como "práticas e processos heterogêneos por meio dos quais os seres humanos vêm a se relacionar consigo mesmos e com os outros como sujeitos de um certo tipo" (ROSE, 2001, p. 36). A própria *subjetividade*, que tem ganhado destaque em nossas pesquisas pós-críticas, é entendida, então, como produzida pelos diferentes textos, pelas diferentes experiências, pelas inúmeras vivências, pelas diferentes linguagens pelas quais os sujeitos são nomeados, descritos, tipificados. Com essas noções de sujeito e subjetividade e essa compreensão da subjetivação, conduzimos nossas pesquisas e buscamos estratégias para descrever e analisar aquilo que nomeia o sujeito, que divide, separa, categoriza, hierarquiza, normaliza, governa e, consequentemente, produz sujeitos de determinados tipos.

Em sétimo lugar, a compreensão de que nas escolas, em diferentes instituições e espaços, nos currículos e nos mais diferentes artefatos estão presentes *relações de poder de diferentes tipos* – de classe, gênero, sexualidade, idade, raça, etnia, geração e cultura – é outro *pressuposto* de grande relevância para as nossas pesquisas. Isso faz com que todas essas relações de poder recebam nossa atenção no sentido de mapeá-las, descrevê-las, desconstruí-las, mostrar seus funcionamentos e analisá-las. As relações de poder referentes a gênero, por exemplo, têm recebido atenção na maior parte das pesquisas do GECC e do GEERGE e é, seguramente, um dos mais importantes pontos de conexão das pesquisas desenvolvidas nos dois grupos. Temos trabalhado com a compreensão de que os raciocínios que são operados na educação, nos currículos, nos diferentes artefatos e espaços da vida social são generificados. Essa premissa, construída com base nos estudos de gênero, no pós-feminismo e nos Estudos *Queer*, possibilita considerarmos que o currículo, a escola e outros artefatos culturais operam com raciocínios generificados que tendem a ver as meninas/garotas/moças/mulheres como "faltosas". Consideramos que nesses espaços, as normas generificadas são ensinadas e permanentemente reguladas no sentido de garantir distinções, diferenciações e demarcações ente homens e mulheres. Muitas dessas normalizações e regulações acabam por produzir hierarquizações e desigualdades, além de dificultar o aprender na escola.

Nesse sentido, o pressuposto de que *os raciocínios operados na educação são generificados* nos faz considerar os diferentes espaços educativos que investigamos tanto como território em que as relações desiguais de gênero são produzidas e reforçadas como resistências e lutas que podem ser empreendidas e fortalecidas (MEYER, 2011). Consideramos que neles circulam diferentes discursos sobre mulheres e homens; sobre como devemos ser, comportar e fazer. Esses diferentes discursos e significados podem contribuir (e têm contribuído) para produzir desigualdades entre homens e mulheres, garotos e garotas, moças e rapazes e reforçar distinções, discriminações, sofrimentos e hierarquias. Mas nesses espaços, também, discursos podem ser desnaturalizados, questionados e desconstruídos, e rupturas podem ser introduzidas, numa transformação constante de relações de poder já instauradas. Ao colocar em foco os "raciocínios generificados" (PARAÍSO, 2011), consideramos que qualquer tipificação e conhecimento que inscreve distinções e divisões generificadas e de outros tipos oferece maneiras de entender as relações entre educação, governo, inclusão e exclusão (PARAÍSO, 2010). Assim, as tipificações, os conhecimentos e as nomeações são estudados como possuindo uma "função prática" na produção daquilo que falam e nomeiam e que nossas pesquisas podem contribuir para desmontá-las, decompô-las e desconstruí-las.

Por fim, um outro *pressuposto* que tem sido de grande importância em nossas investigações é o de que *a diferença é o que vem primeiro e é ela que devemos fazer proliferar em nossas pesquisas*. Inspiradas no trabalho de Gilles Deleuze (1988) – filósofo da multiplicidade que pensou a diferença e o acontecimento – buscamos exaltar a diferença e a multiplicidade em vez da identidade e da diversidade. A diferença, em Deleuze (1988), não é diferença entre dois indivíduos; não é diferença entre coisas ou entes; mas sim, "diferença em si", "diferença interna à própria coisa", o "diferenciar-se em si da coisa" (DELEUZE, 1988, p. 63). A identidade,[17] nesse pensamento, que tem como critério a diversidade, reduz o diverso a um ponto comum; busca a reunião, o agrupamento, a identificação das coisas e pessoas. A diversidade é estática, é "um dado – da natureza ou da cultura" (CORAZZA; TADEU, 2003, p. 13) para reafirmar o idêntico; remete a formas e ao já existente. A diferença, por sua vez, que tem como critério o acontecimento, trabalha pela variação de sentidos, pela multiplicação das forças, pela disseminação daquilo que aumenta a potência

[17] Essa compreensão da identidade com base no pensamento da diferença não significa que trabalhos que se apoiam em outras correntes da teorização pós-crítica não trabalhem com o conceito de identidade. Apesar de todas as críticas feitas ao conceito de identidade, concordamos com Stuart Hall (2000) quando pergunta "quem precisa de identidade?" e ele mesmo responde: "os movimentos" sociais e culturais necessitam da identidade para suas ações e lutas políticas (HALL, 2000). Nesse sentido, as pesquisas pós-críticas do GECC que consideram o conceito importante para essas ações políticas trabalham com ele, incorporando as diferentes reconceitualizações que ele recebeu, sobretudo, pela vertente pós-crítica dos estudos culturais.

de existir, pela proliferação dos *afectos* felizes.[18] A multiplicidade é multiplicadora, ativadora e produtora de diferenças porque opera com o "e" da ligação; esse mesmo "e" que é estratégico na operação de destruição do "é" da identidade.

Com isso estimulamos em nossos trabalhos os movimentos de multiplicação de sentidos e de proliferação das forças. Buscamos introduzir as *forças* nas *formas*. Buscamos operar com a decomposição para desmontar aquilo que foi identificado, reunido, agrupado. Trabalhamos com a desmontagem para decompor o que foi atualizado e fixado. Operamos com a remontagem para fabricar outros sentidos e com a recomposição para encontrar virtuais. Em síntese: operamos com a multiplicação para fazer o "e" da multiplicidade funcionar; para produzir e estimular a diferença e a invenção de outros significados e/ou de outras imagens de pensamento para a educação.

Essas *premissas* e esses *pressupostos* aqui registrados são uma síntese reduzida e incompleta de alguns dos temas centrais das teorias pós-críticas, especialmente das teorizações contemporâneas denominadas pós-estruturalismo, pós-modernismo e pensamento da diferença. Tais pressupostos nos fazem olhar e encontrar caminhos diferentes a serem seguidos, possibilidades de transgressões em metodologias e procedimentos que supomos fixos, dados, não modificáveis. Podemos com esses pressupostos deixar-nos guiar pelas novas maneiras de compreender, ver, dizer, sentir e ouvir criadas e instauradas pelas aprendizagens que tivemos das diferentes correntes das teorias pós-críticas. Com tais aprendizagens ficamos armados/as, emocionados/as, encorajados/as. Uma coragem necessária para, em nossas metodologias, encontrarmos saídas contra o aprisionamento e a fixidez de sentidos, os essencialismos, o "é isso" ou o "deve-se fazer assim". Esses pressupostos nos mobilizam porque sabemos que, ao partirmos para pesquisar em educação, precisamos, acima de tudo, buscar/encontrar/perseguir novos modos de enunciação do currículo e da educação.

TRAJETÓRIAS E PROCEDIMENTOS OU ESTRATÉGIAS DESCRITIVO-ANALÍTICAS

Ao construirmos nossas metodologias traçamos, nós mesmos/as, nossa trajetória de pesquisa buscando inspiração em diferentes textos, autores/as, linguagens,

[18] Ver exemplos de trabalhos em educação e em currículo nessa perspectiva em Corazza e Tadeu (2003) e Paraíso (2010a; 2010b; 20011).

materiais, artefatos. Estabelecemos nossos objetos, construímos nossas interrogações, definimos nossos procedimentos, articulamos teorias e conceitos. Inventamos modos de pesquisar a partir do nosso objeto de estudo e do problema de pesquisa que formulamos. Como estamos, permanentemente, "à espreita" de uma inspiração, aceitamos experimentar, fazer bricolagens e transformar o recebido. Aceitamos trabalhar com o que sentimos, vemos, tocamos, manuseamos e escutamos em nosso fazer investigativo. Alguns trajetos e procedimentos podem ser resumidos aqui porque têm nos mobilizado na condução de nossas pesquisas e têm sido importantes nas nossas investigações pós-críticas que realizamos em nosso grupo de pesquisa.

1. Articular e "bricolar"! Fazer as *articulações* de saberes e as *bricolagens* metodológicas é fundamental nas pesquisas pós-críticas que realizamos. Procedemos em nossas metodologias de modo a cavar/produzir/fabricar a articulação de saberes e a bricolagem de metodologias porque não temos uma única teoria a subsidiar nossos trabalhos e porque não temos um método a adotar. Usamos tudo aquilo que nos serve, que serve aos nossos estudos, que serve para nos informarmos sobre nosso objeto, para encontrarmos um caminho e as condições para que algo de novo seja produzido. A *bricolagem* é um momento de total *desterritorialização*, que exige a invenção de outros e novos *territórios*. Contudo, para articular saberes e bricolar metodologias, nos apoiamos em diferentes deslocamentos, "viradas", explosões e desconstruções feitas pelas teorias pós-críticas.

Assim, nas metodologias de pesquisas pós-críticas, eliminamos as barreiras entre as diferentes disciplinas. Deslocamos as linhas que separam ciência e literatura, conhecimento e ficção, arte e ciência, filosofia e comunicação. Explodimos as separações entre teoria e prática, discurso e "realidade", conhecimento e saberes do senso comum, representação e realidade. Desconstruímos as oposições binárias que tantas hierarquias construíram entre as pessoas e as coisas do mundo e, consequentemente, os muitos tipos de verdades que estão presentes nas imagens de pensamento já construídas sobre o nosso objeto de pesquisa.

Para isso, precisamos encontrar, coletar e juntar as informações disponíveis sobre nosso objeto. Usamos nessa tarefa elementos da etnografia, da netnografia, da etnografia pós-moderna. Usamos grupos focais, entrevistas, narrativas, documentos. Juntamos materiais impressos, textos, livros, projetos. Coletamos cartazes, desenhos, figuras, fotografias. Usamos o MSN, o Orkut, qualquer *site* de relacionamento, a internet. Olhamos, observamos, escutamos. Entrevistamos, registramos, anotamos, gravamos, filmamos. Perguntamos, interrogamos, questionamos, fotografamos.

Olhamos professores/as, alunos/as, crianças, jovens, adultos, meninas, meninos, brancos/as, negros/as, surdos, ouvintes, cegos, videntes, movimentos sociais. Observamos a rua, laboratórios de ensino de ciências, pátios de recreio, salas de aulas, aulas, conversas, brincadeiras, jogos, reuniões, quadras esportivas, encontros, assentamentos, acampamentos, aldeias, shows, espetáculos, gestos e mímicas. Escutamos conversas, bate-papos, discussões, aulas, músicas. Perguntamos a pessoas, autores/as, filmes, programas televisivos, campanhas publicitárias. Interrogamos currículos escritos, livros de literatura, livros didáticos. Questionamos documentos de políticas, projetos pedagógicos, projetos de intervenção, diretrizes, leis. Em síntese, usados tudo que acreditamos nos servir em nossas pesquisas, fazendo bricolagem.

Mas, atenção, porque a bricolagem ocorre com operações de recorte e colagem. Recortamos de "lá" – de onde inventaram e significaram os métodos, os instrumentos e os procedimentos – e colamos "ali" – no nosso trabalho de investigação, que opera com ferramentas teóricas pós-críticas e com outras imagens de pensamentos. O recorte é uma operação feita com pequenas partes, e não permite a totalização, nem integração. Quando colamos, não restauramos a unidade, porque o que queremos é mesmo a junção de diferentes. Temos na bricolagem a junção de coisas, procedimentos e materiais díspares. O resultado da bricolagem, portanto, é uma composição feita de heterogêneos. Tudo que cortamos vem para nossas pesquisas de modo ressignificado pelo efeito da colagem. Afinal, aquilo que foi cortado vai se juntar aos nossos pressupostos, às nossas premissas e às imagens de pensamentos instituídas nas correntes teóricas com as quais trabalhamos.

Além disso, em nossas articulações e bricolagens usamos as contribuições de todas as disciplinas que possuem algum saber, algum conceito, alguma estratégia metodológica ou algum procedimento que seja útil para os nossos trabalhos de investigação. Usamos tudo aquilo que nos serve das diferentes disciplinas, dos diferentes campos teóricos, das diferentes metodologias de pesquisas. Usamos a literatura, a poesia, a filosofia, a pintura, o cinema, a arte para nos inspirar. Somamos, juntamos, articulamos, estabelecemos relações para ver no que dá, para encontrarmos modos de fazer, de obter as informações que necessitamos. Usamos o que aprendemos de diferentes campos do saber para descrever-analisar nossos objetos, compreendê-los, dizer algo diferente sobre eles e a partir deles.

2. Ler! Buscamos ler demoradamente. Apesar de vivermos uma "época de trabalho e de precipitação na qual temos que acabar tudo rapidamente" (LARROSA, 2002, p. 14), esforçamo-nos para demorarmos nas leituras. Fazemos isso porque sabemos que a demora é importante tanto para conhecermos bem nosso objeto como para conhecermos nossas "filiações teóricas" e a potência dos conceitos e ferramentas com os quais vamos trabalhar. Lemos demoradamente para sabermos o que já foi produzido sobre nosso objeto, para nos juntarmos e nos separarmos de ideias, perspectivas, temas, significados. Lemos para mostrarmos a diferença do que estamos produzindo e nos capacitarmos a buscar novas associações, estabelecer comparações e encontrar complementações. Talvez seja importante falar aqui que, em nossos procedimentos, comumente fazemos vários tipos de leituras concomitantemente. Dois deles merecem destaque, porque são procedimentos importantes de nossas pesquisas pós-críticas: a leitura dos "ditos e escritos" sobre o nosso objeto e a leitura da teorização que escolhemos para realizar nossa investigação. Nos dois tipos de leitura vamos operar com os procedimentos de desmontagem, remontagem, composição, decomposição e recomposição.

3. Montar, desmontar e remontar o já dito! Lemos com muita paciência os "ditos e escritos" sobre o nosso objeto para conhecer, mapear, mostrar o que já foi dito, pesquisado, significado, escrito, publicado, divulgado sobre o objeto que escolhemos para investigar. Ocupamo-nos do já feito e sabido sobre o nosso objeto para suspender verdades, mostrar como funcionam e investigar o que faz aparecer determinados discursos curriculares, determinadas práticas e certos saberes. Não ficamos "de fora" e nem "por fora" do que já foi dito e escrito em todas as perspectivas teóricas sobre o nosso objeto de pesquisa. Participamos da tradição do nosso objeto porque necessitamos saber o que já foi produzido, para analisar, interrogar, problematizar e encontrar outros caminhos. Necessitamos interrogar o legado deixado por outros que nos antecederam e nos deixaram seus ditos e escritos. Isso tudo porque estamos preocupados com o "aqui" e "agora", com o nosso tempo presente, e porque queremos produzir outros sentidos para a educação e o currículo.

Por isso *montamos* um discurso, um mapa sobre o já dito sobre nosso objeto. Apresentamos as teses, os significados correntes, as verdades sobre ele. A operação aqui é de juntar – aquilo e aqueles/as que podem ser considerados comuns, semelhantes, parecidos – e separar – aquilo e aqueles/as que afirmam coisas diferentes, distintas, contrárias, conflitantes. Para *montar* esse mapa ou esse discurso, *desmontamos* os ditos e escritos resumindo, sintetizando, separando os argumentos, as teses, os significados que vamos interrogar, questionar, desconstruir, ressignificar. Estabelecemos relações entre os diferentes "ditos e escritos" em tempos e lugares diferentes. Interrogamos e analisamos. Por fim, *remontamos*, de um modo diferente, tudo que foi desmontado. Construímos, assim, um mapa com os ditos que desmontamos, juntamos e separamos para mostrar o que foi feito e para dizer o que vamos fazer a partir daquele momento. Delimitamos aí o território de onde partiremos para investigar. Ler, montar, desmontar e remontar são, portanto, importantes estratégias de descrição e análise das nossas pesquisas pós-críticas em educação.

4. Compor, decompor e recompor! Lemos também, demoradamente, a teorização que escolhemos para realizar nossa pesquisa. Mergulhamos no pensamento escolhido e separamos conceitos, ferramentas teóricas e significados que nos são úteis para operarmos sobre o nosso material. Escolhemos conceitos que nos auxiliam a fazer perguntas, a interrogar nosso material, a multiplicar sentidos e a mostrar as contingências dos acontecimentos e a proliferação da diferença. Elegemos as ferramentas teóricas que nos possibilitam trabalhar sobre nosso material estabelecendo relações e mostrando seu funcionamento. Selecionamos os significados que nos ajudam pensar de modo diferente do que já foi pensado o nosso objeto, que nos possibilitam usar o "e" da ligação, da soma e da multiplicidade. Para tudo isso, necessitamos de leituras demoradas. Demoramos nas leituras para observarmos as imagens de pensamentos, para encontrarmos possibilidades de interrogar de modo diferente nosso objeto, para vermos o que combina e o que não combina com nossa "epistemologia", com nossa perspectiva, com o nosso objeto. Procuramos "ler em direção ao desconhecido", como tão bem nomeou Jorge Larrosa (1996). Nesse caso, não se trata de leituras apenas para serem sintetizadas ou para relembrar o que já sabemos. Trata-se de ler para *aprender*,[19] para fazer conexões inesperadas, para despertar nossos *afectos* felizes. Lemos esperançosas de que essas leituras possam nos estimular a ver algo desconhecido e a mobilizar nosso pensamento. Tudo que os/as autores/as que lemos têm de doutrina nós descartamos, porque sabemos que as doutrinas não nos movem e nem mobilizam nosso pensamento. Porém, o que eles têm de inquietude funciona em nosso fazer investigativo como um potencializador de nossas curiosidades e como um motor de nossas inspirações.[20]

[19] Venho argumentando que *aprender* é "abrir-se e refazer os corpos, agenciar atos criadores, refazer a vida, encontrar a diferença de cada um e seguir um caminho que ainda não foi percorrido" (PARAÍSO, 2011, p. 147).

[20] Dos próprios trabalhos de Nietzsche, por exemplo, que muito inspiram nossos modos de pesquisar, descartamos todas as suas doutrinas, e retiramos dele aquilo que nos move, nos inquieta, nos deixa perplexas e que, por isso mesmo, alimenta nosso pensamento.

A operação com os textos que lemos para nos inspirar é mesmo de *decomposição* e *recomposição* ou de *desterritorialização* e *territorialização*. Desterritorializamos ou decompomos porque precisamos inventar uma outra imagem de pensamento para o nosso estudo. Territorializamos ou recompomos porque nossa pesquisa exige a invenção ou a construção de um novo território. Tudo isso é feito para *compor* uma outra imagem de pensamento para nossa investigação. Nessa nova imagem de pensamento estaremos, portanto, reterritorializando-experimentando. Afinal, o grande "mote" de nossas pesquisas pós-críticas é a busca por encontrar uma outra linguagem para dizer dos currículos e por inspirar em nós mesmas um outro pensamento sobre a educação.

5. Perguntar, interrogar! Quando já temos as informações, os materiais, os textos ou discursos que vamos analisar, não perguntamos "o que é isso?". Inspiradas em muito do que aprendemos dos trabalhos de Michel Foucault perguntamos: "como isso funciona?" "O que posso fazer com isso?" (CORAZZA; TADEU, 2003, p. 16). Que relações podem ser estabelecidas com outras enunciações, com outros discursos divulgados em outros tempos e lugares? Que urgência histórica essa invenção veio responder? Que continuidades e descontinuidades podemos traçar? Quem está nesse discurso autorizado a falar ou a prescrever? Que relações de poder e de saber movem esse discurso? Que modos de subjetivação estão em funcionamento nesse discurso? Perguntamos e examinamos, como sugere Veiga Neto (2003, p. 22), "como as coisas funcionam e acontecem" e buscamos ensaiar "alternativas para que elas venham a funcionar e acontecer de outra maneira".

Mas também fazemos outras *interrogações*, inspiradas em outros pensadores que vinculamos a outros pensamentos "pós". Para o pensamento da diferença de Gilles Deleuze, por exemplo, pesquisar é um acontecimento que se dá chocando-se com o já feito, já pesquisado. Perguntamos, então: como mobilizamos uma imagem de pensamento que estica linhas de fuga em um currículo? Como fazer isso, que é o meu objeto, movimentar? Como dar visibilidade a novas forças em minha investigação? O que *pode* um currículo ou um discurso? De que *afectos* é capaz? Que impulso, que desejo movem um discurso? Que ligações ou conexões podem ser feitas? Que composições e agenciamentos podem ser operados? Como engendramos vigor, alegria e vida em um currículo? Que novas formas não dogmáticas de pensar o currículo podemos indicar? Quando e como, em um discurso, as rupturas acontecem e se abrem campos de possibilidades?

6. Descrever! Descrevemos muito, minuciosamente, detalhadamente. Sim, a descrição é extremamente importante em nossos modos de pesquisar, porque é por meio dela que estabelecemos relações dos textos, dos discursos, dos enunciados em suas múltiplas ramificações. Descrever é importante para que possamos mostrar as regras de aparecimento de um discurso, de uma linguagem, de um artefato e de um objeto. É importante para que nos instrumentalizemos para explicitar as condições históricas de sua existência, sua "urgência histórica", suas diferentes relações, suas ramificações, suas relações de poder-saber. É também importante para que mostremos suas transformações, suas continuidades e descontinuidades, suas potências e fragilidades. É importante para mostrarmos como as rupturas acontecem, como e quando as possibilidades se abrem e para indicarmos novas formas de pensar sobre nosso objeto. Buscamos, em síntese, com esse procedimento, estabelecer uma outra relação entre o discurso e aquilo que ele nomeia.

Somente descrevendo, e em detalhe, os diferentes textos educacionais, os diferentes discursos e suas enunciações, será possível mostrarmos suas feituras, seus processos de produção, seus modos de funcionamento. Somente descrevendo podemos fazer as rupturas que são necessárias para construirmos e divulgarmos outros sentidos, outras linguagens, outras práticas para o currículo e a educação. Somente descrevendo, e em detalhe, podemos compreender o que somos, o que fizeram de nós, o que fizemos de nós mesmos ou, como aparece em diferentes momentos da obra de Nietzsche (2001; 2002a; 2002b), "como se chega a ser o que se é". Enfim, só descrevendo, e em detalhe, podemos encontrar estratégias para nos transformarmos em alguém diferente do que nos fizeram ser.

7. Analisar as relações de poder! Se a descrição que fazemos dos textos e discursos é sempre analítica, a análise que fazemos das relações de poder é sempre descritiva. Fazemos a análise-descritiva das relações de poder envolvidas nas produções dos saberes; inspirando-nos em estratégias analíticas da genealogia: terminologia nietzschiana utilizada por Foucault para falar de um método de investigação que busca analisar a constituição de um saber histórico das lutas e a utilização desse saber nas táticas atuais (FOUCAULT, 2000). Para Foucault (2000, p. 16), a "genealogia não se opõe à história [...]. Ela se opõe à origem". Além disso, "trabalha com pergaminhos embaralhados, riscados, várias vezes reescritos" (FOUCAULT, 2000, p. 15). Por isso, ela exige "a minúcia do saber, um grande número de materiais acumulados, exige paciência" (FOUCAULT, 2000, p. 15). O seu programa é o de fazer análises fragmentárias e transformáveis para registrar como, historicamente, se produzem efeitos de verdade no interior do discurso. Para isso, necessitamos de paciência. Afinal, descrever e analisar as relações de poder implica na demora sobre o detalhe e na atenção às minúcias, às táticas, aos exercícios, aos seus procedimentos.

Nesse sentido, buscamos, em nossas análises, ativar os saberes locais, descontínuos, desqualificados, não legitimados e relacioná-los aos saberes verdadeiros. Buscamos mapear as condições de possibilidade dos saberes e seus vínculos com relações de poder. Buscamos explicar a existência e a transformação dos saberes, situando-os como peças das relações de poder. Damos atenção às multiplicidades das relações de poder, aos conflitos e às suas dispersões. Prestamos atenção, ao fazer nossas análises, em uma microfísica do poder, em suas pequenas astúcias, em suas produções (saberes, práticas, sujeitos, conflitos, raciocínios, pensamentos) e em suas exclusões. Como o poder é "uma relação estratégica" e não uma "propriedade" (FOUCAULT, 2009) , analisamos as manobras, as táticas e os funcionamentos das posições estratégicas que dão efeito de conjunto a determinadas relações de poder em um discurso. Analisamos também os investimentos, os pequenos combates, aquilo que se afirma em um discurso, mais do que aquilo que se proíbe. Enfim, analisamos-descrevendo os focos de instabilidades das relações de poder, porque o poder possui inúmeros pontos de lutas. Descrevemos-analisando os saberes explicando suas relações e desenvolvendo suas implicações.

8. Multiplicar! Multiplicar os sentidos de todos os textos, discursos, linguagens, artefatos que investigamos é outro procedimento importante em nossas pesquisas. Multiplicamos em nossas análises os significados daquilo que lemos na luta para mostrar a não fixidez do significado. Multiplicamos as possibilidades de descrição-analítica e de análise-descritiva. Multiplicamos as diferenças para fazê-las proliferar. Em síntese, multiplicamos para que tudo que é enunciado no material de investigação com o qual trabalhamos em nossas diferentes pesquisas não fique paralisado, fixo, permanente ou se torne "é". Na operação do multiplicar, quando vemos o "é" em operação, perguntamos em seguida: será? Usamos o "e" que justapõe, soma e acrescenta sentidos.

Assim, contra a prática de destacar um ponto de vista, buscamos multiplicar os olhos e os olhares. Contra a prática de mostrar uma perspectiva, pluralizamos as perspectivas e ampliamos os sentidos dos textos. Descartamos a existência de um olhar mais puro, mais objetivo, mais desinteressado. Ao buscarmos os olhares mais adequados para multiplicar os sentidos, a referência que temos é apenas os cuidados para não "trairmos" as bases das teorias que usamos em nossas pesquisas e para acionarmos aquilo que mobiliza um pensamento e uma vida. Por fim, nos posicionamos sempre de modo a concordar que os procedimentos de pesquisa que adotamos, da mesma forma que os textos que escrevemos, podem ser reconstruídos, remontados, refeitos e estarão sempre abertos a acréscimos.

9. Poetizar! Um outro procedimento caro a nossas pesquisas que se apoiam em algumas das correntes pós – estudos culturais, pós-colonialismo, pós-feminismo, pensamento da diferença, estudos queer, por exemplo – e que nos possibilita inventar em nossas pesquisas educacionais é a atividade *poética*. Poetizar na pesquisa em educação e em currículo significa produzir, fabricar, inventar, criar sentidos novos, inéditos. Significa, durante todo o trabalho de pesquisa, aguçar os sentidos para ver, sentir, escutar, falar e escrever de modo distinto. Significa também entrar no jogo da disputa por produção de sentidos sem jamais perder a poesia. Significa, enfim, buscar invenções que apontem para a abertura, a transgressão, a subversão, a multiplicação de sentidos.

Pesquisar-poetizando é uma alegria, uma maravilha, mas também é uma dificuldade. É uma maravilha porque nos proporciona liberdade para inspirar, juntar, colar, "roubar", articular, experimentar, somar, dividir, multiplicar. É uma dificuldade porque criar não é fácil, romper com as imagens de pensamento já conhecidas é por demais complexo, montar o novo, daquilo que trazemos de diferentes campos e com rigor, demanda coragem, ousadia, dinamicidade, abertura. Na atividade poética de nossas pesquisas, referências são necessárias para juntar, articular, fazer cortes e colagens, montar mosaicos. Contudo, precisamos fazer rupturas com essas referências, porque, sem ruptura, é impossível criar, poetizar e explorar novos encontros positivos para nossas as trajetórias do pesquisar e para as nossas vidas.

10. Estar à espreita! Aprendemos de Gilles Deleuze (2002) que para ocorrer uma inspiração é necessário muito preparo e, sobretudo, estar permanentemente "à espreita" de uma ideia. Isso porque a inspiração, a conexão que possibilita aprender, pode vir de qualquer lugar e em qualquer momento. "Como ninguém sabe antecipadamente os afectos de que é capaz; é uma longa historia de experimentação" (DELUZE, 1992, p. 130), é necessário estar em alerta, permanentemente e abrir-se a encontros com toda a sorte de signos e linguagens, na luta para que algo nos toque amorosamente e nos ajude a encontrar um caminho para a invenção. As operações necessárias para esse procedimento da espreita são: *abertura* – abrir-nos às "multiplicidades" que nos "atravessam de ponta a ponta" e às "intensidades" que nos percorrem; *povoação* – povoar múltiplos espaços que possam acionar perceptos ("novas maneiras de ver e ouvir") e afectos ("novas maneiras de sentir"); e *agenciamento* –

agenciar forças que possibilitam combinar heterogeneidades, ligar multiplicidades e conectar pensamentos. Com o estar à espreita, em síntese, podemos deixar "passar algo" que mobilize um pensamento, encontre uma saída e produza agenciamentos do desejo.

Por fim, cabe destacar que, com todos esses procedimentos e estratégias de pesquisas aqui discutidos, em nossas investigações, temos que ser, por um lado, *rigorosas* e *inventivas* e, por outro, sem qualquer *rigidez*. Necessitamos ser rigorosas e inventivas porque não temos qualquer grande narrativa ou método que nos prescreva como devemos proceder, não temos qualquer percurso seguro para fazer e nem um lugar aonde chegar. Precisamos ser rigorosas e inventivas, também, porque temos como mote de nosso pesquisar a transgressão e a produção de novos sentidos para a educação. Por outro lado, necessitamos ser abertas e flexíveis; não podemos ser *rígidas* em nenhum instante dessa pesquisar, porque precisamos estar sempre abertas a modificar, (re)fazer, (re)organizar, (re)ver, (re)escrever tudo aquilo que vamos significando ao longo da nossa investigação. A inquietação constante, a experimentação, os (re)arranjos, o refazer, o retomar inúmeras vezes é parte do nosso modo de fazer pesquisa. Afinal, como tão bem sintetizou Foucault, "aqueles para quem esforçar-se, começar, experimentar, enganar-se, retomar tudo de cima a baixo e ainda encontrar meios de hesitar a cada passo, aqueles para quem, em suma, mantendo-se em reserva e inquietação equivale a demissão, pois bem, é evidente que não somos do mesmo planeta" (FOUCAULT, 1986, p. 12).

PESQUISAR "LANÇANDO-NOS ALÉM DE NÓS MESMAS"

As metodologias das pesquisas pós-críticas, como procurei mostrar neste capítulo, são construídas, fabricadas, ressignificadas, inventadas. Ao construirmos nossas metodologias sabemos que podemos usar os procedimentos e as práticas de investigação que já sabemos ou conhecemos, mas não podemos ficar prisioneiras dessas práticas. Então, atenção, para não ficarmos prisioneiras também dessas premissas, dos pressupostos e dos procedimentos e estratégias de descrição e análise aqui sintetizados e discutidos. Não podemos ficar reféns dos procedimentos de pesquisa que dominamos e que muitas vezes nos dominam. Seguir um caminho por demais conhecido dificulta que saiamos do seu traçado prévio. Isso dificulta a prática de interrogar, dificulta o movimento de ida e volta ou a prática de entrar e sair, tão importantes para a ação de ressignificar, que é fundamental nas pesquisas pós-críticas.

Conduzir uma pesquisa de modo seguro, usando cada procedimento que conhecemos com rigidez é aceitar também que essa segurança estreita as possibilidades de caminhos a percorrer, dificulta a ampliação do olhar, inibe as possibilidades de multiplicação das perspectivas e dificulta os processos de invenção. Por isso, é uma prática extremamente importante nas metodologias de pesquisas pós-críticas ressignificar as práticas existentes e inventar nossos percursos com base nas necessidades trazidas pelo problema de pesquisa que formulamos. É preciso traçar linhas que fujam da fixidez, interrogar o que já conhecemos, estarmos abertas a rever, recomeçar, ressignificar ou incluir novos pontos de vista. É necessário, em síntese, numa inspiração nietzschiana, "lançar-nos além de nós" mesmas/os, para que algo novo possa aparecer.

Trabalhar com metodologias de pesquisas pós-críticas é movimentarmo-nos constantemente para olharmos qualquer currículo, qualquer discurso como uma invenção. Isso instiga-nos a fazer outras invenções e a "pensar o impensado" nesse território. A pesquisa pós-crítica em educação é aberta, aceita diferentes traçados e é movida pelo desejo de pensar coisas diferentes na educação. Gosta de incorporar conceitos, de "roubar" inspirações dos mais diferentes campos teóricos para expandir-se. Por ser tão aberta, quer expandir suas análises para diferentes textos para produzir novos sentidos, expandir, povoar e contagiar. O que importa, em síntese, é movimentar-se sempre para a dissolução das formas. Afinal, sempre que se instaura uma forma que divide e classifica, "é porque um poder se infiltrou" (GAUTHIER, 2002, p. 149).

Existem muitas entradas para as pesquisas pós-críticas em educação e em currículo. Podemos adentrar nesse território por diferentes trajetos, desde que observadas algumas precauções necessárias. Gostamos muito de entrar nesse território pelo caminho da expansão, e percorrer a sua força de proliferação. Isso porque acreditamos no potencial dessas pesquisas para desarrumar e desmontar o que já foi pensado na educação e, a partir daí, criar, inventar, multiplicar, proliferar, contagiar... Acreditamos que é possível traçar possibilidades de – na pesquisa em educação e em currículo – encontrarmos estratégias para fugir dos sistemas de pensamento que lhes dão base e abrir os corpos para outras imagens de pensamento. Desfazer os pensamentos que cortam, separam, hierarquizam e operacionalizar outros pensamentos na educação e no currículo que possam indicar traçados de caminhos diferentes na vida.

REFERÊNCIAS

BUTLER, Judith. Fundamentos contingentes: o feminismo e a questão do "pós-moderno". *Cadernos Pagu*, v. 11, p. 11-43, 1998.

BUTLER, Judith. *Gender Trouble*: Feminism and Subversion of Identity. Nova York: Routledge, 1990.

CORAZZA, Sandra; TADEU, Tomaz. *Composições*. Belo Horizonte: Autêntica, 2003.

CORRAZA, Sandra. *Uma vida de Professora*. Ijuí: Ed. Unijuí, 2005.

DELEUZE, Gilles. *Conversações*. São Paulo: Ed. 34. 1992.

DELEUZE, Gilles. *Diferença e repetição*. Rio de Janeiro: Graal, 1988.

DELEUZE, Gilles. El intelectual y la política. Entrevista con Gilles Deleuze. *Archipiélago*, Barcelona, n. 53, p. 68-69, 2002.

FISCHER, Rosa. Foucault e a análise do discurso em educação. *Cadernos de Pesquisa*, São Paulo, n. 114, nov. 2001.

FOUCAULT, Michel. *A arqueologia do saber*. Rio de Janeiro: Forense, 1995.

FOUCAULT, Michel. *A ordem do discurso*. São Paulo: Loyola, 1996.

FOUCAULT, Michel. *História da sexualidade*: a vontade de saber. Rio de Janeiro: Graal, 1988. v. 1.

FOUCAULT, Michel. *História da sexualidade*: o uso dos prazeres. Rio de Janeiro: Graal, 1986. v. 2.

FOUCAULT, Michel. *Microfísica do poder*. Rio de Janeiro: Graal, 2000.

FOUCAULT, Michel. *Tecnologías del yo y otros textos afines*. Barcelona: Paidós, 1991.

FOUCAULT, Michel. Verdade e subjetividade. *Revista de Comunicação e Linguagem*, Lisboa, n. 19, p. 203-223, 1993.

FOUCAULT, Michel. *Vigiar e punir*. Petrópolis: Vozes, 1999.

GAUTHIER, Clermont. Esquizoanálise do currículo. *Educação e Realidade*, v. 27, n. 2, p. 143-156, 2002.

HALL, Stuart. *Identidades culturais na pós-modernidade*. Rio de Janeiro: DP&A, 1997.

HALL, Stuart. Quem precisa de identidade?. *In*: SILVA, Tomaz Tadeu (Org). *A identidade e a diferença*: a perspectiva dos Estudos Culturais. Petrópolis: Vozes, 2000. p. 103-133.

HUTCHEON, Linda. *Poética do pós-modernismo*. Rio de Janeiro: [s.n.], 1991.

LARROSA, Jorge. *La experiencia de la lectura*. Barcelona: Laertes, 1996.

LARROSA, Jorge. Literatura, experiência e formação. *In*: COSTA, Marisa (Org.). *Caminhos investigativos*: novos olhares na pesquisa em Educação. Rio de Janeiro: DP&A, 2002. p. 133-160.

LARROSA, Jorge. Tecnologias do eu e educação. *In*: SILVA, Tomaz Tadeu (Org.). *O sujeito da educação*: estudos foucaultianos. Petrópolis: Vozes, 1994.

MEYER, Dagmar. Gênero e educação: teoria e política. *In*: LOURO, Guacira *et al.* (Org.). *Corpo, gênero e sexualidade*: um debate contemporâneo em educação. 8. ed. Petrópolis: Vozes, 2011. p. 9-27.

NIETZSCHE, Friedrich. *A gaia ciência*. São Paulo: Companhia das Letras, 2001.

NIETZSCHE, Friedrich. *Assim falou Zaratustra*. São Paulo: Martin-Claret, 2002a.

NIETZSCHE, Friedrich. *Ecce Homo*. São Paulo: Martin-Claret, 2002b.

PARAÍSO, Marlucy (Org.). *Pesquisa sobre currículos e culturas*. Curitiba: CRV, 2010.

PARAÍSO, Marlucy. Contribuições dos estudos culturais para a educação. *Presença Pedagógica*, Belo Horizonte, v. 10, n. 55, p. 53-61, 2004a.

PARAÍSO, Marlucy. Pesquisas pós-críticas em educação no Brasil: esboço de um mapa. *Cadernos de Pesquisa*, São Paulo, v. 34, n. 122, p. 283-303, 2004b.

PARAÍSO, Marlucy. Currículo-mapa: linhas e traçados das pesquisas pós-críticas sobre currículo. *Educação e Realidade*, Porto Alegre, v. 30, n. 1, p. 67-82, 2005.

PARAÍSO, Marlucy. Currículo e diferença. *In*: PARAÍSO, Marlucy (Org.). *Pesquisa sobre currículos e culturas*. Curitiba: CRV, 2010a.

PARAÍSO, Marlucy. É possível um currículo fazer desejar?. *In*: PARAÍSO, Marlucy (Org.). *Pesquisa sobre currículos e culturas*. Curitiba: CRV, 2010b.

PARAÍSO, Marlucy. Raciocínios generificados no currículo escolar e possibilidades de aprender. *In*: LEITE, Carlinda *et al.* (Org.). *Políticas, fundamentos e práticas do currículo*. Porto: Porto Ed., 2011. v. 1, p. 147-160.

PETERS, Michael. *Pós-estruturalismo e filosofia da diferença*: uma introdução. Belo Horizonte: Autêntica, 2000.

PINAR, William (Org.). *Queer Theory in Education*. New Jersey: Lawrence Erlbaum Associates Publishers, 1998. p. 141-156.

POPKEWITZ, Thomas. *Lutando em defesa da alma*: a política do ensino e a construção do professor. Porto Alegre: Artmed, 2001.

ROSE, Nikolas. Como se deve fazer a história do eu?. *Educação e Realidade*, Porto Alegre, v. 26, n. 1, p. 33-58, jun./jul. 2001.

SARUP, Madan. *Na introductory guide to post-structuralism and postmoderrnism*. Athens: The University of Georgia Press, 1993.

SILVA, Tomaz Tadeu (Org.). *Teoria educacional crítica em tempos pós-modernos*. Porto Alegre: Artes Médicas, 1993.

SILVA, Tomaz Tadeu (Org.). *Alienígenas na sala de aula:* uma introdução aos estudos culturais em educação. Petrópolis: Vozes, 1995.

SILVA, Tomaz Tadeu. Os novos mapas culturais e o lugar do currículo numa paisagem pós-moderna. *In*: SILVA, Tomaz Tadeu; MOREIRA, Antonio Flavio (Org.). *Territórios contestados*. Petrópolis: Vozes, 1995a. p. 184-202.

SILVA, Tomaz Tadeu. *Documentos de identidade*: introdução às teorias do currículo. Belo Horizonte: Autêntica, 1999.

SILVA, Tomaz Tadeu. Monstros, ciborgues e clones: os fantasmas da pedagogia crítica. *In*: SILVA, Tomaz Tadeu. *Pedagogia dos monstros*: os prazeres e os perigos da confusão de fronteiras. Belo Horizonte: Autêntica, 2000. p. 11-21.

VEIGA NETO, Alfredo. *Foucault e a educação*. Belo Horizonte: Autêntica, 2003.

CAPÍTULO 2

Abordagens pós-estruturalistas de pesquisa na interface educação, saúde e gênero: perspectiva metodológica

DAGMAR ESTERMANN MEYER

> *We have a nagging sense that things need to change, that [our] forms of life could be improved. What can we do? We can ask questions. We can try to figure out what we are all doing. We can conduct research [...]. They open ways of studying forms of human life. They show that how we live today is not inevitable, not the only way. Alternatives are possible, if we start to look for them.*[21]

O TEXTO EM CONTEXTO

Este capítulo, na mesma perspectiva do livro, tem o objetivo de sugerir possíveis encaminhamentos metodológicos por meio do compartilhamento de experiências de investigação vivenciadas em dois grupos de pesquisa, que dialogam de diferentes maneiras. Nesse sentido, é necessário registrar alguns alertas importantes

[21] "Temos uma incômoda e persistente sensação de que as coisas precisam mudar, de que nossas formas de vida podem ser melhoradas. O que podemos fazer? Podemos fazer perguntas. Podemos tentar entender o que estamos fazendo. Podemos fazer pesquisas. [...] Elas abrem possibilidades de estudarmos formas de vida humana. Elas indicam que nosso modo de vida atual não é o único e nem é inevitável. Há alternativas possíveis, se procurarmos por elas" (PACKER, 2011, p. 383, tradução livre, feita por mim. Mantive a citação original no corpo do meu texto para que ela conserve a ênfase com que foi escrita).

para sinalizar um possível percurso de sua leitura – tanto do livro, quanto do capítulo em pauta: 1. trata-se de um texto teórico-prático, que compartilha do pressuposto de que teoria e método são indissociáveis e de que nossas opções metodológicas precisam fazer sentido dentro do referencial teórico no qual as inscrevemos; 2. a leitura deste capítulo, e do livro como um todo, supõe que o/a leitor/a esteja familiarizado/a (ou em processo de familiarização) com as teorizações pós-críticas, nas quais nossas pesquisas se inscrevem, por isso farei apenas discussões teórico-conceituais que são indispensáveis para circunscrever as opções metodológicas referidas; 3. o caráter prático anunciado também não supõe a elaboração de um manual ou um guia a ser seguido, mas a descrição e a discussão sucintas de opções e encaminhamentos que foram se delineando em percursos de pesquisa, acrescidos da delimitação de uma certa postura ou sensibilidade investigativa que precisaria ser desenvolvida e assumida por quem se aventura nessas modalidades de investigação (cf., também, LOURO, 2007; COSTA, 2007).

Começo, então, indicando que a abordagem metodológica descrita neste capítulo conecta-se com uma agenda de pesquisa[22] na qual problematizamos conhecimentos e práticas que repercutem em políticas públicas e/ou ações programáticas de inclusão social, nas áreas da educação, do desenvolvimento social e da saúde, entendendo-as como produtoras de gênero e, mais especificamente, de maternidades e paternidades.

Foram os pontos de convergência e as regularidades constitutivas dos processos de produção de gênero analisados em nossas investigações até 2005, por exemplo, que nos permitiram formular um dos principais argumentos que vimos explorando a partir de então, qual seja, o de que estamos (re)vivendo um período de intensa "politização do feminino e da maternidade" (MEYER, 2006a). Essa politização da maternidade, a nosso ver, tem sido incorporada, difundida e atualizada pelas políticas de Estado – sobretudo naquelas direcionadas aos segmentos mais pobres

[22] Agenda de pesquisa (individual e coletiva) delineada, mais precisamente, a partir de meu ingresso como docente-orientadora e pesquisadora no corpo docente do Programa de Pós-Graduação em Educação da UFRGS, no segundo semestre de 1999. Nesse contexto, incorporada à linha de pesquisa *Educação, sexualidade e relações de gênero*, propus a criação da área temática *Políticas de corpo e saúde*, no interior da qual se inscrevem os projetos de pesquisa contemplados com bolsa de Produtividade em Pesquisa do CNPq, em 2000, 2002, 2004 e 2008. Essa agenda de investigação, apoiada nos estudos de gênero e culturais pós-estruturalistas, foi redimensionada com a articulação ao quadro conceitual da vulnerabilidade, a partir de 2005, e vem sendo incorporada e desdobrada, nesse período e nessas mesmas perspectivas, nos projetos de pesquisa que orientei, em diferentes níveis, na pós-graduação em educação e em saúde coletiva.

da população, aglutinadas sob o guarda-chuva da inclusão social –, pelas ações programáticas que delas se desdobram e pela mídia em geral. Ela não é exatamente inovadora, mas atualiza, exacerba, complexifica e multiplica investimentos educativo-assistenciais que têm como foco as famílias pobres e, dentro delas, as mulheres-mães (Cf., por exemplo, MEYER *et al.*, 2008; SCHWENGBER, 2006; DAMICO, 2011; KLEIN, 2010; DAL'IGNA, 2011; MEYER; KLEIN; FERNANDES, 2012).

Assim, nossas pesquisas têm privilegiado o exame de processos educativo-assistenciais e de artefatos culturais que se vinculam a, repercutem em, ou se desdobram dessas políticas e ações. Com esse exame, tem sido possível descrever elementos constitutivos da racionalidade que produz e sustenta tais políticas, e temos argumentado que nela se articulam, explícita e intensamente, problemas sociais contemporâneos (em especial de educação e de saúde) a determinadas configurações de família e a certos modos de sentir e de viver a maternidade e a paternidade. Essa operação – que resulta de relações de força múltiplas, diversas e dispersas – tem permitido descolar tais problemas dos contextos e processos sociais mais amplos de que eles emergem para vincular sua solução à promoção de relações familiares adequadas e saudáveis, com ênfase na relação mãe-filho, e ao exercício de determinadas formas de parentalidade.

Tomando essa agenda de pesquisa como referência, abordo, neste capítulo, alguns desdobramentos da seguinte questão: que modos de fazer pesquisa são esses que compartilhamos quando assumimos perspectivas pós-estruturalistas de investigação, nos campos dos estudos de gênero e culturais, nas áreas da educação e da saúde? Que posturas os investigadores e as investigadoras poderiam desenvolver e quais seria prudente evitar, nesses campos?

MODOS POSSÍVEIS DE VER-FAZER

Anunciar que nossas pesquisas se situam na interface dos estudos de gênero e dos estudos culturais que se apoiam, substantivamente, nas teorizações foucaultianas é importante, porque delimita um campo teórico e político no qual o fazer pesquisa se conecta com determinadas possibilidades de elaborar perguntas e objetos de pesquisa, planejar a investigação, movimentar-se no processo de sua implementação, operar sobre o material empírico que nele produzimos e compor o texto que resulta da análise que dele fazemos. A inserção em um referencial teórico-metodológico, portanto, que nessa perspectiva é, também, sempre política e ética (cf., também,

PETER, 2012; BOVER; GASTALDO; MEYER *et al.*, 2011),[23] inscreve marcas visíveis em todas as etapas constitutivas desse ato que nomeamos de "fazer pesquisa", e é sobre algumas delas que este texto se debruça.

Tais abordagens teóricas se inscrevem em, e se alimentam da teoria filosófica contemporânea que faz a crítica dos pressupostos da filosofia do sujeito e da consciência, afirmando a centralidade da linguagem para a significação do mundo e apontando para a inseparabilidade entre linguagem, cultura, verdade e poder. Ao mesmo tempo, elas pretendem contestar as teorizações que prometem conhecer e explicar "a" realidade em uma perspectiva totalizante, para depois prescrever medidas e ações de intervenção homogêneas e, também, universalizantes. Essas abordagens pretendem, ainda, descrever processos de diferenciação e de hierarquização social e cultural para problematizar as formas pelas quais tais processos produzem (ou participam da produção de) corpos, posições de sujeitos e identidades – como homem e mulher, heterossexual e homossexual, saudável e doente, responsável e negligente, educador/a e educando/a, por exemplo – categorizando-os no interior de uma cultura determinada (Cf., também, MEYER *et al.*, 2004).

Em convergência com esse argumento, as pesquisas que fazemos assumem alguns pressupostos comuns, que precisam ser brevemente demarcados:

- um primeiro, que tematiza a linguagem (em sentido amplo) como lócus de produção das relações que a cultura estabelece entre corpo, sujeito, conhecimento e poder (cf. HALL, 1997a; PETERS, 2000; VEIGA NETO, 2003a);
- um segundo, com o qual se define educação como conjunto de processos pelos quais indivíduos são transformados e se transformam em sujeitos de uma cultura. Nessa direção, tornar-se sujeito de uma cultura envolve um complexo de forças e de processos de ensino e de aprendizagem que, nas sociedades contemporâneas, estão fortemente imbricadas em políticas e programas públicos, em especial aquelas que envolvem os campos da saúde e da educação (cf. SHORE; WRIGHT, 1997; MEYER, 2011; PARAÍSO, 2011);
- um terceiro, que deriva da confluência desses pressupostos e sugere problematizar as políticas (em sentido lato) como linguagem, como artefato

[23] Tais artigos se inscrevem em perspectivas convergentes com as deste livro e que, nos contextos de sua publicação, são nomeadas de críticas. Fazem parte da produção de um grupo de pesquisa interdisciplinar, multicêntrico e que integra pesquisadores/as de três países (Canadá – U of T; Espanha – UIB e Brasil – UFRGS) – *Grupo de Investigación Crítica en Salud* – que está vinculado à Universitat de les Iles Balears, do qual faço parte desde 2010.

cultural e como tecnologia de poder, por entender que elas têm se tornado um instrumento central de organização das sociedades contemporâneas. E, como instrumentos de organização da sociedade, elas tanto incidem sobre "os modos pelos quais os indivíduos constroem a si mesmos como sujeitos", modificando mais ou menos suas condições de vida, quanto instituem formas de categorização desses sujeitos (cidadãos, adultos e crianças saudáveis, gestores e técnicos da inclusão social, famílias em situação de risco ou vulneráveis etc.); por isso, incidem de tal forma sobre a vida de determinados indivíduos e populações que se torna virtualmente "impossível ignorá-las ou escapar de sua influência" (SHORE; WRIGHT, 1997, p. 4);

- e um quarto, com o qual se assume que gênero funciona como um organizador do social e da cultura (o que inclui políticas e programas sociais) e, assim, engloba todos os processos pelos quais a cultura constrói e distingue corpos e sujeitos femininos e masculinos. Entre outras coisas, isso se operacionaliza pela articulação de gênero com outras marcas sociais, como, por exemplo, classe, sexualidade e raça/etnia. Cada uma dessas articulações produz modificações importantes nas formas pelas quais as feminilidades e as masculinidades são, ou podem ser, vividas e experienciadas por grupos diversos, dentro dos mesmos grupos ou, ainda, pelos mesmos indivíduos, em diferentes momentos de suas vidas (Cf. NICHOLSON, 2000; LOURO, 2011; MEYER, 2011).

Tomando tais pressupostos como referência, talvez se deva começar dizendo que as investigações que compartilham dessa perspectiva teórica estão menos preocupadas em buscar respostas para o que as coisas de fato são, e se preocupam mais em descrever e problematizar processos por meio dos quais significados e saberes específicos são produzidos, no contexto de determinadas redes de poder, com certas consequências para determinados indivíduos e/ou grupos. Trata-se, pois, de investir na discussão de certas formas de conhecer e das políticas que estas informam e colocam para funcionar (Cf., também, PACKER, 2011).[24] Isso envolve a construção de objetos de investigação que se conectam com, ou derivam de, perguntas como: Quem pode conhecer? O que se pode conhecer? Como se pode conhecer? Com que efeitos, para quem? Ou, dito de outro modo: quem são os sujeitos/instituições

[24] As referências a este autor, neste texto, remetem ao último capítulo de seu livro intitulado *A historical ontology of ourselves* (p. 378-396).

enunciadores dos discursos em foco? A quem esses discursos se dirigem? Qual é o conjunto de enunciados que compõe tais discursos? Ou ainda: quem fala, o que, para quem? Como se fala com e para os diferentes sujeitos a serem interpelados, em quais circunstâncias e condições? Com que efeitos, para quem?

Esse leque de perguntas implica admitir o caráter histórico, social e contingente do conhecimento e, ainda, que sujeito e objeto do conhecimento interagem no contexto de redes de significação específicas, que a linguagem não é autotransparente, não é fixa, não é homogênea e, sobretudo, não é neutra. Ou seja, nessa perspectiva, admite-se que a linguagem se produz, se mantém e se modifica no contexto de lutas e de disputas pelo direito de significar. É com ela e nela que se constitui o que é dizível e, portanto, também pensável e compartilhável, em cada época, em cada lugar e em cada cultura.

Cultura é entendida como o conjunto dos processos com e por meio dos quais se produz um certo consenso acerca do mundo em que se vive. É o partilhamento desse consenso que permite aos diferentes indivíduos se reconhecerem como membros de determinados grupos e não de outros. Cultura não se reduz, pois, ao conjunto de significados compartilhados, mas envolve, também, os sistemas de significação que os seres humanos (diferencialmente situados em redes de poder) utilizam para definir o que significam as coisas e para codificar, organizar e regular sua conduta uns em relação aos outros (HALL, 1997a; 1997b; WOODWARD, 2000; VEIGA NETO, 2003b). O que supõe, também, entender a cultura como um processo arbitrário, uma vez que cada grupo pode viver de forma diferente ou atribuir um significado diferente a um mesmo fenômeno ou objeto. Esse é um pressuposto importantíssimo – e difícil – de ser assumido quando se trata, por exemplo, de investigar formas de cuidado do corpo, modos de entender saúde e doença e/ou de viver a sexualidade, a maternidade e a paternidade no contexto de diferentes grupos culturais.

São esses sistemas e códigos de significação que permitem atribuir sentido aos corpos generificados e sexuados que vamos (con)formando e com os quais nos defrontamos nos mundos em que vivemos e nos movimentamos. Nesse sentido, Hall (1997b) indica que assumir esse conceito de cultura demanda analisar tanto seus aspectos substantivos quanto seus aspectos epistemológicos. Com a referência a aspectos substantivos, Hall remete ao lugar da cultura naquilo que reconhecemos e chamamos de mundo real, ou seja, na organização das atividades, instituições e relações culturais cotidianas, em qualquer momento histórico. Os aspectos epistemológicos remetem à posição da cultura relativamente às questões de conhecimento e conceituação, ao como ela é usada para transformar nossa compreensão, explicação e modelos teóricos do mundo, e ao como os atravessa.

Isso significa que compartilhar um pressuposto como o de que o corpo é um construto cultural, por exemplo, envolve colocarem-se questões como estas: como os significados que atribuímos ao corpo ou a determinadas partes dele, em uma determinada época e lugar, foram produzidos? Ou, como os sentidos que atribuímos à saúde e à doença, à sexualidade e ao gênero, à maternidade e à paternidade foram produzidos? Perguntas que, já num primeiro movimento de problematização, implicam o reconhecimento de que as ciências biopsicológicas e da saúde, em sentido amplo, constituem um campo discursivo privilegiado no processo de significação epistêmica do corpo, do gênero, da sexualidade, da reprodução humana e da parentalidade, bem como dos processos substantivos de disciplinamento e controle que englobam esses corpos na vida cotidiana, nas culturas ocidentais modernas. Outras perguntas poderiam ampliar aquelas: como esses significados particulares sobre o corpo, sobre a sexualidade, sobre o gênero e sobre a parentalidade são compartilhados? Quais significados de gênero, sexualidade e família são compartilhados e por quais grupos? O que acontece quando significados hegemônicos sobre o corpo, sobre o gênero, sobre a sexualidade e sobre família são contestados, rejeitados ou disputados por diferentes grupos? Perguntas como essas apontam, entre outras coisas, para a composição de investigações que se voltam para a descrição e a análise de processos de produção, de divulgação e interpelação, de incorporação e de contestação ativas de determinados significados, saberes e posições de sujeito; e essas são operações fundamentalmente linguísticas e carregadas de poder e que podem ser visibilizadas, descritas e problematizadas com e a partir dessas formas de perguntar.

Poder, incorporado da teorização foucaultiana, é um conceito que supõe não tanto a coerção e a repressão, mas as relações de força que investem os corpos, os sujeitos e as populações de novas capacidades, especialmente as capacidades de governo e de autogoverno (FOUCAULT, 1995; 2006). Em nossas sociedades contemporâneas tais capacidades são ativadas, de modo muito importante, por meio de técnicas de gestão e de autogestão da vida em várias de suas dimensões, conclamando grupos e indivíduos a manejarem o seu relacionamento com aquilo que é designado como risco, ou como perigoso, ou inadequado etc. Uma analítica do poder, nesses termos, envolveria então considerar, mapear e descrever, por exemplo: 1. sistemas de diferenciação de gênero e de sexualidade que determinadas relações de poder colocam em movimento; 2. objetivos perseguidos pelos que exercem tais poderes; 3. modalidades de exercício de poder (mecanismos, estratégias, tecnologias, técnicas) utilizadas nessas relações, em contextos específicos; 4. formas de institucionalização desses poderes; 5. graus de sua racionalização (como se elaboram, se transformam e/ou se organizam procedimentos que se ajustam mais ou menos àquela situação) (FOUCAULT, 1995).

Isso que foi retomado até aqui, brevemente, implica ainda aceitar o pressuposto de que aquilo que nos é apresentado como verdade é legitimado, como tal, no âmbito de regimes de verdade de uma época particular. E que um dos mais poderosos regimes de verdade de nossa época é a Ciência, com "C" maiúsculo. Esse regime envolve processos de validação de conhecimento produzidos em certas condições históricas, culturais, econômicas e políticas, com determinadas matrizes disciplinares, conjuntos de regras metodológicas, conceitos que precisamos admitir e assumir para falar desses objetos, e que permitem definir o que é que conta como verdade, em um determinado tempo e contexto (MEYER, 2006b). E, de forma muito concreta, descrever a ciência e a verdade que ela instaura significa que estamos colocando em xeque tanto esse regime de verdade quanto a própria noção de verdade, no singular.

Tudo isso demanda uma disposição indispensável a quem faz pesquisa pós-estruturalista, nessa interface: admitir que nossas pesquisas também não permitem o acesso à verdade. Elas permitem a descrição, a análise, a problematização e/ou a modificação de verdades contexto-dependentes. Operar com essa noção supõe considerar toda verdade como sendo contexto-dependente, o que envolve problematizá-las como verdades sancionadas e aceitas, em determinados grupos, em determinadas condições, em determinadas épocas, no contexto de determinadas redes de poder (Cf., também, PACKER, 2011). Assumir isso que os críticos dessas abordagens costumam chamar de uma perspectiva relativista não significa, de forma nenhuma, que se esteja defendendo o ponto de vista de que qualquer verdade vale; está-se afirmando que o que vale como verdade é objeto de disputa, vai ser determinado na luta, e que as nossas pesquisas fazem parte desse processo, estão nessa disputa. É o mesmo que assumir que elas são pesquisas interessadas, tanto do ponto de vista epistemológico quanto do ponto de vista político.[25]

De forma prática, porque este capítulo trata da prática da pesquisa, inscrever a investigação nesses campos teóricos requer processos e movimentos necessários em

[25] Sobre a discussão mais extensiva de alguns desses pressupostos, ver os capítulos de Marlucy Paraíso e Maria Cláudia Dal'Igna, neste livro.

quaisquer outros campos teóricos, quais sejam: delimitação e construção de um objeto de investigação; delimitação e construção de um quadro conceitual; organização de um campo de investigação; seleção e escolha de procedimentos de investigação e de análise; organização do material empírico produzido em focos de interesse (ou unidades analíticas), que se definem com e a partir do objeto/perguntas de investigação; e tudo isso para, então, colocar em funcionamento, de forma sistematizada, a teoria, os conceitos e as estratégias de análise que constituem o que se nomeia como referencial teórico-metodológico. Entretanto, como enfatizamos na apresentação, com essa perspectiva está-se assumindo, também, que o desenho metodológico da pesquisa não pode ser fechado *a priori* e não pode ser replicado em qualquer tempo e lugar e, ainda, que existem modos de apresentação e de escrita do texto mais ou menos congruentes com essa teorização. Da mesma forma, uma variedade de procedimentos de investigação – largamente utilizados em outras abordagens teórico-metodológicas – permite a produção do material empírico necessário para realizar as análises pretendidas. Eles, entretanto, demandam ressignificação quanto ao seu alcance, quanto aos seus limites e potências, quanto às formas de sua implementação, quanto às relações pesquisador/informante que neles se produzem, quanto às suas implicações éticas etc. Vários desses procedimentos de investigação são descritos e problematizados nos capítulos deste livro.

O material empírico gerado com e a partir de tais procedimentos de investigação tem sido analisado majoritariamente, em nossos grupos de investigação, nas perspectivas da análise cultural e da análise de discurso, ambas ancoradas na teorização foucaultiana (cf. FOUCAULT, 1987; FISCHER, B. 2001; FISCHER, R., 2001). Em sentido lato e de forma muito sintetizada, pode-se sinalizar que tais procedimentos de análise – também abordados de forma mais detalhada em capítulos subsequentes – permitem descrever e problematizar discursos que, imbricados, permitem aos sujeitos/instituições expressar-se de determinados modos e não de outros. Beatriz Fischer (1997, p. 17) assinala que, "nos discursos, existe um lugar determinado e vazio que pode ser ocupado por diferentes indivíduos [e instituições]" e pode-se considerar que é desde esses lugares que sujeitos se tornam aptos para pensar, falar e agir, de determinados modos, em circunstâncias específicas. Dessa perspectiva, nas nossas pesquisas buscamos, por exemplo, (re)conhecer e descrever alguns dos discursos (e/ou representações, e/ou enunciados, e/ou sujeitos, e/ou processos de diferenciação) implicados com a produção do que se chama de "inclusão social". Temos buscado, também, compreender quais discursos ancoram e conformam noções como, por exemplo, "família", "maternidade", "paternidade", "infância", "juventude" e "vulnerabilidade social", que aí são operacionalizadas; temos, ainda, problematizado modos definidos como adequados para viver que tais discursos instituem, em sua relação com significados e práticas compartilhados no cotidiano das instituições em que essas políticas e ações programáticas são desenvolvidas e vivenciadas (MEYER *et al.*, 2008).

Com tais procedimentos de investigação e análise, não temos tido a pretensão de negar o valor de verdade de outros estudos que abordam essas (e outras) políticas e ações programáticas, demonstrando seu impacto sobre aspectos como a redução de taxas de morbimortalidade infantil e juvenil, a inserção de indivíduos no mercado de trabalho ou o aumento das taxas de escolarização de crianças, jovens e adultos que eles promovem. Não temos tido como objetivo contrapor a tais estudos outros dados mais próximos do real, que então permitiriam a nós, desde uma perspectiva teórica privilegiada, descrever a verdadeira natureza desses programas e dos interesses imbricados nos textos programáticos que envolvem a educação, a saúde e a produção da inclusão social, para então sugerir as formas mais adequadas para sua realização. Não pretendemos, sobretudo, proceder a uma avaliação em senso estrito dessas políticas e ações.

Aventurando-nos em outra direção, temos visado ao fortalecimento e à ampliação do viés de análise com que vimos operando, para problematizar alguns dos modos pelos quais a materialidade disso que se preconiza como inclusão social se torna inteligível, se expressa e se concretiza em determinados programas que também definem e regulam – de modos diferenciados – tanto a vida dos diferentes grupos que eles atingem no interior da cultura quanto a formação profissional e a implementação de ações de atenção e de cuidado em educação e saúde que estão envolvidas com a promoção da inclusão social. Podemos, ainda, discutir o que vem *junto com* e que, portanto, institui e atravessa tais saberes e práticas que, no final das contas, ao nos transformar (ou não) em um determinado tipo de sujeito, tem efeitos de poder muito concretos em nossas vidas.

Ao mesmo tempo, e por meio desse exercício, temos tido a pretensão de contribuir para o debate nas instituições e nos serviços implicados com essas políticas e ações, incorporando a nossas investigações características que Richard Parker e Peter Aggleton (2002) atribuem ao que eles chamam de "pesquisa estratégica e orientada para políticas".[26] E consideramos que nossas investigações são estratégicas

[26] Os autores referem-se, de modo mais específico, ao debate em torno da relação que se estabelece entre estigma, discriminação e aids. Nós procuramos estender essa argumentação ao tema da inclusão social, em sentido amplo.

e orientadas para políticas e programas de inclusão social, com foco em educação e saúde, porque, com elas, temos descrito e analisado dimensões e efeitos dos processos de significação que elas instituem e colocam para funcionar. Isso tanto pode indicar algumas das formas como essas políticas e esses programas atuam na vida dos grupos aos quais se dirigem – em particular sobre as relações de gênero e de sexualidade ali vigentes – quanto, sobretudo, delinear possibilidades e limites que permitem redimensionar e modificar formas de sua implementação.

DICAS METODOLÓGICAS BREVES, MAS IMPORTANTES,[27] PARA FINALIZAR

- Aceitar que duvidar do instituído é uma estratégia de multiplicação, localização e relativização daquilo que se apresenta como verdadeiro;
- Abrir mão de sentidos e conceitos homogêneos e fixos para explorar sua multiplicidade e provisoriedade. Ao mesmo tempo, explorar a produtividade de pensar e elaborar análises, dentro da lógica rizomática do "e", evitando a lógica binária conectada ao "ou";
- Abrir mão de enfoques teóricos que priorizam o caráter explicativo e prescritivo do conhecimento para assumir enfoques que estimulam a desnaturalização e a problematização das coisas que aprendemos a tomar como dadas;
- Abrir mão da preocupação de localizar relações de causa e efeito, origens e processos de evolução, evitando perguntas como: "o que é mesmo?", por quê?", "quando?", "onde?". Privilegiar, em vez delas, perguntas do tipo: "como?", "em que contextos?", "em quais condições as coisas se tornam isto que elas são neste momento?";
- Tomar o exame do poder como elemento relevante e central dos textos sob análise e perguntar-se: que jogos de poder estão envolvidos com a produção desses sujeitos e/ou objetos? Como esse poder funciona nos processos de diferenciação cultural?
- Delimitar *quem* define a diferença, *como* a diferença em foco é definida e apresentada, *em quais situações*; a que *desigualdades* dá sustentação ou

[27] Tenho discutido essas e outras "dicas" no seminário *Abordagens pós-estruturalistas de pesquisa em educação e saúde: perspectiva metodológica*, ministrado por um grupo de docentes da linha de pesquisa *Educação, sexualidade e relações de gênero* para estudantes de mestrado e de doutorado do programa de pós-graduação em Educação e de outros PPG da UFRGS, nos cinco últimos anos.

justifica; que diferentes *categorias de sujeitos* são representados dentro das cadeias de significação que definem essa diferença; *como a diferença opera – lateral e verticalmente* (não só diferenciando mulheres de homens, mas mulheres de mulheres e homens de homens, por exemplo). Compreender *quais elementos* (cor, idade, escolaridade, estado civil) estão articulados nisso que se define como diferença, ou seja, que permitem constituí-la como tal etc. E *sensibilizar-se* (teórica, metodológica, política e afetivamente) para compreender como isso funciona;

- Mapear as redes e as relações de poder que constituem, classificam e posicionam sujeitos e objetos de conhecimento, delimitando e descrevendo discursos em que tais posições de sujeito e objetos se constituem;
- Relacionar condições de emergência com a configuração atual das posições de sujeito e/ou objetos estudados;
- Estranhar o que é aceito como normal, desnaturalizando-o, e familiarizar-se com o estranho, (re)conhecendo a interdependência desses movimentos.

REFERÊNCIAS

BOVER, Andreu; GASTALDO, Denise; MEYER, Dagmar *et al.* Economic crisis, austerity discourses and caregiving: how to remain relevant through engagement and social justice. *Nursing Inquiry*, v. 18, p. 188-191, 2011.

COSTA, Marisa V. Uma agenda para jovens pesquisadores. *In*: COSTA, Marisa V. (Org.). *Caminhos investigativos II*: outros modos de pensar e fazer pesquisa em educação. Rio de Janeiro: Lamparina, 2007. v. 1, p. 139-153.

DAL'IGNA, Maria Claudia. *Família S/A*: um estudo sobre a parceria família-escola. Tese (Doutorado em Educação) – Programa de Pós-Graduação em Educação, Faculdade de Educação, Universidade Federal do Rio Grande do Sul, Porto Alegre, 2011.

DAMICO, José. *Juventudes governadas*: dispositivos de segurança e participação no Guajuviras (Canoas-RS) e em Grigny Centre (França). Tese (Doutorado em Educação) - Programa de Pós-Graduação em Educação, Faculdade de Educação, Universidade Federal do Rio Grande do Sul, Porto Alegre, 2011.

FISCHER, Beatriz D. Foucault e histórias de vida: aproximações e que tais. *História da Educação*, ASPHE, v. 1, n. 1, abr. 1997.

FISCHER, Rosa Maria B. Foucault e a análise do discurso em Educação. *Cadernos de Pesquisa*, n. 114, nov. 2001.

FOUCAULT, Michel. *Arqueologia do saber.* Rio de Janeiro: Forense Universitária, 1987.

FOUCAULT, Michel. O sujeito e o poder. *In*: DREYFUS, H. L.; RABINOW, P. *Michel Foucault*: uma trajetória filosófica: para além do estruturalismo e da hermenêutica. Rio de Janeiro: Forense Universitária, 1995. p. 231-249.

FOUCAULT, Michel. Poder e saber. *In*: FOUCAULT, Michel. *Estratégia, poder-saber*. Rio de Janeiro: Forense Universitária, 2006. p. 223-240. (Ditos & Escritos, IV).

HALL, Stuart. A centralidade da cultura: a dimensão global. *Educação & Realidade*, Porto Alegre, v. 22, n. 2, p. 15-46, jul./dez. 1997b.

HALL, Stuart. The work of representation. *In*: HALL, Stuart (Org.). *Representation*: cultural representation and signifing practices. London; New Delhi: Sage; Open University, 1997a.

KLEIN, Carin. *Biopolíticas de inclusão social e produção de maternidades e paternidades para uma "infância melhor"*. Tese (Doutorado em Educação) – Programa de Pós-Graduação em Educação, Faculdade de Educação, Universidade Federal do Rio Grande do Sul, 2010.

LOURO, Guacira. Currículo, gênero e sexualidade: o "normal", o "diferente" e o "excêntrico". *In*: LOURO, Guacira; NECKEL, Jane Felipe; GOELLNER, Silvana Vilodre (Org.). *Corpo, gênero e sexualidade:* um debate contemporâneo na Educação. Petrópolis: Vozes, 2011.

LOURO, Guacira. L. Conhecer, pesquisar, escrever. *Educação, Sociedade & Culturas*, v. 25, p. 235-245, 2007.

MEYER, Dagmar E. *et al. A educação "da família" como estratégia governamental de inclusão social*: um estudo situado na interface dos estudos culturais, de gênero e de vulnerabilidade. Porto Alegre: UFRGS/CNPq; Faculdade de Educação, Universidade Federal do Rio Grande do Sul, Porto Alegre, 2008. Relatório de pesquisa.

MEYER, Dagmar E. A politização contemporânea da maternidade: construindo um argumento. *Gênero*, v. 6, p. 81-104, 2006a.

MEYER, Dagmar E. Processos coletivos de produção de conhecimento em saúde: um olhar sobre o exercício de enfermagem no hospital. *Revista Brasileira de Enfermagem*, v. 59, p. 95-99, 2006b.

MEYER, Dagmar E. Gênero e Educação: teoria e política. *In*: LOURO, Guacira Lopes; NECKEL, Jane Felipe; GOELLNER, Silvana Vilodre (Org.). *Corpo, gênero e sexualidade*: um debate contemporâneo na Educação. Petrópolis: Vozes, 2011.

MEYER, Dagmar E.; KLEIN, Carin; FERNANDES, Leticia P. Noções de família em políticas de "inclusão social" no Brasil contemporâneo. *Revista de Estudos Feministas*, v. 20, n. 2, 2012. No prelo.

MEYER, Dagmar. E.; RIBEIRO, Claudia M.; RIBEIRO, Paulo R. Gênero, sexualidade e educação. "Olhares" sobre algumas das perspectivas teórico-metodológicas que instituem um novo G.E. *In*: REUNIÃO ANUAL DA ASSOCIAÇÃO NACIONAL DE PÓS-GRADUAÇÃO E PESQUISA EM EDUCAÇÃO (ANPEd), 27., 2004, Caxambu. Disponível em: <http://www.ded.ufla.br/gt23/trabalhos.html>. Acesso em: 03 jul. 2010.

NICHOLSON, Linda. Interpretando o gênero. *Estudos Feministas,* v. 8, n. 2, 2000.

PACKER, Martin. *The Science of qualitative research.* New York: Cambridge University Press, 2011.

PARAÍSO, Marlucy Alves. Raciocínios generificados no currículo escolar e possibilidades de aprender. *In*: LEITE, Carlinda *et al.* (Org.). *Políticas, fundamentos e práticas do currículo.* Porto: Porto Ed., 2011. v. 1, p. 147-160.

PARKER, Richard; AGGLETON, Peter. *Estigma, discriminação e AIDS.* Rio de Janeiro: ABIA, 2002. (Coleção ABIA: Cidadania e Direitos, n. 1).

PETER, Elizabeth. Home health care: ethics, politics, and policy. *In*: STORCH, Janet L. *et al.* (Org.). *Toward a moral horizon.* Nursing ethics for leadership and practice. Toronto: Pearson, 2012. p. 384-397.

PETERS, Michael. *Pós-estruturalismo e filosofia da diferença*: uma introdução. Belo Horizonte: Autêntica, 2000.

SCHWENGBER, Maria Simone V. *Donas de si?*: a educação de corpos grávidos no contexto da pais e filhos. Tese (Doutorado em Educação) – Programa de Pós-Graduação em Educação, Faculdade de Educação, Universidade Federal do Rio Grande do Sul, Porto Alegre, 2006.

SHORE, Cris; WRIGHT, Susan. *Anthropology of policy*: critical perspectives on governance and power. London: Routledge, 1997.

VEIGA NETO, Alfredo. Cultura, culturas e educação. *Revista Brasileira de Educação*, São Paulo, n. 23, p. 5-15, maio/ago. 2003b.

VEIGA NETO, Alfredo. *Foucault e a Educação*. Belo Horizonte: Autêntica, 2003a. (Coleção Pensadores e Educação).

WOODWARD, Kathrin. Identidade e diferença: uma introdução teórica e conceitual. *In*: SILVA, Tomaz Tadeu da (Org.). *Identidade e diferença*: a perspectiva dos Estudos Culturais. Petrópolis: Vozes, 2000. p. 7-72.

CAPÍTULO 3

O uso da etnografia pós-moderna para a investigação de políticas públicas de inclusão social

CARIN KLEIN
JOSÉ DAMICO

Este capítulo pretende apresentar alguns caminhos teórico-metodológicos produzidos a partir de duas pesquisas de doutorado (KLEIN, 2010; DAMICO, 2011)[28] que trazem algumas aproximações em seus pressupostos teóricos, bem como a adoção do método etnográfico utilizado como instrumento central para o estudo de políticas públicas de inclusão social, no Brasil contemporâneo.

Para traçarmos os caminhos metodológicos das pesquisas citadas, recorremos, ao longo do texto, a transcrições e a experiências das investigações que ocorreram na cidade de Canoas, que pertence à região metropolitana de Porto Alegre/RS. As ações da política da Primeira Infância Melhor (PIM/RS) ocorreram na Vila Getulio Vargas, no bairro Mathias Velho, e as do Programa Nacional de Segurança Pública e Cidadania (Pronasci) foram realizadas no bairro Guajuviras, ali implementadas com o nome de Território de Paz.[29]

[28] As pesquisas foram orientadas pela profa. Dra. Dagmar Meyer no âmbito do PPGEDU/UFRGS, na linha de pesquisa *Educação, sexualidade e relações de gênero*.

[29] Atualmente o bairro Mathias Velho, juntamente com o bairro Guajuviras, passou a compor o chamado Território da Paz, uma ação que faz parte do Programa Nacional de Segurança Publica e Cidadania (Pronasci).

O objetivo da pesquisa de Carin Klein (2010) foi analisar uma política pública voltada para a promoção de uma Primeira Infância Melhor (PIM),[30] do Governo do Estado do Rio Grande do Sul, para discutir como ela, ao atuar como uma instância pedagógica, se propôs a enunciar, educar e regular, fundamentalmente, as mulheres pobres como sujeitos de gênero, no sentido de governar e instituir formas de exercer a maternidade. Nesse contexto, o posicionamento das mulheres-mães decorre da necessidade de o Estado, num cenário de pobreza e vulnerabilidade social, politizar a maternidade por meio da adequação a uma extensa pedagogia, corresponsabilizando as mulheres-mães pelo cumprimento de funções relativas à saúde e à educação das crianças. A realização do trabalho de campo ocorreu por meio do cruzamento de informações de diferentes fontes: documentos oficiais referentes ao PIM; atividades que integram o PIM, conforme registradas em diário de campo; entrevistas com técnicos/as, visitadoras[31] e mulheres-mães participantes. Acompanhar o trabalho desenvolvido no âmbito da política pode revelar algumas nuances da atuação de uma equipe de técnicos municipais e visitadoras, de relações familiares e de vivências de mulheres e homens inseridos num contexto amplo de significação.

A pesquisa de José Damico (2011) propôs-se a investigar as formas de governamento da juventude em políticas de segurança pública, entendendo-as como respostas do Estado à expansão e à generalização de um sentimento de insegurança e medo na sociedade contemporânea. Para tanto, discutiu as práticas de governamentalidade que atingem as periferias urbanas e, de modo particular, os jovens que lá habitam, considerando-as como resultados de uma alteração e uma intensificação dos modos como o Estado exerce o governo das condutas. Constituíram fontes de pesquisa: documentos oficiais, de órgãos de imprensa e panfletos de divulgação do Pronasci; narrativas literárias, musicais e fílmicas; anotações das recordações de

[30] O PIM tem como objetivo central orientar "as famílias para o desenvolvimento de atividades adequadas às necessidades e potencialidades de seus filhos no período mais importante da formação das competências familiares: da gestação até os seis anos de idade" (PRIMEIRA INFÂNCIA MELHOR, 2006). Entre os critérios de seleção das áreas beneficiadas pelo PIM está o número de famílias cadastradas no Programa Bolsa Família (PBF), menor número de crianças assistidas em escolas infantis, maior taxa de mortalidade infantil e maior vulnerabilidade social, estabelecendo-se, assim, pertencimento ou não.

[31] De acordo com o que foi/é preconizado na metodologia da política, as mulheres-visitadoras deveriam servir de elo entre o PIM e a comunidade, isto é, tornar-se as agentes fundamentais de educação, mas também de mudança das mulheres-mães. As atividades desenvolvidas por elas precisam ocorrer semanalmente, com gestantes e crianças de zero a três anos, nas residências das famílias, e, com crianças de três a seis anos, em grupos e em locais da comunidade.

campo, transcrições de grupos de discussão e entrevistas. As políticas de segurança tornaram-se elementos centrais da agenda política de nosso país, com propostas de soluções dirigidas aos jovens homens, principalmente de grupos considerados em situação de risco e vulnerabilidade social.

Partimos da compreensão de que a escolha do método etnográfico e que a própria etnografia pós-moderna podem trazer importantes contribuições para o estudo das políticas públicas, não porque sejam as melhores, mas justamente por serem "mais modestas quanto às reivindicações de possuírem a verdade e a autoridade, mais criticamente auto-reflexiva com respeito à subjetividade e mais autoconsciente das estratégias linguísticas e narrativas" (GOTTSCHALK, 1998, p. 127). No caso do Brasil contemporâneo, endereçamento principal diz respeito a brasileiros/as pobres que necessitam cumprir determinadas condicionalidades, expressas por meio de compromissos e responsabilidades com a segurança, a educação e a saúde de todos os seus membros, mas, sobretudo, diz respeito a crianças, jovens e mulheres pobres. Argumentamos que tais políticas investem na diminuição/solução de problemas sociais (estruturais e amplos) por meio da tutela das famílias. Assim, na medida em que intervêm na conformação dos seus corpos, tais políticas atuam também na conformação de subjetividades, ao exigir o cumprimento de um conjunto de práticas a serem incorporadas em contrapartida ao usufruto de algum tipo de benefício ou remuneração.

O que propomos neste capítulo é apresentar nossos modos de pesquisar determinadas políticas de inclusão social e os grupos e indivíduos que elas buscam atingir, procurando também compreender como agem sobre as condutas dessas pessoas. Assim, tratar dos modos como os indivíduos podem ou não se submeter às intervenções estratégicas de governo que tais políticas pretendem colocar em operação é uma tarefa que se articula a um texto com muitas vozes, enfatizando o caráter provisório e parcial de toda análise cultural.

É nessa medida que compartilhamos ainda o entendimento de que a incorporação do método etnográfico vincula-se à escolha do referencial teórico, à formulação do problema e das questões de estudo, da escolha dos procedimentos e da produção dos dados empíricos, mas, principalmente, da inscrção e da realização das análises – cujo foco está nas relações e interações cotidianas que ocorrem nesses espaços –, da preocupação constante que envolve os sentidos e os significados presentes nos ensinamentos, julgamentos e comportamentos, tanto dos/as profissionais quanto dos/as usuários das políticas (KNAUTH, 2010).

DOS FAZERES E DOS OLHARES DAS PESQUISAS

Ao nos apoiarmos nos estudos feministas e de gênero, aportados em uma perspectiva pós-estruturalista, entendemos que o/a pesquisador/a não consegue estar em uma posição distante ou neutra do objeto que está investigando. Desse modo, incluímos nas análises a nossa participação na condução do processo metodológico, em que as opções teóricas e metodológicas não ficam escondidas ou subentendidas e, sim, explicitadas e implicadas no processo de realização do estudo.

Ao eleger a etnografia pós-moderna como o eixo articulador da narrativa que redigimos, estamos tomando uma atitude política que tem riscos, mas que parece coerente com a temática da governamentalidade. Ou seja, ao estarmos atentos/as e fazermos emergir as diferentes vozes presentes nos textos, os limites da autoridade científica e acadêmica serão colocados sob rasura e, nisso, o modo como se constrói determinadas verdades sobre maternidade, cuidado, juventudes, violência e segurança das periferias urbanas, por exemplo.[32]

Clifford Geertz (1997) passou a tratar a cultura como um texto, uma rede de significados elaborados socialmente pelos indivíduos, e sua interpretação, como o ofício da antropologia. A interpretação antropológica configurava, assim, uma leitura de segunda ou terceira mão feita por sobre os ombros do nativo, o qual faz a leitura de primeira mão de sua cultura. A análise cultural interpretativa afirmava explicitamente, no texto etnográfico, seus limites ou mesmo o caráter particular e muitas vezes provisório dos resultados da análise.

Na ênfase dada por James Clifford (1983), trata-se de trazer para dentro da narrativa do texto etnográfico a polifonia que marca as relações de poder desiguais e as condições sociais, políticas e de dominação que presidem as circunstâncias do diálogo estabelecido pelo encontro etnográfico, assim como manifestar aos interlocutores de carne e osso aos quais o texto se destina.

A antropologia pós-moderna, nessa mesma direção, entende que não existe o outro como tal, mas apenas sua representação. Ou seja, é o próprio conceito de representação que entra em crise, o que, por consequência, acaba por liberar o pensar e o criar de sua relação com o real do positivismo lógico, do realismo naturalista, do estruturalismo e do historicismo do século XIX – formações discursivas segundo as quais a realidade possui uma ordem anterior, à qual essas formas só podem se ajustar.

---

[32] Os percursos da pesquisa etnográfica também foram trilhados nos capítulos de Lívia Cardoso e Shirlei Sales neste mesmo livro, produzindo debates analíticos profícuos.

Para Clifford (1986, p. 11), "a crítica ao colonialismo no período pós-guerra – um enfraquecimento da habilidade do Ocidente de representar outras sociedades – tem sido reforçada por um importante processo de teorização dos limites da própria representação". É nessa medida que se dá, na antropologia, a virada pós-moderna, a partir de uma posição autorreflexiva.

> A etnografia a serviço da antropologia antigamente olhava para um outro claramente definido, categorizado como primitivo, tribal ou não ocidental, ou pré-letrado, ou não histórico [...]. Hoje a etnografia encontra outros em relação a si própria, enquanto se vê a si mesma como outra (CLIFFORD, 1986, p. 23).

O sujeito deixa de ser pensado como uma entidade prévia ao discurso, para ser tratado como o próprio efeito da discursividade (ou da atividade interpretativa). As formulações de Geertz (1997) podem ser consideradas como fundamentais, pois produziram um impacto no conjunto do pensamento social, ao pôr em questão a autoridade da antropologia que, desde Franz Boas e Bronislaw Malinowski, baseava-se na experiência etnográfica, ou seja, na observação participante.

A chamada virada pós-moderna na etnografia coloca em relevo um modo de conceber a linguagem e o papel fundamental que esta desempenha na instituição dos sentidos que damos às coisas do mundo. Desse modo, a linguagem não faz a mediação entre o que vemos e o pensamento – ela constitui o próprio pensamento. Assim, "quando alguém ou algo é descrito, explicado, em uma narrativa ou discurso, temos a linguagem produzindo uma 'realidade', instituindo algo como existente de tal ou qual forma" (COSTA, 2000, p. 77).

As estratégias da etnografia pós-moderna na qual nos apoiamos para escrever os trabalhos podem ser resumidas em três movimentos de investigação e de análise no trabalho de campo que procuramos seguir e mesclar, baseando-nos na sugestão de Simon Gottschalk, na etnografia que fez sobre a cidade norte-americana de Las Vegas (1998, p. 128):

> Muitos autores interessados na virada pós-moderna recomendam uma variedade de estratégias de realização da etnografia, e, embora tais recomendações sejam sem dúvida úteis, [...] sugiro desenvolver estratégias que sejam práticas, em harmonia com o local e as pessoas com os quais se interaja, e que melhor habilitem o/a etnógrafo/a na prática de seu trabalho.

De acordo com as recomendações do autor citado, as estratégias colocadas por nós em ação foram as seguintes:

a) Considerar a presença do narrador (eu) na história, com base na autorreflexividade. Autorrefletir sobre o relacionamento entre o pesquisador e o que está sendo pesquisado, dando ênfase aos nossos sentimentos, incômodos e prazeres ao longo da investigação. Aí estão incluídos os questionamentos e as dúvidas sobre a escolha do lócus da pesquisa, os métodos de investigação, as estratégias textuais e as reivindicações de autoridade;

b) Produzir evocação em vez de descrição; aqui se trata de voluntariamente utilizar as recordações de elementos da própria memória. Em vez de tentar convencer o leitor da verdade dos relatos, apelando para formas textuais em que a autoridade acadêmica se torne o critério de fidedignidade do texto, os etnógrafos pós-modernos tentam promover uma compreensão mediante reconhecimento, identificação, experiências pessoais, emoção, discernimento e formas de comunicação que comprometam o/a leitor/a com planos outros que unicamente o racional;

c) Utilizar de interrupções feitas por artefatos culturais; incluir textos culturais, tais como documentos oficiais, manuais, campanhas, mensagens nos panfletos de divulgação das ações do Estado, *outdoors*, cartazes de filmes, por exemplo. Essas mensagens tanto pontuam o texto quanto aparecem na forma de fotografias/figuras na etnografia.

É na esteira dessas estratégias etnográficas que podemos dizer que o modo de ver o objeto de pesquisa conecta-se com o modo de narrar, isto é, aos procedimentos de investigação utilizados no trabalho de campo durante o qual o material empírico foi produzido e analisado. São esses movimentos de ver e narrar que utilizamos para pôr em dúvida uma série de estratégias que visam a capturar indivíduos e multiplicidades humanas. O conceito de governamento, de Michel Foucault (1995), passa a funcionar como uma estratégia articulatória à etnografia pós-moderna, cuja intenção, ao abordar a temática da maternidade e das juventudes, em pesquisas que se inspiram na perspectiva foucaultiana, supõe problematizar as relações entre família-maternidade-Estado e juventudes-poder: o campo mais amplo da análise pós-estruturalista, ao qual a produção desse autor se associa, está centralmente envolvido em explicar os compromissos (das práticas) com o poder.

Foi nesse sentido que nos utilizamos do método etnográfico, a fim de apreendermos como os/as jovens e as mulheres-mães de periferias urbanas de

Canoas/RS tornaram-se alvo de determinadas orientações e ensinamentos que, de um lado, buscavam atuar no sentido de responsabilizá-los pelas ações propostas e, de outro, posicioná-los como os/as agentes centrais de operacionalização das políticas. Pode-se dizer que os indivíduos passaram a ser posicionados em inúmeras políticas de inclusão social, tal como o PIM e o Pronasci, como agentes fundamentais para a redução de seus problemas, tomados quase como epidêmicos.

Isso significa discutir que determinadas formas de se constituir como jovens, mulheres e mães – reproduzidas e veiculadas por políticas e programas governamentais – estão relacionadas à racionalidade neoliberal, que tem preconizado o enxugamento e a redução do Estado. Assim, pluralizam-se políticas de Estado que passam a difundir e veicular um modelo de juventude, família e maternidade, uma vez que eles/as são o público-alvo das campanhas de cunho educativo e social: Programa Esporte e Lazer da cidade (Pelc); Protejo Mulheres da Paz; programas de aleitamento; recebimento e cumprimento das responsabilidades instituídas pelo Programa Bolsa Família (PBF); comparecimento em ações voltadas à infância; participação em ações que objetivam a diminuição da violência, entre outras.

Tomamos como pressuposto o entendimento de que as ações de Estado são formulações datadas, constituídas e constituintes do social. Nosso propósito foi pensar nos efeitos que determinadas ações de Estado, como dispositivos pedagógicos, instituem ao atuar na produção de formas específicas de governar os indivíduos, incluindo, normalizando, enfim, governando determinados modos de ser criança, mãe e jovem.

Chamamos a atenção que, embora tenhamos organizado as estratégias de pesquisa em cinco subseções distintas, tal organização é obviamente artificial e seu desenvolvimento cumpre apenas os propósitos didáticos. No campo, esses movimentos estavam todos interligados. Comentaremos, a seguir, alguns instrumentos de pesquisa utilizados nas investigações e suas respectivas potências analíticas.

a) O exame de documentos e reportagens referentes às políticas públicas

Para compormos o *corpus* das pesquisas, tornou-se importante a articulação entre diferentes procedimentos de investigação. Entre eles, argumentamos sobre a relevância da seleção e da análise de documentos oficiais, reportagens, cartazes e fôlderes referentes às políticas públicas aqui estudadas. Partimos do entendimento de que estes serviram/servem como importantes referências para as formas de implantação e implementação das políticas nos municípios, além de evidenciarem a dimensão política que envolve os processos educativos direcionados aos indivíduos. A descrição e a análise de documentos oficiais e outros artefatos culturais tornaram-se importantes para mostrar como eles foram/são constitutivos das ações que se materializaram nas atividades educativas propostas às populações-alvo das políticas.

Ao seguir um pensamento que vê o simbólico como algo indissociável do político, Claudia Fonseca e Andrea Cardarello (2009) sublinham a importância de analisarmos os processos discursivos, em que determinadas classificações passam a ser utilizadas para descrever e produzir os sujeitos políticos. As autoras nos fazem pensar acerca da produção social e histórica de determinadas categorias e em como estas passam a ser apresentadas em documentos, leis e instituições como os pobres, vulneráveis, jovens, mulheres-mães e crianças. A isso elas chamam de "poder instituidor das palavras" – como se descreve e delimita, por exemplo, a infância e a juventude pobre como um "problema social", seguido da necessidade de educar esses sujeitos para que sejam mais produtivos/as, protetores/as e responsáveis –, desvendando as disputas, as negociações e os efeitos em torno dos usos desses termos.

Investigar a produção de conhecimentos que se referem ao desenvolvimento infantil na cultura contemporânea, mais especificamente no conjunto de prescrições formuladas no âmbito do PIM, implicou analisar o modo como verdades científicas foram/são produzidas e veiculadas e como posicionam a mulher e a maternidade no centro das soluções para os problemas que focalizam. Nessa perspectiva, o desenvolvimento integral das crianças pressupõe o exercício efetivo das mulheres-mães, exigindo delas sua atenção (também integral), treinamento e monitoramento constantes. No contexto educativo do PIM,[33] vejamos como a mulher-mãe é posicionada no *Guia da Família* (RIO GRANDE DO SUL, 2007), um dos principais documentos utilizados pelos/as integrantes da política:

> O conhecimento do espaço onde vive é importante para o desenvolvimento do seu filho. Entende-se como espaço o bairro onde vive, sua casa, pátio, cozinha etc. A relação com os objetos no espaço pode ser trabalhada de modo simples, como as seguintes determinações: Busque o livro que está

[33] No que se refere ao PIM, um detalhado aparato pedagógico pretende constituir importantes espaços de veiculação e articulação de estratégias educativas voltadas aos/às profissionais que atuam (técnicos/as, monitores/as e visitadores/as) com as famílias-alvo. Isso ocorre tanto por meio da elaboração e do uso sistemático de manuais e guias destinados a esses segmentos quanto a partir de capacitações, visitas domiciliares, reuniões grupais e comunitárias.

> debaixo da mesa. Pegue a camisa que está na gaveta direita. [...] Existe uma brincadeira que toda criança gosta. Mamãe mandou: levantar a mão direita [...] as ordens podem variar de acordo com o desenrolar da brincadeira (*ibidem*, p. 68-69).

O excerto visibiliza a produção de uma pedagogia centrada na criança, instituindo a posição de sujeito de mãe-professora, capaz de atuar em casa, no pátio, na cozinha, que necessita estudar o *Guia* para aprender a brincar com as crianças, explorar o espaço, realizar atividades motoras. Assim, torna-se explícito nesse documento que a mulher precisava evidenciar a presença e a compreensão de determinados atributos que a transformariam em referência para a realização de ensinamentos cujo propósito era garantir o desenvolvimento infantil saudável, além de suprir a ausência de uma educação infantil de qualidade que não está ao alcance de muitas famílias pobres brasileiras.

Nessa direção, entendemos que a formulação de políticas públicas para solucionar problemas sociais cumpre um papel inicial de produtor de sentidos, em que aqueles/as que elaboram determinada política constroem uma representação da realidade sobre a qual se quer intervir. É importante dizer que essa representação constrói os sujeitos de determinado modo; ou seja, as políticas sociais estão diretamente implicadas na constituição dos sujeitos. É desse modo que passamos a conduzir nosso olhar na direção de localizar, descrever e problematizar algumas estratégias discursivas que atuaram no sentido de constituir formas de ser jovens e mulheres-mães pobres, definidos/as por meio dos documentos e ensinamentos veiculados em políticas de inclusão social, para descrever como esses discursos produzem e atravessam formas de organização do social.

Pode-se dizer que a forma como técnicos/as, visitadoras, mulheres e homens significam e conduzem suas práticas está relacionada com a forma como são pensados, nomeados e ensinados a organizar e dirigir suas vidas. Esses processos não são lineares, tampouco homogêneos, pois estão diretamente vinculados a sistemas embutidos na linguagem que incidem sobre a formulação de leis, documentos, pareceres, imperativos, recomendações.

Segundo Rosa Fischer (2001), ao buscarmos analisar os discursos, precisamos nos distanciar de explicações unívocas, das interpretações fáceis ou da busca por um sentido último. Isso significa que não há um sentido oculto aguardando ser revelado ou uma verdade a ser descoberta; o que "há são enunciados e relações, que o próprio discurso põe em funcionamento. Analisar o discurso seria dar conta exatamente disso: de relações históricas, de práticas muito concretas, que estão 'vivas' nos discursos" (*ibidem*, p. 198-199). Para isso, torna-se necessário afastar-se de interpretações lineares e seguir na direção de compreender e explorar documentos, reportagens, entrevistas, anotações, vivências, falas, gestos, olhares e tantos outros comportamentos que passaram a constituir a base material sobre a qual os sujeitos pesquisados se multiplicam, se conflitam, se dispersam. Foi nesse sentido que procuramos dar visibilidade a uma determinada materialidade que produzimos em nossos processos de pesquisa, como linguagens e discursos, que abarcam a análise de documentos oficiais, na medida em que são produtos históricos, culturais e políticos imersos em relações de poder.

Na próxima seção, procuramos descrever a forma como buscamos entrar e direcionar o nosso olhar no campo.

b) A observação participante nas atividades que compõem as políticas

As tramas sociais investigadas passaram a ser produzidas por meio do cruzamento de informações de diferentes fontes, permitindo-nos mapear e descrever convergências e confrontar os diferentes discursos e sujeitos que constituíam as políticas. A realização de um trabalho de campo de caráter etnográfico possibilitou-nos o diálogo com diferentes lógicas e dinâmicas culturais, permitindo-nos o confronto com imperativos contemporâneos de juventude e maternidade, por exemplo, veiculados e instituídos por meio de políticas públicas de educação e(m) saúde e de segurança pública.

A observação participante nas atividades educativas (formuladas e apresentadas em seus documentos e protagonizadas por meio dos/as técnicos/as e dos grupos participantes) obteve um foco específico, o de "'examinar' com todos os sentidos um evento, um grupo de pessoas, um indivíduo dentro de um contexto, com objetivo de descrevê-lo" (VÍCTORA *et al.*, 2000, p. 62). Podemos dizer que iniciar a produção do material empírico para a realização de nossas pesquisas de doutorado constituiu-se numa tarefa difícil, uma vez que considerávamos um grande desafio investigar e interagir com pessoas de carne e osso. Isso significou ampliarmos a maneira de ver e de fazer pesquisa, e precisamos ficar atentos para a observação, a participação, a escuta, o registro, o envolvimento e a sensibilidade que acreditávamos serem fundamentais para viver esse processo.

Hoje entendemos que entrar no campo significa deixar-nos envolver por ele, uma vez que o que ali acontece não está pronto, tampouco é algo dado *a priori*. Assim, podemos ser surpreendidos, necessitando reformular as nossas propostas iniciais. Um exemplo disso ocorreu quando as ações propostas na metodologia do PIM foram deixando de ocorrer devido à não contratação de novas visitadoras e monitoras, demonstrando a imprevisibilidade das políticas (e dos processos de pesquisa), tal como descrevemos a seguir:

> Em março de 2007, período em que iniciei o trabalho de campo, havia sete visitadoras e uma monitora contratada. Esses contratos foram gradativamente sendo encerrados até junho daquele ano; enquanto realizava o trabalho de campo, mês a mês, aguardava junto com os/as outros/as profissionais as novas contratações. Pela ausência das contratações, a previsibilidade da política se rompia, e a equipe de técnicos/as precisava lançar mão de modalidades de atendimento que não estavam delineadas nas orientações e na metodologia. Pelo que acompanhei no município, a não contratação estava diretamente associada a tensões político-partidárias. Então, o PIM Canoas deixava de cumprir as chamadas "modalidades de atenção", que compreendiam: modalidade individual (que ocorre nas residências, com famílias que possuem crianças de zero a três anos), modalidade grupal (que ocorre nas escolas ou em centros comunitários com os/as cuidadores/as e as crianças de três a seis anos) e visitas de acompanhamento (com as gestantes ou famílias cadastradas que não comparecem aos encontros) (KLEIN, 2010, p. 54).

Diante disso, podemos dizer que aprendemos que o processo de pesquisa também inclui descontinuidades, interrupções e imprevisibilidades inerentes à implantação e à implementação das políticas sociais. Dar visibilidade a esses fatos pode confirmar e nos fazer pensar sobre as fragilidades do trabalho desenvolvido no âmbito das políticas, decorrentes tanto da falta de suporte e de envolvimento da esfera pública quanto de alguns dos pressupostos que ancoram sua formulação (ampliar as áreas de atuação das políticas, articular naquelas comunidades a chamada rede de atendimento social que deveria complementar as ações das políticas, manter as contratações dos agentes responsáveis pela operacionalização das políticas e, consequentemente, fortalecer o tão propagado vínculo com as populações-alvo). Nessa direção, Andrea Fachel Leal (2008) diz que um estudo etnográfico das políticas permite ao investigador observar e conhecer a política de dentro, a fim de explorar e problematizar premissas que em princípio possam parecer óbvias. Desse modo, o estudo das políticas pode indicar a distância entre o que é preconizado em um segmento institucional – o Estado – e o que ocorre lá na ponta, onde elas são experienciadas, ampliando-se assim a reflexão acerca dos impactos e efeitos sobre a vida das pessoas ou dos grupos sociais em questão.

Referindo-se ao fazer etnográfico, Roberto Cardoso de Oliveira (1996) enfatiza o caráter constitutivo do ouvir, do olhar e do escrever, tanto na produção do conhecimento relacionado às disciplinas que nomeamos de "Ciências Sociais" quanto na interpretação dos fenômenos sociais, uma vez que estes são percebidos e até mesmo compreendidos pelos esquemas conceituais que nos orientam e estruturam. Desse modo, selecionamos o que e de que forma olhar, ouvir e escrever, elementos que parecem ora atuar independentemente, ora de maneira complementar no exercício da investigação: no desejo de interagir, conhecer e apreender a significação resultante da prática social.

No caso da tese realizada no âmbito do PIM, a experiência em participar semanalmente dos grupos que se formavam com as visitadoras, os/as técnicos/as, as mulheres-mães e as crianças foi, aos poucos, se constituindo numa vivência prazerosa e de grande aprendizagem. Por mais que se buscasse colocar apenas como estudante e pesquisadora (talvez na tentativa de diminuir o envolvimento e alcançar a chamada neutralidade, tão contestada pelo referencial teórico que assumimos), constantemente era convocada pelos/as participantes dos grupos a colocar as impressões e os conhecimentos, a escutar as explicações e justificativas das mulheres sobre a sua ausência em algum encontro, a contar ou ouvir uma história, a auxiliar na arrumação da sala que ocorriam os encontros, a participar das brincadeiras, a cuidar de um bebê, a receber os convites para os aniversários, chás de fraldas ou de outros momentos importantes. Relativizar conceitos como disciplina, cuidado, saúde, segurança ou negligência se tornou um exercício constante; da mesma forma, a reflexão sobre como mulheres, visitadoras e técnicos/as, diante de tantas adversidades, conseguiam extrair de si o melhor para a relação que ali se estabelecia. Foi preciso entender que dias chuvosos, muito frios ou muito quentes dificultavam e, às vezes, até impossibilitavam os encontros; considerar a importância da flexibilização dos horários, dos planejamentos e das atividades desenvolvidas; o mais importante, entender que participar de um grupo de pesquisa pode imprimir em nós pertencimentos que vão muito além daqueles encontros e da realização de uma investigação.

A noção de reflexividade discutida por Fonseca (1999) sugere que o/a investigador/a assuma o fato de que a sua subjetividade está envolvida na produção dos dados e das análises, sem negar que ao longo do trabalho se estabelecerá uma relação entre o/a pesquisador/a e o/a pesquisado/a. A partir desses atores, buscamos produzir um diálogo capaz de levar em conta diferentes tempos, lugares sociais e pertencimentos éticos, políticos e econômicos. Cabe dizer que o "fato social" a ser pesquisado pode carregar uma materialidade muitas vezes expressa por meio de comportamentos, atitudes e emoções, importando compreender o contexto e os diferentes elementos que configuram essas experiências, bem como os sentidos que elas assumem nas relações sociais (*idem*).

Contemporaneamente, a produção do trabalho etnográfico tem passado por um processo de autocrítica, com a qual se sugere a necessidade de que o etnógrafo se interrogue "sobre os limites da sua capacidade de conhecer o outro" (CALDEIRA, 1988, p. 133). Assim, o/a autor/a do texto etnográfico procura mostrar-se, expor suas dúvidas, os caminhos trilhados para a realização das análises e o que é possível ver dessa perspectiva. Isso demanda admitir sua inserção no contexto da pesquisa, na produção dos dados e no modo como os experimenta e traduz.

Nesse sentido, apresentamos a seguir alguns aspectos que consideramos importantes sobre a realização do diário de campo.

c) A realização do diário de campo

A realização do diário de campo nos serviu como importante instrumento de registro, a fim de configurar a nossa forma (particular) de conhecer e ocupar os espaços de trabalho e pesquisa. Foi o modo como organizamos, desenvolvemos e refletimos sobre a nossa inserção no trabalho de campo, que pode compreender a coleta de documentos, o conhecimento e as impressões dos lugares da pesquisa (bairro, associação, praças etc.), a formação de vínculos com os/as interlocutores/as de pesquisa, o acompanhamento e a observação participante das atividades nos grupos, as escolhas, a formulação e a realização das entrevistas, com o propósito de apreender os significados e as relações produzidas ao longo de um processo educativo que ocorria a partir da implementação das políticas sociais examinadas.

Ao escrevermos sobre algumas ações, comportamentos e entendimentos que envolveram os sujeitos das pesquisas, percebemos como foram emergindo alguns sentidos em torno de noções como "família", "maternidade", "infância e juventude", mas principalmente como os/as jovens e as mulheres eram posicionados/as nas ações, nos ensinamentos e nas discussões que ocorriam no âmbito das políticas. Buscávamos, sob a presença da teoria, que a escrita do diário de campo não servisse apenas como um instrumento de registro das observações participantes, mas, sobretudo, de reflexão. No contexto investigativo, a busca pela realização das entrevistas pode servir ao/à pesquisador/a como um meio de confirmar ou ampliar fatos e interpretações que no transcorrer das observações não foram possíveis captar. Desse modo, esse instrumento nos serviu para expandir entendimentos sobre os lugares das pesquisas, quem eram/são os sujeitos e de que forma eles/as vivenciam e interpretam seus dilemas, sentimentos, alegrias e/ou realizações. É disso que trataremos a seguir.

d) Entrevistas com os/as técnicos/as e com os participantes das políticas

As entrevistas passaram a se constituir em um importante instrumento de investigação, utilizadas na busca por informações ou sujeitos/informantes específicos. Foi individualmente ou em pequenos grupos que ampliávamos o conhecimento sobre motivações, resistências, princípios, ocupações e significados particulares dos sujeitos envolvidos.

No caso das nossas investigações, consideramos importante estabelecer um roteiro preestabelecido para direcionar as entrevistas, o enfoque em um tema específico, um local apropriado, geralmente da escolha do informante, uma vez que o local (e o lugar que ocupa o/a pesquisador/a) pode influenciar as respostas dos/as informantes. Aprofundar a compreensão sobre as formas de educar e de atingir os objetivos formulados, por meio das políticas, tinha como propósito ampliar a compreensão de como os/as técnicos/as, jovens e mulheres eram interpelados/as de diferentes modos e como interpretavam aspectos cotidianos de suas experiências.

Ao discutir os problemas vivenciados em um dos grupos pesquisados, observávamos que a falta de espaços de lazer, de acesso à rede de educação infantil e de expansão do atendimento nos postos de saúde eram assuntos prementes naquelas comunidades. Uma das visitadoras do PIM, que também era moradora da Vila Getúlio Vargas, ao contar como as famílias que ela atendia avaliavam os serviços públicos de saúde no bairro, dizia:

> Péssimos. Muitas vezes, eu tinha que ir lá na Unidade Básica de Saúde (UBS) e fazer aquilo que não se deve fazer, dar "carteiraço". *E quais são os problemas que tu identificas na comunidade em que tuas famílias estão inseridas?* A saúde é gravíssima. [...] tem muito esgoto a céu aberto ainda (Entrevista com a visitadora Goreti, 10 out. 2007).

Mediante entrevista, a visitadora demonstrava reconhecer que ocupava uma posição de maior poder, e era por meio dele que, em alguns momentos, buscava ampliar o acesso das famílias aos serviços públicos de saúde do município, que se mostravam precários ou insuficientes. Ao mesmo tempo, ela dava indicações de que a insuficiência dos serviços oferecidos pelo Estado (ou município) estava diretamente relacionada com as condições de saúde (e, eu diria, com educação, lazer e trabalho) daquela parcela da população pobre.

Com cada morador/a com quem conversávamos, tínhamos a oportunidade de conhecer alguns aspectos da comunidade. Ao ouvir aqueles relatos, compreendíamos algumas dificuldades importantes daquelas famílias e indivíduos, para além da falta de acesso a trabalho formal e renda, incluindo a falta de acesso a direitos sociais considerados básicos, como moradia, urbanização, saúde, lazer e educação. As entrevistas também podiam revelar alguns aspectos de vida e de compreensões de pessoas que viviam em situações bastante precárias, mas que, ao serem indagadas, sorriam e diziam que "estava tudo bem" por ali, mostrando-nos que a significação de algo como sendo "um problema", por exemplo, era/é dinâmica e relacional.

Na próxima seção, apresentaremos a estratégia de discussão a partir das palavras significativas. Essa estratégia tem como base a noção de que as palavras são capturadas pelo Estado e de que, muitas vezes, em nossas investigações, adotamos determinados léxicos linguísticos sem ao menos nos perguntarmos quais palavras e sentidos são importantes para as pessoas que são nossos interlocutores na investigação.

e) Grupo de discussão

Os significados que os jovens atribuem às palavras desempenharam um papel importante na análise da pesquisa que ocorreu com os jovens da periferia urbana, são todos influenciados pela distinção entre nós e eles e não são fixos em um movimento unilateral de pensamento (DAMICO, 2011). O significado que os/as jovens dão a palavras ou categorias diferentes é parte de um processo que ocorre entre os dois domínios de referência nós e eles e não pode ser atribuído a um dos domínios de referência. Isso deixa claro que o domínio de uma referência não pode ser significado sem ter conhecimento da existência do outro.

A partir desse objetivo buscou-se obter dos/as jovens seus pensamentos sobre a relação entre juventude, polícia e Estado. Decidimos não começar com um questionário previamente elaborado em consonância com esse foco, mas usar um outro método, baseado na teoria que Sylvain Lazarus desenvolveu em seu livro *Anthropologie du Nom* (1996). Uma das ideias básicas dessa teoria é que todas as pessoas têm uma intelectualidade que pode ser expressa de uma forma original. O ponto de partida para investigar essa intelectualidade é escutar o modo como os jovens são capazes de se expressar.

Discutimos um conjunto de elementos, enunciados em reuniões de grupo com os jovens, em formato de palavras significativas, que estão implicados com processos de constituição de identidades juvenis nesses contextos. Na primeira reunião do grupo pedimos aos/as jovens para citar o que chamamos de palavras significativas, ou seja, palavras que são importantes para entender e descrever suas vidas e como eles se veem. Em cada uma das reuniões seguintes discutiu-se o significado e o valor atribuído a algumas dessas palavras.

O pensamento dos/as jovens pode ser visto como um contrapensamento que está relacionado com – ou em oposição a – determinado pensamento dominante, que está mais associado aos poderes do Estado, na opinião dos jovens. A maneira como os jovens percebem a si mesmos e a suas vidas e como manifestam o seu pensamento é influenciada pelas relações de poder e não pode ser vista de modo independente delas. Tentamos, assim, refletir sobre os valores dos jovens e a experiência dessa relação de poder, e também sobre que tipo de possibilidades ou obstáculos veem para garantir uma posição aceitável para si dentro dessas relações de poder.

A seguir, apresentaremos não uma operação típica do trabalho de campo ("estar lá"), mas uma outra operação, não menos importante ("escrever aqui"). Trata-se basicamente de um pacto autobiográfico, ou seja, trazer um conjunto de narrativas que estiveram presentes na vida dos/as autores/as e que, ao mesmo tempo que em contato com a produção do campo (diário, entrevistas, palavras significativas e literatura acadêmica), produzem uma outra via, também passível de análise, um elemento extratextual e que se torna textual.

f) Narrativas literárias, musicais e fílmicas

A intenção de nossas pesquisas foi declaradamente redigir uma etnografia pós-moderna para além das tarefas mais tradicionais em relação aos textos e dados que operamos, na organização, interpretação e comunicação dos dados. A etnografia pós-moderna exige também que seu autor permaneça constante e criticamente atento a questões tais como a subjetividade, os movimentos retóricos e os problemas relacionados às vozes presentes no texto, perguntar-se que jogos de poder estão envolvidos com a produção desse objeto e, nessa medida, também problematizar os limites à autoridade, as asserções de verdade, os desejos inconscientes e assim por diante. As narrativas literárias, musicais e fílmicas foram utilizadas com diferentes funções na tese de um de nós (DAMICO, 2011).

Desse modo, a música "Refavela" (1977) de Gilberto Gil funcionava como um solo fértil para articular políticas textuais, aspectos ligados à subjetividade e à ambivalência presentes na trajetória do autor.

> A refavela/ revela aquela/ que desce o morro e vem transar/ O ambiente/ efervescente/ de uma cidade a cintilar/ A refavela/ revela o salto/ que o preto pobre tenta dar/ Quando se arranca/ do seu barraco/ prum bloco do BNH/ A refavela, a refavela, ó,/ como é tão bela, como é tão bela/ A refavela/ revela a escola de samba paradoxal/ Brasileirinho/ pelo sotaque/ mas de língua internacional/ A refavela/ revela o passo/ com que caminha a geração/ Baby-blue-rock/ sobre a cabeça/ de um povo-chocolate-e-mel/ A refavela/ revela o sonho/ de minha alma, meu coração/ De minha gente,/ minha semente,/ preta Maria, Zé, João (GIL,Gilberto. Refavela. 1977).

Em "Refavela", Gilberto Gil traz para o centro da cultura brasileira várias facetas esquecidas ou negadas da diáspora negra, cria uma ponte entre a África negra e o Brasil pobre e favelado, ao mesmo tempo que utiliza o prefixo "re-" antes de "favela", numa tentativa simbólica de reconstrução, a partir da musicalidade, não só da denúncia das mazelas sociais como da potência criativa das periferias.

Outra narrativa utilizada foi a de José Saramago e trechos do seu livro *Ensaio sobre a lucidez*, que adentrou o texto da tese justamente para radicalizar as questões ligadas à propalada crise de representação política. Parte dos/as jovens questionaram as posições e as promessas dos políticos.

No livro, Saramago toca um assunto que não é tabu, mas que está relacionado ao exercício cívico do voto e suas consequências. Como acontece com tudo o que está à vista, acabamos por não ver essas consequências. "Uivemos, disse o cão". A escolha dessa frase do romance para epígrafe prende-se à ideia de que as pessoas são os cães e, como tal, devem uivar. "Já é tempo de uivarmos. Todos nós devemos levantar a voz", afirma o autor, para quem o próprio romance pretende ser um uivo (SARAMAGO, 2008, p. 12).

A descrença nas rígidas instituições políticas tradicionais (sindicatos e partidos), a impossibilidade de identificar o interlocutor a quem dirigir reivindicações, a perda de força da representação que fora um dos elementos-chave da política contemporânea determinam um redimensionamento da resistência frente ao poder.

Ao redigir uma etnografia pós-moderna, as questões ligadas aos movimentos retóricos e aos problemas da voz, poder, política textual, limites à autoridade, asserções de verdade, desejos inconscientes e assim por diante podem ser mobilizados trazendo a polifonia como uma marca característica do estilo de construção textual.

Com relação à narrativa fílmica, citamos a utilização dos argumentos de filmes de ficção científica como *Minority Report* (2002) para rasurar e dasautorizar as políticas de verdade impostas por meio do Pronasci. Um dos temas levantados em *Minority Report* e que se articula à temática das políticas de prevenção à criminalidade versa sobre ser ou não admissível que se faça qualquer coisa que funcione na prevenção do crime, ou sobre a indagação de se algumas coisas são inaceitáveis, mesmo que sejam eficazes; em outras palavras, se a eficácia é a única questão a ser considerada ou se existem limites éticos que devem ser defendidos como fundamentais ao estado de direito. A questão está, obviamente, no cerne do debate sobre ser admissível ao projeto "Pré-crime" aprisionar alguém que não tenha verdadeiramente cometido um crime.

Nossas etnografias buscam inverter a lógica de que os/as pesquisadores/as teriam uma posição de interpretação privilegiada, instalando um diálogo entre pesquisador e os nativos, em que ambos participam do estudo. Tal posição requer que integremos nosso *status* de observador-participante com o *status* dos nativos para que sejam não meros informantes, mas interlocutores ativos. A estratégia de escrita é a de sensibilizar o/a leitor/a por meio de outras vozes. Desse modo, a intenção é produzir um processo interativo, uma vez que muitos/as dos/as leitores/as já tiveram algum contato com as narrativas literárias, musicais e fílmicas referidas e podem tirar suas próprias conclusões ou associações com outras narrativas.

ALGUNS OLHARES SOBRE AS PESQUISAS OU O QUE A ETNOGRAFIA NOS PERMITIU VER

Em nossas duas teses, buscamos produzir histórias etnográficas que evocassem a lógica pós-moderna a partir de nossas experiências subjetivas com as ações de Estado postas em movimento na e para bairros periféricos de Canoas, município da região metropolitana de Porto Alegre. Ao levarmos em conta um conjunto de argumentos pós-modernos que insistem na ambivalência, na desautorização, na evocação, na autorreflexividade, na polifonia, na crise de representação e assim por diante, e apresentarmos algumas de nossas escolhas, não tivemos a intenção de estabelecer limites precisos do que seria uma etnografia pós-moderna, o que seria bastante incoerente. Nossa busca foi simplesmente a de apresentar algumas estratégias de investigação e de redação que permitiram analisar de um determinado modo e não de outro as práticas de governamentalidade estatal.

Mediante determinadas estratégias teórico-metodológicas desenvolvidas no trabalho sobre juventudes (DAMICO, 2011), foi possível exercitar o borramento das fronteiras epistemológicas, metodológicas e políticas celebradas pelas viradas pós-moderna e pós-estruturalista. Utilizando a autorreflexividade, foi possível assumir o deslocamento pós-moderno da objetividade. A imersão no campo de pesquisa foi evocada e não descrita como uma experiência asséptica e uma simples coleta de dados; o/a etnógrafo/a também é modificado/a por ela, de maneira que cada versão do outro é também uma construção do eu. Em vez de sugerir que as histórias contadas estejam representando a verdade final sobre os dispositivos de segurança em ação no bairro Guajuviras, por exemplo, insistimos que são inevitavelmente subjetivas, parciais, ambíguas e sujeitas a revisões e múltiplas interpretações. As narrativas fílmicas, literárias e musicais funcionaram como referências às implicações da circulação permanente desses textos na vida cotidiana e na prática etnográfica. A incorporação das palavras significativas visaram tanto à diminuição das reivindicações de autoridade quanto à presença ativa (dos outros), desde uma intelectualidade não restrita ao pesquisador na produção das histórias contadas. Esse procedimento buscou comprometê-los com o diálogo e dar voz ativa nos entendimentos acerca dos aspectos de suas vidas no Guajuviras.

Ao analisar as ações do Pronasci nesse bairro específico, foi possível compreender que as ações de Estado, cada vez mais presentes nas periferias urbanas brasileiras, podem ser definidas como formas de governamento contemporâneas, baseadas tanto no envolvimento de todos/as – delinquentes ou não, perigosos ou não – quanto na utilização de dispositivos eletrônicos, de projetos de urbanização e de policiamento ostensivo, de ações repressivas e de verificação de documentos, entre outros. Nesses dispositivos, lideranças comunitárias, educadores sociais, universidades, escolas públicas, igrejas, ONGs, famílias e mulheres-mães foram chamados/as a participar em nome da produção de uma suposta paz social.

Ao buscar apreender o modo como circulavam estratégias educativas voltadas às mulheres pobres (KLEIN, 2010), foi possível visibilizar algumas formas de governamento da maternidade e a configuração de uma biopolítica que investe no desenvolvimento integral da infância. O trabalho de investigação proposto buscou explorar: aspectos da metodologia do PIM, anunciada não apenas em seus documentos, como também por meio de falas, conselhos, ensinamentos de educação e(m) saúde e modalidades de atenção protagonizadas por técnicos/as e visitadoras e dirigidas às mulheres e crianças que buscavam conformar o que as famílias, sobretudo a partir das mulheres-mães, precisavam aprender a fim de melhor cuidar e ensinar as crianças; as aproximações formadas/produzidas entre a prática do cuidado materno e as propostas de educação e(m) saúde.

Fazer a escolha metodológica de acompanhar e vivenciar as atividades desenvolvidas por técnicos/as e visitadoras com as mulheres-mães permitiu reunir elementos e informações na direção de compreender e problematizar aspectos relacionados a formas de negociar, socializar-se, aprender e resistir daquelas mulheres e de suas famílias. Nesse sentido, foi possível entender limitações muito concretas dos ensinamentos propostos pelo PIM, o que indicou a necessidade de se refletir sobre noções de saúde, cuidado, negligência, estímulo, aprendizagem, entre outras noções que nos são apresentadas como dadas, colocando-as sob rasura e/ou ampliando-as.

Com isso podemos dizer que convocar as mulheres pobres como corresponsáveis do Estado pela produção de educação e(m) saúde, assim como posicionar os/as jovens como coautores das ações de enfrentamento à violência, possivelmente traz algumas positividades para crianças, jovens e famílias-alvo das políticas. Contudo isso não dá conta de excluí-las da pobreza, da violência e da vulnerabilidade social, uma vez que as próprias políticas passam a incorporar pressupostos que atuam no sentido de excluir, quais sejam: o enxugamento e a redução do Estado; a responsabilização dos indivíduos pela sua saúde e bem-estar e pelo provimento dos meios necessários para alcançá-los; políticas embasadas em conhecimentos generalizantes e universais a fim de atuar no cumprimento de imperativos que excluem muitos indivíduos de suas proposições; a vulnerabilidade programática que parece inerente às políticas de inclusão; enfim, fatores importantes que operam e contribuem para a ampliação da desigualdade (e da exclusão) que a política, inicialmente, se propõe a eliminar.

Salientamos ainda a importância de refletir que a discursividade presente em políticas públicas como o PIM e o Pronasci expressa geralmente uma única versão sobre a pobreza e sobre a forma de viver das pessoas pobres, representada repetida e exclusivamente como o lugar da falta (ou da ignorância). Podemos dizer que a metodologia apresentada no contexto das políticas revela uma forma de educar, cuidar, organizar-se e responsabilizar-se que cria poucas oportunidades para que as pessoas em questão (tomadas como violentas ou vulneráveis) também possam indicar as suas formas de educar, de criar recursos e de viver. Nessa relação de poder, produz-se não apenas uma hierarquia entre o que conta ou não como verdade, mas se negam ou tornam-se irrelevantes as experiências do outro, restando pouco ou nenhum espaço para a interlocução.

Para concluir, buscamos realizar um exercício etnográfico que não visasse à totalidade, mas que considerasse as condições de produção de determinadas regras, crenças, conhecimentos, distâncias, aproximações. Um exercício de investigação que delineasse um pouco da polifonia de vozes, perspectivas, provocações, entendimentos e incompletudes do contexto investigado; que nos permitisse mapear alguns dos conhecimentos, em sua articulação com o poder, que são constitutivos das políticas e que marcam e definem lugares específicos a jovens, mulheres-mães, profissionais de saúde e técnicos/as – conhecimentos que puderam ser apreendidos e configurados a partir das muitas histórias e sentimentos que, talvez, por meio do olhar, da escuta, da escrita e da reflexão, possam ser, parcialmente, traduzidos e refeitos.

REFERÊNCIAS

CALDEIRA, Teresa. A presença do autor e a pós-modernidade em antropologia. *Novos Estudos*, n. 21, p. 133-157, 1988.

CLIFFORD James. On ethnographic authority. *Representations*, n. 2, p. 118-146, Spring 1983.

CLIFFORD, James. *Writing culture*: the poetics and politics of ethnography; edited with George Marcus. Berkeley: University of California Press, 1986.

COSTA, Marisa Vorraber. Mídia, magistério e política cultural. *In*: COSTA, Marisa Vorraber (Org.). *Estudos culturais em educação*. Porto Alegre: Ed. UFRGS, 2000. p. 73 91.

DAMICO, José Geraldo Soares. *Juventudes governadas*: dispositivos de segurança e participação no Guajuviras (Canoas-RS) e em Grigny Centre (França). Tese (Doutorado em Educação) – Programa de Pós-Graduação em Educação, Faculdade de Educação, Universidade Federal do Rio Grande do Sul, Porto Alegre, 2011.

FISCHER, Rosa Maria Bueno. Foucault e a análise do discurso em educação. *Cadernos de Pesquisa*, São Paulo, n. 114, p. 197-223, nov. 2001.

FONSECA, Cláudia. Quando cada caso não é um caso: pesquisa etnográfica e educação. *Revista Brasileira de Educação*, n. 10, p. 58-78, 1999.

FOUCAULT, Michel. O sujeito e o poder. *In*: RABINOW, Paul; DREYFUS, Hubert. *Michel Foucault*: uma trajetória filosófica: para além do estruturalismo e da hermenêutica. Rio de Janeiro: Forense Universitária, 1995. p. 231-249.

GEERTZ, Clifford. El antropólogo como autor. Barcelona: Paidós, 1997.

GIL, Gilberto. Refavela. *In*: GIL, Gilberto. *Refavela*. Rio de Janeiro: WEA, 1977.

GOTTSCHALK, Simon. Postmodern sensibilities and ethnographic possibilities. *In*: BANKS, Anna; BANKS, Stephen. *Fiction and social research*. Londres: Sage, 1998.

KLEIN, Carin. *Biopolíticas de inclusão social e produção de maternidades e paternidades para uma "infância melhor"*. Tese (Doutorado em Educação) – Programa de Pós-Graduação em Educação, Faculdade de Educação, Universidade Federal do Rio Grande do Sul, Porto Alegre, 2010.

KNAUTH, Daniela. A etnografia na saúde coletiva: desafios e perspectivas. *In*: SCHUCH, Patrice *et al.* (Org.). *Experiências, dilemas e desafios do fazer etnográfico contemporâneo*. Porto Alegre: Ed. UFRGS, 2010. p. 109-114.

LAZARUS, Sylvain. *Anthropologie du Nom*. Paris: Editions du Seuil, 1996.

LEAL, Ana Fachel. "*No peito e na raça*": a construção da vulnerabilidade de caminhoneiros: um estudo antropológico de políticas públicas sobre HIV/AIDS no Sul do Brasil. Tese (Doutorado em Antropologia Social) – Programa de Pós-Graduação em Antropologia Social, Universidade Federal do Rio Grande do Sul, Porto Alegre, 2008.

MINORITY REPORT. Direção: Steven Spielberg. Roteiro: Scott Frank e Jon Cohen, baseados em obra de Philip K. Dick. Intérpretes: Tom Cruise, Max von Sydow, Steve Harris, Neal McDonough e outros. Versão do título em português: Minority Report: a nova lei. Estados Unidos: 2002. 1 DVD (146 min).

OLIVEIRA, Roberto Cardoso de. O trabalho do antropólogo: olhar, ouvir, escrever. *Revista de Antropologia*, v. 39, n. 1, 1996.

PRIMEIRA INFÂNCIA MELHOR. Disponível em: <http://www.scp.rs.gov.br/governo-faz/showProject.asp?idProjeto=113>. Acesso em: 24 abr. 2006.

RIO GRANDE DO SUL. Secretaria da Saúde do Estado do Rio Grande do Sul. Programa Primeira Infância Melhor. *Guia da família*. Porto Alegre: Relâmpago, 2007.

SARAMAGO, José. *Ensaio sobre a lucidez.* Rio de Janeiro: Companhia das Letras, 2008.

VICTORA, Ceres Gomes *et al. Pesquisa qualitativa em saúde*: uma introdução ao tema. POA: Tomo Editorial, 2000.

CAPÍTULO 4

"Etnografia de tela": uma aposta metodológica

PATRÍCIA ABEL BALESTRIN
ROSÂNGELA SOARES

Entre as inúmeras possibilidades de se pesquisar com e sobre imagens, apresentamos, neste capítulo, recortes de um percurso teórico-metodológico experimentado por nós em pesquisas[34] com imagens em movimento: cinema e TV como telas a serem etnografadas. Este trabalho tem como objetivo contextualizar a noção de "etnografia de tela"[35] e explorar esse recurso metodológico em articulação com os estudos de gênero e de sexualidade numa perspectiva pós-estruturalista.

Buscamos indicar a potencialidade de se pesquisar com imagens em movimento. Uma aproximação entre cinema e educação, bem como uma breve historicização sobre análise fílmica e de imagens serão tópicos a serem abordados no capítulo. Por fim, convidamos os/as leitores/as[36] a embarcarem conosco numa "etnografia de tela" ou, mais especificamente, na experiência que tivemos com um filme.

---

[34] Este texto está baseado em duas pesquisas desenvolvidas por nós (BALESTRIN, 2011; SOARES, 2005) na linha de pesquisa *Educação, sexualidade e relações de gênero*, no Programa de Pós-Graduação em Educação da Universidade Federal do Rio Grande do Sul, ambas orientadas por Guacira Lopes Louro. Pelo limite desta publicação, decidimos explorar mais especificamente a análise empreendida em uma dessas pesquisas: a tese intitulada *O corpo rifado* (BALESTRIN, 2011).

[35] Utilizamos aspas duplas para indicar expressões utilizadas por autores e autoras que citamos ao longo do artigo, bem como para sinalizar as citações de um modo geral, e grifos em itálico para marcar termos que buscamos problematizar.

[36] Assumimos na escrita deste trabalho uma linguagem que utiliza duas estratégias (feministas) de escrita: uma que coloca os termos no feminino e no masculino utilizando os já conhecidos "os/as" e outra que alterna os termos, ora no feminino, ora no masculino ao longo do texto.

A análise que empreendemos aqui é sobre uma produção cinematográfica brasileira dirigida por Karim Aïnouz (2006), *O céu de Suely*.[37] O filme narra a história de Hermila (Hermila Guedes) e tem como marco o relacionamento entre ela e Mateus (Mateus Alves). Essa relação amorosa traz diversos desdobramentos para a vida de Hermila: a saída de Iguatu com o namorado para tentar a vida em São Paulo; o retorno, sozinha, à cidade natal com um filho e, por fim, a saída de Iguatu para Porto Alegre. Podemos dizer que o filme é sobre a chegada de Hermila e sua luta para partir de Iguatu e ir para bem longe. Tudo se passa durante a estada da protagonista em Iguatu, interior do Ceará, no centro do sertão cearense, depois de viver alguns anos em São Paulo. O filme é simples e intenso, enfatiza os silêncios e os gestos, dando importância à dimensão humana da personagem, que busca mudar de vida, fazer alguma coisa diferente numa vida nova. Os momentos são relatados de sua perspectiva – ela é a personagem central na história de encontros e desencontros.

Tanto a metodologia aqui apresentada como o próprio filme alvo de análise não têm um único sentido; ao contrário, seus sentidos podem ser lidos como plurais, dinâmicos e conflitivos. Os eventuais paradoxos que lhes são atribuídos não nos parecem um obstáculo a ser *transposto*, *solucionado* ou *superado*. Na medida do possível, apontaremos tais paradoxos e buscaremos articulá-los com as práticas e os sujeitos que (se) constituem (n)este tempo histórico. Entendemos que o filme a ser analisado interessa à discussão da sexualidade e das relações de gênero e, como veremos adiante, as cenas escolhidas para este texto indicam essa possibilidade.

PISTAS PARA UM PERCURSO METODOLÓGICO

A imagem, como texto, pode ser lida por meio de diferentes lentes teóricas, possibilitando, dessa forma, uma multiplicidade de leituras e de análises visuais.[38]

---

[37] Sinopse do filme: "Hermila (Hermila Guedes) é uma jovem de 21 anos que está de volta à sua cidade-natal, a pequena Iguatu, localizada no interior do Ceará. Ela volta juntamente com seu filho, Mateuzinho, e aguarda para daqui a algumas semanas a chegada de Mateus, pai da criança, que ficou em São Paulo para acertar assuntos pendentes. Porém o tempo passa e Mateus simplesmente desaparece. Querendo deixar o lugar de qualquer forma, Hermila tem uma ideia inusitada: rifar seu próprio corpo para conseguir dinheiro suficiente para comprar passagens de ônibus para longe e iniciar nova vida." Elenco: Hermila Guedes, Maria Menezes, Georgina Castro, Zezita Matos, João Miguel, Mateus Alves. Disponível em: <http://www.adorocinema.com/filmes/filme-128291>. Acesso em: 26 abr. 2012.

[38] Sobre este assunto, ler o capítulo "O uso das imagens como recurso metodológico", neste livro.

Além disso, nosso olhar é sempre contingente, datado, limitado pelas posições de sujeito que ocupamos e por fatores que desconhecemos.

Das diversas pistas metodológicas encontradas em pesquisas com imagens,[39] escolhemos a "etnografia de tela" – expressão utilizada por Carmem Silva Rial (2005, p. 120-121) para designar "uma metodologia que transporta para o estudo do texto da mídia procedimentos próprios da pesquisa antropológica, como a longa imersão do pesquisador no campo, a observação sistemática, registro em caderno de campo etc.", aliando-se a ferramentas "próprias da crítica cinematográfica (análise de planos, de movimentos de câmera, de opções de montagem, enfim, da linguagem cinematográfica e suas significações)". O termo teria surgido dos "estudos de tela", que desde os anos 1980 já se referiam ao estudo etnográfico dos artefatos da mídia.

Um percurso etnográfico requer tempo, investimento, olhar mais e mais a tela, de diversos ângulos. Um caminho no qual o próprio ato de olhar transforma quem vê e o que vê. No decorrer da pesquisa, o sujeito pesquisador é também trabalhado, na medida em que é interpelado, transformado, desfeito, reconfigurado. Esse trabalho de análise permite que nossos olhares e nossas percepções se modifiquem, visto que somos também modificados nesse percurso, alterando muitas vezes o rumo da investigação e da própria vida. Com isso, abandonamos a pretensão à objetividade, desconfiamos das certezas e assumimos o pressuposto de que a linguagem é constitutiva do social e da cultura. Nessa direção, propomo-nos a lidar com e a explorar a indeterminação, as contradições e a provisoriedade dos sentidos na análise de imagens.

Etnografia. Etnografia de tela. Tela. O cineasta Peter Greenaway (2007, p. 302-303) revisita a noção de tela no texto *O cinema está morto, vida longa ao cinema*, argumentando que, "desde o Renascimento, quando a pintura se separou da arquitetura, todos nós passamos o tempo todo olhando para a dança, o teatro, o balé, a fotografia, o cinema, a televisão sempre através de um enquadramento". Do ponto de vista do autor, "Não existe essa coisa de quadro na vida real; trata-se de um construto inteiramente artificial"(2007, p.302). Concordamos com Greenaway quando argumenta que os modos de olhar foram e são alterados pela própria tela (e que não há como fugir das telas que estão em todo lugar), no entanto não reiteramos a separação que ele faz entre vida real e tela. O que vemos na tela é tão real quanto o que está fora

[39] Vale ressaltar que há inúmeras possibilidades de se fazer pesquisa com imagens e que a metodologia aqui enfatizada dialoga com outras abordagens; no entanto, pelo limite e pelo objetivo deste texto, nossa atenção se voltará mais especificamente para a "etnografia de tela".

da tela. Somos levadas a abandonar a pretensão de decidir entre verdade ou mentira, falso ou verdadeiro. "Em que sentido o fingido é dependente do não fingido?" – questiona Jonathan Culler (1997, p. 137), a fim de inverter a lógica com que estamos acostumados a pensar sobre o real e a ficção:

> Se não fosse possível um personagem fazer uma promessa em uma peça [ou numa tela de cinema ou TV], não poderia haver promessa na vida real, pois o que possibilita que se prometa [...] é a existência de um procedimento convencional, de fórmulas que se possa repetir (CULLER, 1997, p. 137).

Essa estratégia discursiva é interessante para uma leitura de filmes ou mesmo de outras imagens, como de programas televisivos. Em vez de imaginarmos o que seria real ou mentira, poderíamos pensar que são citações que põem em campo determinados significados. A tela seria uma das possibilidades concretas de apresentar e constituir a chamada *realidade*. A tela torna-se uma teia de discursos. Discursos esses que fazem as *realidades* existirem, persistirem e, por vezes, modificarem-se. Entre as possibilidades do fazer etnográfico a partir de uma tela, consideramos que o cinema é um campo fértil para analisarmos os diferentes processos de significação envolvidos na manutenção, na construção e na desconstrução de determinados discursos.[40] Uma vez que nossa *demonstração analítica* se fará a partir de um filme, torna-se necessário, ainda que brevemente, situarmos como entendemos o cinema e sua relação com nossa área – a educação.[41]

O cinema, como afirma Graeme Turner (1997, p. 69), "é um complexo de sistemas de significação e seus significados são o produto da combinação daqueles". Ele compreende o cinema como uma prática significadora que combina uma série de sistemas significadores, os quais funcionam em conjunto para dar sentido

[40] "Foucault, ao considerar o discurso como prática, ou seja, um evento histórico, cultural, social, etc., reforça a ideia de que o discurso precisa ser visto pelo que ele é e não pelo que possa representar. [...] a pergunta não será mais do tipo *O que representa esse discurso?,o que está por baixo desse discurso?*, mas *Que discurso é esse?, como se construiu?, por que esse e não outro?*" (BRIGGMANN, 1996, p. 33).

[41] Segundo Elí Fabris (2008, p. 121), é recente a aproximação entre educação e cinema no Brasil. A autora atribui grande relevância a pesquisas com os diferentes artefatos culturais por produzirem transformações na própria área da educação. Em seu estudo, Fabris (2008) apresenta um caminho metodológico para análise visual crítica de textos fílmicos, indicando a potencialidade da articulação entre Estudos Culturais e estudos foucaultianos. Percebemos aproximações entre os passos descritos pela autora e os passos que indicaremos a seguir no processo de etnografar uma tela.

àquilo que vemos na tela: câmera, iluminação, som, *mise-en-scène*, edição, entre outros. Os filmes, de acordo com o autor, "são produzidos e vistos dentro de um contexto social e cultural que inclui mais do que os textos de outros filmes. O cinema desempenha uma função cultural, por meio de suas narrativas, que vai além do prazer da história" (*ibidem*, p. 69).

Segundo Laurent Jullier e Michel Marie (2009, p. 10), o cinema é definido como "uma forma, mais ou menos narrativa, que aprendeu (e ensinou) um modo próprio de significar com imagens em movimento, sons e fala, distribuídos em unidades contínuas de duração (os 'planos')". A análise dessas imagens em movimento exige que levemos em consideração a sequência dos quadros – a montagem produz diferentes sentidos. Uma imagem isolada não possui o mesmo sentido quando se liga a outras imagens numa montagem cinematográfica. Alguns autores (BERGER, 1999; DELEUZE, 2007; WENDERS, 1990) focalizam justamente o que há entre as imagens, o que não está exatamente na tela, aquilo que não aparece de imediato ou ainda a relação entre imagens. Talvez seja exatamente esse espaço que nos permita criar com e a partir das imagens em movimento; criar quem sabe novos movimentos que possam extrapolar a tela. Um movimento de pensamento, um pensar em movimento. O que pode um filme? O que se pode fazer com um filme?

Acreditamos que o cinema, como uma arte e uma forma específica de linguagem, possui a potência para romper com e ressignificar determinadas construções sociais já existentes. Fabiana Marcello e Rosa Maria Bueno Fischer (2011, p. 511) salientam a potência de se investigar cinema e educação numa perspectiva que investe "nas tensões e nas dinâmicas implicadas nas narrativas; naquilo que elas podem nos reservar para além do já sabido, do já dito". As autoras apostam em pesquisas que dão "à imagem a possibilidade de nos oferecer outros modos de pensar – para além da confirmação do que, antes dela, já sabíamos, algo em que já acreditávamos" (*idem*).

Antecipadamente, não há como saber o que um filme pode, afinal, fazer conosco, e vice-versa – o que nós podemos fazer com um filme. É na relação que estabelecemos com a imagem que se nos coloca que algo pode (ou não) acontecer. Imaginamos que as possibilidades de experiência com um filme, bem como as possibilidades de leitura e de análise fílmica,[42] são múltiplas e, ao mesmo tempo,

[42] Vale notar o que aponta Fernão Pessoa Ramos (*apud* JULLIER; MARIE, 2009, p. 9), na apresentação à edição brasileira do livro *Lendo as imagens do cinema*: "O desenvolvimento da análise fílmica ocorre nos

singulares. Segundo Francis Vanoye e Anne Goliot-Lété (2006, p. 12-13), a análise de um filme opera um duplo trabalho: a análise trabalha o filme e trabalha também o/a analista. Diríamos que qualquer tipo de análise pode operar esse duplo trabalho. Nesse sentido, é preciso reconhecer de que lugar assistimos ao filme, o que e como ele nos provoca/convoca.

Como escapar da tentação de encontrar apenas o já sabido no ato de investigar? De dizer apenas o que já foi dito? Como também fugir da tentação de negar ou evitar olhar para aquilo que se repete, para o que não se inova, para o mesmo do mesmo? Haveria outro modo de olhar para as mesmas coisas? O que reconhecemos como *mesmas coisas* seriam mesmo idênticas? Aquilo que se repete nunca é exatamente a *mesma coisa*. O que (nos) acontece quando impregnamos nosso olhar de pesquisadoras para encontrarmos: o que se repete e o que escapa? Ao buscarmos as continuidades e as rupturas em dado contexto de pesquisa não estaríamos diante de um novo binarismo? Não seria um novo par dicotômico a reger um pensamento que, paradoxalmente, busca quebrar essa lógica binária? Como criar estratégias de olhar, de pesquisar, de escrever que, de fato, borrem essas fronteiras que insistem em demarcar dicotomias e hierarquias? Se pensamos dicotomicamente, como romper com esses binarismos dentro do próprio pensamento? Seria possível citar um "binarismo" sem repetir os rastros hierárquicos nos quais foi forjado? Como citar uma dicotomia rompendo com sua força (paralisante) e instalando uma outra força (subversiva)?

Entre etnografia e cinema há uma antiga relação que nasce da realização de filmes etnográficos, dentro do que se denomina hoje antropologia visual. Segundo Marc Henri Piault (1999, p. 13), o cinema e a antropologia visual nasceram praticamente juntos, em 1895, em Paris. O filme etnográfico é um dos enfoques desse campo e pode tanto ser utilizado como objeto de estudo (quando o foco da análise são filmes etnográficos propriamente ditos, usualmente, filmes produzidos por alguém que não o/a pesquisador/a), como pode ser utilizado como registro audiovisual do/a pesquisador/a no processo do seu trabalho de campo. O outro enfoque da antropologia visual, segundo Faye Ginsburg (1999, p. 34), é relativo à "análise das formas

anos 1960, quando surge coberta pelas asas amplas da semiologia, e depois pela psicanálise com cores lacanianas, carregando a tematização típica do sujeito pós-moderno, conforme pensado no quadro teórico do pós-estruturalismo francês. O domínio da análise, assim praticada, foi amplo. Atinge as universidades norte-americanas, rebatendo também em escolas de cinema brasileiras."

visual/figural/televisual, como espaços para compreensão da cultura, identidade e semiótica social", incluindo-se aí o cinema.

Carmem Rial (1999) aponta a necessidade de ampliar a definição da antropologia visual para além do filme etnográfico, incluindo a produção e a análise de outros materiais audiovisuais. Nesse mesmo estudo, retoma argumentos de autores que têm ampliado suas etnografias para filmes e vídeos de ficção (STOLLER *apud* RIAL, 1999, p. 248). Carmem Rial (*idem*) utiliza como metáfora o termo "alergias antropológicas" para questionar as resistências existentes no campo da antropologia por parte de alguns pesquisadores em utilizar, em seus estudos, vídeos ou mesmo em considerar como material de pesquisa os artefatos da mídia.[43]

A etnografia[44] é conhecida como uma experiência de pesquisa (nascida no campo antropológico, mas não restrita a ele) que enfatiza o contato direto e prolongado do/a pesquisador/a com o local e o grupo que são alvos de investigação. Algumas ferramentas são consideradas o cerne da pesquisa etnográfica: a observação participante, as entrevistas e o registro em diários de campo. Uma das estratégias apontadas para esse tipo de pesquisa é o estranhamento do etnógrafo perante o que lhe é familiar. Nesse sentido, é preciso estranhar-se diante daquilo que parece corriqueiro, comum, *natural* e, ao mesmo tempo, familiarizar-se com o estranho, com o que parece não se encaixar nos nossos modos de conhecer, de pensar, de viver. Tomamos essa estratégia como um desafio na "etnografia de tela".

Para a realização desse tipo específico de etnografia, destacamos os seguintes procedimentos adotados: longo período de contato com o campo (neste caso, com a tela); observação sistemática e variada (assistir ao filme/programa de diferentes modos – sem interrupção, com pausas para registro, assistindo aos extras); registro em caderno de campo (tanto da descrição das cenas fílmicas e/ou televisivas, como de questões e pontos que parecem potencialmente interessantes para análise); escolha de cenas para a análise propriamente dita. Em relação às ferramentas próprias

[43] Sobre essas "alergias antropológicas", Carmem Rial (1999, p. 249) afirma: "Essa relutância em utilizar como instrumento uma câmera de vídeo é menos difundida do que o repúdio a se pronunciar sobre o que se passa na tela de uma televisão. Desconsideração essa que parece ser uma das manifestações da alergia de que sofrem alguns antropólogos em relação a fenômenos que dizem respeito a grandes multidões. Sintoma provavelmente ligado ao fato de que, tradicionalmente, a disciplina antropológica esteve voltada para pequenos grupos, relativamente homogêneos, entre os quais o antropólogo se inseria por um certo tempo e sobre os quais se sentia seguro em fazer generalizações sobre suas práticas e valores."

[44] Para detalhamento dessa discussão, remetemos ao capítulo deste livro: "Etnografia no âmbito de políticas públicas de inclusão social".

da linguagem cinematográfica, procuramos observar os movimentos da câmera, a iluminação, os componentes dos planos e dos cenários, a trilha sonora, os modos de apresentar as personagens e seus movimentos dentro da tela, as escolhas relativas à montagem e ao modo de narrar as histórias. Talvez outras abordagens de análise de imagens em movimento utilizem esses mesmos procedimentos sem, no entanto, nomear como "etnografia de tela". Alguns poderão se perguntar no que essa abordagem se diferencia, por exemplo, da chamada análise fílmica. Diríamos que, nessa empreitada, enfatizamos a imersão provocada pelo próprio fazer etnográfico, bem como a confecção do caderno de campo, que são elementos fundamentais de uma etnografia – transportando-os para a análise da tela (seja ela fílmica ou televisiva). Como já antecipamos no título deste trabalho, tomamos a "etnografia de tela" como uma aposta metodológica, e, como em toda aposta, não há promessas nem garantias. A trilha não está pronta, nem há intenção de concluí-la.

O caderno de campo pode ser elaborado a partir de indicações metodológicas que sinalizam a importância de considerar, no estudo da imagem em movimento, os aspectos visuais e verbais (AUMONT, 1993; JULLIER; MARIE, 2009; ROSE, 2008). Em uma coluna, descrevemos o que vemos; em outra, descrevemos o que escutamos durante essas tomadas, indicando também o tempo de cada cena. Tanto ruídos e sons ambientes como diálogos, músicas e silêncios merecem atenção no decorrer das análises. Além disso, acrescentamos impressões, sensações, ideias para se pensar sobre cada cena descrita. Procuramos detalhar o que ocorre em cada momento do filme/programa, desde a descrição dos cenários e sons até a movimentação das personagens. O registro no caderno de campo e a produção de dados nesse tipo de investigação ocorrem simultaneamente.

E o que vemos nesse percurso etnográfico? Numa observação participante *clássica*, o etnógrafo é observado enquanto observa. Numa etnografia fílmica, o olho que me vê não é um olho só, tampouco um olho humano, mas um "olho-câmera".[45] A imagem que vejo projetada na tela é, de algum modo, aquela que esse "olho-câmera" produziu para eu ver, esse olho que me viu antes mesmo de eu pensar em vê-lo.

[45] Ismail Xavier (2008, p. 22) fala do efeito câmera-olho relativo ao movimento da câmera no cinema e sua relação com o nosso olhar. Já Deleuze (2007, p. 72), ao ser indagado sobre a noção do olhar, afirma que "o olho já está nas coisas, ele faz parte da imagem, ele é a visibilidade da imagem". Nesse sentido, o olho não seria a câmera, mas a própria tela produzida pelo "olho-câmera".

Que potencialidade vemos nesse tipo de pesquisa? Como dispensar um modo de pensar que já não é suficiente para as questões de nosso tempo? E não o é? Que tempo é esse, afinal? O que somos capazes de dizer/escrever acerca dessa história do presente? Pensar com o cinema, pensar (sobre) outros modos de viver, de estar, de se fazer sujeito de uma cultura, pensar (sobre) outras formas de conhecer e mesmo outras formas de pensar. Experimentar, no encontro com a tela, um encontro outro. Não atrapalhar o trabalho do acaso. Deixar que ele ocupe aqui e ali o lugar que merece. Acontecimentos.

A imersão no campo/tela aliada à observação sistemática nos permitiu selecionar as cenas que julgamos apropriadas para uma análise mais aprofundada. As cenas iniciais de *O céu de Suely* foram escolhidas por nós para exemplificarem os passos de uma "etnografia de tela". Tais cenas situam-nos na temática central do filme e colocam-nos na estrada junto com Hermila:[46] com ela somos convidados/as a embarcar literalmente na trama. É sobre essas cenas específicas que lançaremos *um* olhar impregnado pelos estudos de gênero e de sexualidade, compondo uma "etnografia de tela" possível. Lembremos, pois, que se trata de uma aposta. A análise a seguir busca cumprir os procedimentos próprios da metodologia de pesquisa enfatizada neste capítulo.

SOB *O CÉU DE SUELY*: "ETNOGRAFIA DE TELA" EM PROCESSO

A *entrada* no filme é descrita e analisada por Eduardo Veras (2006, p. 5), e com ele abrimos nossa tela:

[46] "A protagonista é interpretada pela atriz pernambucana Hermila Guedes, que, assim como os outros atores, empresta seu nome para a personagem", afirma Aristeu Araújo (2006), em sua crítica sobre o filme (Disponível em: <http://www.disruptores.com.br/cinemascopio/o-ceu-de-suely>). A manutenção dos nomes dos atores e das atrizes teve como objetivo uma imersão do elenco nos seus papéis e com a vida na cidade de Iguatu, e isso foi parte do trabalho realizado por Fátima Toledo, preparadora do elenco. Essa imersão e a ênfase dada pelo diretor à atuação, segundo Aristeu Araújo (idem), resultou em prêmios como o de melhor atriz para Hermila Guedes no Festival do Rio em 2006. Além desse prêmio, o filme conquistou, entre outros, o de melhor filme e melhor atriz no 28º Festival Internacional do Novo Cinema Latino-Americano de Havana (Cuba); melhor filme do ano, melhor diretor e melhor atriz pela Associação Paulista dos Críticos de Arte; melhor atriz no Festival Internacional de Bratislava (Eslováquia); melhor filme e prêmio da crítica no 10º Festival de Cinema Luso-Brasileiro (Santa Maria da Feira – Portugal); prêmio da Crítica Internacional (Fipresci), melhor roteiro e prêmio de mérito artístico no 47º Festival Internacional de Thessaloniki (Grécia) (Disponível em: <http://aplauso.imprensaoficial.com.br/edicoes/12.0.813.501/12.0.813.501.pdf>. Acesso em: 27 abr. 2012).

> Depois do prelúdio meio onírico, do Paraíso perdido onde rodopiam os jovens amantes, o filme começa com uma chegada – um desembarque de ônibus em beira de estrada. Hermila volta de São Paulo para o interior do Ceará. A remota Iguatu, percebe-se, nem jeito de cidade tem, parece mais uma estação, uma parada. Hermila traz nos braços o filho pequeno, Mateus, e, na bagagem, uma promessa: o pai do menino, Mateus como ele, virá em seguida. Hermila está de volta porque São Paulo não cumprira outra promessa: a de um lugar utópico, de uma vida melhor e menos temporária do que aquela do sertão.

No "prelúdio meio onírico" a que se refere Eduardo Veras (2006), temos a cena de abertura do filme, captada em *super-8*, num espaço aberto e amplo, cheio de luminosidade: um céu azul claro, a luz do sol refletida nos corpos e na areia de um extenso terreno. A cena remete a um lugar aparentemente deserto, provavelmente na cidade de Iguatu, onde Hermila e Mateus viviam, se conheceram e se apaixonaram. Acompanhamos o movimento de Hermila, inicialmente captado em plano americano. Ela veste uma miniblusa azul e uma minissaia branca. O cabelo castanho relativamente curto está preso com uma borrachinha azul; a franja é tingida de loira. Ela caminha num areão, olhando volta e meia para trás e rindo muito. Da imagem inicial sem áudio, passamos a ouvir uma narração em *off* na voz da protagonista: *Eu fiquei grávida num domingo de manhã... tinha um cobertor azul de lã escura... Mateus me pegou pelo braço e disse que ia me fazer a pessoa mais feliz do mundo. Me deu um CD gravado com todas as músicas que eu mais gostava. Ele disse que queria casar comigo ou então morrer afogado.* No início dessa narração, entra em cena um rapaz que veste uma bermuda amarela e uma camiseta azul-marinho, ele corre atrás dela, depois a abraça por trás, ambos sorriem. Logo após a voz em *off*, inicia a música que embala a cena dos dois abraçados, se beijando, sorrindo, brincando de correr e voltar a se abraçar... Até aqui a tomada é feita em plano-sequência. Depois, outros ângulos e movimentos são filmados. Corpos em movimento, sorrisos, mãos, abraço. Eles voltam a correr e a se abraçar. Sandália de plástico e unhas vermelhas completam o figurino da protagonista. Próximo ao final da cena, o plano torna-se mais fechado: partes do corpo são mostradas isoladamente, o foco vai fechando nos rostos dos dois que se abraçam girando juntos. Tomadas em close máximo enfatizam os sorrisos dos dois enquanto se abraçam. A luminosidade transborda nos corpos em cena. A atmosfera é de paixão e alegria, romance e entrega. A trilha que embala a cena é cantada na voz de Diana: *Que bom seria ter seu amor outra vez/ Você me fez sonhar, trouxe a fé que eu perdi/ E nem eu mesma sei por quê/ Eu só quero amar você/ Tudo que eu tenho meu bem é você/ Sem seu carinho eu não sei viver/ Volte logo, meu amor/ Volte logo, meu amor.* A cena dura em torno de dois minutos.

Essa descrição detalhada da cena é um dos recursos fundamentais da "etnografia de tela". Para fazê-la, utilizamos as anotações do caderno de campo que reúne, como já foi mencionado, tanto os elementos visuais como os sonoros. Vale ressaltar que, antes dessa descrição minuciosa, foi necessária uma imersão na tela para que essa cena se mostrasse significativa para a análise. Essa escolha está articulada aos conceitos que são centrais ao trabalho, nesse caso, gênero e sexualidade. É interessante observar o quanto os planos, o cenário, a iluminação e outros aspectos da forma, que são próprios da linguagem cinematográfica, foram incorporados à análise, como veremos a seguir.

A redução da nitidez dessa imagem inicial sugere que se trata de uma cena imaginada e/ou recordada por quem narra sua história. Quando Mateus entra em cena, o movimento da câmera torna-se instável, sacudindo com o foco. A câmera na mão e o plano-sequência podem nos indicar que vamos acompanhar a trajetória de Hermila no exercício de uma liberdade. Além disso, o plano-sequência sugere naturalidade e continuidade. A música romântica e *brega* embala a cena dos amantes. Esse mesmo ritmo conduzirá a maior parte da trilha sonora do filme.[47]

Entre essa situação imaginada e a *realidade* que passa a ser mostrada na cena seguinte, somos surpreendidas com um clarão na tela – o branco e o vazio operam, ao mesmo tempo, como corte e conexão entre as imagens. Além de sugerir o tom do filme e sua temática central, essa cena de abertura parece assinalar que a história será contada a partir do ponto de vista dessa protagonista. Nesse momento, salientamos a construção da personagem central do filme e acompanhamos a constituição de uma determinada mulher e sua trajetória existencial marcada por afetos e desafetos. "A entrada da voz dela em *off* aumenta a sensação de um tempo em suspenso, remetido ao passado pela narração, porém atirado ao presente puro" – assinala Luiz Carlos Oliveira Jr. (2006), que acrescenta: "Terminada a cena em super-8, seu olhar lasso é mostrado em detalhe, ocupando a tela inteira, servindo de espelho para um espaço imaginário que complementa o lugar de inscrição da personagem."

[47] De acordo com o diretor, a trilha foi basicamente composta por músicas de sucesso no nordeste brasileiro, no momento da filmagem. Cada música parece extremamente conectada ao que é experimentado pela própria protagonista nos diferentes momentos de sua jornada.

Pensamos que os signos, as imagens, os planos, as cores, o som e a iluminação parecem já indicar, logo no início, o que esse filme pretende mostrar, como pretende contar essa história, que sensações poderá nos provocar e, especialmente, que lugar ele nos convida a ocuparmos. Anuncia-se aqui um certo "modo de endereçamento",[48] um lugar-posição desejável para o espectador se colocar e a partir do qual assistir ao filme e, mais do que isso, inicia-se um processo de identificação com as personagens e/ou situações.

As primeiras palavras pronunciadas no filme remetem a posições ocupadas pela protagonista: mulher-mãe-apaixonada. Num passado recente, Hermila é pura alegria, felicidade e sonho, uma mulher *flutuando* no auge do amor e das promessas, inclusive com frutos dessa entrega: um filho. A cena é filmada dando certa ideia de um estado de embriaguez.

Outro aspecto a ser considerado numa "etnografia de tela" é a trilha sonora, sobre a qual é possível fazer algumas questões que incluem não apenas a letra da canção, como também quem canta, qual estilo musical, que sensações produz em quem escuta e como se articula ao que vemos na composição com a trama fílmica. A primeira música em *O céu de Suely* permite suspeitar sobre o seu enredo, sobre o que o filme vai tratar ou mesmo sobre a posição a partir da qual nos interpelará.

A música que abre o texto fílmico, além de ser cantada na voz de uma mulher, anuncia *um* lugar de onde fala esse sujeito apaixonado. Poderíamos dizer que a letra dessa música contém enunciados[49] de uma discursividade que, em conjunto com a voz em *off*, posiciona a mulher *num* lugar. A frase de abertura do filme anuncia "Eu fiquei grávida". Quem (mais) poderia enunciar essa frase? Que força enunciativa há nessa frase? Que atravessamentos estão aí colocados? A que se associa a gravidez e o filho naquele contexto?

A cena indica que Hermila se encontra em estado de graça: o pouco que Mateus lhe oferece é simplesmente tudo que ela queria... Enquanto a voz em *off* narra a cena

---

[48] O "modo de endereçamento" é um processo que ocorre entre o filme e o espectador, ou melhor, "entre o filme e os usos que o espectador faz dele" (ELLSWORTH, 2001, p. 13). Somos, de algum modo, convocados a nos colocarmos numa determinada posição a partir da qual *deveremos* ler o filme. Essa posição seria a mais privilegiada de todas: aquela que nos permite desfrutar dos prazeres, sensações e emoções que o filme deseja que desfrutemos. Mas nada garante que, de fato, essa posição privilegiada seja ocupada pelo espectador.

[49] Por enunciado "é necessário entender a modalidade de existência de um conjunto de signos, modalidade que lhe possibilita ser algo mais que um simples conjunto de marcas materiais: referir-se a objetos e a sujeitos, entrar em relação com outras formulações, e ser repetível" (CASTRO, 2009, p. 137).

de entrega vivida pelos dois amantes no passado, a música sugere que aquele sonho de amor romântico parece não ter se cumprido. No filme, o amor não foi suficiente, o romance não teve o desenlace desejado por Hermila. À primeira cena, segue-se a situação atual da protagonista. Antes de prosseguirmos a análise, ressaltamos o motivo pelo qual elegemos essas duas cenas como centrais neste estudo. Elas anunciam dois movimentos presentes no enredo de Hermila. O primeiro demonstra a busca da personagem pela realização do afeto, numa relação romântica, sexo com amor, compromisso a dois, um filho. O segundo movimento insinua-se nessa segunda cena e diz respeito ao término do relacionamento e às diversas consequências a partir disso, acenando com possibilidades de novos movimentos para Hermila, sobre os quais o filme se desenrola.

O tom romântico e apaixonado que embala a cena inicial é rapidamente cortado por uma outra atmosfera. Na segunda cena, vemos, em detalhe, o olhar de Hermila. No entanto, não vemos aqui o olhar apaixonado, a face sorridente, a alegria pulsante; mas um olhar sério, talvez cansado ou, quem sabe, desanimado. O som diegético agora é de um motor de ônibus em movimento. Em seguida, a câmera foca Mateuzinho em *close-up*. Ele está no colo de Hermila, que está sentada na poltrona do ônibus. A viagem de São Paulo para Iguatu é longa: uma distância que não se mostra apenas geográfica. A viagem é lenta, diferente de sua vida, que é rápida e intensa. Antes de desembarcarem, temos um panorama da estrada, do céu e da cidade de Iguatu. Somos apresentadas ao cenário onde todo o restante do filme se passará, até voltarmos para essa mesma estrada e poltrona.

Felipe Bragança (2005), corroteirista e assistente de direção de *O céu de Suely*, descreve suas sensações diante de Iguatu – sensações que se assemelham às que tivemos diante da cidade apresentada no filme:

> Iguatu não existe. É um nada e ao mesmo tempo é tudo o que existe no mundo. Um desejo imenso inacabado e uma sujeira de vontades atravessadas, ecoadas, como se sonhos do mundo todo encontrassem aqui o lugar de se perder... e de deixar as suas sombras. Iguatu é o deserto e o centro do mundo. E o absoluto e o imprevisível. Um abismo de cores e luzes frias, de néons que são como a resposta silenciosa ao chão seco em que se pisa, para o céu lavado ao qual se olha.[50]

[50] Carta escrita por Felipe Bragança durante as filmagens de O céu de Suely; foi publicada na revista eletrônica *Contracampo* (Disponível em: <http://www.cinemaemcena.com.br/ceudesuely/blog.asp>. Acesso em: 10 nov. 2011).

Outra descrição primorosa do filme e da cidade na qual estamos desembarcando com Hermila é feita por Luis Carlos Oliveira Jr. (2006). Concordamos com sua análise em todos estes aspectos poeticamente descritos:

> As mechas no cabelo de Hermila, resquício de uma cultura da metrópole que ela habitou provisoriamente, são como o constante ruído de fundo que traz ao filme a ideia de que há uma infinidade de coisas acontecendo a todo momento, mas em algum outro lugar. Iguatu, a despeito da rusticidade de suas construções, da posição geográfica isolada, da pobreza, capta as ondas que vêm de longe, e que já chegam refratadas – versões em português para canções pop americanas, um posto de gasolina que se chama Veneza, um comércio de rua que por algum motivo inexplicável cria um sentimento de feira internacional. Os pontos de luz desfocados (como os faróis de carros, caminhões e motos que passam na estrada) que cintilam no fundo da imagem nas cenas noturnas parecem chamarizes enviados à distância, mensagens luminosas de um mundo mais povoado e mais veloz. A massa sonora, por sua vez, prolonga o espaço habitado pelos personagens para além dos limites de enquadramento, reforçando a ideia de que eles – e sobretudo Hermila – são seres de um mundo que não termina nas placas de boas-vindas ou de adeus a Iguatu.

É interessante observar que transpor da tela para a escrita não é uma tarefa simples. Diana Rose (2008) argumenta que, no processo de análise de materiais audiovisuais, é preciso "transladar". Entendemos que a translação seria uma espécie de tradução de uma linguagem específica para outra. Pode se constituir num desafio aproximar, por exemplo, o tom da escrita ao tom do filme, ao tom da narrativa fílmica. Os dois excertos acima são exemplares nesse sentido ao narrar de forma poética o que está na tela.

Hermila retorna para viver com a tia Maria (Maria Menezes) e a avó (Zezita Matos), sua família em Iguatu. Seu marido fica em São Paulo, com a promessa de ir ao seu encontro tão logo possa. São diversos os ruídos que acompanham o desembarque de Hermila com seu filho pequeno na cidade de Iguatu: ruídos da estrada, do motor do ônibus, do choro do bebê, do caminhão, da moto. Esses ruídos retornam no decorrer do filme, em diferentes momentos, compondo com a trilha sonora. Percebemos que os ruídos, por vezes, indicam pequenas rupturas, marcações e costuras entre cenas, além de sugerir os próprios ruídos na comunicação entre as personagens. No caso de Hermila, o ruído de um trem, por exemplo, pode ser indicativo do confronto da personagem com a sua realidade de abandono por parte do pai do seu filho. A presença de ruídos e a ênfase nos sons ambientes, ao longo da trama, acabam produzindo uma ideia de realismo, naturalidade e espontaneidade na narrativa. De fato, o uso do som nesse filme é mais diegético – o que reforça a "ilusão do realismo" (TURNER, 1997, p. 63). As músicas que ouvimos, na maior parte da trama, são as músicas que as personagens ouvem no seu cotidiano. A trilha sonora de um filme indica o estado emocional das personagens e nos leva a estados emocionais que, em geral, nem nos damos conta, tamanha a força de realismo e *captura* exercida pelo cinema.

O *CD* com as músicas de que Hermila mais gostava (presente de seu amor) não seria composto justamente pelas músicas que escutamos ao longo do filme com ela? Ou, ainda, será que a música que ouvimos nessa cena de abertura não seria a mesma que Hermila está escutando pelo fone de ouvido na cena imediatamente a seguir? É possível perceber um certo estilo musical que ganha realce no filme, como se fosse mesmo um gosto particular que rege sua trilha sonora, exceto duas músicas que parecem fugir à regra: uma instrumental que conduz a narrativa em momentos diversos (mais intimistas?) e outra que o diretor descreve como "uma música minimalista do alemão Lawrence, 'Somebody told me'" (KLEINPAUL, 2006). Com exceção dessas duas músicas que estão fora de cena, as demais fazem parte da vida daquelas personagens, compondo o som diegético do filme.

As músicas que as personagens escutam ao longo do filme parecem fazer parte de um mesmo repertório e estilo musical, por ora denominado "tecnobrega". Segundo Karim Aïnouz, "a trilha de *O Céu de Suely* retrata a complexidade de significados presente no sertão brasileiro contemporâneo". O diretor afirma:

> É impressionante a quantidade de versões de músicas americanas transformadas em forró ou no chamado tecnobrega. Acho uma provocação pegar um hit americano e transformar em outro produto, muitas vezes com letras totalmente diferentes das originais. [...] E por que não chamar esta música de autêntica na cultura nordestina? (*idem*).

Bianca Kleinpaul (*idem*) refere-se à trilha sonora de *O céu de Suely* como "uma viagem ao passado e ao mundo 'kitsch'[51] nordestino". Em sua crítica, ela afirma que

[51] Como sugerem Hallina Beltrão e Hans Waechter (2008, p. 36), o *kitsch* seria mais uma atitude, "um estilo marcado pela ausência de estilo", ou ainda "uma mistura divertida de vários elementos, geralmente com o único propósito de ornamentação. Sobrepõe materiais, estilos artísticos, cores e estampas de uma forma

todas as músicas do filme foram escolhidas pessoalmente pelo diretor: "Se *Tudo que eu tenho* foi incluída ainda com o filme no papel, outras músicas só vieram quando Karim estava ensaiando no interior do Ceará". Ele lhe contou:

> Queria saber qual era o hit no Nordeste em julho de 2005 (*época das filmagens*). Tinha três músicas chicletes, mas a que tocava em todas as cidades do interior era *Não vou mais chorar*, do Aviões do Forró. [...] Nordeste tem uma trilha sonora por estação, é sazonal.

Diríamos que não apenas a trilha sonora nos encaminha para esse modo *kitsch* de se apresentar, como o filme de um modo geral. Poderíamos dizer que Hermila, de certa forma, é *kitsch*, não apenas pelo que é *combinado* no seu figurino, mas pelo modo como joga com os elementos de que dispõe naquele contexto. Hermila veste-se com minissaias e miniblusas cujas alças se misturam às alças do sutiã, que quase sempre estão à mostra. Usa sandálias com saltos em plataforma, brincos, anéis e pulseiras de plástico de cores diversas, misturados a outras bijuterias de metal. Prende o cabelo de diversas formas, usando elásticos e travessas. Seria possível pensar que o modo como Hermila experimenta sua sexualidade também se aproxima do *kitsch*, no sentido de estar inspirado num "estilo sem estilo", numa construção que mistura elementos que parecem não combinarem entre si. Observamos, também, que sua circulação pela cidade de Iguatu, com roupas que evidenciam/enfeitam seu corpo, tais como minissaia, bijuterias e enfeites no cabelo, relaciona-se ao fato de Hermila ser jovem. Apesar de ser uma moça pobre, distante dos padrões da chamada *classe média*, Hermila é jovem, uma identidade quase central e com enorme apelo na cultura contemporânea. Talvez possamos afirmar que, "mais do que ter uma idade, pertencemos a uma idade" (LLORET, 1998, p. 14), ou seja, o que podemos fazer, o que devemos fazer e o que podemos ser ou não ser está relacionado ao pertencimento a uma determinada geração. Ser jovem dá prestígio. Em relação aos/às jovens, apesar de diferenças de classe, de raça e gênero ou mesmo da falta de perspectivas futuras, não são incomuns frases do tipo "o mundo é de vocês", "é uma idade de ouro", entre outras, colocando a juventude como uma época de realizações, de descobertas, de experimentações e de definições, sejam elas profissionais ou mesmo sexuais.

---

harmônica e irreverente. Nessa combinação, não existem regras" (Disponível em: <http://www.infodesign.org.br/conteudo/inicCient/34/ing/ID_v5_n1_2008_36_44_Beltrao_et_al.pdf>. Acesso em: 26 abr. 2012).

A escolha por uma música gravada em outros tempos e um pouco esquecida pelo grande público logo na abertura do filme talvez indique que, embora seja um filme de nosso tempo, ele cita outros tempos. A forma como o amor é falado nessa música e como é mostrado nessa cena inicial – envolto em paixão, desejo e uma espécie de plenitude – nos remete a imagens de um amor (romântico) que persiste nos mais diversos contextos e artefatos culturais da atualidade.

> Se o amor tem atravessado o tempo com mais continuidades do que descontinuidades, em relação aos gêneros, ele tem-se colocado de forma diferente para ambos, ou seja, a relação de homens e mulheres com o amor tem tido historicamente diferentes significados e importância. A conduta adequada de gênero está intimamente relacionada a práticas sexuais e amorosas apropriadas (SOARES, 2005, p. 112).

Se, na esfera da sexualidade, somos levadas a crer que estamos experimentando deslocamentos e *inovações*, na esfera afetiva diríamos que o desejo de amar, de se sentir amada, de viver uma grande paixão ainda persiste como um sonho romântico de muitas. Essa questão mais ligada à afetividade esteve tradicionalmente associada às mulheres. Frases que intitulam livros e perpassam debates – tais como *Por que homens fazem sexo e mulheres fazem amor?*, *Homens são de Marte, mulheres são de Vênus* – apontam para diferenças no modo como homens e mulheres encaram suas relações afetivas e sexuais. A mulher permanece do lado do amor, e os homens, do lado do sexo: "longe de operar uma ruptura absoluta com o passado histórico" (LIPOVETSKY, 2000, p. 15), parece haver um reciclamento contínuo. No contexto do filme, o amor está associado a uma relação estável de entrega, e a relação romântica remete a estar junto nas dificuldades, inclusive financeiras. É possível situar aqui o primeiro movimento da personagem, que como já salientamos se dá por meio da busca de uma realização amorosa e materna. Isso nos leva a crer também na desilusão, no lugar comum de muitas relações amorosas: mulher ingênua e romântica e homens aproveitadores, mentirosos, enganadores e irresponsáveis. Nem tudo é verdade; talvez nem tudo seja mentira – não sabemos de Mateus.

Em geral, esses enunciados marcam diferenças entre os sexos e produzem uma espécie de essencialização, reducionismo e naturalização dos gêneros. Se, por um lado, perspectivas como a que assumimos neste trabalho buscam desnaturalizar e problematizar essas form(ul)as essencialistas e simplificadoras, por outro, é preciso reconhecer que existe uma força naqueles discursos que operam em diferentes meios, produzindo verdades, fabricando sujeitos, reiterando normas para homens e mulheres. Ainda que estejamos vivendo num tempo em que o próprio par mulher-homem (ou feminino-masculino) esteja sendo colocado sob suspeita, persiste uma noção de que os sujeitos não podem ser reconhecidos como humanos se não tiverem, em seu corpo, a marca de *um* sexo. Sim, responderíamos a Foucault: precisamos (ainda) verdadeiramente de um verdadeiro sexo.[52]

A estrada do gênero, no filme, indica, logo no início, uma possível articulação entre maternidade e amor romântico ou, ainda, entre heterossexualidade e reprodução. Pesquisa realizada nos anos 1980 pela antropóloga Cláudia Fonseca (2000) já indicava como a maternidade acabava adquirindo diferentes significados entre mulheres de classes populares; entre os quais um ganhava destaque: poder "dar filhos" aos seus homens. A autora constatou que as mulheres orgulhavam-se da maternidade e que isso era motivo de "honra" feminina no contexto pesquisado. "Parar de ter filhos? Por quê? Vou dar um terceiro filho forte e bonito para meu marido (atual). É uma coisa que eu sei fazer muito bem!"; assim, "Moema, que vivia há anos de mendicância e que já tinha colocado três filhos no orfanato do Estado, anunciava-me exultante a chegada de um oitavo filho" – conta a pesquisadora (*ibidem*, p. 18). Hermila, tal qual a depoente de Fonseca, orgulha-se da maternidade.

A moça desembarca do ônibus na beira da estrada, carregando de um lado seu filho Mateus e, de outro, uma sacola enorme e pesada. Ela encontra-se exatamente na beira da estrada, no acostamento onde os/as passageiros/as desembarcam do ônibus. Um céu imenso e azul compõe o quadro. Ela não tem pressa de atravessar a faixa. Quando vê uma brecha no trânsito – que mais *abriga* caminhões –, ela se desloca para o posto de gasolina que há em frente. Temos um retrato de Hermila-mãe que brinca com Mateus enquanto espera sua tia Maria, que vai buscá-la de moto. Ela fica visivelmente feliz com esse encontro, é um encontro de afetividade entre ambas, com troca de abraços. Nesse momento, Hermila apresenta o fruto do amor vivido, *Mateuzinho*, seu filho, ou *Mateus Tavares Ferreira Junior*, como ela mesma diz à tia Maria e ainda finaliza: *tem o olhinho do pai*. Ao dizer o nome completo do menino para tia Maria, Hermila apresenta o filho como quem mostra uma obra. Com isso, podemos observar que Hermila tem orgulho do menino, orgulho por ter dado aquele filho para seu amor. Isso se evidencia ainda mais se considerarmos a primeira frase do filme,

[52] Michel Foucault (1983) inicia o prefácio de *Herculine Barbin: o diário de um hermafrodita*, problematizando esta questão relativa ao "verdadeiro sexo".

Eu fiquei grávida num domingo de manhã, que está obviamente relacionada a uma maternidade (sexo com comprometimento). A maternidade, na constituição da vida a dois, parece ser um fator importante no filme. O filho, nesse contexto, é o auge da entrega amorosa. O filho gerado dessa relação parece ser o símbolo (permanente) desse amor.

Os diferentes significados atribuídos à maternidade (como, por exemplo, uma das "formas de viver a sexualidade e a conjugalidade"), por vezes, tornam-se invisibilizados (nas políticas de educação em saúde). Nesses programas, conforme salienta Dagmar Meyer *et al.* (2004, p. 27), "De modo geral, os significados de maternidade são trabalhados de forma naturalizada e normativa". Como toda norma, sua invisibilidade produz efeitos.

Acreditamos que maternidade e amor romântico ainda persistem como um binômio importante na constituição de feminilidades contemporâneas (brasileiras). Com a mesma força com que somos interpeladas a termos um filho, após tê-lo, somos interpeladas a exercemos a maternidade de um determinado modo. Ao lado disso, vemos uma infância ganhar centralidade na cultura, na mídia e nas políticas públicas.

As vidas dos adultos hoje estão bastante atreladas (para não dizer submetidas) às vidas das crianças. As famílias costumam organizar sua rotina em torno das necessidades das crianças, ao menos nas classes médias. E nas classes populares? Também haveria essa centralidade na figura da infância? As políticas públicas que tomam como referência as crianças e suas famílias (em especial, as mulheres-mães) estariam reforçando essa centralidade?[53]

Diríamos que o filme pode apontar para um deslocamento, para uma perturbação na centralidade tanto da infância como da maternidade, ao menos na vida da protagonista. Há períodos na trama em que Mateuzinho fica em segundo plano ou simplesmente não aparece. Pensamos que o filme não reforça a vitimização de uma mulher abandonada com filho, nem o aprisionamento numa crença amorosa. Hermila encarna uma mulher do nordeste, aparentemente muito nova para ter um filho (pelo menos depois de ser abandonada) e grande demais para permanecer ali.

[53] Investigações realizadas em nossa linha de pesquisa, especialmente sob coordenação ou orientação da professora Dagmar Meyer, já demonstraram como o gênero atravessa a formulação e a execução de políticas públicas, governando de modo particular a vida de mulheres-mães. Citamos como exemplo a tese de Carin Klein, intitulada *Biopolíticas de inclusão social e produção de maternidades e paternidades para uma infância melhor*.

Somos incitadas/os a acompanhar o olhar de Hermila, que não parece um olhar acomodado, engessado, aprisionado numa moralidade e numa visão de vida, de feminilidade, de corpo, de prazer e de mundo. Esse olhar, bem como o olhar do "olho-câmera" nesse filme, nos remete a um lugar de não julgamento moral da ação. Ainda que posicionamentos que poderíamos denominar *moralistas* estejam presentes no desenrolar da trama, nosso olhar é convidado a se deslocar dessa posição e a ver de outros ângulos e perspectivas.

O céu imenso no filme lembra amplitude e, ao mesmo tempo, sugere as contingências do sertão (e da vida). O *céu*[54] é um elemento de destaque, ao longo de toda narrativa, e remete a diferentes sensações e direções. Talvez pudéssemos associar esse céu ao conjunto de normas regulatórias de gênero que, mesmo tendo se alargado no sentido de possibilitar outros modos de ser mulher, não deixou (e não deixa) de indicar contingências e desafios. A suposta *liberdade feminina* é novamente enredada em outras normas e assujeitamentos. Novos conceitos e ideais de felicidade, realização e satisfação são movidos em processos que acabam por conduzir a conduta, normalizar os sujeitos.

Com as cenas iniciais de *O céu de Suely*, procuramos demonstrar uma análise em conjunto de um artefato que se desdobrou em várias etapas. Como já afirmamos, após uma imersão profunda na tela, houve a seleção de cenas a serem analisadas. Escolhemos cenas que pudessem ser produtivas à articulação do referencial teórico escolhido. Um olhar impregnado pelos estudos de gênero e de sexualidade permitiu que produzíssemos esta e não outra "etnografia de tela". As ferramentas da linguagem cinematográfica – como a iluminação, os planos, os cenários, a introdução e os movimentos dos personagens nas cenas, os modos de narrar e a trilha sonora – foram trazidas para a análise como elementos fundamentais neste percurso etnográfico. Da mesma forma, reiteramos a importância do registro em caderno de campo e a descrição detalhada do que vemos e do que escutamos, além das sensações e impressões que nos tomam na experiência de sermos etnógrafas de tela.

Não temos a pretensão de afirmar que este é o modelo por excelência que vai dar conta do todo. Como nos lembra Diana Rose (2008, p. 349), é "impossível descrever

---

[54] O título do filme foi lhe dado pouco antes de sua estreia mundial, porém, como aponta Angélica Bito (2008), "A impressão é que a direção e fotografia (maravilhosa, assinada por Walter Carvalho) foram pensadas a partir do nome. O céu de Suely é azul vibrante, tem nuvens bem definidas, mas é vazio de esperanças e está bem longe de onde a protagonista pisa".

tudo o que está na tela". A autora afirma que sempre algo ficará de fora, assim como algo poderá ser acrescentado nessas análises; as escolhas feitas em torno da *transcrição* devem ser guiadas pelo aporte teórico que sustenta a pesquisa. Não apenas o que reconhecemos como presença e ausência no texto fílmico são relevantes para a análise, como também aquilo que decidimos mostrar às/aos leitoras/es deste texto.

Por fim, sinalizamos que o caminho aqui trilhado pode inspirar outras leituras e, quem sabe, novas apostas metodológicas.

REFERÊNCIAS

ARAÚJO, A. *O céu de Suely*. 2006. Disponível em: <http://www.disruptores.com.br/cinemascopio/o-ceu-de-suely>. Acesso em: 27 abr. 2012.

AUMONT, Jaques. *A imagem*. Campinas: Papirus, 1993.

BALESTRIN, Patrícia. A. *O corpo rifado*. Tese (Doutorado em Educação) – Programa de Pós-Graduação em Educação, Faculdade de Educação, Universidade Federal do Rio Grande do Sul, Porto Alegre, 2011.

BELTRÃO, H.; WAECHTER, H. Eu kitsch: uma análise da atitude kitsch na obra de Pedro Almodóvar. *InfoDesign*, v. 5, n. 1, p. 36-44, 2008. Disponível em: <http://www.infodesign.org.br/conteudo/inicCient/34/ing/ID_v5_n1_2008_36_44_Beltrao_et_al.pdf>. Acesso em: 10 nov. 2011.

BERGER, J. *Modos de ver*. Rio de Janeiro: Rocco, 1999.

BITO, A. O céu de Suely. 2008. Disponível em: <http://br.cinema.yahoo.com/filme/14117/critica/9444/oceudesuely>. Acesso em: 12 ago. 2008.

BRAGANÇA, F. *Carta de Iguatu*. 2005. Disponível em: <http://www.cinemaemcena.com.br/ceudesuely/blog.asp>. Acesso em: 23 abr. 2012.

BRIGGMANN, A. P. Discurso: estrutura, evento ou processo?. *Educação, Subjetividade e Poder*, v. 3, p. 31-36, jan./jun. 1996.

CASTRO, Edgardo. *Vocabulário de Foucault*. Belo Horizonte: Autêntica, 2009.

CULLER, Jonathan. *Sobre a desconstrução*: teoria e crítica do pós-estruturalismo. Rio de Janeiro: Record; Rosa dos Tempos, 1997.

DELEUZE, Giles. *Conversações*. São Paulo: Ed. 34, 2007.

ELLSWORTH, Elizabeth. Modos de endereçamento: uma coisa de cinema; uma coisa de educação também. *In*: SILVA, Tomaz Tadeu da. *Nunca fomos humanos*: nos rastros do sujeito. Belo Horizonte: Autêntica, 2001.

FABRIS, E. T. H. Cinema e Educação: um caminho metodológico. *Educação e Realidade*, v. 33, n. 1, p. 117-133, jan./jun. 2008.

FISCHER, Rosa Maria Bueno; MARCELLO, F. de A. Tópicos para pensar a pesquisa em Cinema e Educação. *Educação e Realidade*, v. 36, n. 2, p. 505-519, maio/ago. 2011.

FONSECA, Cláudia. *Família, fofoca e honra*. Porto Alegre: Ed. UFRGS, 2000.

FOUCAULT, Michel. Prefácio: O verdadeiro sexo. *In*: PANIZZA, Oscar. *Herculine Barbin*: o diário de um Hermafrodita. Rio de Janeiro: Francisco Alves, 1983. p. 1-4.

GINSBURG, F. Não necessariamente o filme etnográfico: traçando um futuro para a antropologia visual. *In*: ECKERT, C.; MONTE-MÓR, P. (Org.). *Imagem em foco*: novas perspectivas em antropologia. Porto Alegre: Ed. UFRGS, 1999. p. 31-54.

GREENAWAY, Peter. O cinema está morto, vida longa ao cinema! *In*: SCHÜLER, F.; AXT, G.; SILVA, J. M. da. *Fronteiras do pensamento*: retratos de um mundo complexo. São Leopoldo: Ed. UNISINOS, 2008. p. 295-307.

JULLIER, L.; MARIE, M. *Lendo as imagens do cinema*. São Paulo: Ed. Senac, 2009.

KLEINPAUL, B. Trilha sonora de 'O céu de Suely' é uma viagem ao passado e ao mundo 'kitsch' nordestino. 2006. Disponível em: <http://oglobo.globo.com/cultura/mat/2006/11/13/286623626.asp>. Acesso em: 10 nov. 2011.

LIPOVETSKY, Gilles. *A terceira mulher*: permanência e revolução do feminino. São Paulo: Companhia das Letras, 2000.

LLORET, C. As outras idades ou as idades do outro. *In*: LARROSA BONDÍA, Jorge; LARA, Nuria. *Imagens do outro*. Petrópolis: Vozes, 1998. p. 13-23.

MEYER, Dagmar *et al*. "Mulher sem-vergonha" e "traidor responsável": problematizando representações de gênero em anúncios televisivos oficiais de prevenção ao HIV/AIDS. *Revista Estudos Feministas*, v. 12, n. 2, p. 51-76, 2004.

OLIVEIRA JR., L. C. O céu de Suely. *Contracampo, Revista de Cinema*. 2006. Disponível em: <http://www.contracampo.com.br/82/festoceudesuely.htm>. Acesso em: 22 abr. 2012.

PIAULT, M. H. Espaço para uma antropologia visual. *In*: ECKERT, Cornelia; MONTE-MÓR, Patrícia (Org.). *Imagem em foco*: novas perspectivas em antropologia. Porto Alegre: Ed. UFRGS, 1999. p. 30.

RIAL, C. S. Japonês está para a TV assim como mulato para cerveja: imagens da publicidade no Brasil. *In*: ECKERT, Cornelia; MONTE-MÓR, Patrícia (Org.). *Imagem em foco*: novas perspectivas em antropologia. Porto Alegre: Ed. UFRGS, 1999. p. 231-255.

RIAL, C. S. Mídia e sexualidades: breve panorama dos estudos de mídia. *In*: GROSSI, Miriam *et al.* (Org.). *Movimentos sociais, educação e sexualidades*. Rio de Janeiro: Garamond, 2005. p. 107-136.

ROSE, D. Análise de imagens em movimento. *In*: BAUER, Martin W.; GASKELL, George (Org.). *Pesquisa qualitativa com texto, imagem e som*: um manual prático. Petrópolis: Vozes, 2008. p. 343-364.

SOARES, Rosângela. *Namoro MTV*: juventude e pedagogias amorosas/sexuais no *Fica Comigo*. Tese (Doutorado em Educação) – Programa de Pós-Graduação em Educação, Faculdade de Educação, Universidade Federal do Rio Grande do Sul, Porto Alegre, 2005.

TURNER, G. *Cinema como prática social*. São Paulo: Summus, 1997.

VANOYE, F.; GOLIOT-LÉTÉ, A. *Ensaio sobre a análise fílmica*. Campinas: Papirus, 2006.

VERAS, E. O céu de Suely. *Jornal Zero Hora*, Porto Alegre, 21 dez. 2006. Segundo Caderno.

WENDERS, W. Evoluções do tempo, continuidade do movimento. *In*: WENDERS, W. *A lógica das imagens*. Rio de Janeiro: Edições 70, 1990. p. 13-17.

XAVIER, Ismail. A janela do cinema e a identificação. *In*: XAVIER, Ismail. *O discurso cinematográfico*: a opacidade e a transparência. São Paulo: Paz e Terra, 2008. p. 17-25.

CAPÍTULO 5

Etnografia+netnografia+análise do discurso: articulações metodológicas para pesquisar em Educação

SHIRLEI REZENDE SALES

A arte de pesquisar em educação tem desafiado enormemente um significativo contingente de pesquisadoras/es empenhadas/os em construir formas de compreensão acerca de um campo que insiste em apresentar inquietantes e desestabilizadoras questões e problemas de investigação. Entre as variadas possibilidades teórico-metodológicas, o terreno das pesquisas pós-críticas tem sido marcado por algumas transgressões dos cânones metodológicos, por muitas invenções e algumas inusitadas composições, como bem nos demonstraram os demais capítulos deste livro, especialmente o de Marlucy Paraíso e o de Dagmar Meyer.

É neste terreno que se insere o presente capítulo, que tem por objetivo discutir as composições metodológicas realizadas para analisar o processo de produção das subjetividades juvenis na contemporaneidade. Essa análise partiu do pressuposto de que o tempo presente é composto por elementos diversos, advindos de diferentes matrizes, em que a cibercultura produzida no ciberespaço exerce papel importante na constituição de modos de existência juvenis. Conectada a esse universo cibercultural, a escola, e mais especificamente o currículo escolar, vem demandando formas juvenis de condução da conduta que requerem dos trabalhos de pesquisa a articulação de diferentes aportes metodológicos.

Desse modo, este capítulo descreve as composições realizadas durante minha pesquisa de doutorado[55] que teve por foco a análise da interface entre o discurso do Orkut[56] (rede social digital) e do currículo de uma escola pública de ensino médio (SALES, 2010). As práticas, os procedimentos, as técnicas e os exercícios desses dois artefatos se cruzam, se atravessam mutuamente. O Orkut está no currículo escolar – quando, por exemplo, é formalmente utilizado como meio de comunicação entre alunas/os e professoras/es – assim como escola e seu currículo estão no Orkut – o que é facilmente visível nas inúmeras comunidades do *site* que tratam da instituição escolar. Esse atravessamento, com as montagens que proporciona, as disputas que estabelece assim como os sentidos que engendra, interessou diretamente à pesquisa realizada e que teve por objetivo a *análise do processo de produção de subjetividades juvenis na interface do discurso do currículo escolar e do Orkut.* Afinal, a juventude contemporânea está imersa no universo cibercultural – o qual lhe traz elementos específicos de conexão com o mundo – ao mesmo tempo que vive as práticas escolares. Além disso, é importante considerar que o ciberespaço não está totalmente apartado da "vida real" ou da interação face a face. A cibercultura se conecta ao contexto da sua produção, ao modo como é interpretada, vivida e incorporada (HINE, 2004).

O discurso do Orkut e o do currículo escolar atuam na produção de sentidos sobre o mundo, na forma de ver as coisas, as/os outras/os e a si mesma/o. Fazem parte da composição, das conexões que as/os jovens estabelecem no processo de construção de subjetividades. Esse processo se dá nas relações que se estabelecem em um terreno conflituoso e de disputa, em que vão estar em jogo outros discursos, seus procedimentos e o poder de conquistar a juventude conectada. Desse modo, é importante considerar que o efeito de subjetivação não é garantido. No processo de produção de subjetividades, acontecem escapes, vazamentos (PARAÍSO, 2007), subversões, resistências.

Entendendo que "nossas escolhas de pesquisa são éticas, são sempre de algum modo políticas" (FISCHER, 2002a, p. 52), foi importante adotar na pesquisa desen-

---

[55] Orkut.com.escol@: currículos e ciborguização juvenil.

[56] Até 2011, o Orkut era o segundo endereço eletrônico mais acessado no Brasil. A partir daquele ano, o Orkut foi perdendo espaço gradativamente para o Facebook, o qual atualmente lidera o ranking de acessos. Segundo dados do IBOPE, em agosto de 2011, "o Facebook atingiu 30,9 milhões de usuários únicos, ou 68,2% dos internautas no trabalho e em domicílios, equiparando-se ao Orkut, o maior site social no Brasil, até então, que registrou alcance de 64%, ou 29 milhões de usuários" (Disponível em: <http://www.ibope.com.br/calandraWeb/servlet/CalandraRedirect?temp=6&proj=PortalIBOPE&pub=T&db=caldb&comp=pesquisa_leitura&nivel=null&docid=C2A2CAE41B62E75E83257907000EC04F>. Acesso em: 02 jan. 2012).

volvida uma perspectiva metodológica que levasse a uma reflexão permanente sobre as opções feitas ao longo de todo o processo. Outro entendimento inicial foi o de que

> pesquisar as forças subjetivadoras do currículo visa responder a seguinte questão: - pelo funcionamento de um determinado currículo, como e por que "suas" subjetividades se constituíram de certo modo, através de um número determinado de práticas de si, que são jogos de verdade, práticas de poder, relações de saber? (CORAZZA, 2004, p. 64).

Desse modo, no percurso investigativo, foi assumida a postura própria do campo dos Estudos Culturais de fazer as escolhas metodológicas de acordo com as demandas postas pelo problema da pesquisa, sem nenhuma filiação disciplinar rígida, determinada *a priori* (NELSON; TREICHELER; GROSSBERG, 2003; PARAÍSO, 2004; SILVA, 2004). Nos Estudos Culturais, "nenhuma metodologia é recomendada com segurança, embora nenhuma também possa ser eliminada antecipadamente" (PARAÍSO, 2004, p. 55). É, portanto, característica desse campo de estudos uma dispersão metodológica que implica sempre que as escolhas sejam feitas de modo prático e principalmente reflexivo (NELSON; TREICHLER; GROSSBERG, 2003). Constata-se, no entanto, que as pesquisas realizadas no campo dos Estudos Culturais, de modo geral, "dividem-se em duas correntes metodológicas: a etnografia e as análises discursivas ou textuais" (PARAÍSO, 2004, p. 55).

A partir do percurso trilhado durante a pesquisa, este capítulo procura discutir os desafios metodológicos colocados ao campo curricular para a compreensão da interface entre ciberespaço e ambiente escolar. O argumento desenvolvido é de que, para se analisar o processo de produção de subjetividades juvenis nessa interface, é possível articular ferramentas metodológicas variadas advindas da etnografia, da netnografia e da análise do discurso.

AS TRILHAS PERCORRIDAS

Uma ferramenta utilizada no caminho: etnografia educacional

A etnografia educacional surge nos anos de 1950, em uma aproximação entre antropologia e educação (GREEN; DIXON; ZAHARLICK, 2005), a qual possibilita a emergência das pesquisas de caráter etnográfico nas escolas. A imersão no campo de investigação, por meio da etnografia, provoca uma ruptura com as formas tradicionais de fazer pesquisa e leva a considerar o/a investigador/a como participante do contexto de pesquisa (LAPLANE; LACERDA; KASSAR, 2006). Essa posição disponibiliza inúmeras possibilidades em campo, pois "a posição do pesquisador que participa, de alguma forma, das atividades do campo de estudo, o torna consciente de que o campo tem um movimento complexo e de que não é um experimento em que se possa controlar variáveis" (LAPLANE; LACERDA; KASSAR, 2006, p. 3).

O/a pesquisador/a etnógrafo/a dedica-se a "compreender os padrões culturais e as práticas das vidas diárias dos integrantes do grupo estudado" (GREEN; DIXON; ZAHARLICK, 2005, p. 28). É sua tarefa identificar os princípios da prática que norteiam as ações, dando visibilidade a elas, além de "fazer com que essas práticas familiares ou ordinárias se tornem estranhas (isto é, extraordinárias)" (GREEN; DIXON; ZAHARLICK, 2005, p. 29). Essas questões são particularmente relevantes para a pesquisa educacional.

A etnografia é uma "lógica de investigação", em que o/a pesquisador/a se apoia em teorias da cultura para orientar e planejar "as escolhas do que é relevante observar e registrar" (GREEN; DIXON; ZAHARLICK, 2005, p. 19). Além disso, as

> observações etnográficas envolvem uma abordagem que centraliza suas preocupações em compreender o que de fato seus membros precisam saber, fazer, prever e interpretar a fim de participar na construção dos eventos em andamento da vida que acontece dentro do grupo social estudado, por meio da qual o conhecimento cultural se desenvolve (GREEN; DIXON; ZAHARLICK, 2005, p. 18).

Segundo Cláudia Fonseca (1999, p. 58), a etnografia tem como ponto de partida "a interação entre o pesquisador e seus objetos de estudo". Além disso, a autora argumenta que, "por envolver em geral um número pequeno de informantes e por insistir na importância do contato pessoal do antropólogo com seu 'objeto', o método etnográfico propicia, sim, o estudo da subjetividade" (FONSECA, 1999, p. 63). A discussão sobre a etnografia também está presente nos capítulos de Lívia Cardoso e de Carin Klein e José Damico, neste livro.

Para estudar o processo de produção das subjetividades juvenis no discurso do currículo escolar, realizou-se uma pesquisa de campo, por meio da observação, em uma escola pública que ministra exclusivamente o ensino médio geral e profissionalizante – destinada a jovens –, na qual se buscou registrar e mapear os modos como aquele discurso constitui sujeitos e corpos jovens e também os "modos de existência" juvenis. Na observação, atentou-se para os momentos em que o currículo escolar é atravessado pela cibercultura, mais especificamente, pelo discurso do Orkut e vice-versa.

A observação consiste em um importante procedimento para a pesquisa realizada. Isso porque permite a obtenção de informações sobre aspectos relativos às relações sociais e possibilita o acesso a esclarecimentos pormenorizados e sua posterior descrição, com a vantagem de propiciar que a pesquisadora e o pesquisador penetrem nas situações sociais investigadas (BURGESS, 1997). Favorece também o levantamento de diferentes pontos de vista sobre um mesmo fato ou acontecimento, bem como o registro do que é efetivamente dito, do que é escrito, dos discursos e de seus desdobramentos dentro do cenário investigado.

A observação permite o contato direto com os elementos culturais próprios ao contexto analisado – como, por exemplo, as vivências da juventude – e possibilita a apreensão das linguagens, dos sentidos construídos, das relações de poder existentes, das utilizações que as/os jovens fazem, tanto do Orkut, quanto da escola e do currículo. Por fim, por meio da observação é possível capturar os atravessamentos dos discursos dos dois currículos, bem como de todos os acontecimentos que compõem as cenas sociais pesquisadas.

O procedimento descrito foi utilizado para a busca das informações, as quais foram posteriormente analisadas com base nos conceitos e na fundamentação teórica adotada. Nas informações obtidas, procurou-se analisar as "técnicas de dominação" e as "técnicas de si" (FOUCAULT, 1993) engendradas e postas em funcionamento pelos discursos investigados, a fim de compreender os modos de subjetivação acionados. Buscou-se, portanto, identificar as estratégias, as práticas, as técnicas, as táticas, os procedimentos, os exercícios engendrados no discurso do currículo escolar e do Orkut relativos aos "modos de existência" juvenis e analisá-los como implicados no estabelecimento de uma "relação consigo", por parte das/os jovens, que lhes permite efetuar operações sobre si mesmas/os com o objetivo de que conduzam a própria conduta.

A pesquisa de campo utilizou técnicas etnográficas, como o registro em diário de campo. As observações foram desenvolvidas em todos os espaços da escola, em especial, nas salas de aula. Isso foi necessário, a fim de analisar todos os procedimentos e técnicas acionados nos discursos do currículo escolar, bem como seus mútuos atravessamentos com o discurso do Orkut. Procurou-se identificar as relações de poder ali presentes. Tudo isso dentro do processo de produção de subjetividades de determinados tipos.

O planejamento das observações na escola foi permanentemente articulado ao que era publicado no ciberespaço e vice-versa. O foco dos trabalhos incidia na captura das interfaces entre o discurso do currículo escolar e o do Orkut. Interessava identificar e compreender os pontos de contato entre o que era produzido e divulgado em ambos os artefatos culturais. As observações na escola forneciam elementos para a compreensão do que era divulgado no ciberespaço, assim como o que era dito no Orkut guiava o olhar dirigido às práticas escolares.

O procedimento da observação das práticas juvenis inclui necessariamente uma série de conversas informais, imprescindíveis para a compreensão das culturas juvenis – especialmente a linguagem utilizada, vocábulos próprios, expressões – para o estabelecimento de laços de confiança e para a construção das análises do processo de produção das subjetividades. Conversas que, por vezes, continuavam no ciberespaço por meio das entrevistas.

Outro procedimento metodológico foi a aplicação de um questionário a todas/os as/os alunas/os presentes, em cada uma das turmas observadas, ao final do tempo da pesquisa de campo, para levantar informações gerais sobre interesses e forma de ingresso na escola, bem como o acesso e o uso da internet e do Orkut. Cada turma demandou um questionário diferenciado, devido às especificidades apresentadas durante as observações, embora algumas questões estivessem igualmente presentes nos três questionários.[57] Para investigar a interface dos discursos do currículo escolar e do Orkut, além da etnografia na escola, foi necessário realizar também uma "etnografia virtual" no ciberespaço.

Outra ferramenta para coletar informações: netnografia

"Etnografia digital", "etnografia *on-line*", "etnografia na internet", "etnografia conectiva", "etnografia da rede", "ciberetnografia", "netnografia" são alguns termos utilizados para denominar uma forma específica da etnografia, aquela que se dá em ambientes virtuais (DOMINGUEZ *et al.*, 2007). Essa metodologia consiste na "observação dos sujeitos em seu processo de construção de percepções e comportamentos na relação social em rede".[58] Os objetos da pesquisa netnográfica são as conexões e os fluxos produzidos no ciberespaço (HINE, 2004).

---

[57] As especificidades se referem basicamente ao respectivo ano do curso, já que, por exemplo, no 1º ano ainda não se tem uma formação específica para o curso técnico profissionalizante, assim como se espera que, ao final do 3º ano, a/o aluna/o já esteja envolvida/o de algum modo com as questões relativas ao vestibular.

[58] Disponível em: <http://www.qualiresearch.com/ciberantropologia.htm>. Acesso em: 16 jul. 2008.

Enquanto um método de pesquisa derivado da etnografia (ROCHA, 2006), a netnografia utiliza os conceitos da etnografia de modo (re-)significado (PINTO *et al.*, 2007), aplicados ao universo ciberespacial para a análise da cibercultura. Uma adaptação metodológica consiste exatamente na observação no ciberespaço, cuja natureza é desterritorializada, entendendo o ciberspaço como um "lugar plausível para realizar o trabalho de campo"[59] (HINE, 2004, p. 19). No caso das comunidades virtuais como, por exemplo, o Orkut, a netnografia deve combinar as observações com participação efetiva e imersiva nas comunidades pesquisadas (CARVALHO, 2006). Para participar nas comunidades é preciso compartilhar os códigos linguísticos utilizados.

A linguagem utilizada no ciberespaço contém características peculiares, o internetês, o qual congrega um grupo de pessoas que, de posse desse saber, consegue agir no ciberespaço. A criação do internetês parece uma estratégia de distinção das/os internautas. A estética e a *netiquette*[60] também compõem a forma geral de uso da linguagem cibernética. O internetês não está circunscrito exclusivamente ao ciberespaço. Ele se expande, transita em diferentes meios, se infiltra, circula em diversificados discursos, está presente no currículo escolar e pode ser visto em diversos artefatos culturais, como no cinema, nos jornais e nas histórias em quadrinhos.[61]

Inicialmente essa nova linguagem parece uma estratégia de codificação para garantir a privacidade das conversas que, como estão na rede, ficam potencialmente mais expostas. Consiste também em uma estratégia para agilizar a comunicação, já que algumas mídias são *on-line*. Há ainda outro aspecto: como a comunicação é virtual, foi necessário criar alguns ícones que tentem traduzir expressões e sentimentos como risos, vergonha, ciúmes, amor etc., além dos chamados *emoticons*, que são desenhos – alguns com animação – os quais, além de expressar sentimentos, divertem, enfeitam. São técnicas estilísticas que acrescentam colorido e humor aos textos produzidos pelas/os internautas. Alguns exemplos são:

---

[59] Original em espanhol, tradução minha.

[60] Etiqueta da internet, ou seja, "conjunto de regras informais que orientam o comportamento apropriado na utilização da Internet" (SILVA, 1998, p. 119).

[61] Um exemplo disso está na revistinha do Cebolinha (2004), criada pelo cartunista Mauricio de Sousa, cuja capa já traz algumas expressões do internetês: "BLZ?" e ":) !" A história que abre essa edição da revista é intitulada: "Cebolinha em Internetês!" A narrativa mostra inicialmente um estranhamento e desconhecimento do personagem Cebolinha acerca do vocabulário do internetês. Ao longo da história, com a ajuda do fiel companheiro de aventuras Cascão, ele vai aprendendo a língua e consegue se comunicar utilizando o novo vocabulário.

\o/	Vibração
¬¬	Desgosto
XD	Gargalhando
=)	Feliz
=(	Triste
=,(	Chorando
=P	Mostrando língua
:-***	Beijos
;-)	Piscando
:-o	Assustada/o

Para se comunicar na internet foi necessário o desenvolvimento, a criação e a invenção de novas linguagens que misturassem diversificados elementos gráficos, fonéticos e estéticos. Essa linguagem híbrida tem gramáticas próprias, apresenta ainda um recurso estilístico que demonstra uma grande capacidade criativa, considerando a apresentação em primeiro lugar, isto é, a conversa virtual deve ser visualmente interessante e chamativa. Alguns exemplos de vocábulos utilizados são:

vlw (valeu, estou indo embora)
aff (que saco!)
add (adicionar)
t+ (até mais, tchau)
kkkk (risos)
rsrsrs (risos)
fds (fim de semana)
msm (mesmo)
flw (ok)
blz (certo, beleza)
tc (teclar, conversar virtualmente)
vc (você)

No universo virtual, frequentemente, a/o jovem, além de participar do Orkut, conversa-tecla, ao mesmo tempo, com várias pessoas, em janelas diferentes, sobre assuntos totalmente diversos, o que requer dela/e muita rapidez para ler e escrever, exigindo, obviamente, abreviações e pouca preocupação com a norma padrão. Cada comunidade tem sua gramática própria. Assim, as normas são variáveis para cada uma delas (PEREIRA; COSTA, 2002). No caso das comunidades de *orkuteiras/os*, as *regras gramaticais* exigem as técnicas de dinamismo, qualidade estética, humor e, acima de tudo, criatividade. Quanto à agilidade requerida nas práticas *on-line*, Elizabete Garbin (2003) e Jane Kenway (1998) afirmam que o ritmo acelerado da interatividade, assim como a sua potencialidade, é, muitas vezes, maior do que aquela proporcionada pela utilização do controle remoto da televisão já analisada por meio da noção de *zapping*.[62] O internetês é, pois, uma significativa marca da cibercultura produzida e compartilhada no ciberespaço, especialmente no Orkut. Na interface jovem-Orkut, o internetês articula um novo modo de se comunicar, de nomear as coisas do mundo e de conduzir a vida.

Essas novas linguagens seguem padrões quase sempre incompreensíveis para quem não faz parte do grupo, ativando a dimensão do "intraduzível" (BHABHA, 1998). Em termos metodológicos, ao se transitar pela fronteira da cibercultura marcada pelo internetês, depara-se com vocábulos, símbolos ou expressões que não são imediatamente reconhecíveis. Há linguagens muito específicas de certos grupos culturais dos quais nem sempre o/a pesquisador/a partilha sentidos. Diante desse impasse, por vezes, é necessário solicitar aos membros desses grupos que traduzam aquilo que não se pode compreender. Isso mostra que a operação de tradução cultural "pode não ser uma transição tranqüila, uma continuidade consensual" (BHABHA, 1998, p. 311).

Na netnografia é preciso levar em conta a existência de algumas especificidades da cibercultura, como o fato de que a comunicação estabelecida no ciberespaço "é mediada por computador"; "está disponível publicamente"; "é gerada em forma de texto escrito"; e "as identidades dos participantes da conversação são mais difíceis de serem discernidas" (MONTARDO; PASSERINO, 2006, p. 7). Se, por um lado, a netnografia conta com a vantagem de as informações já virem transcritas, por outro, o fato de se ater à linguagem textual redunda na perda da leitura dos gestos e expressões (ROCHA; MONTARDO, 2005; MONTARDO; PASSERINO, 2006; ROCHA, 2006). A fim de equacionar metodologicamente essa e outras questões, recomenda-se que "as notas de campo das experiências no ciberespaço devem ser agregadas aos artefatos da cultura ou comunidade, tais como downloads, e-mails, imagens e arquivos de áudio e vídeo" (CARVALHO, 2006, p. 8).

[62] Segundo Garbin (2003, p. 127), o termo zapping foi cunhado por Beatriz Sarlo, para se referir ao uso do controle remoto pelo/a telespectador/a, que troca de canais em uma velocidade tal que acaba produzindo o efeito de "enlace das imagens", como se houvesse uma "montagem" feita pela/o usuária/a do controle remoto.

Além disso, a análise deve articular as informações obtidas nas observações *off-line*, com as obtidas *on-line*, a fim de se elaborar uma compreensão mais ampla da população pesquisada (MONTARDO; PASSERINO, 2006). Essa consiste em uma tarefa necessária a fim de construir as relações entre as informações obtidas no ciberespaço com as da vida *off-line*, entendendo que as informações se conectam, mas ao mesmo tempo se distinguem. Se, por um lado, o que é produzido no ciberspaço contém elementos do que é vivido *off-line*, por outro, a cibercultura é composta de elementos muito diversos da vida *off-line*, dela se distinguindo radicalmente. Isso exige que a construção da pesquisa considere seriamente esses aspectos e cruze, articule, estabeleça tanto os pontos de conexão, quanto os de disjunção entre a cibercultura e a cultura *off-line*. Tal esforço é necessário para se compreender o processo de produção das subjetividades, o qual se dá justamente em meio a composições múltiplas, utilizando materiais advindos de diferentes meios e discursos pertencentes a diversificados campos.

Nessa perspectiva, não interessa buscar a veracidade ou autenticidade exata das informações divulgadas no ciberespaço. Não importa também ficar interrogando se o que está sendo divulgado é falso ou verdadeiro. Não convém ficar à caça de *fakes*[63] para denegri-los, desqualificá-los, delatá-los ou descartá-los. Afinal, na perspectiva pós-moderna, verdade e ficção, o eu e a/o outra/o "se diluem em um grande oceano sem barreiras, nem distinções" (HINE, 2004, p. 16). Ao contrário, o que importa é identificar e analisar o que é efetivamente dito na internet, cruzando essas informações com as divulgadas em outros artefatos, como a televisão, o cinema, a literatura e a escola.

Para pesquisar a cibercultura, em termos metodológicos, é necessário um processo de intensa imersão no ciberespaço (HINE, 2004). No caso mais específico da investigação que subsidia este capítulo, foi preciso tornar-me orkuteira. Para isso, criei meu próprio perfil no Orkut, o qual era utilizado tanto para fins de pesquisa, quanto para minha comunicação mais geral e práticas de sociabilidade. A opção por um perfil único deveu-se à necessidade de compreender a lógica e o funcionamento do Orkut não apenas como uma pesquisadora que objetivava compreender os processos

[63] Perfis fictícios. O fake é compreendido como a/o usuária/o que se opõe à regra do discurso completo de si, no qual se demanda o relato e divulgação da verdade sobre si. Dizer o menos possível sobre si ou criar um perfil que não corresponda "verdadeiramente" a si mesma/o é entendido como um "princípio tático" em meio a uma "estratégia geral" do Orkut que incita a dizer tudo.

de produção das subjetividades juvenis acionadas no Orkut. Ao contrário, a intenção metodológica era experimentar as vivências ciberculturais, suas possibilidades, encantamentos, emoções, desafios, frustrações, perigos etc. Esse procedimento foi fundamental para possibilitar uma apropriação do internetês e das ferramentas disponibilizadas pelo *site*.

A observação no ciberespaço demanda, além do domínio da linguagem específica, o domínio do saber tecnológico e a habilidade em operar na interface ser humano-computador. Requer ainda o saber acerca da utilização das ferramentas disponíveis, dos caminhos mais eficientes, dos atalhos que agilizam a interação com o computador, dos recursos que possibilitam o maior acesso às informações, dos meios disponíveis para interagir com as/os demais usuárias/os. Em contrapartida, todo esse processo de imersão levou em consideração também o princípio netnográfico da necessidade de se exercitar o "estranhamento" (HINE, 2004) diante das práticas ciberculturais vividas e compartilhadas, a fim de questionar os sentidos produzidos no ciberespaço.

A partir daí foram mapeadas as ferramentas e levantado o conteúdo do Orkut, bem como seus recursos e suas possibilidades de uso para depreender seu funcionamento. Afinal, a netnografia proporciona "observar detalhadamente as formas em que se experimenta o uso de uma tecnologia"[64] (HINE, 2004, p. 13). Em seguida, foi realizado um levantamento das estatísticas sobre essa mídia no Brasil e no mundo, a fim de situar sua abrangência e seu alcance.

O passo seguinte foi a seleção das comunidades do Orkut que tratam do seu funcionamento e também daquelas que se relacionavam diretamente com a escola para serem analisadas. Foram identificados os momentos de interface da rede social com o currículo escolar. Por fim, focou-se nas observações dos perfis das/os alunas/os das turmas observadas, bem como nas comunidades do Orkut diretamente relacionadas a elas/es, à escola e às/aos professoras/es.

Esse trabalho foi realizado buscando apreender os discursos, as técnicas engendradas e as relações de poder em jogo no processo de produção de subjetividades juvenis. Devido ao dinamismo decorrente das mudanças constantemente feitas pelas/os usuárias/os do Orkut, no conteúdo dos perfis e das comunidades, foi necessário salvar e construir um arquivo eletrônico do material selecionado para a análise. Esse procedimento foi bastante importante, pois, estando as informações disponíveis na rede, tem-se a sensação primeira de que ela estará ali gravada, eternamente disponível, levando a

[64] Original em espanhol, tradução minha.

se pensar, equivocadamente, que é dispensável o processo de registro – constitutivo da pesquisa etnográfica –, como as anotações em diário de campo, ou gravação de áudio ou vídeo. No entanto, do mesmo modo que as informações são publicadas na rede, algumas delas podem ser deletadas sem aviso prévio, configurando, assim, a necessidade de salvar e arquivar as informações obtidas. Dentro da perspectiva de imersão na rede (HINE, 2004; ROCHA, 2006), além das observações, participei ativamente do Orkut. Alguns procedimentos utilizados foram a proposição de uma série de questões às/aos jovens por meio de *scraps* (recados) nos perfis do Orkut além da postagem de tópicos específicos nos fóruns das comunidades relacionadas diretamente à escola ou ao funcionamento do *site*. Em termos metodológicos, essas práticas atuaram em minha própria constituição como netnógrafa, à medida que propiciaram uma série de reflexões sobre o que significa ser *orkuteira*. A netnografia apresenta, nesse caso, a vantagem de propiciar mais simetria na pesquisa, pois a/o investigadora/o utiliza os mesmos meios e ferramentas que as/os participantes do estudo (HINE, 2004).

Outro procedimento metodológico utilizado foi a realização de entrevistas.[65] Foram entrevistados/as formalmente alunos/as e professores/as que utilizam e que não utilizam o Orkut, por meio do MSN Messenger, Google Talk ou pessoalmente, com um roteiro semiestruturado, a fim de analisar a relação das/os jovens e das/os docentes com a cibercultura e com o currículo escolar, buscando elementos para compreender a produção de subjetividades juvenis na contemporaneidade. As entrevistas objetivaram complementar e ampliar as informações obtidas ao longo das observações e se dirigiram a pessoas que tinham maior inserção na cibercultura e/ou estavam diretamente envolvidas em algum episódio relacionado ao objeto de estudos.

As entrevistas realizadas pessoalmente foram gravadas e posteriormente transcritas. A produtividade desse procedimento metodológico consiste na observação e registro dos gestos e expressões realizados no momento da entrevista. No entanto, como já discutido na literatura específica (LÜDKE; ANDRÉ, 1986; BOURDIEU, 1999; ROSA; ARNOLDI, 2006), alguns problemas também estiveram presentes neste trabalho, tais como dificuldade em agendar a entrevista e de encontrar um lugar silencioso para a gravação; interrupções frequentes do trabalho com a chegada de outras pessoas. Além disso, o processo de transcrição é bastante complexo, trabalhoso, moroso e, por vezes, impossível de ser realizado com fidelidade ao que é efetivamente dito, por conta da má qualidade do som.

[65] Sobre as possibilidades de uso das entrevistas, veja também o capítulo de Sandra Andrade.

Já as entrevistas feitas por meio MSN Messenger e Google Talk eliminaram os problemas de transcrição, já que bastava salvar a entrevista ao final e ela já se encontrava pronta para ser analisada. Era mais fácil também encontrar as/os participantes da pesquisa no ciberespaço, do que agendar um encontro pessoalmente. A temporalidade também é diferente na entrevista *on-line*. Como a conversa é teclada, há um tempo um pouco maior entre uma questão e outra, possibilitando que o/a pesquisador/a tenha melhores condições de já iniciar um processo de análise das respostas, o qual oriente a formulação das próximas questões. Esse procedimento só é possível na entrevista *on-line*, já que pessoalmente não é possível que o/a pesquisador/a reflita em silêncio entre uma pergunta e outra da entrevista. Afinal, isso seria bastante constrangedor em uma conversa face a face. Em contrapartida, a interrupção das entrevistas é um problema que persiste também no procedimento *on-line* já que, por vezes, o/a entrevistado/a tecla com o/a pesquisador/a e com outras pessoas simultaneamente.

De todo modo, a entrevista por meio do MSN Messenger e do Google Talk parece bastante adequada, em primeiro lugar, em decorrência do próprio objeto de estudos e, em segundo, por ser atualmente uma forma de comunicação bastante utilizada, especialmente entre as/os jovens, sendo, assim, mais atrativa e menos penosa a sua realização. Parece ainda que nesse tipo de procedimento há uma relação mais simétrica entre pesquisador/a e pesquisados/as, pois a cibercultura, sendo um espaço de soberania juvenil e aparentemente de cunho mais informal, menos acadêmico e científico, acaba modificando as posições de poder, deixando as/os entrevistadas/os, de modo geral, mais à vontade para conversar. Outras reflexões sobre as "entrevistas *on-line*" podem ser vistas no capítulo de Jeane Félix, neste livro.

O tratamento das informações no caminhar da pesquisa: a análise do discurso

Articulada à etnografia e à netnografia, foi utilizada a metodologia da análise discursiva, de inspiração foucaultiana. Essa articulação se fez necessária devido às demandas postas pelo problema da investigação. Como o foco da pesquisa estava na interface entre os discursos do currículo escolar e do Orkut, foi necessário que se lançasse mão de ferramentas e procedimentos das três metodologias. Essa opção metodológica, no entanto, exigiu grande esforço de articulação de informações e análises, especialmente por se desconhecer outro estudo que tenha optado por empreender tal tarefa.

A perspectiva de análise do discurso adotada tem por pressuposto um entendimento de que discurso é uma prática produtiva que fabrica verdades, saberes, sentidos, subjetividades (FOUCAULT, 2005a). Ou seja, "o que dizemos sobre as coisas nem são as próprias coisas (como imagina o pensamento mágico), nem são uma representação das coisas (como imagina o pensamento moderno); ao falarmos sobre as coisas, nós as constituímos" (VEIGA NETO, 2002, p. 31). Para Michel Foucault, o discurso não apenas reflete ou nomeia a *realidade* preexistente. Em vez disso, o discurso é uma força constituinte e define, por meio das relações heterogêneas de poder-saber, o que pode ser dito – e por quem – em determinado lugar e tempo histórico. Não se trata de "fazer a divisão binária entre o que se diz e o que não se diz; é preciso tentar determinar as diferentes maneiras de não dizer, como são distribuídos os que podem e os que não podem falar, que tipo de discurso é autorizado ou que forma de descrição é exigida a uns e outros" (FOUCAULT, 2005b, p. 30). Analisa-se aquilo que é efetivamente dito nos materiais pesquisados, "suspendendo continuidades, acolhendo cada momento do discurso e tratando-o no jogo de relações em que está imerso" (FISCHER, 2001, p. 221).

A análise dos diferentes discursos é feita procurando "admitir um jogo complexo e instável em que o discurso pode ser, ao mesmo tempo, instrumento e efeito de poder, e também obstáculo, escora, ponto de resistência e ponto de partida de uma estratégia oposta" (FOUCAULT, 2005b, p. 96). Outro pressuposto é que

> não existe um discurso do poder de um lado e, em face dele, um outro contraposto. Os discursos são elementos ou blocos táticos no campo das correlações de força; podem existir discursos diferentes e mesmo contraditórios dentro de uma mesma estratégia; podem, ao contrário, circular sem mudar de forma entre estratégias opostas (FOUCAULT, 2005b, p. 96).

O trabalho analítico buscou, assim, interrogar os discursos do currículo escolar e do Orkut – registrados por meio dos procedimentos da etnografia e da netnografia – em sua "produtividade tática (que efeitos recíprocos de poder e saber proporcionam)" e em sua "integração estratégica (que conjuntura e que correlação de forças torna necessária sua utilização em tal ou qual episódio dos diversos contornos produzidos)" (FOUCAULT, 2005b, p. 97). Seguindo Foucault (2005a), buscou-se ater-se ao nível de existência das coisas ditas nos dois materiais objeto desta investigação, trabalhando com o próprio discurso, procurando as suas regularidades. Foi preciso, conforme sugerido por Fischer (2002b, p. 50), estar atenta às minúcias, "garimpar textos, imagens, coisas ditas, visibilidades (técnicas e procedimentos gerados institucionalmente), aceitando a precariedade desses mesmos ditos, e ao mesmo tempo multiplicando-os relacionalmente e organizando-os em unidades provisórias". Não se trata de buscar uma origem de determinado discurso, nem, muito menos, a intenção de quem produz certos discursos. Ao contrário, trata-se de analisar por que aquilo é dito, daquela forma, em determinado tempo e contexto, interrogando sobre as "condições de existência" do discurso.

A análise dos discursos objetiva ainda "determinar qual é a posição que pode e deve ocupar todo indivíduo para ser seu sujeito" (FOUCAULT, 2005a, p. 108). Tal posição é contingente, histórica, situada no espaço e no tempo, variável, flexível, plástica, permeável, múltipla, jamais fixa, natural, acabada, prévia e seguramente determinada, única, universal ou transcendente (FOUCAULT, 2005a). Na perspectiva aqui adotada, o sujeito não tem uma identidade que o unifique. Ao contrário, o indivíduo tem sua subjetividade produzida e objetivada em diferentes momentos, instituições, pelos diversos discursos, instaurando instabilidade e provisoriedade quanto às múltiplas posições de sujeito, sem qualquer possibilidade de fixidez (CORAZZA, 2004; SILVA, 2002). O sujeito foucaultiano é "efeito de um discurso" (TADEU; CORAZZA, 2003, p. 11). A tensão entre o eu e a/o outra/o não se localiza em uma dimensão de sujeitos individuais e, sim, em uma relação mais ampla, baseada no princípio de "dispersão do sujeito", segundo o qual o sujeito é "um lugar determinado e vazio que pode ser efetivamente ocupado por indivíduos diferentes" (FOUCAULT, 2005a, p. 107).

Além disso, sob a perspectiva pós-estruturalista que considera a fragmentação, a dispersão e a historicidade do sujeito, faz-se necessário examinar, nos discursos do currículo escolar e do Orkut, "os processos pelos quais se formam e se alteram os fragmentos em cada um de nós e como eles se relacionam entre si e com os fragmentos dos outros" (VEIGA NETO, 2004, p. 55). Tendo em vista que cada posição de sujeito numa rede discursiva "jamais é fixa, nem mesmo estável [pois] jamais ocupamos um mesmo lugar ao sermos cruzados por dois enunciados; ainda que ele seja um mesmo enunciado que volte a nos interpelar, ele vai nos encontrar num outro lugar na rede. Em cada caso, o resultado será sempre diferente" (VEIGA NETO, 2004, p. 57).

Para compreender os processos de produção das subjetividades juvenis, foi preciso analisar as práticas pelas quais as/os jovens foram levadas/os a pensar sobre si, a se decifrar, a se reconhecer e a se confessar como sujeitos de determinados tipos. Foram analisadas as técnicas acionadas pelo currículo escolar e pelo Orkut para que as/os jovens estabelecessem consigo mesmas/os e com as/os outras/os uma série de relações que lhes permitissem produzir uma verdade sobre si. Procurou-se pesquisar, em ambos os discursos, quais as "formas e as modalidades da relação consigo através das quais o indivíduo se constitui e se reconhece como sujeito" (FOUCAULT, 2006, p. 11).

Buscou-se ainda apreender as técnicas e as tecnologias utilizadas nos discursos do currículo escolar e do Orkut para ensinar às/aos jovens modos de se comportar e de conduzir a própria existência. Foi preciso mapear o que era dito sobre os comportamentos juvenis, quem dizia, em que circunstâncias e que efeitos isso produzia. Isso foi feito buscando entender como a condução da conduta juvenil pelo currículo escolar e pelo Orkut atuava no governo e no autogoverno da juventude contemporânea.

No trabalho analítico, procurou-se também fazer uma descrição minuciosa dos discursos investigados, de modo a atentar para os mecanismos e os efeitos de poder, em extensões e domínios variados (FOUCAULT, 2004). Foram descritas as relações de poder constituintes dos discursos do currículo escolar e do currículo do Orkut, bem como as relações entre esses discursos. Atentou-se para a linguagem utilizada, como ela opera nos discursos em questão, suas transformações, seu uso, sua produção. Este estudo foi conduzido, por conseguinte, com o uso dos procedimentos acima descritos, mas estabelecendo a necessidade de rever permanentemente as escolhas feitas, de acordo com o desenvolvimento da pesquisa.

Por meio desses procedimentos e com base na perspectiva teórica adotada, a pesquisa buscou: descrever e analisar o funcionamento dos discursos do currículo do Orkut e do currículo escolar; mapear as técnicas e os procedimentos de subjetivação da juventude acionados por esses discursos; analisar as relações de poder neles presentes; identificar os cruzamentos entre ambos. Tal trabalho de pesquisa foi realizado com base no pressuposto de que "as categorias (ou unidades analíticas) e suas formas de análise são produzidas na medida em que a teoria (os materiais, as fontes etc.) estudada se hibridiza com as práticas (o que se investiga, como por quê etc.)" (SANTOS, 2005, p. 20). Esse "amálgama" assim produzido é inseparável, ainda, da trajetória do/a pesquisador/a e seus próprios modos de ver (SANTOS, 2005). Essas foram as trilhas percorridas para analisar o processo de produção de subjetividades juvenis na interface entre os currículos investigados.

Diante de tudo isso, a conclusão da pesquisa foi desenvolvida no formato de uma comunidade do Orkut e se encontra publicada no *site* com o título "Juventude Ciborgue".[66] Os objetivos de desenvolver uma conclusão nesse formato são: colocar a

[66] Disponível em: <http://www.orkut.com.br/Main#Community?cmm=96769663>. Acesso em: 22 maio 2012.

interface escola-Orkut em operação; ativar os processos de tradução cultural de um meio a outro; refletir sobre os procedimentos de subjetivação acionados na íntima conexão ser humano-máquina; submeter as análises à avaliação ampla das/os mais diferenciadas/os *orkuteiras*/os; deixar o trabalho da pesquisa aberto à discussão e à reflexão permanentes.

CONSIDERAÇÕES FINAIS

O trabalho desenvolvido mostra a necessidade de um permanente exercício de reflexão acerca das escolhas metodológicas a serem feitas em uma pesquisa no campo do currículo. O desenho da pesquisa, traçado já no projeto, deve estar em constante análise, demandando por parte do/a pesquisador/a a capacidade de refazer os traçados, reelaborar as estratégias, adequar as metodologias, adaptar os procedimentos, flexibilizar as formas de investigar. Esse processo é contínuo, dá-se ao longo do desenvolvimento da pesquisa e deve primar pelo rigor e responsabilidade na tomada de decisões.

Uma tarefa muito importante no ato de pesquisar é registrar detalhadamente os trajetos percorridos, a fim de possibilitar uma reflexão sobre eles, além de efetuar eventuais correções nos caminhos investigativos. Nessa perspectiva, a própria metodologia de pesquisa se constitui em um objeto de análise. Ela precisa estar a serviço do problema de pesquisa e deve funcionar de modo a permitir a elaboração de possíveis respostas aos questionamentos da investigação. Isso requer do/a pesquisador/a, mais do que uma definição metodológica feita *a priori*, uma postura metodológica que prime pelo rigor, abertura, flexibilidade, reflexividade e ética. A dimensão ética é um aspecto extremamente importante que não pode ser negligenciado no processo investigativo.

As pesquisas precisam estar sustentadas em preceitos éticos que visam, principalmente, impedir qualquer tipo de prejuízo ou constrangimento a todos os indivíduos que vierem a participar da investigação. Desse modo, deve ser-lhes assegurada a liberdade de decidir se desejam, ou não, participar do estudo, por meio de consulta prévia, em que serão explicitados e devidamente explicados os objetivos da pesquisa. Ao optar por participar, as pessoas terão a garantia de total privacidade, em que o anonimato as preservará de quaisquer formas de coação ou desrespeito.

Outra questão a ser observada é que todas as informações produzidas na pesquisa deverão ser utilizadas única e exclusivamente para fins de divulgação científica.

É garantido ainda que a investigação não traga qualquer tipo de risco em acarretar dano físico ou moral às instituições participantes, nem às/aos suas/seus integrantes. Por fim, é preciso submeter a proposta da investigação à análise do Comitê de Ética responsável por avaliar os projetos de cada instituição de pesquisa.

A proposta deste capítulo é servir de inspiração para pesquisadoras/es que estejam investigando os processos de subjetivação da sociedade contemporânea. A sugestão é de que essas pesquisas articulem elementos da etnografia, da netnografia e da análise do discurso. Afinal, tais metodologias articuladas funcionam de modo a propiciar um entendimento acerca do fenômeno. Por meio do esforço teórico-metodológico em construir as relações entre o que é divulgado no ciberespaço e no currículo escolar é possível compreender o processo de produção das subjetividades juvenis na contemporaneidade.

A articulação metodológica empreendida propiciou uma problematização do que é divulgado nos currículos pesquisados de modo a atentar para a instabilidade, a multiplicidade, a provisoriedade e a fluidez dos sentidos disponíveis. A combinação de elementos da etnografia, da netnografia e da análise discursiva possibilitou o desenvolvimento da pesquisa tensionando as relações usualmente estabelecidas. Tal estratégia metodológica permitiu a elaboração de respostas variadas ao problema de investigação, propondo, assim, formas alternativas de se pensar o processo de subjetivação juvenil. A utilização de procedimentos metodológicos combinados proporcionou ainda identificar e refletir sobre os diferentes modos como as/os jovens se tornam sujeitos de um tipo específico.

Em síntese, o processo de pesquisa curricular encerra múltiplos desafios e convoca a "embarcar em viagens que podem nos colocar em contato com mundos e realidades que podem ser, ao mesmo tempo, diferentes e próximas das nossas e, outras vezes, borrar, completamente, aquilo que aprendemos, até então, a conhecer, pensar, dizer e viver" (MEYER; SOARES, 2005, p. 31). As escolhas metodológicas para enfrentar tais desafios requerem responsabilidade, ética, rigor e, acima de tudo, criatividade e ousadia.

REFERÊNCIAS

BHABHA, Homi K. *O local da cultura*. Belo Horizonte: Ed. UFMG, 1998.

BOURDIEU, Pierre. *A miséria do mundo*. 3. ed. Petrópolis: Vozes, 1999.

BURGESS, Robert G. *Pesquisa de terreno*. Oeiras: Celta, 1997.

CARVALHO, Ana Beatriz G. Etnografia digital na educação à distância e usos de jogos eletrônicos no processo de ensino e aprendizagem. *In*: SEMINÁRIO JOGOS ELETRÔNICOS, EDUCAÇÃO E COMUNICAÇÃO: CONSTRUINDO NOVAS TRILHAS, 3., Campina Grande, 2006.

CEBOLINHA. Rio de Janeiro, n. 221, nov. 2004.

CORAZZA, Sandra Mara. *O que quer um currículo?*: pesquisas pós-críticas em educação. 3. ed. Petrópolis: Vozes, 2004.

DOMÍNGUEZ, Daniel *et al*. Etnografía virtual. *Forum Qualitative Sozialforschung/Forum: Qualitative Social Research*, 2007, 8(3). Disponível em: <http://nbn-resolving.de/urn:nbn:de:0114-fqs0703E19>. Acesso em: 16 jul. 2008.

FISCHER, Rosa Maria Bueno. Foucault e a análise do discurso em educação. *Cadernos de Pesquisa*, São Paulo, n. 114, p. 197-223, nov. 2001.

FISCHER, Rosa Maria Bueno. Verdades em suspenso: Foucault e os perigos a enfrentar. *In*: COSTA, Marisa Vorraber (Org.). *Caminhos investigativos II*: outros modos de pensar e fazer pesquisa em educação. Rio de Janeiro: DP&A, 2002a. p. 49-71.

FISCHER, Rosa Maria Bueno. A paixão de trabalhar com Foucault. *In*: COSTA, Marisa Vorraber (Org.). *Caminhos investigativos*: novos olhares na pesquisa em educação. 2. ed. Rio de Janeiro: DP&A, 2002b. p. 39-60.

FONSECA, Cláudia. Quando cada caso NÃO é um caso: pesquisa etnográfica e educação. *Revista Brasileira de Educação*, Campinas, n. 10, p. 58-78, jan./abr. 1999.

FOUCAULT, Michel. *A arqueologia do saber*. 7. ed. Rio de Janeiro: Forense Universitária, 2005a.

FOUCAULT, Michel. *História da sexualidade I*: a vontade de saber. 16. ed. Rio de Janeiro: Graal, 2005b.

FOUCAULT, Michel. *História da sexualidade II*: o uso dos prazeres. 11. ed. Rio de Janeiro: Graal, 2006.

FOUCAULT, Michel. Nietzsche, a genealogia e a história. *In*: MACHADO, Roberto. (Org.). *Microfísica do poder*. 20. ed. São Paulo: Graal, 2004. p. 15-37.

FOUCAULT, Michel. Verdade e subjetividade. *Revista de Comunicação e Linguagem*, Lisboa, n. 19, p. 203-223, 1993.

GARBIN, Elisabete Maria. Cultur@as juvenis, identid@ades e internet: questões atuais. *Revista Brasileira de Educação*, Campinas, n. 23. p. 119-135, maio/ago. 2003.

GIROUX, Henry A. O filme Kids e a política de demonização da juventude. *Educação e Realidade*, Porto Alegre, v. 21, n. 1, p. 123-136, jan./jun. 1996.

GREEN, Bill; BIGUM, Chris. Alienígenas na sala de aula. *In*: SILVA, Tomaz Tadeu da (Org.). *Alienígenas na sala de aula*: uma introdução aos estudos culturais em educação. 5. ed. Petrópolis: Vozes, 2003. p. 208-243.

GREEN, Judith L.; DIXON, Carol N.; ZAHARLICK, Amy. A etnografia como uma lógica de investigação. *Educação em Revista*, Belo Horizonte, n. 42, p. 13-79, dez. 2005.

HINE, Christine. *Etnografía virtual*. Colección Nuevas Tecnologías y Sociedad. I. Barcelona: Editorial UOC, 2004.

KENWAY, Jane. Educando cibercidadãos que sejam "ligados" e críticos. *In*: SILVA, Luiz Heron (Org.). *A escola cidadã no contexto da globalização*. 2. ed. Petrópolis: Vozes, 1998. p. 99-120.

LAPLANE, Adriana Lia Friszman de; LACERDA, Cristina Broglia Feitosa de; KASSAR, Mônica de Carvalho Magalhães. Abordagem qualitativa de pesquisa em educação especial: contribuições da etnografia. *In*: REUNIÃO ANUAL DA ANPEd, 29., Caxambu, 2006.

LÜDKE, Menga; ANDRÉ, Marli E. D. A. *Pesquisa em educação*: abordagens qualitativas. São Paulo: EPU, 1986.

MEYER, Dagmar Estermann; SOARES, Rosângela de Fátima. Modos de ver e de se movimentar pelos "caminhos" da pesquisa pós-estruturalista em educação: o que podemos aprender com – e a partir de – um filme. *In*: COSTA, Marisa Vorraber; BUJES, Maria Isabel Edelweiss (Org.). *Caminhos investigativos III*: riscos e possibilidades de pesquisar nas fronteiras. Rio de Janeiro: DP&A, 2005. p. 23-44.

MONTARDO, Sandra Portella; PASSERINO, Liliana Maria. Estudo dos blogs a partir da netnografia: possibilidades e limitações. *Novas Tecnologias na Educação*, Porto Alegre, v. 4, n. 2, p. 1-10, dez. 2006.

NELSON, Cary; TREICHELER, Paula A.; GROSSBERG, Lawrence. Estudos culturais: uma introdução. *In*: SILVA, Tomaz Tadeu da (Org.). *Alienígenas na sala de aula*: uma introdução aos estudos culturais em educação. 5. ed. Petrópolis: Vozes, 2003. p. 7-38.

PARAÍSO, Marlucy Alves. Contribuições dos estudos culturais para a educação. *Presença Pedagógica*, Belo Horizonte, v. 10, n. 55, p. 53-61, jan./fev. 2004.

PARAÍSO, Marlucy Alves. *Currículo e mídia educativa brasileira*: poder, saber e subjetivação. Chapecó: Argos, 2007.

PEREIRA, Ana Paula Marques Sampaio; COSTA, Sérgio Roberto. Conceitos e (pré) conceitos sobre o escrever na internet e na escola. *Presença Pedagógica*, Belo Horizonte, nov./dez. 2002. Disponível em: <http://www.editoradimensao.com.br>. Acesso em: 17 ago. 2005.

PINTO, Virginia Bentes *et al.* "Netnografia": uma abordagem para estudos de usuários no ciberespaço. *In*: CONGRESSO NACIONAL DE BIBLIOTECÁRIOS, ARQUIVISTAS E DOCUMENTALISTAS, 9. Lisboa: APBAD, 2007. p. 79-95. Disponível em: <http://badinfo.apbad.pt/Congresso9/COM90.pdf>. Acesso em: 28 dez. 2009.

ROCHA, Paula Jung. *Jornalismo em tempos de cibercultura*: um estudo do ClicRBS. 2006. Tese (Doutorado em Comunicação Social) – Faculdade de Comunicação Social, PUCRS, Porto Alegre.

ROCHA, Paula Jung; MONTARDO, Sandra Portella. Netnografia: incursões metodológicas na cibercultura. *Revista da Associação Nacional dos Programas de Pós-Graduação em Comunicação*, dez. 2005. Disponível em: <http://www.compos.com.br/e-compos>. Acesso em: 02 dez. 2009.

ROSA, Maria Virgínia de Figueiredo Pereira do Couto; ARNOLDI, Marlene Aparecida Gonzalez Colombo. *A entrevista na pesquisa qualitativa*: mecanismo para validação dos resultados. Belo Horizonte: Autêntica, 2006.

SALES, Shirlei Rezende. *Orkut.com.escol@*: currículos e ciborguização juvenil. 2010. Tese (Doutorado em Educação) – Faculdade de Educação, UFMG, Belo Horizonte.

SANTOS, Luís Henrique Sacchi dos. Sobre o etnógrafo-turista e seus modos de ver. *In*: COSTA, Marisa Vorraber; BUJES, Maria Isabel Edelweiss (Org.). *Caminhos investigativos III*: riscos e possibilidades de pesquisar nas fronteiras. Rio de Janeiro: DP&A, 2005. p. 9-22.

SILVA, Tomaz Tadeu da. *Documentos de identidade*: uma introdução às teorias do currículo. 2. ed. 7. reimpr. Belo Horizonte: Autêntica, 2004.

SILVA, Tomaz Tadeu da. Notas do tradutor. *In*: SILVA, Luiz Heron (Org.). *A escola cidadã no contexto da educação globalizada*. Petrópolis: Vozes, 1998. p. 118-119.

SILVA, Tomaz Tadeu da. O adeus às metanarrativas educacionais. *In*: SILVA, Tomaz Tadeu da (Org.). *O sujeito da educação*: estudos foucaultianos. 5. ed. Petrópolis: Vozes, 2002. p. 247-258.

TADEU, Tomaz; CORAZZA, Sandra. *Composições*. Belo Horizonte: Autêntica, 2003.

VEIGA NETO, Alfredo. Michel Foucault e os estudos culturais. *In*: COSTA, Marisa Vorraber (Org.). *Estudos culturais em educação*. 2. ed. Porto Alegre: Ed. UFRGS, 2004. p. 37-72.

VEIGA NETO, Alfredo. Olhares. *In*: COSTA, Marisa Vorraber (Org.). *Caminhos investigativos:* novos olhares na pesquisa em educação. 2. ed. Rio de Janeiro: DP&A, 2002. p. 23-38.

CAPÍTULO 6

Entrevistas *on-line* ou algumas pistas de como utilizar bate-papos virtuais em pesquisas na educação e na saúde

JEANE FÉLIX

Nos últimos anos, a internet vem sendo utilizada como objeto, local e instrumento de pesquisas nas mais diversas áreas do conhecimento[67]. Por tratar-se de algo de certo modo ainda recente, a utilização da internet no âmbito das pesquisas traz muitas potencialidades, mas também vários desafios e limites, e nos coloca diante de questões éticas *novas* e específicas. Por essa razão, é possível dizer que há ainda muito a ser pensado, discutido, estudado e problematizado nesse âmbito (FLICK, 2009; FRAGOSO; RECUERO; AMARAL, 2011).

No Brasil, assim como em outras partes do mundo, os/as jovens são os/as maiores usuários/as da internet (BRASIL, 2009). Nela, jogam, estudam, namoram, *fazem sexo*, escrevem, postam fotos/desenhos/imagens, encontram e conhecem *amigos* e *amigas*, tornam-se *outras* e *muitas* pessoas, além de infinitas possibilidades. Este texto tem como objetivo discutir como as ferramentas de comunicação instantânea podem ser úteis para a produção de material empírico de pesquisa com jovens. As reflexões aqui apresentadas se desdobram de minha tese de doutorado,[68] na qual

[67] No âmbito do GEERGE, outros/as pesquisadores/as têm-se dedicado a utilizar a internet como espaço para produção de dados e análises, por exemplo: Luiz Felipe Zago (2009; 2013), Marta Cristina Friederichs (2009).

[68] Tese de doutorado defendida no Programa de Pós-Graduação em Educação da Universidade Federal do Rio Grande do Sul, sob orientação da professora Dagmar E. Estermann Meyer (FÉLIX, 2012).

me propus a compreender como jovens que vivem com HIV narram suas vivências soropositivas e os sentidos que atribuem a elas.

Desse modo, para produzir o material empírico da tese, optei por realizar entrevistas (bate-papos) por meio de ferramentas de comunicação instantânea (*MSN Messenger* e *Gtalk*) com jovens que vivem com HIV/aids, chamados daqui por diante de *jovens+*.[69] A escolha dessa estratégia metodológica se deu, então, por algumas razões: a) acessar jovens de diversos lugares; b) realizar entrevistas em horários e dias variados,[70] o que poderia ser interessante em se tratando de jovens; c) manter o anonimato (para os/as informantes que desejassem); e d) acessar jovens com perfis diferenciados (o que poderia não ser fácil de encontrar em grupos específicos de *jovens+* nos serviços de saúde, por exemplo). Assim, ao mesmo tempo que essa estratégia me parecia potente, ela me trazia dúvidas e incertezas, tais como: Como acessaria os/as jovens? Como os/as convidaria a participar da pesquisa? Como conseguiria o termo de consentimento livre e esclarecido? Como utilizaria ferramentas de comunicação instantânea, as quais utilizava de maneira informal, para fazer *algo sério*? Como daria um *tom acadêmico* a essa estratégia metodológica? Os/as *jovens+* contariam sobre sua vida para uma *estranha* que conheceriam na/pela internet? Assim, na medida em que fui realizando o trabalho de campo, essas perguntas foram sendo respondidas. Não tinha um *modelo* a seguir, não sabia como fazer, e isso tudo era, ao mesmo tempo, instigante, provocativo e desafiador.

A internet também serviu como mote e inspiração para o título e os subtítulos da tese. Neste texto, no entanto, fiz opção de utilizar outros títulos por entender que aqueles utilizados na tese só fazem sentido dentro do contexto mais amplo.

ENTREVISTAS NARRATIVAS *ON-LINE*: ALGUMAS NOTAS

Inicialmente, para dar conta da tarefa metodológica à qual me propus, busquei pesquisar e estudar sobre o uso da internet como ferramenta para produção de material empírico de pesquisa. Num segundo movimento, inspirei-me em autores/as que discutem o uso da entrevista narrativa (SCHÜTZE, 2011; JOVCHELOVITCH; BAUER, 2002;

[69] Na tese, referi-me aos sujeitos da pesquisa como jovens+ em referência ao modo como muitos/as destes/as referem-se a si mesmos/as e ao coletivo de jovens soropositivos.

[70] Muitas vezes, as entrevistas foram realizadas em feriados ou finais de semana, tarde da noite e de madrugada, momentos em que dificilmente faria entrevistas presenciais.

ANDRADE, 2008) e da entrevista *on-line*[71] (FLICK, 2009) e, a partir de características de ambas, trabalhei com o que poderíamos chamar de entrevistas narrativas *on-line*.

A técnica de entrevista narrativa[72] foi desenvolvida por Fritz Schütze, na década de 1970, com o intuito de romper com o esquema tradicional de pergunta-resposta empregado em outras técnicas de produção de dados no âmbito das pesquisas sociais (SCHÜTZE, 2011). Tal técnica, segundo Sandra Jovchelovitch e Martin Bauer (2002, p. 93), tem como ideia principal "reconstruir acontecimentos sociais a partir da perspectiva dos informantes, tão diretamente quanto possível". A técnica de entrevista *on-line*, segundo Uwe Flick (2009), é uma forma de adaptação das entrevistas convencionais para a internet, podendo ser organizada de forma *síncrona* – isto é, pesquisador/a e sujeitos da pesquisa conversam em *tempo real*, *on-line*, em salas de bate-papo ou utilizando ferramentas de comunicação instantânea – ou *assíncrona* – quando as perguntas são enviadas pelo/a pesquisador/a para que o/a informante responda quando melhor lhe convier, não sendo necessário, portanto, que ambos/as estejam conectados à internet ao mesmo tempo (FLICK, 2009). No caso da tese, embora tenha trocado mensagens *off-line* com alguns/algumas jovens, as entrevistas foram realizadas de forma síncrona, ou seja, *on-line*. Estar *on-line* e *off-line*, no caso desta pesquisa, foi algo que se misturou e se confundiu. Na internet, as fronteiras de tempo e espaço misturam-se, desfazem-se, transformam-se, reconfiguram-se (LÉVY, 1999). Em se tratando de internet, *estar perto* e *estar longe* podem ter significados similares e diferentes, dependendo da situação e, às vezes, de um *clique no mouse*. Assim, virtual e presencial são palavras que podem ter múltiplos sentidos.

Nessa direção, se poderia ser mais *fácil* acessar jovens pela internet, como saberia se as pessoas que ia entrevistar eram de fato *jovens+*? Como teria *certeza* de que estavam me falando *a verdade*? Como faria com que eles/as participassem de toda a entrevista (dando-me elementos para responder às perguntas centrais da tese)? Para essas perguntas, a resposta era angustiante: não teria como garantir *a verdade* como resposta a nenhuma delas. Nas palavras de Uwe Flick, em pesquisas pelas internet é "preciso confiar nas informações que eles [os/as informantes] fornecerem" (2009, p. 241). Além disso, na perspectiva pós-estruturalista na qual a pesquisa se ancorou, não há verdades absolutas e únicas, as verdades são sempre produzidas nas relações de poder entre as pessoas. As verdades, nesse sentido, são

[71] Entrevistas on-line são tratadas, neste livro, também, no capítulo de Shirlei Sales.

[72] Outras questões sobre entrevistas narrativas podem ser vistas no texto de Sandra Andrade, neste livro.

sempre circunscritas e históricas. Para Michel Foucault (2010), não interessa se algo é verdadeiro ou falso e, sim, conhecer sobre os modos pelos quais as coisas vão se produzindo e sendo produzidas como verdade, os efeitos decorrentes dessas verdades, as relações de poder-saber que possibilitam que certas verdades sejam proferidas.[73] Assim, no âmbito das narrativas dos/as meus/minhas informantes, mais do que pensar se eram ou não verdadeiras, interessava-me compreender os mecanismos de subjetivação e as relações de poder que lhes permitiram dizer o que foi dito e do modo como foi dito. Esses/as jovens são sujeitos de uma cultura que os/as ensina, em diversos momentos e de diferentes maneiras, *verdades* sobre como constituir-se como *jovem+* e, nesse sentido, desenvolvem estratégias para aderir e/ou resistir a essas *verdades* e (des)aprendizagens.

Era preciso convidar *jovens+*, criar vínculos e estabelecer relações de confiança com cada um/a deles/as, era preciso aprender a entrevistar pela internet, e esses desafios me seguiram durante toda a feitura do campo. Para Flick (2009), algumas condições são necessárias para a realização de pesquisas na internet, quais sejam: o/a pesquisador/a deve ter experiência e acesso à internet, deve gostar de estar e trabalhar *on-line* e estar familiarizado/a com as diversas formas de comunicação *on-line*. Além disso, segundo o autor, "os prováveis participantes do estudo devem ter acesso à internet e devem ser acessíveis via internet" (*ibidem*, p. 240).

Flick indica que, assim como nos procedimentos convencionais de entrevista, há vantagens e limitações na realização de entrevistas *on-line*. Entre as vantagens, poderíamos mencionar: o material empírico é produzido por escrito, excluindo a necessidade de transcrição das entrevistas; permite acessar participantes de diferentes lugares e perfis; confere aos/às informantes o anonimato, já que estes/as podem usar endereços eletrônicos que não os identifiquem. No terreno das limitações, estariam: apenas pessoas que tenham familiaridade com a internet são acessadas e não existe a percepção espontânea de trocas não verbais (como olhares, toques, choros, sorrisos), que só podem ser percebidas caso o/a entrevistado/a escreva ou sinalize.[74]

[73] Outras questões sobre o tema podem ser vistas no capítulo de Marlucy Paraíso, neste livro.

[74] Nas conversas por internet, geralmente são utilizados caracteres ou imagens para ilustrar sentimentos e/ou expressões. Esses caracteres são denominados *emoticons*, palavra em inglês originada pela junção dos termos *emotion* (emoção) e *icon* (ícone). Por meio desse tipo de linguagem é possível sinalizar tristeza, susto, alegria, timidez etc. Contudo, nem todos/as os/as jovens utilizavam *emoticons* durante as nossas conversas, o que tornou difícil, algumas vezes, identificar o *tom* do que estava sendo dito.

Como disse anteriormente, no caso de minha pesquisa, estar *on-line* e *off-line* foram processos que se imbricaram, confundiram e misturaram. O fato de não estar disponível em *tempo real*, isto é, no mesmo instante em que meus/minhas informantes estavam conectados/as, não me fez ausente do campo, pois o meu perfil estava ali e, nesse sentido, era possível deixar mensagens e recados para que eu os acessasse assim que ficasse *on-line*. Nesse tipo de pesquisa parece importante, pois, pensar que *ir a campo* é um termo que não dá conta de suas dimensões. Assim, parece que *estar em campo* é mais apropriado, uma vez que, nessa direção, mesmo não estando *on-line*, estive sempre em campo. Dito isso, passo a seguir a detalhar como utilizei os bate-papos virtuais como ferramentas de produção de material empírico de pesquisa.

AS ENTREVISTAS NARRATIVAS *ON-LINE* NA PESQUISA COM *JOVENS+* I

Entre os meses de novembro de 2010 e maio de 2011, circulei na internet como uma pesquisadora interessada em conversar com *jovens+* acerca de como a soropositividade atravessa suas vidas e suas escolhas. Para tanto, postei em 15 comunidades direcionadas a pessoas vivendo com HIV/aids no *Orkut*[75] e encaminhei, via *e-mail*, um convite às lideranças da Rede Nacional de Adolescentes e Jovens vivendo com HIV/aids (RNAJVHA) para participação na pesquisa. Em tal texto/convite, apresentei os objetivos e a metodologia da pesquisa e convidei *jovens+*, maiores de 18 anos, a participarem das entrevistas. Por meio dessas duas estratégias (o *Orkut* e a RNAJVHA), fui contatada por mais de 50 pessoas,[76] a maioria jovens, alguns/algumas dos/as quais me conheciam ou já tinham me visto pessoalmente em eventos no campo da aids.[77]

[75] De acordo com Edvaldo Couto e Telma Rocha (2010, p. 11), o "*Orkut* é um software do Google, conhecido como uma rede social, criada em 24 de janeiro de 2004 pelo engenheiro turco Orkut Büyükkökten, com o objetivo de ajudar seus membros a iniciarem novas amizades e manterem as existentes".

[76] Além de jovens, fui adicionada por: mulheres soropositivas que desejavam trocar experiências; homens soropositivos, "para amizade positiva ou algo mais". Além disso, familiares, amigos e amigas e conhecidos/as contataram-me para saber sobre a minha saúde e para manifestar solidariedade. Com isso, parece importante destacar que, ao frequentar espaços virtuais usualmente ocupados por pessoas que vivem com HIV/aids, em certa medida, fui posicionada como pessoa soropositiva, e vivenciei alguns efeitos dessa situação.

[77] Ao longo de minha trajetória profissional, trabalhei em uma ONG/aids e, também, no Ministério da Saúde. Por essa razão, alguns/algumas jovens me conheceram em eventos e reuniões no campo da aids.

A escolha do *Orkut* para postar o convite aos/às meus/minhas possíveis informantes se deu por ser esta a rede social mais acessada por jovens no Brasil naquele momento, segundo Edvaldo Couto e Telma Rocha (2010, p. 11):[78] "o *Orkut* [era] uma das preferências entre as pessoas com 18 a 25 anos para se comunicar *on-line*". De acordo com Shirlei Resende Sales (2010), o *Orkut* seria uma das mídias que mais interpela jovens brasileiros/as na contemporaneidade. Para a autora, os currículos produzidos no/pelo *Orkut* possibilitam diversas vivências e, desse modo, variadas formas de subjetivação dos/as jovens também são ali produzidas (SALES, 2010, p. 31). Por essas razões, procurei no *Orkut* comunidades[79] que tivessem títulos relacionados ao HIV/aids e, nessa busca, encontrei 687 comunidades com título *HIV* e mais de mil com o título *aids*. Para escolher em quais comunidades postaria o convite para a pesquisa, utilizei como critério aquelas que, nos seus títulos ou descrições, faziam referência direta a jovens e/ou juventudes, filtrando, assim, 15 comunidades.

A estratégia de encaminhar o convite também para a RNAJVHA, por sua vez, deu-se pela sua característica de envolver jovens interessados/as em discutir e aprofundar questões associadas às juventudes e à vida com HIV, o que eu entendia inicialmente como um perfil de jovens diferentes daqueles/as que conheceria por meio do *Orkut*, o que não necessariamente ocorreu.[80]

Para acessar meus/minhas informantes, criei uma conta de e-mail específica para a pesquisa, na qual os/as jovens poderiam me adicionar. Antes de iniciar as entrevistas, eu perguntava os motivos pelos quais o/a jovem desejava participar. Em seguida, explicava os objetivos, detalhava os procedimentos metodológicos e, por fim, perguntava se, depois daquelas explicações, o/a jovem tinha interesse em participar ou não da pesquisa e, também, informava que poderiam desistir a qualquer momento. Ao final da etapa de realização das entrevistas, enviei a cada participante um arquivo com os trechos das conversas, que me interessariam analisar, para que me autorizasse, por *e-mail*, a utilizá-los. Essa *formalização* se deu porque, em entrevistas *on-line*, conforme aponta Uwe Flick, "as instruções precisam ser preparadas

---

[78] Cabe destacar que, atualmente, o *Facebook*, e não mais o *Orkut*, é a rede social mais acessada por jovens no Brasil. Disponível em: <http://exame.abril.com.br/tecnologia/facebook/noticias/72-dos-brasileiros--acessam-o-facebook-diariamente>. Acesso em: 15 maio 2012.

[79] Uma comunidade virtual caracteriza-se por "espaços virtuais de comunicação e cooperação que se destinam ao debate de temas específicos por um conjunto de pessoas com interesses ou objetivos comuns". Disponível em: <http://gamavirtual.ugf.br/cvn/oq_comunidade.php>. Acesso em: 12 jan. 2012.

[80] Essa questão é aprofundada na tese (FÉLIX, 2012).

por escrito, e elas têm de ser claras e detalhadas de modo que o participante saiba o que fazer" (2009, p. 242).

As conversas aconteceram em dias e horários variados, o que me exigiu ficar conectada à internet durante várias horas por dia, todos os dias da semana, durante vários meses. Alguns/algumas preferiam iniciar as entrevistas assim que começávamos a conversar. Outros/as agendavam dia e horário para as conversas, situações com as quais precisei lidar e para as quais tive que me organizar. Nenhuma das entrevistas aconteceu de uma só vez. Dessa maneira, tive mais de um contato virtual com todos/as os/as informantes. Com a maioria deles/as, tive vários encontros virtuais.

Ter um perfil de pesquisadora em redes sociais virtuais aproximou-me dos sujeitos da pesquisa, mas não apenas deles/as. Experimentei ser procurada por homens e mulheres de diversas idades e com interesses variados: fui *cantada*, destratada, ignorada, adicionada, excluída, deletada. Tais vivências colocaram-me, muitas vezes, em situações de conflitos, dúvidas, questionamentos, diversão, (des)aprendizagens. Era preciso adaptar-me, todo o tempo, a novas e diferentes situações.

Entre as motivações apresentadas pelos/as *jovens+* para participar da pesquisa, destaco: curiosidade, desejo e oportunidade de conversar sobre a vida com uma pessoa estranha e contribuir para que conhecimentos científicos sobre eles/as fossem produzidos. No geral, o interesse dos/as jovens de participar da pesquisa se deu em duas dimensões: contribuir para a produção de conhecimentos sobre as particularidades da vida com HIV/aids e/ou simplesmente para falar sobre o tema – é importante destacar que a maioria deles/as indicou não ter com quem (ou não se sentir à vontade para) falar sobre sua situação sorológica e seus efeitos e incertezas. Em relação a esta segunda dimensão, muitos/as jovens continuaram a me procurar, mesmo depois de finalizadas as entrevistas, para conversar, tirar dúvidas, compartilhar situações relacionadas ao HIV/aids, tais como o início do tratamento com antirretrovirais.

Embora já tivesse muitos contatos (presenciais e virtuais) com *jovens+* antes da pesquisa (com muitos/as, inclusive, mantinha frequentes contatos por meio de ferramentas de comunicação instantânea e redes sociais), nunca havia me dedicado a escutá-los/as de modo sistemático, pensar sobre suas angústias, seus medos, desejos e prazeres. Além disso, com a pesquisa, abri-me à possibilidade de questionar minhas (in)certezas e (des)continuidades no sentido do trabalho e das relações afetivas com muitos/as desses/as jovens. Com as entrevistas, fui levada a problematizar, questionar, suspeitar e tensionar meus conhecimentos e saberes em relação aos/às *jovens+*.

AS ENTREVISTAS NARRATIVAS *ON-LINE* NA PESQUISA COM *JOVENS+* II

Antes de iniciar as conversas e realizar as entrevistas, preparei um roteiro com temas/questões que poderia perguntar. O roteiro dividia-se em quatro blocos temáticos,[81] a saber: a) dados gerais (perguntas relacionadas a idade, local de moradia, escolaridade, profissão/escolhas profissionais); b) juventudes e projetos de vida (perguntas sobre desejos/planejamentos para o futuro, sentidos/entendimentos sobre juventudes, organização da vida para dar conta das especificidades de viver com HIV, o diagnóstico, os medos); c) sexualidades (experiências e práticas sexuais, prevenção, revelação de diagnóstico aos/às parceiros/as sexuais e afetivos); e d) corpo (uso e efeitos da terapia antirretroviral, atividades físicas, alimentação, cuidados com o corpo). O roteiro servia para orientar as entrevistas. Ele não era composto por um bloco rígido de questões a serem respondidas e, sim, por um cardápio de perguntas que poderiam ser feitas (ou não) de modos variados. Assim, as perguntas iam sendo inseridas à medida que eu percebia haver espaço para elas. Além disso, os blocos temáticos não foram tratados isoladamente e, muitas vezes, as perguntas confundiam-se entre eles. Com cada jovem, as entrevistas ocorreram de modo particular, e a sequência de perguntas foi sendo modificada/revista a partir das respostas que eles/as davam. Ou seja, a trilha percorrida em cada uma das entrevistas dependia do modo como as conversas aconteciam; de como as relações se estabeleciam; do tempo que cada um/a deles/as tinha disponível para a tese.

Cada jovem demandou de mim uma atenção diferenciada e, com cada um/a, as entrevistas aconteceram de um modo particular. O leque de perguntas foi o mesmo para todos/as com quem conversei, porém as perguntas foram feitas de modo e em ordem diversificada, considerando o ritmo de cada um/a e os caminhos que a conversa ia seguindo. Isso teve vários efeitos sobre mim e sobre os/as jovens. Em vários momentos, exatamente por não seguir uma lista preestabelecida de perguntas e, sim, um roteiro geral e flexível, fui abordada com questões para as quais não tinha resposta, por outras que me deixaram com dúvidas acerca de como responder e, também, em vários momentos, fui surpreendida com falas que me paralisaram, me fizeram chorar, ter medo, dar risada.

[81] Tais blocos temáticos foram analisados de modo detalhado na tese.

Como já disse, as entrevistas ocorreram em horários variados (sobretudo, à noite e na madrugada). Durante as conversas, eu ia introduzindo alguns dos temas/questões do roteiro, mas isso não aconteceu todas as vezes que encontrava o/a jovem *on-line*. Frequentemente, as conversas giravam em torno de outros temas, e isso acontecia à medida que eu ia percebendo que não seria possível entrar nas questões da pesquisa naquele momento. A maioria dos encontros com os/as jovens ocorreu de modo informal e nem sempre se caracterizou como momento de entrevista. Eu tentava perceber, a partir de algumas perguntas, se o/a jovem queria/podia participar/continuar a entrevista naquele momento. Nesses casos, as fronteiras acerca do que eu entendia como momento de entrevista ou não foram sendo constantemente borradas. Fui aprendendo a utilizar os programas de comunicação instantânea como estratégia para produção de material empírico durante o processo de feitura das entrevistas. Nos primeiros encontros, tive dúvidas acerca do *melhor momento* para inserir as perguntas e fiquei ansiosa com as respostas, que, às vezes, demoravam alguns segundos/minutos para serem escritas, o que, nesse tipo de comunicação, significa *muito tempo*.

Com alguns e algumas jovens, as entrevistas fluíram desde o início. Entretanto, com a maioria deles e delas, foi preciso estabelecer vínculos de confiança para que os diálogos pudessem ocorrer. É curioso indicar que alguns/algumas jovens iniciaram a participação nas entrevistas utilizando nome e e-mail diferentes e, em algum momento, resolveram me passar seus contatos *verdadeiros*, incluindo contatos em outras redes sociais, tais como o *Twitter* e o *Facebook*, bem como endereços de *blogs* e páginas de fotos pessoais.

Outro aspecto metodológico que me parece importante reiterar é que nenhuma entrevista foi exatamente igual à outra. Em cada uma delas, a sequência de temas e perguntas foi se estabelecendo a partir das narrativas de cada jovem, adaptando as entrevistas narrativas tradicionais e seguindo uma de suas principais características, qual seja, a de não possuir uma estrutura fechada (JOVCHELOVITCH; BAUER, 2002; SCHÜTZE, 2010). Além disso, conforme Jovchelovitch e Bauer (2002, p. 97), para a realização desse tipo de entrevistas é necessário considerar "questões exmanentes" e "questões imanentes", que são definidas, respectivamente, como "aquelas que refletem o interesse do pesquisador" e "os temas, tópicos e relatos de acontecimentos que surgem durante a narração trazidos pelo informante". Com tal abordagem, o foco do/a entrevistador/a deve estar nas questões imanentes, ou seja, o roteiro deve ser apenas orientador para a realização das entrevistas, não se sobrepondo ao que for sendo indicado como importante pelo/a entrevistado/a (JOVCHELOVITCH; BAUER, 2002).

As entrevistas narrativas *on-line* possuem, ainda, uma especificidade que as diferencia, de modo muito particular, das entrevistas realizadas presencialmente. Nelas, diferentemente de alguns tipos de pesquisas mais tradicionais, não há uma sequência de perguntas a ser respondida apenas por um dos lados – no caso, os/as entrevistados/as. Muitas vezes, as posições de entrevistador/a e entrevistado/a são colocadas em xeque, postas em suspensão. Ao mesmo tempo que a internet propicia o anonimato, que pode proteger informações que identifiquem a pessoa que está sendo entrevistada (se esta assim o quiser), ela também dá a impressão de distanciamento entre os sujeitos. Além disso, nas ferramentas de comunicação instantânea as pessoas dialogam, o que faz com que seja necessário um *clima* para propiciar a realização das entrevistas. Com isso, quero dizer que, durante as entrevistas, muitas vezes fui convocada a responder perguntas dos/as jovens e dar minha opinião sobre alguns dos temas sobre os quais falávamos. Para dar um exemplo mais concreto do que estou dizendo, quase todas as vezes que perguntei sobre relações afetivas e sexuais, idade, local de moradia, era convocada a responder a alguma pergunta na mesma direção. Não responder às perguntas que me eram feitas poderia representar o não estabelecimento do vínculo necessário para a realização das entrevistas. Desse modo, tal estratégia foi importante para que eu também me sentisse à vontade para fazer as perguntas e fechar as entrevistas, sobretudo porque, como já disse, essa experiência era nova também para mim.

Embora a fase de campo da pesquisa tenha sido encerrada em maio de 2011, pelo fato de meu perfil continuar em algumas comunidades direcionadas a pessoas que vivem com HIV no *Orkut*, continuo a ser adicionada nessa rede social por várias pessoas, o que significa uma marca de pesquisas realizadas na/pela internet, onde o/a pesquisador/a, mesmo não estando *em campo*, mesmo *off-line*, continua presente. Essa talvez seja uma das maiores diferenças entre as entrevistas realizadas na internet e aquelas realizadas presencialmente, uma vez que, no segundo tipo, encerradas as entrevistas, na maioria das vezes, encerram-se os contatos entre pesquisador/a e informantes.

Além disso, com vários/as dos/as jovens participantes da pesquisa, o contato e as conversas virtuais continuaram mesmo após o término das entrevistas; isso ocorreu, entre outros motivos, porque muitos/as destes/as jovens me questionaram sobre como eu me portaria em relação à nossa relação quando as entrevistas encerrassem e manifestaram interesse em continuar em contato comigo. Tais questões me fizeram refletir que os vínculos não precisariam terminar junto com a pesquisa. Assim, com alguns/algumas jovens as entrevistas terminaram e outros tipos de relações e vínculos foram se estabelecendo. Nessa direção, ao problematizar o grau de inserção do/a pesquisador/a numa pesquisa realizada pela internet, faz-se necessário refletir sobre os aspectos éticos que daí decorrem, tarefa sobre a qual me debruço adiante.

Ao final da fase de entrevistas, consegui visualizar um interessante mosaico composto por jovens de diferentes idades, locais de moradia, níveis de escolaridade, inserções profissionais, experiências em relação à sexualidade, tipos de transmissão do HIV, entre outras diferenças e aproximações; jovens que me procuraram com interesses diferenciados. Com esses/as jovens, também estabeleci diferentes relações, e as entrevistas ocorreram de maneiras diferentes. Com o tempo, tanto eu quanto alguns/algumas jovens conseguíamos perceber, no/a outro/a, sensações como alegrias e tristezas, pelo modo como as conversas iam se constituindo. Parece que criamos, por assim dizer, uma espécie de *intimidade virtual.*

Um destaque importante da feitura do campo foi que conheci jovens de lugares distintos, o que certamente não seria possível caso a pesquisa tivesse sido realizada presencialmente. Contudo, ao conversar com jovens de diferentes lugares, não tentei, em nenhum momento, comparar as realidades. Ao contrário, fui percebendo que essas diferentes realidades ampliavam e enriqueciam meu campo, meu texto, minhas análises, meu olhar sobre as juventudes soropositivas. Dito de outro modo, as vivências, as angústias, as alegrias, os prazeres e os medos vivenciados pelos/as *jovens+* assemelham-se e diferenciam-se, aproximam-se e distanciam-se, são singulares e plurais, e isso algumas vezes independe do local de sua residência.

ORGANIZANDO O MATERIAL EMPÍRICO

Ainda durante a realização das entrevistas, foi necessário ler, reler, pensar, repensar, reorganizar o material empírico; avaliar frequentemente se as entrevistas seriam suficientes; verificar a necessidade de aprofundar questões, refazê-las, mudar ou voltar a direção. Desse modo, fiz diversas leituras de cada entrevista/conversa. Inicialmente, as leituras eram *avulsas.* Na sequência, tais leituras se deram com base nas questões (central e desdobramentos) da pesquisa e seus eixos analíticos. Agrupei excertos em que os/as jovens davam respostas similares e respostas opostas para as mesmas perguntas e, ainda, as respostas singulares, particulares. A partir daí, fui recortando as entrevistas, empreendendo um movimento de selecionar os trechos que me subsidiavam a pensar na tese. Tais recortes foram sendo agrupados em quadros, a partir dos três eixos analíticos já destacados, para que, em seguida, eu pudesse selecionar os excertos que fariam parte da tese. Foram vários agrupamentos e separações, aproximações e distanciamentos, colagens e descolagens.

Com isso, aprendi que organizar material empírico não é uma tarefa simples. No caso de minha pesquisa, foram necessários diversos movimentos de idas e vindas nas entrevistas, de tal modo que, em um determinado momento, eu sabia de cor partes inteiras das entrevistas e, quando estava escrevendo e precisava trazer algum excerto, sabia qual jovem o tinha dito e onde tal fala se encontrava. Dessa maneira, fui me dando conta de que os/as jovens e suas falas me acompanhariam na escrita e nas reflexões que eu fazia. No *recorta e cola*, as entrevistas confundiam-se, misturavam-se, assimilavam-se e diferenciavam-se. Desse modo, os textos escritos pelos/as jovens foram, pouco a pouco, transformando-se em outros textos, no meu texto.

AS ENTREVISTAS NARRATIVAS *ON-LINE* NA PESQUISA COM *JOVENS+*: ALGUMAS QUESTÕES ÉTICAS

Uma pesquisa acadêmica sempre impõe questões éticas que precisam ser consideradas por pesquisadores e pesquisadoras. Nas palavras de Elisabeth Thomé (2011, p. 94), "as pesquisas que envolvem seres humanos levam-nos sempre a questionamentos, situações que, mesmo com todos os cuidados, são potencialmente carregadas de problemas éticos". A escolha do tema, dos sujeitos, das estratégias metodológicas, dos referenciais teóricos e conceituais são sempre escolhas éticas e, também, políticas (CAVALEIRO, 2009; DAL'IGNA, 2011). Esta pesquisa me colocou, em vários momentos, diante de questões éticas sobre as quais tive de me deter.

Em termos formais, precisei submeter o projeto de pesquisa ao Comitê de Ética em Pesquisa da Universidade Federal do Rio Grande do Sul (CEP/UFRGS). Nessa direção, um importante desafio ético com o qual precisei lidar dizia respeito à autorização dos/as jovens entrevistados/as. Seguindo as recomendações da Resolução nº 196/96 do Conselho Nacional de Saúde e as orientações do Comitê de Ética em Pesquisa da UFRGS, era preciso ter a anuência/concordância oficial dos/as meus/minhas jovens informantes por meio da assinatura de um Termo de Consentimento Livre e Esclarecido (TCLE). Porém, minha pesquisa seria realizada via internet, então como conseguiria o TCLE assinado pelos/as jovens? Como garantiria que eles/as me enviariam esse documento assinado? Muitas questões, várias dificuldades e uma resolução: seria necessário adaptar o instrumento para obter o consentimento dos/as jovens pela internet. Assim, decidi-me por enviar o TCLE por *e-mail*, junto com um arquivo contendo os excertos das conversas que eu analisaria,[82] para que os/as jovens pudessem (re)ler e, se assim o desejassem, fazer ajustes, supressões, alterações. Em seguida, cada jovem informante precisaria autorizar (ou não) a utilização das entrevistas. Considerei, como *assinatura* dos/as jovens, um e-mail indicando concordância com a utilização do material para fins acadêmicos. Essa adaptação no consentimento dos/as informantes foi necessária para se adequar ao referencial metodológico da pesquisa.

Em termos mais amplos, cabe destacar que o TCLE utilizado atualmente vem sendo criticado/problematizado por vários/as autores e autoras (entre eles/as: FONSECA, 2010; FIGUEROA, 2002; CAVALEIRO, 2009; DAL'IGNA, 2011). Para esses/as autores/as, o TCLE, isoladamente, não dá conta das diversas questões e tensões éticas que uma pesquisa pode ter. Eu acrescentaria que esse instrumento não suporta, também, as diversas possibilidades metodológicas para a realização de pesquisas na atualidade.

Uma vez de acordo com as análises das entrevistas, os/as jovens deveriam enviar-me por *e-mail* a sua concordância. Essa foi a maneira que encontrei para obter o consentimento dos/as jovens e, mais que isso, para que eles/as tivessem nitidez sobre o que eu poderia utilizar das nossas conversas, bem como para que pudessem rever e repensar o que foi dito.

Na Resolução nº 196/96, que dispõe sobre pesquisas com seres humanos, para a obtenção do TCLE é necessária a "anuência do sujeito da pesquisa e/ou seu representante legal", e serve para autorizar a "participação voluntária na pesquisa" (BRASIL, 1996). Todavia, segundo Maria Cláudia Dal'Igna (2011, p. 73), "o consentimento formalizado por meio de assinatura de um termo não pode ser compreendido como algo bom em si mesmo". Para a autora, "se, por um lado, ele visa garantir proteção à dignidade dos sujeitos da pesquisa, por outro, pode colocá-los em risco" (*ibidem*, p. 73).

No caso de minha pesquisa, não precisei lidar com os dilemas éticos relativos às pesquisas com informantes menores de idade. Contudo, se isso tivesse ocorrido, eu teria precisado lidar com o fato de que a Resolução nº 196/96 orienta que, nas pesquisas com menores de 18 anos, é preciso ter por escrito a anuência dos/as seus/suas

[82] Como em grande parte das conversas havia conteúdos outros que não estavam necessariamente relacionados ao tema das entrevistas e da tese, antes de enviar os arquivos aos/às jovens para obter o seu consentimento, fiz uma *limpeza* no conteúdo, excluindo as partes em excesso (como diálogos sobre como foi o dia ou o fim de semana, por exemplo).

responsáveis. Há vários/as *jovens+* cujas famílias não conhecem o diagnóstico; como eu faria para obter tal consentimento? E mais, querer a anuência dos/as responsáveis não colocaria em risco os/as jovens informantes, uma vez que muitos/as queriam (e continuam a querer) continuar mantendo segredo em relação à sorologia? São questões que merecem reflexão e atenção.

No que diz respeito à decisão de direcionar o convite a jovens com, no mínimo, 18 anos, para participarem da pesquisa, esta não se deu sem conflitos. Especialmente, porque entendo juventude como uma construção social, um conceito amplo no qual se atravessam questões de gênero, sexualidade, local de moradia, nível de escolaridade, entre tantas outras. A juventude é um conceito atravessado por definições cronológicas, mas não pode ser definida unicamente por elas (REGUILLO, 2003; MARGULLIS, 2008; SOARES, 2005; ANDRADE, 2008; DAMICO, 2011; GUTIÉRREZ, 2008; PAIS, 1990, 2004, 2005). Nessa perspectiva, delimitar por meio de faixas etárias a participação dos/as jovens na pesquisa me parecia ser, minimamente, contraditório. Mas, ao mesmo tempo, como trabalhar com jovens menores de idade sem o consentimento de seus familiares? Embora entenda que os marcadores cronológicos são insuficientes para abarcar a pluralidade das juventudes, como resolveria esse dilema ético em uma pesquisa realizada por meio da internet, utilizando estratégias de investigação que ainda estava aprendendo a usar? Felizmente ou infelizmente, não fui adicionada, na conta de *e-mail* da pesquisa, por nenhum/a jovem que dissesse ter menos de 18 anos. Por essa razão, não precisei tomar nenhuma decisão no sentido de trabalhar ou não com jovens menores de idade. Isso, porém, não significou que não tenha me incomodado com tal possibilidade. Ao contrário, a possibilidade de ser adicionada por jovens menores de idade me provocou diversos questionamentos ao longo da feitura da pesquisa, fazendo-me suspeitar/questionar, inclusive, o meu entendimento sobre o conceito de juventude. Estaria eu reproduzindo a postura *adultocêntrica* contra a qual tenho trabalhado ao longo de minha trajetória profissional? Seria eu subjetivada pelos mesmos discursos dos quais discordo? Tais questões, dúvidas e incertezas me acompanharam por algum tempo.

Nessa direção, parece ser importante destacar que, desde a publicação do Estatuto da Criança e do Adolescente (BRASIL, 1990), vivemos, no Brasil e em outros países do mundo, um momento político no qual os/as jovens são compreendidos/as como sujeitos de direitos. Assim, políticas públicas e normas jurídicas (leis, portarias, resoluções, regulamentos etc.) têm sido implementadas, visando à garantia desses direitos. Porém, as mesmas políticas públicas e normas jurídicas que se propõem a compreender jovens como sujeitos autônomos[83] e plurais quase sempre são elaboradas a partir de rígidos marcadores etários. Em outras palavras, ao mesmo tempo que se pretende garantir direitos aos/às jovens, esses mesmos direitos são regulados a partir de uma lógica adultocêntrica. No campo das pesquisas acadêmicas, tal descompasso entre o ideal de autonomia dos/as jovens, conferido pelo discurso político, e o tratamento jurídico conferido a esse/a mesmo/a jovem pode ser ilustrado pelos TCLE. Exigidos pelos Comitês de Ética em Pesquisa, os TCLEs devem ser assinados pelos/as responsáveis de jovens menores de 18 anos, o que no caso da minha pesquisa seria praticamente impossível. Em virtude disso, em caso de ter sido adicionada por jovens menores de idade, esse critério precisaria ter sido flexibilizado. Além disso, a obrigatoriedade da anuência dos/as responsáveis poderia impossibilitar a realização da pesquisa, haja vista que, pelo que pude constatar com a feitura do campo, muitos/as familiares não conhecem o diagnóstico dos/as jovens.

Outras questões éticas importantes colocaram-se para minha pesquisa: alguns/algumas jovens me pediram para utilizar seus nomes de registro e não nomes *inventados*. Em um primeiro momento essa situação desacomodou uma certeza que tinha *a priori*: usaria nomes fictícios. Mas, após ouvir os argumentos dos/as jovens, pensei: seria ético esconder o nome de pessoas que querem se mostrar por acreditarem na força política que isso tem? Estaria eu contribuindo para invisibilizar jovens militantes que dedicam suas vidas em dizer que é possível, sim, viver com HIV/aids? Ser identificado é necessariamente ruim para um sujeito que participa de uma pesquisa? Perguntas para as quais demorei a construir respostas.

Manter o anonimato dos sujeitos que participam de pesquisas acadêmicas tem sido considerado mais do que um princípio ético e um cuidado fundamental, tem-se constituído quase que como um imperativo, já naturalizado. Contudo alguns/algumas dos/as jovens que entrevistei são militantes, participam de eventos locais e nacionais relacionados ao HIV/aids, participam de entrevistas e programas na mídia e acham que a visibilidade é uma opção política importante. Assim como no início da epidemia, quando foi preciso que muitos/as *mostrassem a cara* e *saíssem do anonimato* para chamar a atenção para a necessidade de políticas específicas para pessoas que viviam com HIV (DANIEL, 1989), atualmente, alguns/algumas jovens

[83] Na perspectiva teórica na qual a tese se insere, o conceito de autonomia é questionado e problematizado. Contudo, neste texto, não entrarei em tal discussão. Nesse sentido, o termo foi utilizado aqui apenas porque é representativo das políticas públicas que entendem jovens como sujeitos de direitos.

acham importante mostrar-se como uma forma de dizer *estamos aqui, estamos vivos/as*. Para outros/as jovens, participar de uma pesquisa, ver seus nomes publicados em textos, artigos e na internet, em certa medida, lhes confere uma espécie de *status*, tornando-os *famosos* dentro dos grupos sociais aos quais pertencem. Ou seja, para alguns/algumas jovens mostrar-se tem efeitos benéficos e importantes.

Assim, meus/minhas jovens informantes ensinaram-me que usar o próprio nome – seja por uma razão político-ideológica que tem finalidade de visibilizar as vivências com HIV/aids na juventude e, dessa maneira, visibilizar o coletivo de *jovens+*, seja por interpelação cultural, para se expor – e ser identificado/a não necessariamente representa algo ruim. Por essas razões, decidi usar os nomes escolhidos pelos/as jovens, independentemente de serem seus nomes de registro ou não. Todavia, aos/às que decidiram ser identificados pelo próprio nome, tive o cuidado de explicar que a tese seria disponibilizada em meio digital e que, por isso, qualquer pessoa poderia ter acesso. Informei, ainda, que eu poderia publicar artigos, que também ficariam disponíveis na internet e que, desse modo, eles/as poderiam ser identificados/as. Dadas as devidas motivações, optei por utilizar os nomes escolhidos pelos/as jovens.[84]

Durante as entrevistas, muitos/as dos/as jovens mostraram interesse em ler a tese quando fosse finalizada. Tal questão me posicionou diante de outro dilema ético, não menos importante: como escrever um texto que fosse, ao mesmo tempo, acadêmico e acessível à leitura dos/as *jovens+*, participantes da pesquisa ou não? Que sentido haveria em publicar uma pesquisa se esta não pudesse ser compreendida pelos sujeitos que dela participaram? A tentativa na tese foi, então, escrever um texto acadêmico, exercitando, ao mesmo tempo, um certo desapego do que comumente se nomeia de academicismo, o que, do meu ponto de vista, implica uma questão de caráter ético-político.

E PARA FINALIZAR...

Para muitos/as *jovens+*, faltam espaços e pessoas para/com quem falar sobre aspectos da vida com HIV. Com isso, as redes sociais servem como possibilidade de conhecer pessoas, trocar experiências, dividir alegrias e angústias, estabelecer afetos, relacionar-se afetiva e sexualmente. Como consequência disso, tenho sido

[84] Com exceção de dois jovens que não se manifestaram em relação ao nome com o qual seriam chamados na tese. Para ambos, escolhi nomes fictícios.

convocada, interpelada, procurada por vários/as jovens a continuar conversando, particularmente sobre aspectos relativos à vida com HIV/aids (por exemplo, sobre os efeitos que os medicamentos estão provocando nos seus corpos ou para dizerem que deram início ao tratamento com antirretrovirais). A princípio, isso não representa um problema para mim, que gosto de conversar e de utilizar ferramentas de comunicação instantânea. Entretanto, pode significar uma questão ética relevante: as relações entre pesquisador/a e os/as informantes deveriam acabar quando a pesquisa acaba? Alguns/algumas estudiosos/as poderiam dizer que sim. Mas, diante do que esta pesquisa provocou em mim (e, certamente, também em muitos/as jovens), penso que não seria ético ouvi-los/as apenas no momento em que isso era necessário para mim. Penso, ainda, que os vínculos que se estabeleceram a partir da pesquisa expandiram-se para além dela, o que talvez possa ter ocorrido, entre outros fatores, devido à especificidade da utilização da internet como ferramenta de produção de material empírico de pesquisa.

Pelos motivos apresentados neste capítulo (e tratados mais detalhadamente na tese), é possível dizer que as entrevistas narrativas *on-line* se configuram como uma estratégia metodológica potente para quem deseja realizar pesquisas com jovens (mas não apenas com eles/as), particularmente porque possibilitam: acessar pessoas de diversos e diferentes lugares; ampliar os horários/dias em que a pesquisa pode ser realizada; favorecer o anonimato dos/as informantes que o desejarem; realizar vários encontros entre pesquisador/a e informantes e, com isso, propiciar a retomada das conversas já realizadas. Trata-se de um campo teórico-metodológico com bastante espaço a ser explorado, (re)criado, adaptado.

REFERÊNCIAS

ANDRADE, Sandra dos Santos. *Juventudes e processos de escolarização*: uma abordagem cultural. Tese (Doutorado em Educação) – Programa de Pós-Graduação em Educação, Faculdade de Educação, Universidade Federal do Rio Grande do Sul, Porto Alegre, 2008.

BRASIL. *Estatuto da Criança e do Adolescente*. Lei nº 8.069 de 13 de julho de 1990. Disponível em: <http://www.planalto.gov.br/ccivil_03/leis/L8069.htm>. Acesso em: 14 dez. 2011.

BRASIL. Instituto Brasileiro de Geografia e Estatística. *Pesquisa Nacional por Amostra de Domicílios 2008*: acesso à internet e posse de telefone móvel celular para uso pessoal. Brasília: IBGE, 2009.

CAVALEIRO, Maria Cristina. *Feminilidades homossexuais no ambiente escolar*: ocultamentos e discriminações vividas por garotas. Tese (Doutorado em Educação) – Programa de Pós-Graduação em Educação, Faculdade de Educação, Universidade de São Paulo, São Paulo, 2009.

COUTO, Edvaldo; ROCHA, Telma. Identidades contemporâneas: a experimentação de "eus" no Orkut. *In*: COUTO, Edvaldo; ROCHA, Telma (Org.). *A vida no Orkut*: narrativas e aprendizagens nas redes sociais. Salvador: EDUFBA, 2010. p. 13-32.

DAL'IGNA, Maria Cláudia. *Família S/A*: um estudo sobre a parceria família-escola. Tese (Doutorado em Educação) – Programa de Pós-Graduação em Educação, Faculdade de Educação, Universidade Federal do Rio Grande do Sul, Porto Alegre, 2011.

DAMICO, José Geraldo Soares. *Juventudes governadas*: dispositivos de segurança e participação no Guajuviras (Canoas-RS) e em Grigny Centre (França). Tese (Doutorado em Educação) – Programa de Pós-Graduação em Educação, Faculdade de Educação, Universidade Federal do Rio Grande do Sul, Porto Alegre, 2011.

DANIEL, Hebert. *Vida antes da morte*. Rio de Janeiro: ABIA, 1989.

FÉLIX, Jeane. *"Quer teclar?"*: aprendizagens sobre juventudes e soropositividades através de bate-papos virtuais. Tese (Doutorado em Educação) – Programa de Pós-Graduação em Educação, Faculdade de Educação, Universidade Federal do Rio Grande do Sul, Porto Alegre, 2012.

FIGUEROA, Juan Guilhermo. Elementos para analizar algunos dilemas éticos en la investigación cualitativa sobre salud reproductiva. *In*: MERCADO, Francisco J.; GASTALDO, Denise; CALDERÓN, Carlos (Org.). *Investigación cualitativa en salud en Ibero América*: métodos, análisis y ética. Guadalajara, México: Universidad de Guadalajara, 2002.

FLICK, Uwe. *Introdução à pesquisa qualitativa*. Porto Alegre: Artmed, 2009.

FONSECA, Cláudia. Que ética? Que ciência? Que sociedade? *In*: FLEISCHER, Soraya; SCHUCH, Patrice (Org.). *Ética e regulamentação na pesquisa antropológica*. Brasília: Letras Livres; UnB, 2010. p. 39-70.

FOUCAULT, Michel. *A hermenêutica do sujeito*. São Paulo: Editora WMF Martins Fontes, 2010.

FRAGOSO, Suely; RECUERO, Raquel; AMARAL, Adriana. *Métodos de pesquisa para internet*. Porto Alegre: Sulina, 2011.

FRIEDERICHS, Marta Cristina. *Mulheres "on line" e seus diários virtuais*: corpos escritos em blogs. 2009. Dissertação (Mestrado em Educação) – Programa de Pós-Graduação em Educação, Faculdade de Educação, Universidade Federal do Rio Grande do Sul, Porto Alegre, 2009.

GUTIÉRREZ, Monica Lourdes Franch. *Tempos, contratempos e passatempos*: um estudo sobre práticas e sentidos do tempo entre jovens de grupos populares do Grande Recife. Tese (Doutorado em Antropologia) – Programa de Pós-Graduação em Sociologia e Antropologia, Instituto de Filosofia e Ciências Sociais, Universidade Federal do Rio de Janeiro, Rio de Janeiro, 2008.

JOVCHELOVITCH, Sandra; BAUER, Martin. Entrevista narrativa. *In*: BAUER, Martin; GASKELL, George. *Pesquisa qualitativa com texto, imagem e som*: um manual prático. Petrópolis: Vozes, 2002. p. 90-113.

LÉVY, Pierre. *Cibercultura*. São Paulo: Ed. 34, 1999.

MARGULLIS, Mario. Introducción. *In*: ARIOVICH, Laura (Org.). *La juventud es más que una palabra*: ensayos sobre cultura y juventud. Buenos Aires: Biblos, 2008. p. 9-12.

PAIS, José Machado. A construção sociológica da juventude: alguns contributos. *Análise Social*, v. 25, n. 105-106, p. 139-165, 1990.

PAIS, José Machado. Introdução. *In*: PAIS, José Machado; BLASS, Leila Maria da Silva (Org.). *Tribos urbanas*: produção artística e identidades. São Paulo: Annablume, 2004. p. 9-21.

PAIS, José Machado. Jovens e cidadania. *Sociologia, Problemas e Práticas*, n. 49, p. 53-70, 2005.

REGUILLO, Rosana. Las culturas juveniles: um campo de estudio; breve agenda para discusión. *Revista Brasileira de Educação*, n. 23, p. 103-118, maio/ago. 2003.

SALES, Shirlei Rezende. *Orkut.com.escol@*: currículos e ciborguização juvenil. Tese (Doutorado em Educação) – Programa de Pós-Graduação em Educação, Faculdade de Educação, Universidade Federal de Minas Gerais, Belo Horizonte, 2010.

SCHÜTZE, Fritz. Pesquisa biográfica e entrevista narrativa. *In*: WELLER, Wivian; PFAFF, Nicolle (Org.). *Metodologias da pesquisa qualitativa em educação*: teoria e prática. Petrópolis: Vozes, 2011. p. 238-253.

SIBILIA, Paula. *O show do eu*: a intimidade como espetáculo. Rio de Janeiro: Nova Fronteira, 2008.

SOARES, Rosângela. *Namoro MTV*: juventude e pedagogias amorosas/sexuais no Fica Comigo. Tese (Doutorado em Educação) – Programa de Pós-Graduação em Educação, Faculdade de Educação, Universidade Federal do Rio Grande do Sul, Porto Alegre, 2005.

THOMÉ, Elisabeth Gomes da Rocha. *Homens e doença renal crônica*: a vida que poucos veem. Tese (Doutorado em Enfermagem) – Programa de Pós-Graduação em Enfermagem, Escola de Enfermagem, Universidade Federal do Rio Grande do Sul, 2011.

ZAGO, Luiz Felipe. *Masculinidades disponíveis.com*: sobre como dizer-se homem gay na internet. 2009. Dissertação (Mestrado em Educação) – Programa de Pós-Graduação em Educação, Faculdade de Educação, Universidade Federal do Rio Grande do Sul, Porto Alegre, 2009.

ZAGO, Luiz Felipe. *Os meninos* – Corpo, gênero e sexualidade em e através de um site de relacionamentos na internet. 2013. Tese (Doutorado em Educação) – Programa de Pós-Graduação em Educação, Faculdade de Educação, Universidade Federal do Rio Grande do Sul, Porto Alegre, 2013.

CAPÍTULO 7

Afinidades e afinações pós-críticas em torno de currículos de *gosto duvidoso*[85]

MARLÉCIO MAKNAMARA

Olá, tudo bem?!

Esta é uma carta para você se ligar em mim e em músicas, sobretudo as de forró eletrônico. Sim, uma carta é algo um tanto antiquado, mas esta foi feita no computador, já é algo revigorado. É a cara daquele estilo musical, é verdade: une o velho e o novo para dissimular, na indefinição, o balançado que costuma promover em nossa subjetividade. Como temo não conseguir prosseguir na rima, peço que já esqueça o que está aqui acima. Afinal, não sou embolador nem repentista, sou um pesquisador em educação a querer dar-lhe alguma pista.

Pista sobre o quê? Bem, são pistas, no plural. A primeira delas quem deixou foi você. Sim, tenho visto você e outros indivíduos transitando em festas de forró eletrônico. Não, não estou delirando: entramos nessas festas várias vezes, ao ouvir músicas desse estilo tocando em novelas, em filmes, no ônibus, no aeroporto, no shopping ou em um supermercado qualquer. O delírio aqui é o seguinte: as músicas de que falo, como outros currículos que estão a falar por aí, costumam ser vistas como de

[85] Este trabalho foi subsidiado por estudos que, sob orientação da Profa. Dra. Marlucy Alves Paraíso e com auxílio financeiro da CAPES, integraram minha Tese de Doutorado intitulada *Currículo, gênero e nordestinidade: o que ensina o forró eletrônico?*.

gosto duvidoso, mas estão mesmo é no gosto da galera (MAKNAMARA, 2011; 2010). Como não delirar com o delírio de poder pesquisar currículos tão delirantes?

Sim, sei, por enquanto há mais indefinição do que carta: você não sabe quem sou ou o que fiz, mas antes que você queira acabar sem mal começar, "senta que lá vem a história". Como estava a dizer, esta é uma carta que escrevo pensando não apenas em falar sobre músicas. O que quero mesmo é afinar minha percepção metodológica de investigação, deixar você *por dentro* de como pesquisei músicas de forró eletrônico numa perspectiva pós-crítica em educação, criar afinidades com você. Para começo de conversa, informo meu entendimento de que os discursos veiculados por diferentes músicas ou estilos musicais consistem em textos curriculares produzidos no âmbito da cultura da mídia. Mas se há tantos currículos culturais não escolares sendo engendrados, por que enfatizar aqueles oriundos de músicas?

AFINIDADES: TRÊS *PORQUÊS* A ENSAIAR A PERTINÊNCIA DA MÚSICA A MIM E A VOCÊS

No sentido de tentar responder à questão anterior, nesta carta destaco três aspectos a serem considerados por quem deseja pesquisar, numa perspectiva pós-crítica, os ensinamentos de músicas.

Há música na escola

Muito se tem debatido sobre a importância da música para cada um/a de nós. Enquanto se fala da quantidade de tempo cada vez maior que ela ocupa em nossa vida diária, discutem-se os riscos de uma suposta degeneração poético-musical a que a linguagem e o gosto musicais estariam sendo submetidos, ou mesmo se advoga que "crianças que estudam música se saem melhor na escola e na vida" (ASSOCIAÇÃO BRASILEIRA DE MÚSICA, 2008, p. 16). Por conseguinte, além de transitar em diferentes espaços sociais, variados estilos musicais também adentram as escolas brasileiras. Diferentes políticas curriculares (BRASIL, 2008; 1997) têm prescrito o trabalho com música como linguagem artística, além de a música se fazer presente como recurso didático, como tema de estudo ou como simples atividade recreativa (CAMPOS, 2004; LOUREIRO, 2003; NOGUEIRA, 1998) em diversos componentes e práticas dos currículos escolares.

Músicas estão presentes em escolas também porque, como mostra Loureiro (2003a, p. 13), é prática comum "ouvir música na entrada e na saída do período escolar, no recreio, e ainda, de forma bastante acentuada, nos momentos de festividades". Assim, não é difícil constatar a presença do forró eletrônico, do samba, do sertanejo, do arrocha, do *funk*, do pagode, do tecnobrega e de outros estilos musicais na vida estudantil de muitos/as brasileiros e brasileiras. Acessando o *site* do Youtube, por exemplo, encontrei (MAKNAMARA; PARAÍSO, 2012) diferentes vídeos retratando o *forró na escola*. Neles, havia meninas fazendo apresentação de um grupo de forró denominado *As taradinhas* (cujas músicas e coreografia, de autoria delas mesmas, eram apresentadas em uma festa de despedida na escola); meninos adaptavam ao forró uma música de *pop-rock*; jovens se amontoavam no pátio de uma escola pública paulistana para ver uma apresentação ao ritmo do forró eletrônico e, em meio a danças e gritos frenéticos, cantavam em uníssono: "na sua boca eu viro fruta/chupa que é de uva...".

O trânsito de um estilo musical em diferentes instâncias do social nos faz perceber que "mesmo antes de qualquer regulamentação a seu favor, a música já constituía um importante currículo, uma vez que estudantes e docentes estão em contato permanente com ela, dentro e fora da escola" (MAKNAMARA, 2011, p. 35). Desse modo, procurar pela ubiquidade da música ou do estilo musical que se quer investigar ajuda, em muito, a justificá-los como objetos legítimos de investigação no campo educacional, em geral, e no âmbito das pesquisas pós-críticas, em particular. Também, graças a toda essa movimentação, é possível começar a imaginar o impacto que as músicas podem ter sobre a vida de diferentes indivíduos na contemporaneidade.

É musical a vida de quem vai à escola

Ao enfatizar a presença da música como *trilha sonora da vida cotidiana*, Elisabete Garbin (1999, p. 1) ressalta que "hoje em dia raros são os ambientes nos quais não se ouça música de qualquer estilo, ou como pano de fundo, ou protagonizando algum evento". E ainda que seja possível afirmar que os/as jovens não prestam atenção àquilo que estão cantando ou não refletem sobre aquilo que costumam ouvir, concordo com o argumento de Garbin *et al.* (2003) de que os/as jovens estabelecem relações entre as narrativas das canções e suas vidas. Segundo estas autoras, o que está em jogo em tais relações é uma "busca da identificação com a mensagem da canção [em termos daquilo] que parecem desejar [ou não] para suas vidas" (GARBIN *et al.*, 2003, p. 3). Não à toa, desde o início de minha juventude acompanhei alguns dos variados efeitos da música sobre nossos modos de ser, estar e se comportar no mundo. Mais tarde, já em atividades docentes, não só adquiri o hábito de tomar a música como recurso didático, como também passei a problematizá-la nas funções que opera em diferentes modos de se conectar aos currículos escolares.

Como professor de diferentes disciplinas ligadas à formação de docentes para o ensino de Ciências e Biologia, pude acompanhar em escolas públicas aquilo que Valerie Walkerdine (1999) chama de *erotização* – no sentido de uma produção cultural em torno do que deve ou não ser preservado em termos de gênero e sexualidade – de meninos e meninas, expressa nas músicas que irrompiam em seus celulares durante as aulas; em danças realizadas durante o recreio em meio a um repertório musical escolhido por eles/as mesmos/as; em pichações de carteiras feitas por alunos e alunas se declarando, entre outras coisas, como *raparigueiros* e *gostosas*. Curioso quanto ao que observava nas escolas, interrogava os/as docentes sobre o que pensavam acerca de todo esse fenômeno. Não raro, obtinha respostas como *é assim mesmo!*, *é da cultura deles!*, ou *com essas músicas, com esse forró, o que você espera que se aprenda?!*.

Se já ficava intrigado com tudo o que se disseminava nas músicas e que alcançava as escolas; se já problematizava algumas músicas e seus conteúdos, desde que tive acesso às discussões sobre currículo que trabalham com teorizações pós-críticas, passei a cogitar a possibilidade de tomar o forró eletrônico como objeto legítimo de investigação. Apoiado nesse campo de estudos, passei a perguntar sobre o que efetivamente se ensina nas músicas de forró eletrônico, um estilo musical de grande sucesso entre jovens brasileiros/as (MAKNAMARA; PARAÍSO, 2012; 2011). O que essas músicas divulgam em meio a seus ritmos contagiantes? Como elas produzem comportamentos, desejos e valores relativamente a gênero? De que forma aprendemos a pensar nossa existência por meio dessas músicas? Tais questionamentos me impulsionaram a desenvolver uma investigação que abordasse os *ensinamentos* das músicas de forró eletrônico e seus efeitos sobre a produção de subjetividades,[86] o que culminou na minha Tese de Doutorado. A seguir, falo especificamente sobre esses efeitos decorrentes dessas e de outras experiências musicais.

Experiências musicais também ensinam

A música *faz escola* dentro e fora das instituições escolares. Sim, músicas divertem, alegram ou entristecem pessoas, mas também provocam sentimentos e

[86] *Subjetividade* é entendida aqui como "a maneira pela qual o sujeito faz a experiência de si mesmo em um jogo de verdade, no qual ele se relaciona consigo mesmo" (FOUCAULT, 2004, p. 236).

desejos, inscrevem nos corpos marcas e normas consideradas desejáveis e necessárias. Músicas também constituem um importante espaço aglutinador dos hábitos, saberes, sonhos, costumes e valores que permanentemente circulam e entram em conflito no terreno da cultura. Quando se atenta para o fato de que atualmente há uma diversificação e uma sofisticação de técnicas de poder exercidas em variados espaços-tempos de lazer (PARAÍSO, 2007), a música passa a ser entendida como algo que vai muito além de um registro estético. Em outras palavras, músicas não apenas fazem cantar, dançar e divertir. Músicas, de acordo com Felipe Trotta (2006, p. 22), "carregam teias de significados, valores e sentimentos que interagem com a vida cotidiana das pessoas e dos grupos sociais".

As músicas, portanto, produzem tipos particulares de experiência. Nesse sentido, para Marcos Napolitano (2005), sobretudo a partir da Segunda Grande Guerra Mundial – com o advento do *rock'n roll* e do *pop* – a experiência musical ocidental passa a ser um espaço também de experimentações, de exercício de comportamentos. Ao apontar para essa produtividade da música, Liv Sovik (2000, p. 247) vê a chamada *música popular* no Brasil como algo que compõe uma "sabedoria *ready-made* [e que constitui o] discurso identitário brasileiro que mais freqüentemente se atualiza". Músicas engendram experiências musicais, ou seja, não apenas estão no cotidiano de nossas vidas, mas reconfiguram a própria vida e se constituem "em um vasto território de subjetividades e sentidos" (DAMASCENO, 2008, p. 12).

No linguajar pós-crítico em educação, tal dimensão constitutiva é enfatizada naquilo que é ensinado e pode, ainda que de maneira incerta e transitória, vir a ser aprendido por meio das músicas. Um olhar pós-crítico sobre diferentes ensinamentos veiculados por músicas resulta de uma atenção àquilo que Joel Birman (2000) denomina *condição problemática da subjetividade na atualidade.* Tal condição impõe aos/às educadores/as a necessidade de estudos que articulem o educacional, o social, o histórico e o psicológico, que tratem da conexão entre aprendizagens e modos de ser sujeito, que não subestimem os liames entre processos de subjetivação e as variadas instâncias do pedagógico.

Deleitar-se na supracitada condição problemática da subjetividade envolve, em se tratando da linguagem musical, investigar a invenção de experiências[87] como

[87] *Experiência* aqui é entendida como um evento histórico e linguístico conectado a significados estabelecidos discursivamente. Nas palavras de Joan Scott (1999, p. 42), "a experiência é coletiva assim como individual. Experiência é uma história do sujeito".

efeito da produtividade discursiva de determinadas músicas ou estilos musicais, o que se delineia em processos de subjetivação engendrados por técnicas[88] e tecnologias[89] de poder acionadas em seus discursos. Dessa forma, como currículos não escolares que se fazem presentes na escola, músicas envolvem-se na produção de posições de sujeito por meio de diversificadas estratégias regulatórias. Esse envolvimento é particularmente interessante aos olhares pós-críticos em educação e, nunca é demais ressaltar, vale para quaisquer estilos musicais, a despeito de alguns deles serem considerados de *péssimo gosto, baixo nível* ou *gosto duvidoso.*

Chegando até aqui, sinto-me apto a um pedido. Prossiga lendo esta carta dedicada a você: a seguir, compartilho alguns dos *insights* metodológicos que me possibilitaram lidar com essas e outras questões em torno de um desses tais estilos musicais.

NOTAS METODOLÓGICAS PARA VOCÊ AFINAR OS OUVIDOS AO INVESTIGAR DISCURSOS EM MÚSICAS

Os discursos das mais variadas músicas constituem um texto que precisa ser analisado em sua capacidade de governar e de produzir sujeitos. Isso é possível com base em dois aspectos. De um lado, porque a música, como todo currículo, encontra-se implicada em processos de regulação de condutas via saberes que "circunscrevem aquilo que pode ser pensado sobre essas condutas" (SILVA, 2003, p. 191). Para tanto, o currículo de uma música seleciona, sugere e também produz significados sobre modos de ser e posicionar-se no mundo. Por outro lado, porque, de acordo com Silva (2001), o texto de todo currículo é um texto eivado de poder – prescreve saberes, modos de ser, de pensar e de agir, indicando pensamentos, valores, exercícios e atitudes que devem ser praticados no sentido da produção de tipos particulares de sujeito.

O caráter produtivo aqui atribuído às músicas advém do fato de que seus discursos não são meras interseções entre palavras e coisas, mas, como argumentou Foucault (2005a) acerca de quaisquer discursos, são práticas que instituem aquilo de que falam. A subjetivação, nessa perspectiva, mesmo não sendo um construto puramente linguístico (ROSE, 2001), guarda fortes ligações com o discursivo, uma

[88] *Técnicas* foram definidas como "os procedimentos e os exercícios que usamos sobre nós mesmos e que outros usam sobre nós nos processos de subjetivação" (PARAÍSO, 2007, p. 57).

[89] *Tecnologias* foram entendidas por Foucault (1993, p. 206) como "a articulação de certas técnicas e de certos tipos de discurso acerca do sujeito".

vez que este constitui, segundo Foucault (2005a, p. 61), "um campo de regularidade para as diversas posições de subjetividade".

Foi nesse sentido que investiguei o forró eletrônico como um currículo em cuja discursividade se cruzam poder e saber no intuito de regular formas particulares de experiência da nordestinidade relativamente a gênero. As músicas de forró eletrônico objeto de meu estudo foram analisadas mediante o emprego da análise discursiva inspirada nos trabalhos de Michel Foucault. As análises empreendidas por Foucault no campo do discurso possibilitam uma apropriação no sentido de colocar em cena as maquinações pelas quais somos fabricados como tipos particulares de sujeitos por meio das músicas. Nas suas variadas capacidades de seduzir e interpelar por meio do canto, do movimento e da dança, músicas constituem alvo privilegiado de estratégias de controle e regulação, uma vez que, segundo Foucault (2007a, p. 8), o poder só é aceito e se mantém porque "produz coisas, induz ao prazer, forma saber, produz discurso". Implicadas em mecanismos de poder, músicas produzem sujeitos, afinal "aquilo que faz com que um corpo, gestos, discursos e desejos sejam identificados e constituídos enquanto indivíduos é um dos primeiros efeitos de poder" (FOUCAULT, 2007b, p. 183).

É precisamente aí que está o poder do forró eletrônico: entendidas como discursos, que são sempre "práticas de poder-saber, [suas músicas também são] elementos ou blocos táticos no campo das correlações de força" (FOUCAULT, 2001, p. 97). Afinal, tais músicas têm falado do que um homem ou uma mulher é capaz sendo pobre ou rico/a; de quem pode ser considerado diferente, estranho/a e louco/a no que se refere a masculinidades e feminilidades; daquilo que é próprio a um homem e a uma mulher e do que compete a eles e elas em suas relações familiares, amorosas e de trabalho. Têm falado, em síntese, dos corpos adequados e necessários para ser ou não valorizado/a em termos de sua eficiência, seus desejos e sua sensualidade. Daí o desafio por mim assumido de investigar e mapear as novas linguagens por ele disponibilizadas para falar dos e para os sujeitos, os novos sistemas conceituais usados para calcular as capacidades e condutas e calibrar a psique (ROSE, 1998).

A partir das contribuições teóricas do campo dos Estudos Culturais e dos estudos foucaultianos, tomei a textualidade das músicas de forró eletrônico como um currículo. Em outras palavras, entendi que o *currículo do forró eletrônico* é aquilo que pode resultar das formas de raciocínio, saberes, valores, afetos e comportamentos disponibilizados por suas músicas por meio de estratégias e técnicas específicas, contribuindo para a formação de pessoas ao atribuir significados a lugares, coisas, fenômenos, práticas e sujeitos. Tratei, em suma, de evidenciar a produtividade de discursos na constituição de posições de sujeito.

Em meio à heterogeneidade política e epistemológica de um campo no qual "nenhuma metodologia pode ser privilegiada ou mesmo temporariamente empregada com total segurança e confiança, embora nenhuma possa ser eliminada antecipadamente" (NELSON; TREICHLER; GROSSBERG, 2003, p. 10), meu trabalho investigativo abordou a cultura como uma prática discursiva (PARAÍSO, 2006) e adotou a perspectiva metodológica das análises discursivas de inspiração pós-estruturalista,[90] destacando as teorizações de Michel Foucault em torno da noção de *discurso*. Tal opção metodológica não implicou negligenciar possíveis relações de acréscimo e/ou de subtração entre letra e outras dimensões da obra musical (ritmos, sonoridades, *performances*), mas tão somente apostar na produtividade de tais análises discursivas no que diz respeito aos processos de produção de sujeitos generificados nas músicas aqui em questão.

Na acepção foucaultiana, o discurso é uma prática e, como prática social, é permeado por relações de poder. Para Foucault (2003, p. 11), uma vez que os discursos são "um conjunto de estratégias que fazem parte das práticas sociais", deve-se evitar tomá-los como simples fatos linguísticos, em favor de considerá-los como "jogos estratégicos, de ação e de reação, de pergunta e de resposta, de dominação e de esquiva, como também de luta" (FOUCAULT, 2003, p. 9). Quando compreende discurso como prática, Foucault evidencia seu entendimento de que aquilo que se diz sobre algo não simplesmente o representa, mas o institui por estar historicamente associado "às dinâmicas de poder e saber de seu tempo" (FISCHER, 2001, p. 204). Ao se considerar tal historicidade, os discursos veiculados em músicas são arquivos daquilo que conta como pensável e dizível numa determinada época: eles repartem significados entre os indivíduos, instituindo o que e como será dito.

No sentido desse reconhecimento, diante das músicas de forró eletrônico, persegui a ideia de me aproximar e de operar com cada fragmento discursivo por meio da noção de *escuta extemporânea* desenvolvida por Sylvio Gadelha (2003). Mediante essa escuta extemporânea, procurei me instalar no espaço-entre, no meio daquilo que as músicas de forró eletrônico ofereciam e abriam como possibilidade, buscando explorar e dar parcialmente conta das posições de sujeito por elas forjadas, num movimento de evocação e criação de mundos que aproximou meu trabalho do

[90] Outras inspirações pós-estruturalistas de pesquisa encontram-se no texto de Dagmar Meyer, neste livro.

método cartográfico, tal como explicitado por Thiago Oliveira em seu texto neste livro. Em outras palavras, tal como procedido por Paraíso (2007) em sua análise acerca da mídia educativa brasileira, os discursos aqui em questão puderam ser analisados nos limites de seus efeitos, ou seja, foram estudados em termos daquilo que eles nos impelem "a sonhar, a pensar, a fazer, a ser" (PARAÍSO, 2007, p. 23).

Operar com esse tipo de análise implica estar atento a como determinados discursos vão se configurando em meio a relações de poder; significa, também, questionar sobre as condições de possibilidade e as regularidades a partir das quais determinados discursos concorrem para o exercício do poder e a produção de posições de sujeito. Segundo Foucault (2007c, p. 21), ao analisar assim o discurso, é possível mostrar "a heterogeneidade do que se imaginava em conformidade consigo mesmo [e que as coisas, sujeitos e verdades desse mundo] são sem essência, ou que sua essência foi construída peça por peça" (FOUCAULT, 2007c, p. 18). A respeito dessa construção, que se dá discursivamente e em meio a relações de poder, procurei apreender o discurso em seu poder de afirmação, seu poder de constituir "domínios de objetos, a propósito dos quais se poderia afirmar ou negar proposições verdadeiras ou falsas" (FOUCAULT, 1996, p. 70).

Contudo, em termos procedimentais, o que é possível destacar dessa minha empreitada com os discursos do forró eletrônico? A seguir, procuro responder a essa pergunta sob a forma de um *passo a passo* teórico-metodológico (um outro movimento nesse sentido é dado por Maria Cláudia Dal'Igna em seu capítulo componente deste livro) a quem deseja explorar cruzamentos entre música e educação numa perspectiva pós-crítica.

Permita-se viver a ambiguidade do (pseudo-)fã

Se uma perspectiva pós-crítica de investigação em educação não é afeita a cânones, não pode exigir previamente que um/a investigador/a seja *expert* em determinado estilo musical para que possa investigá-lo. Em contrapartida, um conhecimento mínimo do universo correlato às músicas que serão analisadas ajuda desde decidir sobre a composição do material empírico até evitar incorrer em imprecisões e/ou erros conceituais ou metodológicos nem sempre incomuns nas pesquisas com as quais você irá lidar. Envolva-se e imirja em seu objeto de estudo como se fosse um/a *fã deslumbrado/a* com o que ouve, o que também lhe dará o contraponto de posicionar-se como o/a *fã decepcionado/a*, que percebe detalhes e que cobra do estilo musical regularidades e/ou descontinuidades a serem compreendidas.

Essas circulações e oscilações também lhe farão chegar a outros/as fãs (com ou sem aspas) e ajudar a sentir o quanto o estilo que você pesquisa mobiliza vidas – de uma forma ou de outra, é precisamente isso o que você decidiu investigar!

Acompanhe sua banda...

...No rádio, na tv, na internet, nas redes sociais, nos *blogs*, em artefatos culturais dos mais variados. Quando decidi investigar músicas de forró eletrônico, suspeitava que existiam muitos grupos a elas dedicados: em 1999, havia cerca de duzentas bandas de forró profissionais apenas na capital cearense;[91] quatro anos depois, elas eram 600 em todo o Brasil (SILVA, 2003), enquanto que, em 2006, estimava-se que havia cerca de 3.500 grupos de forró apenas na região Nordeste.[92] A imersão de que falei anteriormente muito me ajudou a descobrir esses e outros detalhes, mas para escolher as quatro bandas (*Cavaleiros do Forró*, *Aviões do Forró*, *Calcinha Preta* e *Banda Magníficos*) que compuseram meu estudo, guiei-me pela intenção de trabalhar com grupos que tivessem: forte inserção na mídia (com apresentações em programas em rede nacional, sendo assunto de reportagens em jornais impressos, *sites* especializados e na tv, tendo músicas *estouradas* nas rádios); grande produção fonográfica (número de músicas, CDs e DVDs gravados); grande aceitação pelo público (expressa em número de *shows* e média de público por mês, vendagem de CDs, número de acessos a vídeos correlatos às bandas, número de participantes em respectivas comunidades no Orkut); e *website* constantemente atualizado para acompanhamento dessas e de outras informações. A busca por essa *onipresença* não apenas corrobora sua escolha por determinados grupos musicais, como também lhe mantém conectado por mais tempo a seu objeto de estudo.

Monte sua jukebox investigativa

Estamos constantemente correndo o risco de ouvirmos músicas que não nos interessam. O/a pesquisador/a pós-crítico/a, entretanto, pode se dar ao luxo de escolher as músicas que irá ouvir durante boa parte de sua prazerosa investigação, como se estivesse diante de uma máquina *jukebox*. O preço que se paga por essa comodidade traz embutida a necessidade de ouvir, repetidas vezes, trechos de

[91] Cf. <http://epoca.globo.com/edic/19990405/cult1.htm>. Acesso em: 30 ago. 2008.

[92] Cf. <http://diariodonordeste.globo.com/arquivo/materia.asp?codigo=306071>. Acesso em: 16 set. 2008.

músicas, músicas inteiras, CDs inteiros, coleções inteiras. Por isso mesmo, antes de montar e acionar sua *jukebox* investigativa, vale a pena pensar nas seguintes questões: você escolheu um material empírico compatível com seus objetivos e questões de pesquisa? Conseguirá abastecer, em tempo hábil, sua *jukebox* com um acervo completo e confiável das músicas a serem investigadas? Traçou um plano de escuta e de escrita de músicas e trechos de músicas que tocarão nessa *jukebox*? Está preparado/a para vir a curtir (ou passar a rejeitar) músicas que até então você *odeia* ou *ama*? Toda essa profusão (e possível tensão) de sentimentos exige cautela com sua *jukebox*, o que se torna mais fácil quando você tem à mão pessoas e instrumentos com as/os quais possa contar e confiar.

Disponha de uma assistência técnica autorizada

Sua *jukebox* deve ser uma delícia, mas para que não haja má digestão sugiro que você contacte pessoas já *vividas e corridas* em degustações correlatas, pois as músicas do seu cardápio não são qualquer coisa. Com base em Foucault (2005b), lembro que nos discursos musicais se assentam as classificações, os julgamentos e as condenações que informam e conformam nossas vidas, uma vez que também esses discursos traduzem mecanismos de poder em efeitos de verdade. Assim sendo, sob pena de acabar manuseando sua máquina investigativa pensando nas formas de recepção e apropriação musical – o que certamente não interessa a uma pesquisa pós-crítica em educação –, apele a uma assistência técnica que lhe faça ter clareza conceitual e metodológica ao degustar as músicas daquela máquina. Recomendo que você recorra a Foucault e seus comentadores, mas em gratidão ao êxito e às dificuldades que tive ao manusear minha própria *jukebox*, adianto seu serviço e lhe disponibilizo algumas ferramentas conceituais que podem ser úteis.

Entenda que a chave-mestra é o *poder*. Deixe *suas* músicas falarem, pois "o poder deixa marcas do seu exercício nas mais diferentes instâncias sociais" (MAKNAMARA, 2011, p. 129), e com a música não seria diferente. Para chegar a essas marcas, para ver o poder em ação nas suas músicas, lembre que *está tudo no discurso*: entre um discurso e as coisas das quais ele fala não há uma relação de mera correspondência e de continuidade, mas uma relação de poder. Tome o *discurso* como "prática articuladora de elementos por meio dos quais efeitos de poder são traduzidos em fabricações de sujeitos" (MAKNAMARA, 2011, p. 129). Esses elementos consistem nas táticas, estratégias, técnicas, mecanismos e tecnologias em ação nos fragmentos discursivos que você analisará. Eles serão tão mais facilmente identificáveis quanto você consiga sentir os *princípios de inteligibilidade* que estão em jogo em suas músicas.

Em minha tese com o forró eletrônico, pensando com Foucault (2008), entendi por *princípio de inteligibilidade* "a idéia que regula um exercício particular de poder, uma maneira de pensar, analisar e definir os elementos que, em sua natureza e relações, concorrem para efeitos específicos de poder" (MAKNAMARA, 2011, p. 132). Atrelada a princípio(s) de inteligibilidade, uma *tecnologia* é a resultante das forças acionadas no discurso para que saber e poder produzam-se e retroalimentem-se mutuamente em uma modulação particular (poder pastoral, poder disciplinar, biopolítica, governo...): dá-se a ver pelas diferentes técnicas e mecanismos que trabalham a seu favor. *Mecanismo* é o elemento discursivo que retrata a operacionalização da tecnologia, o funcionamento das engrenagens de poder: um mecanismo explicita aquilo que o poder fará para chegar onde quer. *Técnicas* são operadores de poder, exprimem a porção mais direta, incisiva e factual da própria relação de poder: são o instrumental por meio do qual *a coisa acontece*. Em síntese, as tecnologias são da ordem da finalidade, os mecanismos são da ordem do processo e as técnicas são da ordem do efeito/resultado. Faltam as estratégias e táticas, talvez mais difíceis de definir. Com base em Durval Albuquerque Júnior (2003), defino *estratégia* como um empreendimento de um sujeito de poder e de querer que visa a objetivos previamente planejados e *tática* como uma resposta rápida, astuta e aventureira a um vetor específico de poder. Enquanto a estratégia é meticulosamente arquitetada calculando as relações de força, a tática é oportunisticamente acionada replicando uma situação que emerge do jogo do poder.

Os elementos discursivos supracitados são suscetíveis a diferentes combinações e graus de importância dentro de cada tipo particular de discurso. Ainda que haja essa variação, entretanto, manipular sua *jukebox* com auxílio dessas ferramentas possibilita localizar no discurso aquilo que ele tem de tão insidioso apesar de sutil, aquilo que ele tem de tão produtivo apesar de incerto. Possibilita, enfim, localizar seus jogos de poder.

Escute as músicas e sinta suas jogadas

O que conta em relação a *ser homem* e *ser mulher* quando se diz "me usa, me abusa pois o meu maior prazer é ser sua mulher"? Com base em que *saberes* e *formas de raciocínio* uma música em que se canta "você não vale nada, mas eu gosto de você" produz efeitos de verdade relativamente a gênero? Que *mecanismos de poder* estão em jogo ao se dizer "meu amor, eu não me importo, quero ser a sua amante a vida inteira" ou "que foi que eu fiz pra você mandar 'os homi' aqui vir me prender"? Que *estratégias*, *procedimentos* e *técnicas* são mobilizados para marcar o *normal* e o *diferente* quando se ouve "levante o dedo quem gosta de rapariga, levante o dedo quem for doido por mulher"? De que modo *tecnologias de subjetivação* são acionadas para construir *posições de normalidade* e *diferença* em termos de masculinidades e feminilidades ao se ouvir que "pra domar uma mulher tem que fazer valer na cama, tem que fazer gostoso pro gozo virar lama"? Como tais *técnicas* e *tecnologias* são atreladas a múltiplas *modalidades de poder* no sentido da fabricação de sujeitos de gênero por meio das músicas de forró eletrônico?

Os questionamentos supracitados emergiam das músicas de forró eletrônico à medida que ia experimentando os passos anteriores. Diante desses questionamentos, tomei algumas decisões metodológicas que, apesar de aqui compartilhadas com verbos no imperativo, pretendem ressaltar, ao mesmo tempo, a utilidade de cada uma delas para caminhos investigativos que lhes sejam próximos e a validade circunstancial das mesmas: busque destacar tanto as regularidades discursivas quanto as descontinuidades que concorrem para a produção de verdades sobre tipos de sujeitos que estão sendo produzidos nas músicas por você investigadas; busque evidenciar como os discursos analisados produzem, repartem, hierarquizam e combinam significados – para isso, atente a quem nesses discursos nomeia e é nomeado, como também às formas como se dão tais nomeações; mapeie as enunciações e interrogue os discursos, buscando as técnicas e tecnologias acionadas para que seus ouvintes vivenciem tipos específicos de experiências e tornem-se tipos particulares de sujeitos; persiga, nesses discursos, quem é *o normal* e *o diferente* e como são produzidas a normalidade e a diferença dentro das inúmeras proposições que podem ser ouvidas nas referidas músicas.

Veja mais especificamente o que fiz:

- Escutei 464 (quatrocentas e sessenta e quatro) músicas de forró eletrônico em 34 (trinta e quatro) álbuns dos grupos anteriormente mencionados, visando a identificar e a transcrever tanto os fragmentos discursivos[93] que explicitamente se referiam a relações de gênero quanto aqueles que, mesmo abordando outras temáticas, o faziam de maneira associada às relações

[93] Os excertos que traziam fragmentos das músicas analisadas foram acompanhados de parênteses com siglas indicativas da banda (AF = Aviões do Forró; BM = Banda Magníficos; CF = Cavaleiros do Forró; CP = Calcinha Preta), do volume do CD e da faixa a que correspondia a música em questão. No caso de "(AFV2N3)", por exemplo, estava-se fazendo referência a uma música que está na faixa 3 do segundo CD da Banda Aviões do Forró.

entre masculino e feminino. Por entender que os processos de subjetivação correlatos à produção de masculinidades e feminilidades se dão em diferentes temáticas exploradas pelas músicas de forró eletrônico – não se restringindo às músicas cujo tema central seja relações de gênero –, tive atenção aos elementos discursivos que, ao colocar o poder em ação, tensionam as relações que o indivíduo estabelece com os outros e consigo e concorrem para a produção de tipos de sujeito. No sentido da identificação e transcrição supracitadas, tratei de interrogar a linguagem "sem a intencionalidade de procurar referentes ou de fazer interpretações reveladoras de verdades e sentidos reprimidos" (FISCHER, 2001, p. 205);

- Perguntei quem fala nos materiais em questão, de que lugar se está falando sobre gênero e que posições de sujeito estão sendo acionadas e demandadas nos discursos presentes nas músicas analisadas. Para tanto, com base em Foucault (2005a), atentei ao *status* de quem, nesses discursos, tem o direito de dizer aquilo que é efetivamente dito. Interroguei tais discursos quanto aos lugares que eles reservam ao masculino e ao feminino. Evidenciei os enunciados e enunciações que possivelmente operam como códigos de normalização do ser homem e do ser mulher nas músicas de forró eletrônico. Nessa busca, focalizei os múltiplos investimentos discursivos do forró eletrônico que concorrem para fixar as possibilidades de vivência de masculinidades e de feminilidades e para instituir a diferença nas relações entre os sexos e internamente a cada um deles. Além disso, estive atento ao fato de que o sujeito sempre ocupa "uma posição numa rede discursiva de modo a ser constantemente 'bombardeado', interpelado, por séries discursivas cujos enunciados encadeiam-se a muitos e muitos outros enunciados" (VEIGA NETO, 2000, p. 57). Minha exploração analítica, portanto, deu-se de modo a não perder de vista "a provisoriedade e heterogeneidade da produção de significados pelas práticas discursivas", tal como destacado por Cristina Reis em sua *metodologia queer*, neste livro.

"Se jogue" na escrita

"Feminizar é preciso", já nos disse Margareth Rago (2001). Em se tratando de pesquisas pós-críticas em educação, isso se traduz em um estilo de escrita no qual é inevitável ocupar um lugar de fala particular. Com base em Silva (2004) e em Guacira Louro (2007), afirmo que buscar um estilo próprio de escrita pós-crítica em educação não é uma mera questão estética nem dependente somente de uma vontade individual: trata-se de decidir fazer o escrito reverberar o fluxo da vida porquanto qualquer modo de escrita articula-se às escolhas teórico-políticas de quem escreve. Nesse sentido, parece ser potente trabalhar a escrita como inscrição, deixando claro por meio de nossos textos como nos apresentamos, como nos colocamos no mundo e como gostaríamos que nossos objetos fossem apresentados em suas múltiplas conexões com outros objetos e conceitos. Trata-se de transmutar o mundo, seus currículos e seus sujeitos, como na *metodologia alquimista* proposta no texto de Lívia Cardoso, neste livro. Trata-se, em suma, de compreender que a escrita pós-crítica em educação é parcial e subjetiva.

As tentativas de racionalizar meus próprios esforços de familiarização com o referencial teórico-metodológico adotado em minha tese de doutorado e de organização e análise do seu material empírico, enfim, de investimento em uma forma de conectar currículo, música e gênero, resultaram numa maneira (entre tantas possíveis) *pouco ortodoxa* de escrita no campo educacional. Isso porque o estilo que procurei perseguir na escrita de minha tese tentou analisar as músicas de forró eletrônico seguindo as pistas deixadas por combinações particulares de fragmentos discursivos e de personagens que delas emergiam: tais fragmentos eram escolhidos e dispostos em uma série de excertos mutuamente significativos, de modo a tornar visíveis posições de sujeito decorrentes de cada uma daquelas associações feitas por mim. Nesse sentido, não me posicionei como observador e/ou crítico pretensamente imparcial das músicas aqui em questão, mas procurei interagir com possíveis interlocutores/as do meu trabalho, nele explorando algumas emoções que as referidas músicas puderam e podem despertar, em mim e em outros/as, pois afinal "estamos imersos nesses problemas e possibilidades, falamos e nos inquietamos a partir deles, como simples mortais, e como pesquisadores também" (FISCHER, 2005, p. 6).

DAS AFINIDADES ÀS AFINAÇÕES, ESPERANDO A CONSTRUÇÃO DE NOVAS SINAPSES

A menos que a escola fosse uma instituição surda, inerte e asséptica um estilo musical manter-se-ia fora dela e não lhe seria relevante. Dado o envolvimento da música com estratégias de governo e produção de tipos de sujeito, ainda que ela "esteja presente no cotidiano da escola" (LOUREIRO, 2003b) e seja encontrada com relativa facilidade "enquanto música incidental ou recurso didático de outras disciplinas" (NOGUEIRA, 1998, p. 7), as produções musicais contemporâneas precisam ser problematizadas pelo campo educacional não apenas como uma questão de procedimentos didáticos internos ou externos à educação musical, mas também em termos dos sujeitos que frequentam a escola e que também são constituídos por meio de tais músicas.

Se o que é aprendido pela cultura da mídia muitas vezes faz com que professores e alunos se vejam como *alienígenas* na sala de aula (GREEN; BIGUM, 2003), é de suma importância incorporar à área da educação as contribuições de pesquisas pós-críticas acerca dos efeitos discursivos de variados estilos musicais sobre a fabricação de sujeitos. Como currículo, músicas têm "vontade de sujeito" (CORAZZA, 2004) e produzem subjetividades (SILVA, 2001). Como todo currículo, músicas incorporam e produzem significados, saberes e valores, sendo inevitável estabelecer ligações entre elas e processos de subjetivação. Num contexto em que a mídia disputa com a escola competências para ensinar, é preciso atentar para os diferentes ensinamentos sobre modos de ser sujeito que têm sido engendrados por estes importantes currículos, gostemos ou não de determinados estilos musicais.

No que diz respeito às músicas de diferentes estilos musicais em circulação no Brasil, quando se procura conhecer seus ensinamentos e que tipos de sujeitos têm sido por elas produzidos, deve-se ir até seus discursos sem cair na *armadilha* tanto de um denuncismo estéril sobre sua famigerada *qualidade duvidosa* quanto de uma celebração ingênua acerca dos seus feitos. Para tanto, é necessário se ater às sutilezas de poder presentes no material empírico e deixar o currículo em questão falar sobre os tipos de sujeitos que ele tem desejado constituir.

Esses e outros aspectos teórico-metodológicos aqui elencados, se nos lembram músicas que nem sempre gostaríamos de ouvir e que muitas vezes atormentam nossas vidas, pelo menos apontam em alto e bom som para o importante exercício de abrir os ouvidos e fazer sinapses quanto aos processos de subjetivação engendrados nos currículos, quaisquer que sejam eles.

Desejando, então, ter ajudado você a abrir seus ouvidos, fico esperando por suas novas sinapses.

Um abraço,

Marlécio.

REFERÊNCIAS

ALBUQUERQUE JÚNIOR, Durval M. de. *Nordestino*: uma invenção do falo – uma história do gênero masculino (Nordeste – 1920/1940). Maceió: Catavento, 2003. 256 p.

ASSOCIAÇÃO BRASILEIRA DE MÚSICA. *A importância da música para as crianças*. 2. ed. São Paulo: ABEMÚSICA, 2008. 31 p.

BIRMAN, Joel. Subjetividade, contemporaneidade e educação. *In*: CANDAU, Vera M. (Org.). *Cultura, linguagem e subjetividade no ensinar e aprender*. Rio de Janeiro: DP&A, 2000. p. 11-28.

BRASIL. Lei n. 11.769, de 18 de agosto de 2008. Altera a Lei n. 9.394, de 20 de dezembro de 1996, Lei de Diretrizes e Bases da Educação, para dispor sobre a obrigatoriedade do ensino da música na educação básica. *Diário Oficial da União*. Brasília, v. 145, n. 159, seção 1, p. 1, 19 ago. 2008.

BRASIL. *Parâmetros curriculares nacionais*: primeiro e segundo ciclos do ensino fundamental: arte. Brasília: SEF/MEC, 1997. 130 p.

CAMPOS, Nilceia P. Luz, câmera, ação e... música! – os efeitos do espetáculo nas práticas musicais escolares. *Anais da XXVII Reunião Anual da ANPED*. Caxambu: GT Currículo da ANPED, 2004. 15 p.

CORAZZA, Sandra. *O que quer um currículo?*: pesquisas pós-críticas em educação. 3. ed. Petrópolis: Vozes, 2004. 150 p.

DAMASCENO, Francisco J. G. Experiências musicais: em busca de uma aproximação conceitual. *In*: DAMASCENO, Francisco J. G.; MENDONÇA, Amaudson X. V. (Org.). *Experiências musicais*. Fortaleza: PMF; EdUECE, 2008. p. 11-28.

FISCHER, Rosa M. B. Foucault e a análise do discurso em educação. *Cadernos de Pesquisa*, Rio de Janeiro, n. 114, p. 197-223, 2001.

FISCHER, Rosa M. B. O visível e o enunciável no dispositivo pedagógico da mídia: contribuição do pensamento de Foucault aos estudos de comunicação. *Verso e Reverso*, São Leopoldo, n. 40, p. 01-17, 2005.

FOUCAULT, Michel. *A arqueologia do saber*. 7. ed. Rio de Janeiro: Forense Universitária, 2005a. 236 p.

FOUCAULT, Michel. *A ordem do discurso*. 3. ed. São Paulo: Loyola, 1996. 79 p.

FOUCAULT, Michel. *A verdade e as formas jurídicas*. Rio de Janeiro: NAU, 2003. 160 p.

FOUCAULT, Michel. *Em defesa da sociedade*. São Paulo: Martins Fontes, 2005b. 382 p.

FOUCAULT, Michel. *História da sexualidade I*: a vontade de saber. 14. ed. Rio de Janeiro: Graal, 2001. 152 p.

FOUCAULT, Michel. Nietzsche, a genealogia e a história. *In*: MACHADO, Roberto (Org.). *Microfísica do poder*. 23. ed. Rio de Janeiro: Graal, 2007c. p. 15-37.

FOUCAULT, Michel. *Segurança, território, população*. São Paulo: Martins Fontes, 2008. 572 p.

FOUCAULT, Michel. Soberania e disciplina. *In*: MACHADO, Roberto (Org.). *Microfísica do poder*. 23. ed. Rio de Janeiro: Graal, 2007b. p. 179-191.

FOUCAULT, Michel. Verdade e poder. *In*: MACHADO, Roberto (Org.). *Microfísica do poder*. 23. ed. Rio de Janeiro: Graal, 2007. p. 01-14.

FOUCAULT, Michel. Verdade e subjetividade. *Revista de Comunicação e Linguagem*, Lisboa, n. 19, p. 203-223, 1993.

GADELHA, Sylvio de S. *Educação e subjetivação*: elementos para uma escuta extemporânea. 2003. 311 f. Tese (Doutorado em Educação) – Faculdade de Educação, Universidade Federal do Ceará, Fortaleza.

GARBIN, Elisabete M. Na trilha sonora da vida. *Jornal NH*, Novo Hamburgo, 11 set. 1999. Disponível em: <http://www.ufrgs.br/neccso/>. Acesso em: 10 set. 2008.

GARBIN, Elisabete M.; SANTOS, Lisiane G.; DAROS, Vivian S. Eu sou o que eu curto, eu não tenho uma coisa certa assim... Identidades Musicais Juvenis. *III Congresso Internacional Lassalista de Educação*: inclusão e exclusão da criança, do jovem e do adulto na educação. CD-ROM. Canoas, 2003. 14 p.

GREEN, Bill; BIGUM, Chris. Alienígenas na sala de aula. *In*: SILVA, Tomaz Tadeu da (Org.). *Alienígenas na sala de aula*: uma introdução aos estudos culturais em educação. Petrópolis: Vozes, 2003. p. 208-243.

LOUREIRO, Alícia M. A. O ensino da música na escola fundamental: dilemas e perspectivas. *Educação*, Santa Maria, v. 28, n. 01, p. 101-112, 2003b.

LOUREIRO, Alícia M. A. *O ensino de música na escola fundamental*. Campinas: Papirus, 2003a. 235 p.

LOURO, Guacira L. Conhecer, pesquisar, escrever... *Educação, Sociedade & Culturas*, Porto, n. 25, p. 235-245, 2007.

MAKNAMARA, Marlécio. *Currículo, gênero e nordestinidade*: o que ensina o forró eletrônico? 2011. 151 f. Tese (Doutorado em Educação) – Programa de Pós-Graduação em Educação: Conhecimento e Inclusão Social. Universidade Federal de Minas Gerais, Belo Horizonte, 2011.

MAKNAMARA, Marlécio. O dispositivo pedagógico da nordestinidade no currículo do forró eletrônico. *In*: PARAÍSO, Marlucy A. (Org.). *Pesquisas sobre currículos e culturas*: temas, embates, problemas e possibilidades. Curitiba: CRV, 2010. p. 95-115.

MAKNAMARA, Marlécio; PARAÍSO, Marlucy A. Forró eletrônico: uma questão de governo... Uma questão também de educação? *Exitus*, Santarém, v. 2, n. 1, p. 117-133, 2012.

MAKNAMARA, Marlécio; PARAÍSO, Marlucy A. Problemas de gênero para escutar o forró eletrônico com ouvidos de educador/a. *In*: MAKNAMARA, Marlécio (Org.). *Encontros em educação*: infância, história, política, cultura, meio ambiente.... João Pessoa: EdUFPB, 2011. p. 163-172.

NAPOLITANO, Marcos. *História & música*: história cultural da música popular. 2. ed. Belo Horizonte: Autêntica, 2005. 120 p.

NELSON, Cary; TREICHLER, Paula A.; GROSSBERG, Lawrence. Estudos culturais: uma introdução. *In*: SILVA, Tomaz Tadeu da (Org.). *Alienígenas na sala de aula*: uma introdução aos estudos culturais em educação. 5. ed. Petrópolis: Vozes, 2003. p. 07-38.

NOGUEIRA, Monique A. Música, consumo e escola: encontros possíveis e necessários. *Anais da XXI Reunião Anual da ANPED*. Caxambu: GT Educação e Comunicação da ANPED, 1998. 12 p.

PARAÍSO, Marlucy A. A(s) cultura(s) no GECC: artefato, objeto de estudo e conceito. *In*: AMORIM, Antonio Carlos R. de; PESSANHA, Eurize (Org.). *As potencialidades da centralidade da(s) cultura(s) para as investigações no campo do currículo*. Caxambu: GT Currículo da ANPED, 2006. p. 07-13.

PARAÍSO, Marlucy A. *Currículo e mídia educativa brasileira*: poder, saber e subjetivação. Chapecó: Argos, 2007. 274 p.

RAGO, Margareth. Feminizar é preciso: por uma cultura filógina. *São Paulo em Perspectiva*, São Paulo, v. 15, n. 3, p. 58-66, 2001.

ROSE, Nikolas. Como se deve fazer a história do eu? *Educação & Realidade*, Porto Alegre, v. 26, n. 01, p. 33-57, 2001.

ROSE, Nikolas. Governando a alma: a formação do eu privado. *In*: SILVA, Tomaz Tadeu da (Org.). *Liberdades reguladas*: a pedagogia construtivista e outras formas de governo do eu. Petrópolis: Vozes, 1998. p. 30-45.

SCOTT, Joan. Experiência. *In*: SILVA, Alcione; LAGO, Mara; RAMOS, Tânia (Org.). *Falas de gênero*: teorias, análises, leituras. Ilha de Santa Catarina: Mulheres, 1999. p. 21-55.

SILVA, Expedito L. *Forró no asfalto*: mercado e identidade sociocultural. São Paulo: Annablume/FAPESP, 2003. 154 p.

SILVA, Tomaz Tadeu da. A golpes de estilo. *In*: MOREIRA, Antonio F. B.; PACHECO, José A.; GARCIA, Regina L. (Org.). *Currículo*: pensar, sentir, diferir. Rio de Janeiro: DP&A, 2004. p. 215-223.

SILVA, Tomaz Tadeu da. Currículo e identidade social: territórios contestados. *In*: SILVA, Tomaz Tadeu da (Org.). *Alienígenas na sala de aula*: uma introdução aos estudos culturais em educação. 5. ed. Petrópolis: Vozes, 2003. p. 190-207.

SILVA, Tomaz Tadeu da. Os novos mapas culturais e o lugar do currículo numa paisagem pós-moderna. *In*: SILVA, Tomaz T. da; MOREIRA, Antonio F. B. (Org.). *Territórios contestados*: o currículo e os novos mapas políticos e culturais. 5. ed. Petrópolis: Vozes, 2001. p. 184-202.

SOVIK, Liv. O *rap* desorganiza o carnaval: globalização e singularidade na música popular brasileira. *Caderno CRH*, Salvador, n. 33, p. 247-255, 2000.

TROTTA, Felipe da C. *Samba e mercado de música nos anos 1990*. 2006. 261 f. Tese (Doutorado em Comunicação) – Escola de Comunicação, Universidade Federal do Rio de Janeiro, Rio de Janeiro.

VEIGA NETO, Alfredo. Michel Foucault e os estudos culturais. *In*: COSTA, Marisa V. (Org.). *Estudos culturais em educação*: mídia, arquitetura, brinquedo, biologia, literatura, cinema... Porto Alegre: EdUFRGS, 2000. p. 37-69.

WALKERDINE, Valerie. A cultura popular e a erotização das garotinhas. *Educação & Realidade*, Porto Alegre, v. 24, n. 02, p. 75-88, 1999.

CAPÍTULO 8

A entrevista narrativa ressignificada nas pesquisas educacionais pós-estruturalistas

SANDRA DOS SANTOS ANDRADE

O objetivo do presente texto é apresentar a entrevista narrativa como uma possibilidade de pesquisa ressignificada no campo de pesquisa pós-estruturalista em uma perspectiva etnográfica. É importante destacar que, para exemplificar o que é e como pensar a entrevista narrativa, utilizo o material empírico produzido em minha tese de doutorado.[94] A pesquisa inseriu-se nos campos dos estudos de gênero e nela foram discutidas, centralmente, as relações entre juventudes e escolarização. Voltou-se para a análise dos múltiplos processos de exclusão que levam um contingente expressivo de jovens a sair do ensino regular e a migrar ou retornar para a Educação de Jovens e Adultos (EJA). O trabalho apoiou-se em textos culturais que tematizam essas idas e vindas, e é o contexto de produção desses textos que importa aqui. De forma pontual, essa pesquisa produziu e debruçou-se sobre um tipo particular de textos – aqueles por meio dos quais os/as próprios/as jovens narram suas histórias de vida escolar e, com isso, significam os processos de exclusão e inclusão escolar vividos por eles/as, quais sejam: as entrevistas narrativas.

Entendo que o caminho metodológico proposto, ancorado em uma perspectiva etnográfica, não é novo; já foi inúmeras vezes trilhado. O que pode ser considerado

[94] ANDRADE, Sandra dos Santos. *Juventudes e processos de escolarização:* uma abordagem cultural. Tese (Doutorado em Educação) – Programa de Pós-Graduação em Educação, Faculdade de Educação, Universidade Federal do Rio Grande do Sul, Porto Alegre, 2008.

original é o foco na entrevista, compreendendo-a como narrativa de si; é a compreensão de que cada pesquisador/a, na relação com o/a outro/a, ressignifica o fazer metodológico em sua trajetória pessoal de investigação. Assumo, assim, o pressuposto pós-estruturalista de que a produção do sujeito se dá no âmbito da linguagem, na relação com as forças discursivas que o nomeiam e governam, sendo a escola um desses locais da cultura no qual se produz e se nomeia o sujeito (jovem/velho, analfabeto/alfabetizado, normal/anormal, competente/fracassado, incluído/excluído, estudante regular/estudante da EJA...), por meio da forma como se organiza o espaço escolar, da seleção daquilo que conta como conteúdo válido ou não para ser ensinado, das relações que se estabelecem entre professores/as e alunos/as etc. Ao fazê-lo, a escola também produz modos de narrar-se, de dizer de si a partir das experiências lá vividas, já que "a experiência é o que nos passa, o que nos acontece, o que nos toca. Não o que se passa, não o que acontece, ou o que toca" (LARROSA BONDÍA, 2002, p. 20).

UM CERTO SENTIDO DO QUE SOMOS...

> [...] *a recordação não é apenas a presença do passado. Não é uma pista ou um rastro, que podemos olhar e ordenar como se observa e se ordena um álbum de fotos. A recordação implica imaginação, implica um certo sentido do que somos, implica habilidade narrativa.* (LARROSA BONDÍA, 1994, p. 68)

Em uma leitura apressada, pode parecer inadequado (ou impreciso, pouco confiável e pouco científico) falar em sentimentos, pensamentos, reflexões e recordações quando nos referimos a uma metodologia de pesquisa. Constatei, entretanto, que, ao trabalhar com narrativas – entrevistando jovens e com isso retomando suas histórias de vida escolar –, de algum modo, recobrei emoções vividas (agradáveis ou não), fiz reviver sentimentos e, algumas vezes, remexi o ainda não dito – o meu e o deles/as. Busquei justamente o que muitos procedimentos de pesquisa, ditos científicos, procuram evitar: as memórias, as experiências de fatos vivenciados pelos/as informantes da pesquisa e reinterpretados por eles/as a partir do momento presente, memórias ressignificadas a partir de outras/novas experiências. Por isso, como diz a epígrafe, narrar um fato não é apenas recordar ou retomar o passado; a recordação "implica um certo sentido do que somos", para os/as jovens e para mim.

Por meio da narrativa, é possível reconstruir as significações que os sujeitos atribuem ao seu processo de escolarização, pois falam de si, reinventando o passado, ressignificando o presente e o vivido para narrar a si mesmos. Retomei com os/as jovens os caminhos percorridos desde o afastamento até o seu retorno à escola ou de seu processo de migração para a EJA e refleti com eles/as (ao indagar sobre suas histórias escolares) sobre os processos que os/as levaram à exclusão da escola. Nessa trajetória, a (re)tomada das histórias de vida escolar de cada um/a constitui-se como um modo de construir novos sentidos para si mesmo/a e para os/as outros/as, pois "é contando histórias, nossas próprias histórias, o que nos acontece e o sentido que damos ao que nos acontece, que nos damos a nós próprios uma identidade no tempo" (*ibidem*, p. 69). A partir da história de vida escolar – (re)construída por meio de entrevistas narrativas – é possível resgatar o relato de experiências individuais que estabelecem comunicação ou relação com determinados fatos, instantes e/ou momentos, com as histórias que ouvimos ou lemos e que, para os/as jovens, são [foram] decisivos e constitutivos de uma experiência vivida. Utilizar as palavras para nomear o que somos, nossas experiências, o que fazemos, pensamos, como vivemos, até o que sentimos, não é mero palavrório. Como diz Jorge Larrosa Bondía, quando fazemos coisas com as palavras, "do que se trata é de como damos sentido ao que somos e ao que nos acontece, de como correlacionamos as palavras e as coisas, de como nomeamos o que vemos ou o que sentimos [vivemos/experienciamos] e de como vemos ou sentimos [vivemos/experienciamos] o que nomeamos" (2002, p. 21).

Tais experiências constituem-nos e são produzidas e mediadas no interior de determinados espaços como a escola ou os espaços que remetem às experimentações nela conhecidas ou, ainda, no interior de determinadas práticas sociais. As entrevistas não permitem dizer *uma* ou *a verdade* sobre as coisas e os fatos, mas pode-se considerá-las como a instância central que, somada a outras, traz informações fundamentais acerca do vivido e possibilita uma interpretação (mesmo que provisória e parcial) dos motivos que fundamentam a exclusão de meninos e meninas da escola nos primeiros anos de escolarização. Possibilita analisar, em algum grau, as razões que mobilizaram seu desejo (ou a obrigação) de retorno à escola em anos posteriores ou, até mesmo, a migração de modalidade – parte das vezes no meio do semestre, do diurno para o noturno. Pode-se, quem sabe, pensar algumas possibilidades sobre como a EJA configura-se como um espaço que produz inclusão e exclusão a um só tempo.

Em uma perspectiva mais contemporânea, tomando como referência a análise da conversação, da sociolinguística interacional, da antropologia e dos estudos culturais, é possível pensar nas entrevistas de uma forma ressignificada, tomando toda a situação de troca – entrevistadora/entrevistado/a – como objeto de análise, abandonando os pressupostos iluministas de verdade, objetividade e atemporalidade do discurso (SILVEIRA, 2002). Pode-se, então, pensar a entrevista narrativa enquanto "jogos de linguagem, reciprocidade, intimidade, poder e redes de representação" (*ibidem*, p. 125).

As histórias que me foram narradas por meio das entrevistas não são dados prontos ou acabados, mas documentos produzidos na cultura por meio da linguagem, no encontro entre pesquisadora e sujeitos da pesquisa; documentos que adquirem diferentes significados ao serem analisados no contexto de determinado referencial teórico, época e circunstância social e cultural. Nesse percurso, então, coube a mim realizar as entrevistas, ouvir as narrativas, ouvi-las outra vez (outras e muitas vezes) e – na triangulação com as observações participantes, as discussões em grupo, o diário de campo e os documentos selecionados – realizar agrupamentos temáticos, dando-lhes significados a partir das ferramentas pensadas para a análise. Pois, como diz Larrosa Bondía (2004, p. 12), "o ser humano é um ser que interpreta e, para esta autointerpretação, utiliza fundamentalmente formas narrativas". No entanto, alerta o autor, "tanto a construção como o significado de um texto é impensável fora de suas relações com outros textos" (*ibidem*, p. 13). A triangulação configura-se em um diálogo, em uma articulação entre diferentes narrativas que convergem para a análise do tema: juventude e exclusão escolar.

Larrosa Bondía (1994) diz que a etimologia da palavra narrar vem de *narrare*, que poderia ser entendida como *arrastar para frente*; a palavra "deriva também de '*gnarus*' que é, ao mesmo tempo, 'o que sabe' e 'o que viu'" (*ibidem*, p. 68). A expressão *o que viu*, por sua vez, vem do grego *istor*, que significa *história* ou *historiador*. Esse jogo de palavras articulado pelo referido autor justifica a ideia de que aquele que narra "é o que leva para frente, apresentando de novo, o que viu e do qual conserva um rastro em sua memória" (*ibidem*, p. 68). As narrativas são, nessa perspectiva, atravessadas por relações de poder, pois se constroem em torno de discursos hegemônicos que, muitas vezes, "encadeiam os eventos no tempo, descrevem e posicionam os personagens e atores, estabelecem um cenário, organizam os 'fatos' num enredo ou trama" (SILVA, 1995, p. 205). Os sujeitos são constituídos pela associação de diferentes discursos, e estas associações produzem "histórias muito particulares sobre o mundo, sobre nosso lugar e o dos vários grupos sociais nesse mundo, sobre nós mesmos e sobre o 'outro'" (*ibidem*, p. 206).

As narrativas não constituem o passado *em si*, mas sim aquilo que os/as informantes continuamente (re)constroem desse passado, como sujeitos dos discursos que lhes permitem significar suas trajetórias escolares de determinados modos.

Silva (*ibidem*, p. 204) diz que as narrativas constituem uma prática discursiva muito relevante, pois elas "contam histórias sobre nós e o mundo que nos ajudam a dar sentido, ordem às coisas do mundo e a estabilizar e fixar [ao menos provisoriamente] nosso eu". Seguindo a reflexão do autor, tomo o conjunto das narrativas que constituem o *corpus* da pesquisa como práticas discursivas que agregam um conjunto amplo de expressões e elementos ligados a instituições ou situações sociais específicas, como é o caso do discurso pedagógico e/ou escolar que atravessa e constitui os modos de dizer, pensar e agir dos/as jovens.[95]

A confluência dos múltiplos discursos que agem sobre os sujeitos e seus efeitos nos faz perceber o quanto as coisas ditas no âmbito da – ou em torno da – cultura são produzidas e/ou inventadas, fabricando jovens de determinados tipos. Isso oferece certo grau de liberdade e, ao mesmo tempo, de aprisionamento, caracterizando que os discursos, de modo geral, estão imbricados em relações de poder. Por meio dessas relações, produzem-se conhecimentos e saberes que determinados grupos buscam definir como verdadeiros, normais e hegemônicos. Rosa Fischer entende que os discursos dizem respeito a um conjunto de enunciados de um determinado campo do saber e que esses enunciados sempre existem como prática, "porque os discursos não só nos constituem, nos subjetivam, nos dizem 'o que dizer', como são alterados, em função de práticas sociais muito concretas. Tudo isso envolve, primordialmente, relações de poder" (2001, p. 85).

Os enunciados, reiterados nas diversas narrativas, estão imbricados em relações de poder-saber, ou seja, estão inscritos em um certo regime de verdade. O discurso, de modo geral, (re)produz e (re)introduz enunciados provenientes de diferentes instâncias sociais e culturais. Isso significa que tais enunciados nem sempre convergem ou divergem, mas que um contém o outro, estabelecendo relação sobre uma mesma base enunciativa. "O enunciado é, ao mesmo tempo, não visível e não oculto" (FOUCAULT, 2000, p. 126). O significado de um enunciado não está dado, não é evidente. No entanto só pode haver um enunciado, ele só pode ser analisável, porque foi dito; ele é a "descrição das coisas ditas", mas é necessária, diz o filósofo, "uma certa conversão do olhar e da atitude para poder reconhecê-lo e considerá-lo em si mesmo" (*ibidem*, p. 128). Por meio das narrativas, o enunciado pode ser compreendido como "uma 'função de existência', a qual se exerce sobre unidades como

[95] Jeane Félix, neste livro, também discorre sobre as entrevistas narrativas, entretanto apresenta como possibilidade de campo o ambiente virtual.

a frase, a proposição ou o ato de linguagem" (FISCHER, 1996, p. 105). É, então, o conjunto de enunciados que fazem parte de um mesmo sistema de regras e códigos de formação que corporificam um discurso. Os discursos instauram verdades, produzem sentidos e formam os sujeitos. Eles

> constroem e implementam significados nas sociedades por meio de diferenciações que dividem, separam, incluem e excluem e que, por se constituírem em dinâmicas de poder, produzem e legitimam o que, aí, é aceito como verdade (MEYER, 2000, p. 55).

É, pois, no interior dos processos de escolarização que diferentes práticas discursivas são postas a falar sobre e em torno da juventude, incluindo e excluindo, mostrando a cada um/a os lugares que podem ocupar. Ao mesmo tempo, mediante intensos processos de interpelação e de poder, produzem efeitos sociais nos/as jovens. Nesses discursos, sutilmente hierarquizados e entrecruzados – ou seja, nesse mosaico discursivo –, jovens vão construindo suas identidades, constituindo-se enquanto sujeitos e constituindo, simultaneamente, representações de escola e de suas trajetórias dentro e em torno dela.

Nesse sentido, e seguindo a sugestão de Leonor Arfuch (2002), comecei a ler o texto das entrevistas como quem lia um romance, deixando em suspenso, por um instante, a atitude investigativa e o rigor teórico-metodológico. Permiti-me a leitura pelo desejo, pelo prazer da própria narrativa, para tentar retomar o instante da entrevista e enxergar o detalhe, ver nas coisas ditas os enunciados que constituem as redes discursivas e seus efeitos sociais. Esse estratagema, diz Arfuch, não afasta a pesquisadora de seu objeto, pois ler como quem lê um romance

> não impedirá reencontros sucessivos com a trama e seus personagens, a atenção às vicissitudes da linguagem, as recorrências que desenham "figuras na tapeçaria" (sociológica, antropológica), nem os descobrimentos tardios que surgem com a repetição (2002, p. 204).

Também não exclui a leitura incessante, hábito que o/a pesquisador/a desenvolve de ler o texto muitas vezes na expectativa de que digam sempre mais e outras coisas. Ler e reler o material empírico permite-me argumentar quais discursos de diversas áreas se tornam legitimados como mais verdadeiros do que outros; articulando-se com o senso comum, reforçam e produzem para os/as jovens representações de como viver este tempo e de qual é o lugar da escola em suas vidas, por exemplo. Nessas representações, a escola desenha-se como um lugar necessário e importante, o que indica a necessidade de se problematizar a noção contemporânea de escola em sua articulação com juventude e os efeitos de tais noções ou saberes que conformam estilos particulares de discurso e, com isso, de ser jovem.

Assim, as narrativas são constituídas a partir da conexão entre discursos que se articulam, que se sobrepõem, que se somam ou, ainda, que diferem ou contemporizam. Examinar os discursos que constituem e atravessam as narrativas juvenis e discutir as representações de escola produzidas por meio dessas narrativas possibilita inferir, em alguma medida, as formas pelas quais uma grande parcela dos/as jovens, de modo geral, retorna/migra para a EJA e investe tão ativamente em sua escolarização. Os modos como os/as jovens falam de si, por exemplo, caracterizam e exemplificam o conceito de representação de que me aproprio e do qual faço uso neste texto. Uma vez que mostra como um número pequeno de sujeitos sente-se autorizado a dizer sobre, descrever e caracterizar diferentes grupos culturais, toma para si o poder não só de dizer, mas de pensar, fazer e decidir, amparado pelo *status* institucional ou como especialista, sobre o que é juventude e/ou sobre como ser jovem e viver este tempo. Esses dizeres tornam-se hegemônicos e representativos das formas de pensar e agir de todo outro. "Quem fala *pelo* outro controla as formas de dizer *do* outro" (SILVA, 1999, p. 34). Dentro dessa perspectiva teórica, as narrativas são posicionadas como uma produção cultural, social, política e histórica, e não como um dado fixo, estável, igual a todos os outros e ancorado em práticas sociais e culturais que se querem mais ou menos precisas e iguais. Ou seja, a análise crítica do discurso

> é capaz de prover o entendimento, habilidades e ferramentas, pelas quais nós podemos indicar o lugar da linguagem na construção, constituição e regulação do mundo social. Isto é, a análise crítica do discurso é uma abordagem que pode acrescentar e enriquecer os Estudos Culturais (BARKER; GALASINSKI, 2001, p. 1).[96]

Essa perspectiva exige, enfim, que se dê conta de uma exploração minuciosa dos textos das narrativas, buscando visibilizar as coisas ditas e as não ditas, mas que se encontram implícitas em tais narrativas. Isso significa

[96] Tradução da autora.

> escapar da fácil interpretação daquilo que está "por trás" dos documentos, procurando explorar ao máximo os materiais, na medida em que eles são uma produção histórica, política; na medida em que as palavras são também construções; na medida em que a linguagem é também constitutiva de práticas (FISCHER, 2001, p. 199).

Em função disso, pelas narrativas, histórias são escritas e identidades são discursivamente produzidas. Ao referir e problematizar a linguagem de muitos outros (alunos e alunas, autores e autoras, professora, diretora, documentos escolares, políticas e programas educacionais), e ao permitir a confluência de múltiplas *vozes*, este se caracteriza, como já foi dito aqui, em um texto polifônico ou dialógico. Argumentaria que a consistência desta investigação e de suas análises reside na representação de diferentes vozes, sendo assim, no encontro de diferentes perspectivas culturais e sociais.

O ESTAR LÁ... A ESCOLA COMO CAMPO DA PESQUISA

Na pesquisa foram priorizadas interações, observações, conversações e intervenções junto ao grupo pesquisado, num processo em que a explicitação e o registro do ponto de vista do outro foram o objetivo central do trabalho de campo. Nesse processo o encontro entre a pesquisadora e os/as jovens pesquisados foi construído nas tensões entre identidade/alteridade de ambos. A interação favoreceu minha aproximação do grupo, proporcionando já ali, na entrada da escola e na sala de aula, o exercício, como também ensina a etnografia, de uma escuta do outro, de um olhar atento ao outro para facilitar o momento da entrevista, pois a etnografia "é calcada numa ciência, por excelência do concreto" (FONSECA, 1999, p. 59). Ter conhecido, antes das entrevistas, um pouco como vivem os/as jovens no espaço da escola/bairro, e como e onde a escola funciona, favoreceu falar/escrever sobre minha estada lá, trazer à tona algumas especificidades. Auxiliou, também, na organização das entrevistas e a retomar algumas situações, pois a linguagem está impregnada de subjetividades, é polifônica, de acordo com Teresa Caldeira (1988), e, acrescento eu, constituída por múltiplos discursos. "A ideia é representar muitas vozes, muitas perspectivas, produzir no texto uma plurivocalidade, uma 'heteroglossa', e para isso todos os meios podem ser tentados" (*ibidem*, p. 141). É o que procuro fazer por meio dos excertos das histórias de vida escolar: *dar voz* aos/às entrevistados/as e apresentar as diferentes narrativas que conformam o material empírico, a fim de (tentar) diminuir o excesso da minha presença, enquanto pesquisadora, no texto.

Para isso, torna-se mister visibilizar na escrita "a voz de quem descreve misturada às vozes daqueles que são descritos, para que a narração perca o ar de transcendência e neutralidade que um certo tipo de realismo investigativo tenta lhe conferir" (FRAGA, 2000, p. 20), dando contornos à escrita que a aproximem da perspectiva etnográfica pós-moderna[97] e possibilitem a realização e a análise das entrevistas narrativas. Essa perspectiva aceita a instabilidade de não ter certezas, a provisoriedade, a transitoriedade e a contingência dos dados, a impossibilidade da neutralidade e/ou de localizar a verdade *mesmo*, permitindo ver e indicar as diferentes possibilidades de investigar um só contexto, como a escola e os sujeitos jovens, a partir de múltiplas abordagens.

A utilização da expressão *dar voz* tem implicação diferente daquela utilizada pelas teorias críticas. O objetivo aqui diz respeito à autoria, implica fazer com que a minha fala, "se diluísse no texto, minimizando em muito [minha] presença dando espaço aos outros [e outras], que antes só apareciam através dele[a]" (CALDEIRA, 1988, p. 140). Ou seja, trata-se de uma crítica ao modelo clássico de etnografia, no qual a presença do/a pesquisador/a era excessiva, fazendo desaparecer o outro pesquisado, mesmo compreendendo que a descrição etnográfica se dá, sempre, a partir de quem descreve e não de quem é descrito. Aquele/a que escreve só o faz a partir da experiência de ter estado *lá* e, a partir dessa experiência, escrever *aqui*, produzindo uma nova narrativa em torno das narrativas dos/as jovens entrevistados/as. Assim, a polifonia pode ser reconhecida como um modo de produção textual e como uma possibilidade analítica, pois compreendo que há diferentes *vozes* que confluem através das narrativas dos/as jovens, constituindo a *polifonia discursiva*, tanto nas entrevistas quanto na minha escrita. Isto é, "uma teoria da polifonia, do diálogo, na qual fica entendido que há inúmeras vozes falando num mesmo discurso, seja porque o destinatário está ali também presente, seja porque aquele discurso está referido a muitos outros" (FISCHER, 2001, p. 207).

Ao trazer para o *corpus* descritivo da investigação as várias *vozes* que constituem os sujeitos da pesquisa, coloquei em movimento as condições sociais, culturais, políticas e as relações de poder que marcam as circunstâncias do diálogo estabelecido pelo encontro etnográfico-narrativo. Pondo em relevo os discursos que se fizeram visíveis nos encontros e que deram corpo à narrativa, de outra maneira, a entrevista por si só constitui um evento discursivo complexo. Foi importante a compreensão,

[97] Para um aprofundamento sobre etnografia pós-moderna, ver o texto de Klein e Damico neste livro.

no processo das entrevistas e na análise destas, de que o indivíduo é sujeito de uma série de discursos e que a mesma pessoa pode ocupar diferentes posições de sujeito em função desses discursos. Considera-se, ainda, que o indivíduo não é a *fonte original* de sua fala, mas que esta se insere e se torna possível em uma rede discursiva e sociocultural que lhe permite se pronunciar desses modos.

O modo etnográfico de estar lá e de posteriormente olhar o material empírico, estando aqui, foi um estímulo a diferentes formas de pensar e ver o outro em sua alteridade. Além disso, ensinou-me um jeito novo de escrita acadêmica, que envolve a descrição minuciosa e atenta do visto e ouvido e a análise profunda das narrativas. Tais narrativas tornam-se, assim, instrumentos produtivos para compreender, em alguma medida, as vidas humanas e seus condicionantes culturais e sociais, não pela compreensão *mesma* do outro, mas pela via da interpretação permitida à pesquisadora a partir de seus próprios condicionantes.

A escola não é um todo homogêneo. Circula dentro dela uma diversidade sociocultural que favorece entender a história de vida escolar dos sujeitos pesquisados como plurais e contingentes. Os/as jovens ali encontrados/as não podem ser classificados/as a partir de uma única matriz, pois são oriundos/as de diferentes situações familiares e possuem diferentes condições de vida e perspectivas de futuro. As histórias nem sempre convergem em relação à exclusão do ensino regular diurno e o motivo para o seu retorno. Poucos/as dos/as jovens entrevistados/as trabalham fora de casa e muitos/as nem chegam a parar de estudar, migrando do ensino regular diurno direto para a EJA. A dificuldade de aprendizagem aparece como uma constante nas suas falas (e naquelas da escola), e a noção de pobreza é muito diferente daquela que eu produzi para eles/as. Foi somente a incursão no campo – ou seja, o período de observação e registro em diário de campo – que possibilitou perceber melhor as diferenças e as semelhanças entre os/as estudantes, abrindo e, ao mesmo tempo, refinando as questões das entrevistas. Ter estado no campo e estabelecido certo vínculo com os/as jovens antes das entrevistas narrativas foi fundamental para alcançar maior grau de profundidade nas narrativas. Já conhecia aspectos da vida escolar e pessoal dos/as jovens – sendo que a fronteira entre estas duas histórias é um tanto tênue –, permitindo-me falar mais objetivamente sobre certas experiências vividas no espaço da escola.

Como premissa, há um esforço na minha produção escrita em não retratar os *outros* como sujeitos homogêneos, a-históricos e abstratos. "Agora, é mais crucial do que nunca, que os diferentes povos formem imagens complexas e concretas dos demais, e das relações de conhecimento e poder que os conectam" (GEERTZ; CLIFFORD; REYNOSO, 1992, p. 143). Neste texto, em lugar de povo, diria diferentes jovens, culturas ou espaços institucionais. Não tenho a pretensão de oferecer *a verdade* ou *uma verdade* de tais imagens, pois estas são resultados de uma interpretação que é particular, única, contingente e provisória.

Nas seções que se seguem, apresento a escola, os/as jovens e as pessoas que contribuíram com a pesquisa; busco falar do meu estranhamento em frequentar um espaço, neste caso a escola, que sempre me pareceu familiar ao longo de muitos anos como professora do Ensino Fundamental. Procuro fazer no texto o que Teresa Caldeira denomina como uma característica do antropólogo contemporâneo, o qual "se interroga sobre os limites da sua capacidade de conhecer o outro, procura expor no texto as suas dúvidas, e o caminho que o levou à interpretação, sempre parcial" (1988, p. 133). Descrevo, então, de forma mais detalhada, a escola e os/as jovens com os/as quais interagi e seu contexto sociocultural, para ir mostrando como o familiar se tornou estranho e, gradativamente, como, em meio ao estranhamento, novas e outras formas de familiaridade foram apresentando-se ao meu olhar de professora-pesquisadora.

ESTRANHANDO O FAMILIAR I: PESQUISADORA, NÃO PROFESSORA

Nesta seção pretendo traçar um panorama geral das situações vividas na sala de aula, da organização desse espaço e da minha presença nele. Para tanto, faço uma colagem de diferentes situações recortadas do meu diário de campo. Busco mostrar meu estranhamento, minha dificuldade de estar naquele lugar (a escola) que sempre ocupei como professora e que agora deveria ocupar como pesquisadora. Quais seriam os limites entre uma posição e outra? Há uma fronteira bem delimitada entre estes dois lugares: pesquisadora e professora? Escapar do lugar de pesquisadora poderia atrapalhar o andamento e o resultado da pesquisa? A professora da turma poderia sentir-se invadida com minha postura? E como os/as estudantes viam minha presença na sala de aula? Essas e muitas outras questões cercaram meu pensamento durante a estada no campo e, em alguns momentos, imobilizaram-me, pois não encontrava respostas para elas. Passei longo tempo em busca da postura *ideal* como pesquisadora e tenho a impressão de que até o final do trabalho de campo tais dúvidas mantiveram-se ativas. Se tivesse conseguido libertar-me dessa sensação de incômodo, talvez tivesse aproveitado melhor minha permanência na escola. Ou não, talvez tenha sido exatamente a sensação de incômodo que tenha me feito pensar sobre essas questões (e outras) e que tenha me possibilitado tomar certos cuidados e buscado modos alternativos de estar lá. A dúvida permanece!

No primeiro dia em que entrei em sala de aula, nos dois semestres letivos que estive na escola, a professora logo me apresentou para a turma, explicou o que eu faria ali e frisou a necessidade da participação dos/as estudantes no meu trabalho, ou seja, nas futuras entrevistas. Escolhi para a pesquisa turmas de quarta série – ou da quarta etapa[98] – motivada por quatro razões: 1) porque os indicadores numéricos de diferentes pesquisas no Brasil têm mostrado que é nessa fase inicial da escolarização que ocorre, de forma mais intensa, a saída dos jovens da escola – ou por evasão ou por repetência –, iniciando aqui os processos de exclusão do ensino; 2) por ver que a Unesco considera que a alfabetização só se completa quando a pessoa conclui a quarta série do Ensino Fundamental; 3) porque sou graduada em Pedagogia – Séries Iniciais e minha experiência profissional na educação ocorreu, principalmente, no ensino de terceira e quarta séries e, por isso, estou mais familiarizada com as exigências e dificuldades que atravessam esse período do Ensino Fundamental; 4) porque uma aluna minha do curso de graduação em Pedagogia na UFRGS, quando soube que buscava um espaço para a realização da pesquisa, colocou à disposição sua turma de quarta-série de EJA. Foi em função disso que acabei realizando minha pesquisa de campo na sua turma e na referida escola. A diretora da escola foi muito receptiva e colocou-se inteiramente à disposição, fornecendo documentos e disponibilizando um horário especial para a entrevista de quase duas horas.

Retomando minha estada na sala de aula, era evidente que minha presença não passava despercebida, nem para a professora, nem para os/as alunos/as. Estes/as olhavam-me com insistência e faziam coisas que minha experiência em sala de aula dizia que não era parte do cotidiano, como falar alto, empurrar-se, enfim, chamar a atenção, principalmente os meninos. Ao me apresentar aos alunos e às alunas, a professora disse que eu era sua professora na faculdade. Não consigo e nem acho necessário definir se isso foi bom ou ruim, mas creio ser importante pensar que esse modo de me posicionar frente à turma colocou-me em uma relação de poder diferenciada para com os/as alunos/as. Eu era a *professora da professora*, dava aula na faculdade.

[98] De acordo com o regimento da escola, cada ano do ensino da EJA corresponde a duas etapas, sendo que cada etapa corresponde a uma série do Ensino Fundamental. Na escola, entretanto, alunos/as, professores/as e comunidade em geral permanecem chamando as etapas de série ou ano.

Pelo modo como passaram a me tratar no decorrer das observações, suponho que tal informação tenha produzido certo efeito. Quando a professora dava alguma atividade ou explicava uma matéria, passei a ser solicitada pelos/as jovens. Queriam que eu sentasse com eles/as para fazer as atividades e que tirasse dúvidas. Percebi que os/as alunos/as tinham muita dificuldade de aprendizagem, uma leitura difícil. Em alguns momentos, acabei entregando-me à empreitada de tentar auxiliá-los o que, muitas vezes, tirava-me do objetivo de observar a turma de um modo mais amplo. Era comum os/as estudantes conversarem entre si, dizerem suas respostas discutindo-as, pedirem ajuda uns aos outros e até desistirem no meio do caminho. Habitualmente, levavam muito tempo para realizar a mesma tarefa.

Logo nos primeiros dias de observação, fiz uma constatação importante: teria que fazer um esforço grande para ficar somente como ouvinte – observadora/pesquisadora, não professora. Várias vezes o meu *furor pedagógico* fez-me sentir vontade de intervir (e realmente intervim em alguns momentos) com a intenção de auxiliar a professora, mas entendia que uma atitude como essa poderia provocar um efeito indesejável e até constranger o grupo. Sentia-me estranha, calada no fundo da sala; parecia que precisava interagir com eles de algum modo. Aqui, identifico pontos de divergência e convergência entre estranhamento e familiaridade: estranhei estar naquele espaço sem poder participar de forma mais efetiva, principalmente nos processos de ensino-aprendizagem, e, ao mesmo tempo, o ambiente e aquilo que se esperava dele me era muito familiar e até agradável.

Foi interessante ver a facilidade e a rapidez com que os/as estudantes me receberam. Senti-me acolhida pelo grupo logo no segundo dia, tanto em uma turma quanto na outra. Conversavam comigo como se fosse possível ser parte daquele espaço, a professora da professora. Lembro que uma vez fui até convidada para o baile *funk*, uma das raras atividades de lazer oferecidas no bairro. Agradeci e disse que me achava velha para esses eventos. O mais interessante foi a resposta: "Não tem problema sôra, tem um monte de gente velha lá. Não tem quem entre solteiro que não saia casado do baile".

ESTRANHANDO O FAMILIAR II: OS SUJEITOS PESQUISADOS

Faço, agora, uma breve e genérica descrição dos indivíduos pesquisados, por compreender que os jovens e as jovens da pesquisa não são a-históricos e/ou homogêneos, mas se constituem como sujeitos de determinada classe, raça e gênero, inseridos em diferentes contextos. Os detalhes do lugar sociológico e histórico desses/as jovens, tomados pelo olhar da pesquisadora, favorecem uma compreensão sociocultural e histórica da realidade descrita, visibilizando os diferentes discursos que os constituem.

Os/as entrevistados/as eram alunos e alunas das duas turmas de quarta série (nos anos de 2005/2006) que foram convidados a participar da entrevista.[99] Convidava um/a aluno/a de cada vez e agendava o dia da entrevista.[100] Foram 19 entrevistas individuais que tomaram como referência focos temáticos (não necessariamente traduzidos em questões), que permitiram maior profundidade no diálogo. Entrevistei, também, a diretora da escola e a professora das turmas.

No primeiro semestre, realizei em torno de seis entrevistas como forma de aprender a conversar com os/as jovens, como entrevistas-piloto. O restante foi realizado no semestre seguinte.[101] Comecei as entrevistas pelos/as alunos/as mais velhos, pois percebi, com as entrevistas-piloto, que precisava de mais habilidade para conduzir o encontro com os mais jovens: retomar o foco quando perdido, fazer a mesma pergunta de modos diferentes para poder aprofundar uma resposta, não ficar presa às questões elaboradas como roteiro, aprender a ouvir o silêncio etc. A entrevista, segundo Arfuch, exige da entrevistadora a habilidade de

> apresentar com clareza as perguntas, reperguntar, retomar algum tema ou questão que ficou pendente [...] fazer avançar o diálogo, anular o silêncio, aproveitar elementos inesperados, porém relevantes, dar um giro radical se for necessário (1995, p. 49).

Além de aprender a ouvir o silêncio, aprendi que, ao fazer entrevistas narrativas, temos que aprender a lidar também com os esquecimentos, com as ausências como estratégias do outro para poder narrar-se. Por exemplo, várias vezes durante sua narrativa, Ana (uma das jovens entrevistadas) diz não lembrar certos fatos vividos

---

[99] Como procedimento ético, cada entrevistado/a recebeu e assinou o termo de consentimento.

[100] As entrevistas foram realizadas no período das aulas, por sugestão da professora; esta supunha que os/as alunos/as teriam dificuldades em comparecer às entrevistas em outro horário. Uma sala me foi cedida pela direção da escola, a *sala do apoio*. Como esse serviço só funcionava durante o dia, à noite estava disponível. Mesmo com o prévio agendamento das entrevistas no horário das aulas, várias vezes o/a entrevistado/a não compareceu. Quando possível, entrevistava outro/a jovem que se dispusesse a conversar naquele dia.

[101] Alguns e algumas dos/as jovens foram entrevistados/as duas vezes ao longo dos dois semestres, na tentativa de ampliar as respostas e melhor explorar algumas questões.

e de algumas experiências escolares. Foi difícil para mim, como pesquisadora, lidar com essas lacunas nas entrevistas, entretanto, para jovens como Ana, o esquecimento talvez seja uma estratégia. O ser humano, diz Larrosa Bondía (2004), é um ser que se autointerpreta por meio das narrativas de si. Para ele, a "história da história de vida é a história dos modos em que os seres humanos têm construído narrativamente suas vidas" (*ibidem*, p. 20).[102] O modo encontrado por Ana para reconstruir sua história e poder narrar-se foi mediante a negação, o esquecimento, a (re)construção e a seleção dos acontecimentos que (aparentemente) importam mais do que outros. Narrar-se é inventar-se, é "fazermos e refazermos a nós mesmos através da construção e da reconstrução de nossas histórias" (LARROSA BONDÍA, 2004, p. 20). As nossas identidades, aquilo que somos e quem somos, são fabricadas, inventadas e construídas no interior dos discursos de que dispomos: por meio das coisas que ouvimos, lemos, aprendemos na escola, vemos no dicionário, em um filme, ou seja, daquilo que absorvo e modifico nessa gigantesca e polifônica conversação que é a própria vida (*idem*).

Essa foi uma aprendizagem imprescindível, embora nunca satisfatória. E, com a transcrição das coisas ditas, compreendi a impossibilidade de reconstrução ou reintegração da narrativa do modo mesmo como foi enunciada. Isso porque, ao ser dito e tornar-se público, o enunciado coloca-se fora daquele que enuncia, fazendo parte de outro contexto e outro tempo, podendo ser (re)inventado na análise da pesquisadora. A coisa escrita aprisiona a ideia dita; ao se transcrever uma narrativa, aprisionam-se e retiram-se outros sentidos que a fala pode ter colocado. Como diz, poeticamente, Rosa Montero, "uma ideia escrita é uma ideia ferida e escravizada a uma certa forma material, por isso dá tanto medo sentar-se para trabalhar, porque é uma coisa de certo modo irreversível" (2004, p. 39).

Quando iniciei com a segunda turma o trabalho de campo, esta era composta por 15 estudantes, na sua maioria jovens com menos de 27 anos,[103] eram seis homens e nove mulheres. Desses 15 estudantes, não consegui entrevistar apenas duas: Dalva, cadeirante, que, em função do difícil acesso à escola e do agravamento do seu problema físico, desistiu de estudar; e Luciana, que também saiu da escola antes que pudesse entrevistá-la. Neste ínterim, ingressou na turma Augusto, com 15 anos.

[102] Tradução da autora.

[103] Característica bem diferente da turma do ano anterior, pois metade dela era composta por pessoas acima dos 30 anos de idade.

Este veio do diurno direto para o noturno, mas não foi possível entrevistá-lo, uma vez que entrou na turma no fim do semestre e aparecia somente de vez em quando. Na última semana do semestre, entrou uma menina chamada Sara, também com 15 anos e que também veio direto do diurno. Assim, retornei à escola algumas vezes num terceiro semestre apenas para entrevistar Sara, Augusto e Ana (aluna ainda da primeira turma). Novamente, não me encontrei com Augusto em nenhuma das vezes em que estive por lá e resolvi não mais entrevistá-lo.

Uma questão que me chamou muito a atenção, como já indicado, foi o número de jovens com 15 ou 16 anos de idade que vieram diretamente do diurno para o noturno. Diferentemente do que imaginava, grande parte dos jovens da pesquisa nem chega a ficar fora da escola ou fica por um período muito pequeno de tempo. O processo quase não se caracteriza como abandono e retorno à escola, mas como uma mudança de turno, uma transferência ou, como venho chamando, uma migração.

Na impossibilidade de entrevistar todos/as os/as jovens mais de uma vez e pela necessidade de colocar certos discursos em confronto nas diferentes narrativas, optei por organizar discussões em grupo, ou entrevistas narrativas em grupo, a fim de retomar questões que interessavam à pesquisa e que poderiam ser mais bem exploradas no coletivo. Foram organizadas situações de discussão em grupo em torno de um tema elencado por mim a partir das entrevistas. As discussões tinham um foco central: questionar como os/as estudantes percebiam e explicavam a escola e a questão da juventude, sempre trazendo para o contexto os atravessamentos de classe, gênero e raça. Organizei apenas quatro situações de atividade em grupo em função do tempo, pois o semestre chegava ao fim, mas, com a transcrição do material, cheguei à conclusão de que possuía documentos muito ricos para a análise. Apesar de ter organizado uma agenda de trabalho, não consegui cumpri-la de acordo com o planejado: em um momento achei que a tarefa era difícil para a compreensão do grupo, noutro demoraram muito na atividade de início, às vezes não parecia interessante interromper uma boa discussão. Em função disso, em certas ocasiões não interrompia a discussão com outra atividade se o assunto em pauta parecia interessá-los; deixei que os trabalhos fluíssem mais livremente, de acordo com o retorno que o grupo dava à atividade inicial.

Dispunha as classes em círculo e cada um/a escolhia o lugar em que preferia se sentar; geralmente todas as meninas se sentavam de um lado e os meninos de outro. Finalizava a discussão de grupo com um lanche levado por mim e, algumas vezes, o tipo de alimento era solicitado por eles/as. Em um primeiro momento, tentei fazer o lanche no início dos trabalhos, porque imaginei que poderiam chegar com fome. A estratégia não funcionou, já que chegavam em horários diferentes e ficavam tímidos no início. No segundo encontro, disponibilizei o lanche no começo e no final dos trabalhos, todos comeram apenas no fim. Então oficializei o encerramento das discussões com o lanche.

No primeiro encontro, havia oito alunos/as, no segundo seis, no terceiro nove e no último 12.[104] Penso que o número de frequência às discussões estava atrelado ao fato de virem ou não à aula naquele dia e não ao trabalho que estava propondo, com exceção do último dia, em que convidei todos/as para fazer a despedida do grupo e alguns agradecimentos. O trabalho se iniciava às 19 horas e ocupava em torno de uma hora e 30 minutos. A pedido do grupo, a professora da turma participou dos encontros. Contei com a assistência de uma colega, que me auxiliou na organização do espaço, na anotação de questões importantes, no controle do gravador, na elaboração do planejamento a partir do que observávamos em cada encontro, bem como intervindo junto ao grupo. No caminho de volta, conversávamos sobre nossas impressões em torno do que havia ocorrido no dia, o que foi importante para pensar tanto o planejamento seguinte como a análise de algumas situações, e até para compreender alguns elementos das entrevistas individuais. Os/as alunos/as demoravam a chegar à sala, gerando em mim grande ansiedade. Parecia que, como aquele momento inicial não era aula, não fazia importância chegar fora do horário e, por mais que negociasse isso com o grupo, essa característica não se alterou. Conversavam muito sobre outras coisas, e isso causava demora para fazê-los compreender o que pedia a atividade. No entanto, quando entravam no *espírito* da discussão, obtinha um excelente retorno e um material muito rico para seguir na discussão e para a análise.

Para uma costura analítica com o material produzido no campo, busquei alguns documentos oficiais sobre a EJA que me auxiliassem na compreensão do contexto da educação de jovens e adultos no Brasil e a questão da juventude, tanto nesse contexto quanto na dimensão de algumas políticas públicas. Os documentos foram utilizados sem nenhum grau de hierarquia entre eles e à medida que se faziam significativos para captar o contexto pesquisado, para articular as entrevistas e as observações e dimensionar os discursos que os atravessaram.

---

[104] Neste grupo, alguns meninos estiveram sempre presentes, como Tiago, Cristian e Adílson. O restante dos participantes ia alternando-se a cada encontro.

Como me pareceu complicado estabelecer um período preciso, em termos etários, para determinar os limites desta etapa definida como juventude, entrevistei todos/as os/as estudantes que frequentavam a turma observada, sem estabelecer uma idade final; o que não se fez necessário. Por concordar que a juventude é uma categoria imprecisa epistemologicamente e construída na cultura de diferentes formas, organizada pelas contingências sociais, históricas e até econômicas, deixei em aberto a idade final dos/as entrevistados/as, a fim de que participassem da pesquisa todos/as aqueles/as que se denominaram e se reconheceram como jovens. De qualquer forma, entre aqueles e aquelas que se definiram como jovens no momento da entrevista, não há nenhum com idade superior a 27 anos. Acredito que essa opção teórico-metodológica tenha colaborado para compreender e construir os significados que foram se articulando em torno das representações de juventude. Não estabeleci, também, o número de jovens entrevistados/as, pois isso foi determinado pelo número de estudantes matriculados e presentes na turma observada, bem como do interesse destes/as em participar da pesquisa.

E QUANDO O CAMPO TERMINA?

A tese analisou, de modo pontual, as narrativas de vida *escolar* dos/as jovens aqui apresentados/as, entretanto percebi, já na primeira entrevista, que falar das trajetórias de vida escolar dos/as jovens, implicava falar de suas trajetórias de vida de um modo bem mais amplo. Entrar ou não na escola, onde, em que período, por quanto tempo, em que lugares, como foi ter estado dentro dela, por que saíram, por que voltaram, por que passaram para o noturno, decorria de situações e decisões atreladas a suas histórias de vida. Contar sobre ter estado na escola, ou ter ficado fora dela, demandava falar de suas vidas familiares, das experiências que compartilharam dentro e fora dela, da situação econômica, de relações pessoais, de práticas de vida, consideradas pelos/as entrevistados/as, boas ou ruins, exigia falar de si como "sujeito da experiência" (LARROSA BONDÍA, 2002). Tudo isso foi previsto, em alguma medida, na escrita do projeto. Não previstas foram as dificuldades e minhas limitações, enquanto pesquisadora, em lidar com essas histórias de vida, e como isso me afetaria enquanto sujeito de tal experiência, pois quando falamos em entrevistas narrativas nos reportamos aos sujeitos da experiência e ao saber da experiência. O sujeito da experiência, para o autor citado, define-se por sua passividade, disponibilidade e abertura; trata-se, diz ele, de "algo como um território de passagem, algo como uma superfície sensível que aquilo que acontece afeta de algum modo, produz alguns afetos, inscreve algumas marcas, deixa alguns vestígios, alguns efeitos" (*ibidem*, p. 24). Assim, compreendo esse sujeito da experiência por uma via de mão dupla – tanto eu, enquanto pesquisadora, quanto os pesquisados fomos afetados, marcados. Nessa situação fomos, de ambos os lados, sujeitos da experiência, pois este é "sobretudo um espaço onde têm lugar os acontecimentos" (*ibidem*, p. 24).

Também não estava previsto, nessa reciprocidade entre os sujeitos da experiência, que me compadeceria tanto com o sofrimento destes/as jovens, que não seria capaz de me desvencilhar das coisas ditas ao voltar para casa e que olhar analiticamente para as entrevistas implicaria lidar não só com as subjetividades dos/as jovens, mas também com as minhas. E aqui entra o saber da experiência "que se dá na relação entre o conhecimento e a vida humana", é o que se adquire "no modo como alguém vai respondendo ao que lhe vai acontecendo ao longo da vida e no modo como vamos dando sentido ao acontecer do que nos acontece" (*ibidem*, p. 27). Nesse espaço narrativo, o saber da experiência vai se (re)constituindo, dando sentido ao que nos acontece; mesmo os acontecimentos sendo únicos, e as experiências individuais, esse saber do outro nos modifica, pois o saber e a experiência que derivam da existência concreta é o que nos permite nos ajeitarmos em nossas próprias vidas (LARROSA BONDÍA, 2002).

Cada vez que elegemos (ou somos eleitos) por um problema de pesquisa, seja ele qual for, nos implicamos com ele, "não só porque estamos interessados[as] em resolver o problema, mas também porque, necessariamente, formamos parte do próprio campo social que estudamos" (VARELA, 2001, p. 118).[105] De acordo com a autora, é assim que funciona a investigação social (acrescentaria cultural): não podemos nos situar à margem ou nos manter fora, "não existe para nós a extraterritorialidade social em sentido estrito" (*ibidem*, p. 118). Contudo, a um só tempo, implicamo-nos e buscamos meios, mecanismos para nos afastarmos, num contínuo de implicação e distanciamento, "porque sem uma mínima distância a objetivação não é possível" (*ibidem*, p. 118); eis a dificuldade da pesquisadora.

Acredito, com base nesta perspectiva teórica, que, numa via de mão dupla, ser sujeito da experiência e do saber da experiência ao esquadrinhar os gestos, perscrutar as falas, observar as atitudes, enfim, estar atenta a todos os movimentos realizados pelos/as jovens contribui para indagar sobre suas narrativas e compreendê-los/as, em

[105] Tradução da autora.

certa dimensão, como jovens da contemporaneidade. Permite, também, compreender os motivos que mobilizam seu interesse (ou não) pela escola, como percebem sua inserção nela, as relações que travam nesse espaço e como tudo isso influencia para a construção de suas posições de sujeito e os significados de escola que vão elaborando em suas trajetórias de vida. Com a realização das observações, comecei a compreender tais elementos (as falas, as atitudes, os gestos...) também como narrativas, como modos de dizer sobre si e sobre o/a outro/a; ou seja, não foram entrevistas, simplesmente, foram entrevistas narrativas. Nelas cada um/a dos/as entrevistados/as pode narrar a si num atrelamento de suas histórias escolares com suas histórias de vida, pois aprendi, como pesquisadora, que não há como falar de uma história sem ouvir a outra. Aprendi, também, que não basta fazer a pergunta boa, desdobrar um dito ou aproveitar as palavras soltas; é preciso ouvir o silêncio e suportá-lo, fazê-lo narrar tanto quanto a palavra. É preciso mais, é preciso estar preparada para o inesperado, pois nos tornamos, algumas vezes, a confidente de um caso sofrido, a possibilidade de um desabafo, a ouvinte que se oferece sem julgamentos ou críticas, o que autoriza o falante a dizer mais de si. E aí as identidades se mesclam e se conflitam: a pesquisadora, a professora, a mulher... E nem sempre sabemos qual delas deixamos falar.

REFERÊNCIAS

ARFUCH, Leonor. *El espacio biográfico*: dilemas de la subjetividad contemporánea. Buenos Aires: Fondo de Cultura Económica de Argentina, 2002.

ARFUCH, Leonor. *La entrevista, una invención dialógica*. Barcelona: Paidós, 1995.

BARKER, Cris; GALASINSKI, Dariusz. *Cultural studies and discourse analysis*. London: Sage, 2001.

CALDEIRA, Teresa. A presença do autor e a pós-modernidade em antropologia. *Novos Estudos*, n. 21, p. 133-157, jul. 1988.

FISCHER, Rosa Maria Bueno. *Adolescência em discurso*: mídia e produção de subjetividades. Tese (Doutorado em Educação) – Programa de Pós-Graduação em Educação, Faculdade de Educação, Universidade Federal do Rio Grande do Sul, Porto Alegre, 1996.

FISCHER, Rosa Maria Bueno. Foucault e a análise do discurso em educação. *Cadernos de Pesquisa*, n. 114, p. 197-223, nov. 2001.

FONSECA, Cláudia. Quando cada caso não é um caso: pesquisa etnográfica e educação. *Revista Brasileira de Educação*, n. 10, p. 58-78, jan./abr. 1999.

FOUCAULT, Michel. *A arqueologia do saber*. Rio de Janeiro: Forense Universitária, 2000.

FRAGA, Alex Braga. *Corpo, identidade e bom-mocismo*: cotidiano de uma adolescência bem comportada. Belo Horizonte: Autêntica, 2000.

GEERTZ, Clifford; CLIFFORD, James; REYNOSO, C. *El surgimiento de la antropologia posmoderna*. Barcelona: Gedisa, 1992.

LARROSA BONDÍA, Jorge. Notas sobre a experiência e o saber da experiência. *Revista Brasileira de Educação*, n. 19, p. 20-28, jan./abr. 2002.

LARROSA BONDÍA, Jorge. Notas sobre narrativa y identidad (a modo de presentación). *In*: ABRAHÃO, Maria Helena Menna Barreto (Org.). *A aventura (auto)biográfica*: teoria e empiria. Porto Alegre: EdiPUCRS, 2004. p. 11-22.

LARROSA BONDÍA, Jorge. Tecnologias do eu e educação. *In*: SILVA, Tomaz Tadeu da (Org.). *O sujeito da educação*: estudos foucaultianos. Petrópolis: Vozes, 1994. p. 35-86.

MEYER, Dagmar. *Identidades traduzidas*: cultura e docência teuto-brasileiro-evangélico no Rio Grande do Sul. Santa Cruz do Sul: EdUNISC; São Leopoldo: Sinodal, 2000.

MONTERO, R. *A louca da casa*. Rio de Janeiro: Ediouro, 2004.

SILVA, Tomaz Tadeu. Currículo e identidade social: territórios contestados. *In*: SILVA, Tomaz Tadeu (Org.). *Alienígenas na sala de aula*: uma introdução aos estudos culturais em educação. Petrópolis: Vozes, 1995. p. 190-207.

SILVA, Tomaz Tadeu. *O currículo como fetiche*: a poética e a política do texto curricular. Belo Horizonte: Autêntica, 1999.

SILVA, Tomaz Tadeu. *Teoria cultural e educação*: um vocabulário crítico. Belo Horizonte: Autêntica, 2000.

SILVEIRA, Rosa Maria Hessel. A entrevista na pesquisa em educação: uma arena de significados. *In*: COSTA, Maria Vorraber. *Caminhos investigativos II*: outros modos de pensar e fazer pesquisa em educação. Rio de Janeiro: DP&A, 2002. p. 119-142.

VARELA, Julia. El modelo genealógico de análise: ilustración a partir de "vigilar e castigar", de Michel Foucault. *In*: URIA, Fernando Álvarez *et al*. *La constitución social de la subjetividad*. Madrid: Los Libros de la Catarata, 2001. p. 113-129.

CAPÍTULO 9

Grupo focal na pesquisa em educação: passo a passo teórico-metodológico

MARIA CLÁUDIA DAL'IGNA

Passo
1 de modo vagaroso, gradualmente
2 em todas as fases, de perto, passo e passo
Passo de cágado: passo muito lento
Passo de estrada: andadura vagarosa e ritmada de cavalo
Passo de ganso: passo adotado em desfiles militares
Passo a passo: em todas as fases, passo a passo
Passos largos: em ritmo acelerado, muito rapidamente
A passos lentos: de modo lento, vagaroso

Ceder o passo a
1 deixar passar (uma pessoa), por cortesia
2 reconhecer a superioridade de (alguém), ser suplantado
Dar passos por: tomar providências para (alcançar um objetivo), esforçar-se

Dar um mau passo
1 proceder mal; tomar uma decisão equivocada, insensata, imprudente
2 deixar-se seduzir, perder a virgindade

Marcar passo
1 movimentar os pés sem sair do lugar
2 Derivação: sentido figurado. não progredir, fazer uma tentativa sem obter resultado

Primeiros passos
1 passos de uma criança que começa a andar
2 Derivação: sentido figurado.
Seguir os passos: Derivação: sentido figurado. Imitar o exemplo de alguém

(HOUAISS, 2009)

Uma rápida análise da palavra *passo* mostra-nos alguns de seus sentidos. Escolho começar por aqui para estabelecer uma relação entre tais sentidos e o processo de fazer pesquisa. Ao mesmo tempo, esclareço que não desejo dizer o que é mesmo a palavra, muito menos subtrair-lhe a polissemia, nem lhe dar uma única definição.

Para começar, é preciso *dar o primeiro passo, um passo de cada vez, gradualmente, apertando e afrouxando o passo*, imprimindo um *ritmo* ao *movimento*, até que o processo de fazer pesquisa seja incorporado e possamos reproduzi-lo, *passo a passo*.

Esse processo é incerto. Por vezes, somos imprudentes e acabamos por *dar um mau passo*. Em outras ocasiões, por alguma razão, não progredimos, ficamos paralisados ou fazemos tentativas que não geram os resultados esperados e *marcamos passo*. Para pesquisar, é necessário aprender a andar, *dar os primeiros passos*. Um bom jeito de começar é *seguir os passos* de outros, mais experientes, e *imitá-los* para aprender com o – e a partir do – que foi realizado.

Meu objetivo, neste capítulo, é apresentar o *passo a passo teórico-metodológico* de minha pesquisa de doutorado, a qual descreve e problematiza a relação família-escola.[106] Para compor meu *corpus* de pesquisa, desenvolvi um trabalho de campo utilizando dois procedimentos metodológicos: grupo focal e entrevista. Assim, coordenei um grupo focal com famílias de crianças com baixo desempenho escolar – mais precisamente, 10 mulheres-mães – e realizei entrevistas com algumas participantes.

Considerando os limites deste texto, escolho focalizar, neste capítulo, dois – entre três – passos indicados na tese: passo 1: defina os princípios teórico-metodológicos da investigação; passo 2: escolha o(s) método(s) de pesquisa.[107]

Mas, antes de tomar esse caminho, faço uma ressalva. É importante explicar que não pretendo inaugurar uma fórmula, nem criar recomendações e prescrições. A descrição aqui está a serviço do processo, e não somente do resultado. O que me instiga a escrever este capítulo é a oportunidade e o desafio de compartilhar com quem faz pesquisa os caminhos percorridos, apresentando as escolhas feitas durante o trajeto: *(im)possibilidades* com as quais me deparei no planejamento e na implementação dos procedimentos metodológicos e na análise do material empírico. Ao mesmo tempo, faço isso para convidar, a quem aceitar, a movimentar-se, não para seguir exatamente os mesmos passos, mas para construir seus processos de pesquisa.

---

[106] A pesquisa, intitulada *Família S/A: um estudo sobre a parceria família-escola*, foi desenvolvida sob orientação da Profa. Dra. Dagmar Estermann Meyer, no âmbito da linha de pesquisa *Educação, sexualidade e relações de gênero*, do Programa de Pós-Graduação em Educação da Universidade Federal do Rio Grande do Sul (UFRGS). Para mais detalhes, ver Dal'Igna (2011).

[107] O *passo 3: leia atentamente a(s) pergunta(s) de pesquisa e organize o material empírico* refere-se ao processo de organização e análise do material empírico. Por razões de *ordem prática*, ligadas ao objetivo a ser alcançado neste capítulo, optei por não examinar tal tópico.

PASSO 1: DEFINA OS PRINCÍPIOS TEÓRICO-METODOLÓGICOS DA INVESTIGAÇÃO

Ao planejar a implementação de uma investigação, é necessário responder à pergunta "como fazer?". Entretanto tal resposta poderá variar, conforme o(s) paradigma(s) que orienta(m) a pesquisa. Quando fazemos pesquisa, "é importante – tanto para nós mesmos quanto para os outros que nos leem ou aos quais comunicamos o que fazemos – identificarmos em que paradigma(s) nos situamos em nossas pesquisas" (VEIGA NETO, 2002, p. 37).

Em outras palavras, os campos teóricos que fundamentam esta pesquisa – estudos foucaultianos, estudos de gênero pós-estruturalistas – produzem efeitos nas *formas de conceber* um tema – transformando-o num problema de pesquisa – e nos *modos de fazer* a investigação. Sobre essa questão, Guacira Louro (2007a, p. 213-214) explica que:

> o modo como pesquisamos e, portanto, o modo como conhecemos e também como escrevemos é marcado por nossas escolhas teóricas e por nossas escolhas políticas e afetivas. [...] A eleição de um determinado caminho metodológico está comprometida com as formulações teóricas que se adota.

Com esse argumento, procuro afastar-me das vertentes epistemológicas que operam em torno dos pares binários teoria/prática e pensar/fazer. Concordo com Veiga Neto (2003, p. 4), quando argumenta que

> não há como dar qualquer sentido ao que se passa no mundo sem uma ou mais teorias que nos faça(m) compreender o que estamos observando. [...] Inversamente, se dá o mesmo: sem [...] [o] que chamamos mundo das práticas, não há como pensar, formular ou desenvolver uma ou mais teorias.

Destaco também a dimensão política desta pesquisa, pois acredito que os estudos que realizamos, se de algum modo estiverem articulados com o cotidiano escolar e suas urgências, poderão contribuir para aproximar a escola e a universidade.

Para desenvolver essa argumentação, elegi alguns autores e algumas autoras que têm se dedicado a analisar as contribuições teórico-metodológicas do pensamento de Michel Foucault para a pesquisa educacional – Veiga Neto (2006; 2009), Rosa Fischer (2002; 2007) – e dos estudos de gênero pós-estruturalistas para a pesquisa em

Educação – Louro (2007a; 2007b), Dagmar Meyer e Rosângela Soares (2005).[108] Junto com esses/as autores e autoras e a partir do que dizem, pretendo destacar aqui algumas contribuições dos campos teóricos já referidos para a pesquisa em Educação, os quais assumo como *princípios teórico-metodológicos da investigação.*

Três dos quatro princípios – 1. Exercite a suspeita; 2. Assuma suas intenções; 3. Abandone a pretensão de totalidade – contestam aquilo que podemos nomear *paradigma da ciência moderna.*[109]

As pesquisas desenvolvidas sob esse paradigma buscam, por meio de um método científico ordenado, a eliminação das contradições; afinal, tudo pode ser medido, quantificado e matematizado. O saber do cientista/pesquisador, puramente racional e isento da subjetividade e das influências sociais, contribuirá com o avanço e o progresso do conhecimento científico. Esse paradigma dominante é colocado em questão, sofrendo profundas crises ao longo dos séculos XIX e XX, chamadas, por alguns, de *crises* ou *rupturas* dos paradigmas (VEIGA NETO, 2002).

De modo geral, podemos dizer que o pós-estruturalismo tem fornecido ferramentas para colocarmos em xeque pressupostos ancorados nesse paradigma – destaco, além de outros já citados, os trabalhos de Zygmunt Bauman (1999), Anthony Giddens (1991) e Richard Rorty (1997). Atenho-me, neste momento, à discussão de alguns desses pressupostos, considerando que o que me interessa, como já referi, é destacar os princípios teórico-metodológicos da investigação.

1. *Exercite a suspeita.* Desconfie das verdades e das certezas. Como nos ensinou Foucault (2003), a verdade é produzida neste mundo e nele produz efeitos. É preciso problematizar aquilo que funciona como verdadeiro ou falso em uma dada sociedade. Aqui, outro conceito desenvolvido por Foucault torna-se importante. Por *problematização* entende-se "o conjunto das práticas discursivas e não discursivas que faz qualquer coisa entrar no jogo do verdadeiro e do falso e a constitui como objeto para o pensamento" (*idem*, 2006a, p. 270). Fazer pesquisa, nessa perspectiva,

---

[108] Para ampliar a discussão sobre os pressupostos teórico-metodológicos de abordagens pós-estruturalistas de pesquisa, além dos trabalhos citados, ver o capítulo de Dagmar Estermann Meyer, neste livro.

[109] É importante dizer, mesmo de forma sucinta, que esse paradigma é gestado no contexto de uma racionalidade consolidada no auge do Iluminismo, produzida pelos trabalhos de Francis Bacon (1561-1626), Galileu Galilei (1564-1642), René Descartes (1596-1650), Isaac Newton (1643-1727) e Auguste Comte (1798-1857). Esses teóricos – conhecidos como *fundadores da Ciência Moderna* – buscaram, de formas distintas, em diferentes épocas, compreender os fenômenos sociais, garantindo o acesso à realidade pela observação neutra e objetiva.

significa problematizar o que é dito e pensado sobre um determinado tema, tanto aquilo que pode ser tomado como falso, errado ou inadequado, quanto e, sobretudo, o que pode ser compreendido como verdadeiro, certo ou adequado. Além disso, implica uma problematização do próprio pensamento. Concordo com Cláudia Fonseca (1999, p. 69), quando afirma que, "dependendo da lente usada para examiná-los [os dados], o mesmo material empírico pode inspirar leituras opostas – ora em termos de 'dinâmicas sociais', ora em termos de 'patologia'". Existem múltiplas formas de construir um problema e de explicá-lo. Portanto, as respostas derivadas da pesquisa devem ser compreendidas como provisórias e parciais.

2. *Assuma suas intenções.* Longe de situar-se numa posição privilegiada para analisar e criticar os acontecimentos do mundo social, o/a pesquisador/a produz e reproduz verdades. Ele/Ela não é o/a *portador/a de valores universais* (FOUCAULT, 2003). Seu saber "não paira acima e fora das forças e relações de poder: é parte integrante e essencial delas" (SILVA, 1996, p. 241). Os conhecimentos produzidos na e pela pesquisa devem ser compreendidos em termos de verdade e poder. Assim, assumindo-se uma posição permanente de luta, pode-se perguntar: que conjunto de regras permite distinguir o verdadeiro do falso? Que mecanismos de poder-saber possibilitam atribuir legitimidade a determinado(s) conhecimento(s)? Que efeitos são produzidos pela pesquisa?

3. *Abandone a pretensão de totalidade.* Estando radicalmente envolvidos com a pesquisa, é preciso admitir os limites e as possibilidades desse processo. Temos que admitir que examinar uma problemática em sua totalidade é impossível (COSTA, 2002). Isso significa que precisamos reconhecer que: a) os conhecimentos produzidos pela pesquisa serão sempre parciais, e não totais; b) tais conhecimentos não poderão ser analisados de forma totalitária. Por um lado, essa compreensão pode parecer um tanto perturbadora; por outro, pode permitir maior atenção ao processo de pesquisa, aos acontecimentos do trajeto. Ficaremos atentos, então, às dúvidas, às incertezas, aos conflitos, aos múltiplos sentidos desse processo. Será necessário "resistir à tentação de formular sínteses conclusivas; admitir a provisoriedade do saber e a coexistência de diversas verdades que operam e se articulam em campos de poder-saber" (MEYER; SOARES, 2005, p. 40).

4. *Adote uma postura ética.* Se assumirmos que a pesquisa não é um procedimento guiado pela pura racionalidade, admitiremos também que ética e pesquisa são indissociáveis. Toda pesquisa tem implicações éticas. Tais implicações poderão variar conforme: a) *a natureza da pesquisa.* Uwe Flick (2009, p. 56), ao examinar as

questões éticas vinculadas à pesquisa qualitativa, explica que "os dados da pesquisa qualitativa produzem, em geral, mais informação contextual sobre um participante isolado do que a pesquisa quantitativa". Além disso, "a pesquisa qualitativa é normalmente planejada muito aberta e adaptável ao que acontece no campo" (*ibidem*, p. 56). Ao mesmo tempo, pode-se pensar que as ditas ciências exatas "não são nem mais nem menos exatas que as humanas" (FONSECA, 2010, p. 57). Importa explicar que não pretendo qualificar ou desqualificar uma ou outra vertente; muito menos afirmar que a ética é intrínseca a esta ou aquela; b) *as pessoas envolvidas*. Fonseca (*idem*), ao analisar algumas de suas inquietações sobre a ética em pesquisa, provoca-nos a refletir sobre os problemas enfrentados tanto ao planejar e executar a pesquisa quanto ao definir um público-alvo – que critérios utilizamos?; c) *as finalidades do estudo*. A forma como abordamos o problema também pode produzir efeitos para os sujeitos-participantes. Um dos desafios éticos e políticos mais importantes consiste em não reforçar posições de sujeito que pretendemos contrapor com a pesquisa. Com base nesse pressuposto, torna-se necessário perguntar pelos efeitos antes, durante e depois do processo concluído – que efeitos os procedimentos da pesquisa produziram? Como tratar as informações obtidas? Que compromissos são importantes de serem assumidos para divulgar e socializar os conhecimentos produzidos?

A partir dessa discussão, pode-se observar que um processo de pesquisa inicia com a concepção de uma *ideia* e sua transformação em um *problema*. A eleição de um ou outro princípio (con)formará o processo teórico-metodológico. Por isso, afirmo que esse é o primeiro passo.

Antes de prosseguir, mais uma ressalva. Recusar os pressupostos de neutralidade e objetividade não implica argumentar a favor da falta de rigor na pesquisa. É preciso compreender que há uma distinção entre *rigor* e *exatidão*. Essa distinção me ajuda a afirmar que, mesmo quando se recusa a exatidão na pesquisa, não se pode pensar que tudo e/ou qualquer coisa pode ser realizada. "[O rigor] é sempre desejável. [A exatidão] é uma quimera" (VEIGA NETO, 2010, p. 20).

Tendo dito isso, podemos passar para o próximo passo.

PASSO 2: ESCOLHA O(S) MÉTODO(S) DE PESQUISA

O desdobramento dos *princípios teórico-metodológicos* tem efeito importante na definição do(s) método(s) escolhido(s). Com esse entendimento, apresento e justifico os procedimentos metodológicos que elegi para a realização do estudo.

Para efetuar a pesquisa, decidi voltar ao espaço onde havia desenvolvido meu trabalho de conclusão de curso, onde acessei as professoras para realização da pesquisa de mestrado e onde trabalhei até 2011/2: o Programa de Educação e Ação Social (Educas). Ali, escolhi acompanhar um trabalho já realizado com as famílias de crianças e jovens com baixo desempenho escolar, o chamado *Grupo Sala de Espera*. Assim, ao longo de 2010/1, coordenei um grupo focal com essas famílias – mais precisamente, 10 mulheres-mães – e, em 2011/1, realizei cinco entrevistas com algumas participantes.[110]

O trabalho de campo da tese, portanto, foi desenvolvido utilizando os seguintes procedimentos metodológicos: *grupo focal* e *entrevista*.[111] A seguir, explico com mais detalhes o procedimento de grupo focal. Meu entusiasmo pela *pesquisa com pessoas* pode ser justificado, em certa medida, pelos trabalhos de investigação que desenvolvi nos últimos 11 anos. Desde a graduação, tenho optado por realizar pesquisas que têm pessoas como informantes privilegiados.

Na monografia para a conclusão de curso de graduação (DAL'IGNA, 2001), desenvolvi um trabalho de pesquisa e ensino com um grupo de jovens, em sua maioria com histórias de múltiplas repetências nos anos iniciais do ensino fundamental. Para desenvolver o trabalho de campo, inspirei-me em Costa (1995), que utilizou a *pesquisa-ação* como uma modalidade de pesquisa participante. No mestrado (DAL'IGNA, 2005), optei por discutir com um grupo de professoras alfabetizadoras o que se entendia por desempenho escolar. Para isso, valendo-me de algumas pesquisas,[112] que de diferentes modos se ocuparam com o trabalho de campo com grupos, construí uma metodologia que chamei *grupo de discussão*.

---

[110] Mais adiante, apresento de forma mais detalhada o Educas e o *Grupo Sala de Espera*.

[111] Por razões de *ordem prática*, ligadas ao objetivo a ser alcançado neste capítulo, optei por não examinar a entrevista como procedimento metodológico. Ressalto que todo o método apresenta potencialidades e limitações. Um dos limites associados à técnica de grupo focal é o grau de participação de cada membro, definido pela dinâmica do próprio grupo. Alguns podem, assim, falar muito, outros nem tanto. Há, ainda, aqueles que podem abster-se da discussão. O resultado é que as ideias de alguns participantes não poderão ser analisadas porque foram apresentadas de forma sucinta e não puderam ser expostas. Para lidar com essa limitação, optei por combinar esse método a outro: *entrevista*. Meu objetivo foi possibilitar a ampliação e natureza distinta – por um lado, nas pesquisas *em* humanos, os danos podem ser mais aparentes (por exemplo, danos físicos graves e duradouros), por outro, nas pesquisas *com* humanos, tais efeitos podem ser de ordem simbólica (o que não significa maior ou menor ameaça *a priori*). Para a pesquisa que desenvolvi, tal distinção tornou-se relevante para sustentar a afirmação de que nenhuma pesquisa é intrinsecamente ética. Sobre essa questão, ver artigo de Denise Gastaldo e Patrícia McKeever (2002).

[112] Destaco: José Damico (2005), Meyer *et al.* (2003), Nádia Souza (2001) e Paula Ribeiro (2002).

Durante o mestrado, aproximei-me também da pesquisa de Fonseca (2000), com quem aprendi e tenho aprendido sobre as complexidades que o trabalho de pesquisa *com* pessoas envolve.[113] Ao longo do doutorado, conheci e acompanhei o desenvolvimento de outras pesquisas que utilizaram grupo focal ou grupo de discussão como procedimento metodológico.[114]

Também busquei apoio em uma literatura sobre o tema – hoje, muito mais abrangente do que em 2004, quando realizei a pesquisa de mestrado.[115] O contato com essa bibliografia contribui para o estabelecimento de distinções entre *entrevistas de grupo*, *discussões em grupo* e os chamados *grupos focais* ou *grupos de discussão*. Esse refinamento poderá permitir que o planejamento e a execução do procedimento metodológico sejam desenvolvidos de forma mais criteriosa e coerente com os objetivos da pesquisa.

Alberto Gomes (2005) explica que o termo *grupo focal*, traduzido do termo inglês *focus group*, foi criado para nomear as pesquisas desenvolvidas pelo sociólogo estadunidense Robert King Merton, na década de 1940, no âmbito do Departamento de Pesquisa Social Aplicada da Universidade de Columbia. Robert e seu colega Paul Lazarsfeld organizaram entrevistas de grupos para estudar a compreensão de pessoas sobre programas de rádio e televisão. A técnica que inspirou esses pesquisadores já vinha sendo utilizada para pesquisas em marketing desde os anos 1920 (GATTI, 2005). Esses trabalhos pioneiros deram origem aos primeiros grupos focais, utilizados mais tarde para o desenvolvimento de pesquisas políticas e publicitárias.

Segundo Solange Lervolino e Maria Cecília Pelicioni (2001), o emprego dessa técnica na área da Saúde (e da Educação) é recente (desde meados da década de 1980).

---

[113] Fonseca (2010), ao apresentar algumas preocupações éticas da pesquisa científica, faz uma importante distinção entre aquelas desenvolvidas *em* humanos (ciências exatas) e *com* humanos (ciências humanas). Segundo a autora, ambas produzem efeitos, ainda que sejam de natureza distinta – por um lado, nas pesquisas *em* humanos, os danos podem ser mais aparentes (por exemplo, danos físicos graves e duradouros), por outro, nas pesquisas *com* humanos, tais efeitos podem ser de ordem simbólica (o que não significa maior ou menor ameaça *a priori*). Para a pesquisa que desenvolvi, tal distinção tornou-se relevante para sustentar a afirmação de que nenhuma pesquisa é intrinsecamente ética. Sobre essa questão, ver artigo de Denise Gastaldo e Patrícia McKeever (2002).

[114] Dentre essas, destaco a pesquisa de Meyer (2008), na qual atuei como pesquisadora colaboradora.

[115] Destaco os livros de Bernadete Gatti (2005), Rosaline Barbour (2009) e Uwe Flick (2009); os artigos de Alberto Gomes (2005), Marlene Zimmermann e Pura Martins (2008), Otávio Cruz Neto, Marcelo Moreira e Luiz Fernando Sucena (2002), Patrícia Melo e Waldirene Araújo (2010), Sandra Teixeira e Maria Delourdes Maciel (2009), Solange Lervolino e Maria Cecília Pelicioni (2001) e Sônia Maria Gondim (2002).

Cientistas sociais utilizam-na desde os anos 1950. A partir de 1990, foi expressivo o aumento de pesquisas nas áreas da Saúde e das Ciências Sociais que utilizam a técnica como procedimento metodológico. Eu mesma já referi que, quando realizei a pesquisa, entre 2003 e 2005, havia poucos trabalhos que empregavam a técnica para a pesquisa em Educação.

Como grupo focal pode ser definido? O grupo focal "consiste na interação entre os participantes e o pesquisador, que objetiva colher dados a partir da discussão focada em tópicos específicos e diretivos (por isso é chamado grupo focal)" (LERVOLINO; PELICIONI, 2001, p. 116). O que caracteriza esse método é seu caráter interativo – focalizando aqui mais a *interação do grupo* e menos a interação entre pessoas; portanto a técnica exige que as informações se produzam na dinâmica interacional de um grupo de pessoas (BARBOUR, 2009; GATTI, 2005).

A interação do grupo e a discussão focada em tópicos específicos são características que permitem não apenas definir a técnica, mas diferenciá-la de outras, como, por exemplo, entrevistas de grupo e discussões em grupo. A *entrevista de grupo* precisa ser compreendida, antes de tudo, como uma entrevista. As perguntas são feitas para cada participante do grupo, um por vez, com o objetivo de entrevistar no grupo, em vez de fazê-lo com um único entrevistado. Como o foco está na resposta de cada participante, pode prescindir da interação entre participantes de um mesmo grupo (FLICK, 2009; BARBOUR, 2009).

Já a *discussão em grupo* ou a *entrevista de grupo focal* são termos mais difíceis de definir e distinguir, porque há poucos trabalhos que se dedicam a examiná-los. Flick (2009, p. 182) explica que "as *discussões em grupo* têm sido utilizadas como uma alternativa explícita para as entrevistas abertas". Um aspecto que diferencia essa técnica da entrevista de grupo é o estímulo ao debate entre participantes. Além desses aspectos, cito mais dois pontos examinados por Flick (*idem*): 1. *A natureza da pesquisa*. Embora conhecida no ambiente acadêmico, essa técnica tem sido mais utilizada em pesquisa de marketing; 2. *Os objetivos da pesquisa*. As discussões em grupo podem ser utilizadas "como meio para aperfeiçoar a análise das opiniões individuais" (*ibidem*, p. 182) ou, ainda, com o objetivo de "chegar a uma opinião de grupo compartilhada, comum a todos os participantes, superando, assim, os limites individuais" (*idem*).

A *entrevista de grupo focal* é comentada somente por Rosaline Barbour (2009, p. 21), que a define como "um intrigante termo híbrido". Trata-se de "um exercício que visa entrevistar um grupo, que é visto como detendo uma visão consensual, em vez de ser o processo de criar consenso pela interação de uma 'discussão de grupo focal'" (*idem*). A maior parte dos trabalhos estudados menciona esses termos, utilizando-os como sinônimos. Apesar disso, entendo que, por suas características, não podemos tratá-los da mesma forma.

Vale repetir o que tenho aprendido sobre a técnica de grupo focal. O que permite caracterizá-la e diferenciá-la das demais técnicas é o seu potencial para produção de informações sobre tópicos específicos, a partir do diálogo entre participantes de um mesmo grupo. Esse diálogo deve estimular tanto as ideias consensuais quanto as contrárias. Da mesma forma, a técnica de grupo focal, diferentemente de entrevistas (individuais ou coletivas), permite produzir um material empírico a partir do qual se pode analisar diálogos sobre determinados temas e não falas isoladas.

Com base nessas ideias, explico a seguir como organizei e conduzi o grupo focal com as famílias. Para organizar o grupo focal, foi importante observar: a) local de realização; b) composição do grupo; c) composição da equipe de pesquisa; d) estruturação do grupo; e) planejamento dos encontros.

a) Local de realização

Como já referi, escolhi realizar a pesquisa com um grupo de famílias atendido no Programa de Educação e Ação Social (Educas). Este é um serviço de apoio especializado da Unisinos que tem como objetivo oferecer atendimento pedagógico, em parceria com a área da Psicologia, a crianças e jovens com histórias de múltiplas repetências e/ou com deficiências encaminhados/as ao programa, visando a qualificar os processos de ensino e aprendizagem. Para isso, desenvolve também ações sistemáticas com as famílias e as escolas dessas crianças e desses jovens. Articulando ensino e pesquisa, o programa propicia aos estudantes da Unisinos um espaço de aperfeiçoamento profissional por meio da realização de estágios curriculares e não obrigatórios.

Escolhi esse local por algumas razões. Em primeiro lugar, é preciso explicar que trabalhei no Educas como aluna da graduação, como professora e pesquisadora durante dois anos e como sua coordenadora.[116] A partir dessas experiências de

[116] Entre os anos de 1999 e 2000, acompanhei as mudanças teóricas e estruturais ocorridas. O Serviço de Avaliação Interdisciplinar (SAI) passou a chamar-se Serviço Interdisciplinar de Atendimento e Pesquisa em Ensino e Aprendizagem (Siapea). Nesse período, bem como na época em que realizei a pesquisa de Mestrado (2004), ele ainda se chamava Siapea. Em 2006, após uma reestruturação da área de Ação Social

ensino, pesquisa e gestão, formulei questionamentos, alguns dos quais fazem parte de minha agenda até hoje. Em segundo lugar, como pretendia investigar formas de educar a família, tal vínculo também poderia ser um fator facilitador para a operacionalização da pesquisa. Por fim, o Educas é um serviço da Unisinos, vinculado à área de Ciências Humanas – possui articulação com o Programa de Pós-Graduação em Educação, o curso de Pedagogia, o curso de especialização em Educação Especial e o Grupo de Ensino e Pesquisa em Inclusão (Gepi). O serviço trabalha com formação de docentes em diferentes níveis: extensão, graduação, pesquisa e pós-graduação *lato* e *stricto sensu*. Dessa forma, a investigação poderia somar-se a outras já realizadas, visando a contribuir para a formação docente nesses níveis.

Tendo apresentado os critérios para definição do local – enquanto instituição –, pretendo discutir, sucintamente, a escolha do local como área apropriada para a realização do grupo focal. Otávio Cruz Neto, Marcelo Moreira e Luiz Sucena (2002), ao discutirem a aplicação da técnica de grupo focal, afirmam que a escolha do local é muito importante para o desenvolvimento do trabalho. Para a realização de grupos focais, profissionais que trabalham com pesquisas de mercado já possuem salas equipadas. Entretanto, pesquisadores/as de outras áreas precisam executar o trabalho a partir da negociação com a instituição onde será realizada a pesquisa. O que é importante considerar? É preciso escolher uma sala confortável para as pessoas participantes (fácil acesso, afastada de interferências, bem iluminada e arejada) e adequada para a gravação (boa acústica, sem ruídos).

Pode-se dizer que a sala onde realizei o grupo possuía condições mínimas. Digo isso porque o prédio onde está instalado o Educas se localiza nas proximidades da rodoviária, em uma região central da cidade de São Leopoldo/RS. Há muitos ruídos nas salas, decorrentes da grande circulação de veículos. Além disso, depois de um determinado momento da tarde, as crianças atendidas pelo serviço começavam a circular pela sala em busca de suas mães. Sobre isso, destaco uma situação própria daquele grupo. Uma das mulheres-mães participantes combinou conosco que seria necessário levar o filho de poucos meses para o encontro, em razão da amamentação e da dificuldade de encontrar uma pessoa para cuidar da criança. Isso fez com que a dinâmica do grupo fosse ainda mais desafiadora, pois a discussão foi interrompida

e Filantropia, o serviço precisou modificar-se, incluindo outros projetos, mas mantendo seu foco de atuação. Em razão disso, passou a ser denominado Educas. Após ter trabalhado como estagiária (1999-2001) e pesquisadora (2004-2005), fui convidada para coordenar o serviço (2008-2011).

algumas vezes pela balbuciação ou pelo choro do bebê. Nesses momentos, foi importante interromper a conversa e dialogar com as mulheres-mães a fim de mantê-las interessadas e participantes. Considerando que esta pesquisa examina as posições de sujeito ocupadas por essas mulheres, outra estratégia que propus foi incluir aquela situação em nossas discussões.

b) Composição do grupo

Flick (2009) faz uma distinção importante no que se refere ao processo de organização de um grupo. Ele explica que existem dois tipos de grupo: os *grupos reais* e os *grupos artificiais*.[117] Basicamente, pode-se dizer que os *grupos reais* preexistem à pesquisa; seus membros já se conhecem e possivelmente estão reunidos por um interesse comum que transcende os temas abordados pela pesquisa. Já os *grupos artificiais* são criados com o objetivo de realizar uma pesquisa, e seus membros podem ou não se conhecer, podem ou não ter um interesse comum, portanto o laço entre participantes não existe previamente; ele é conformado pela investigação.

Barbour (2009) também analisa essa questão, utilizando outros termos para caracterizar tais situações: *grupos de estranhos* e *grupos preexistentes*. A autora explica que alguns/algumas pesquisadores/as tendem a ver o uso de *grupos preexistentes* como um problema em potencial. As pesquisas de *marketing*, por exemplo, preferem contratar *grupos de estranhos* para examinar as preferências da população em ampla escala. Isso contribui, também, para evitar que a familiaridade entre os participantes prejudique as respostas. No entanto, é preciso compreender que as pesquisas de *marketing* têm objetivos distintos daqueles que orientam as pesquisas acadêmicas. Por isso, aquilo que é percebido como um problema para as pesquisas de *marketing* pode não ser visto dessa forma pelas demais pesquisas. O que gostaria de destacar é justamente essa distinção, porque ela produz efeitos na composição do grupo e, principalmente, na análise das informações.

Esta pesquisa foi realizada com um *grupo preexistente*, pois não foi necessário criar um grupo; ele já existia antes da pesquisa. Convidei, para a realização da pesquisa, as participantes do *Grupo Sala de Espera*, que ocorreu no ano de 2010, uma vez

[117] Ainda que as noções de *artificialidade* e *realidade* possam e devam ser problematizadas a partir dos campos teóricos que sustentam esta pesquisa, optei por utilizar a ideia do autor (FLICK, 2009), pois produz impactos na composição do grupo e, sobretudo, na análise das informações.

por semana, durante o turno da tarde, das 14 às 16 horas. O grupo era formado por 10 mulheres-mães de crianças atendidas pelo Educas.

Posso dizer que o vínculo existente entre as participantes e o interesse prévio pelo tema fizeram com que a adesão à pesquisa fosse ampla e irrestrita. Se, por um lado, esses são efeitos desejáveis, por outro, suscitam importantes questões éticas. Como esse é um grupo que tem uma vida contínua, deve-se tratar de certas questões, como confidencialidade e propósitos da pesquisa, entre outras, de maneira bastante específica. Dizendo com outras palavras, ao fazer o contrato de pesquisa com o grupo, foi preciso explicar que existia uma diferença de propósito entre o *Grupo Sala de Espera* e o *grupo focal*.

Por definição, pode-se dizer que o *Grupo Sala de Espera* visa a fortalecer o vínculo entre o Educas e a família, estabelecendo aproximações para que se possam repensar as questões relacionadas à aprendizagem. O *Grupo Sala de Espera* foi criado no Educas com o objetivo de promover conhecimentos sobre a importância da participação da família na educação das crianças. Pode-se incluir nesse objetivo também o intuito de amenizar possíveis desgastes provocados pelo tempo de espera do familiar pelo atendimento do filho no âmbito do Educas. Isso acabou por constituir-se como uma estratégia para educar as famílias e manter as crianças ou os jovens em atendimento no serviço de apoio especializado (DAL'IGNA; HERBERT; MÜLLER, 2009).

O grupo focal tinha outro objetivo, que colocava em xeque a razão de existência do próprio grupo, qual seja: examinar modos de educar as famílias de crianças com baixo desempenho escolar. A diferença de propósito foi um ponto permanente de negociação. No começo, enfrentei dificuldades para convencê-las a expor suas ideias. Afinal, elas haviam sido educadas no contexto do *Grupo Sala de Espera*. Elas relatavam, em vários momentos, que no grupo haviam aprendido *como* educar o(a) filho(a), *como* participar da vida escolar da criança, visando ao seu desenvolvimento e à sua aprendizagem.

> Irene: Comecei a mudar muita coisa dentro de casa, porque, depois que eu vim para cá [Educas], aprendi muita coisa que eu fazia de errado dentro de casa. Comecei a mudar, o jeito, o meu jeito de ser, porque eu também sempre fui muito de gritar, pôr de castigo. Bater até não era muito, mas era gritar e botar de castigo. Eu não falava, só gritava. [...]
> Laura: É que eu mudei muito, eu era bruta. Eu gritava demais, eu acho que talvez eu batesse demais ou botasse de castigo demais. E, desde que

> eu entrei aqui [Educas], eu estou mudando muita coisa. Eu estou tentando conversar, eu estou tentando ser mais amorosa, estou tentando puxá-los mais para mim (Grupo focal, Encontro III, 06/05/2010).[118]

Como eu poderia explorar tais questões de outra forma? Como desafiá-las a expor suas ideias, mesmo correndo o risco de serem julgadas no grupo? Como fazê-las falar no mesmo fórum de discussão, agora com outro propósito – não se trata de educá-las, mas de compreender como elas são educadas.

Outra questão que discuti com as participantes foi a confidencialidade. Esse aspecto pode se tornar problemático em grupos preexistentes porque os membros compartilham o mesmo ambiente. Como garantir o anonimato no serviço e fora dele?

Luis Oliveira (2010), ao examinar dilemas éticos da pesquisa antropológica, destaca três responsabilidades éticas que permeiam a pesquisa: 1. compromisso com a produção de conhecimento; 2. compromisso com os sujeitos da pesquisa; 3. responsabilidade com a socialização do conhecimento produzido. Dentre eles, elejo o segundo para explorar neste momento. Mais adiante, discuto os demais.

O compromisso com os sujeitos da pesquisa é examinado por muitos autores.[119] Cito aqui o trabalho de Oliveira (2010) por sua contribuição para a pesquisa desenvolvida. Explico por quê. A responsabilidade ética com os sujeitos da pesquisa passa necessariamente pelo consentimento formal, definido pelo Conselho Nacional da Saúde como a "anuência do sujeito da pesquisa e/ou de seu representante legal, [...] formulada em um termo de consentimento, autorizando sua participação voluntária na pesquisa" (BRASIL, 1996, p. 2).

Entretanto, tal responsabilidade não pode ser traduzida apenas pelo contrato firmado com o Termo de Consentimento Livre e Esclarecido. Há uma questão importante a ser examinada: o consentimento formalizado por meio da assinatura de um termo não pode ser compreendido como algo bom em si mesmo. Se, por um lado, ele visa a garantir proteção à dignidade dos sujeitos da pesquisa, por outro, pode colocá-los em risco.

---

[118] Esclareço a forma adotada para a transcrição das falas e a inserção do material empírico no corpo do texto. *Supressões* de trechos de fala das participantes, *acréscimos* e *comentários* feitos por mim são indicados pelos colchetes. *(Des)continuidades do fluxo da fala*, *hesitação* e *dúvida* são indicados com reticências. O material empírico da pesquisa é diferenciado das citações pela sua inserção em quadros. Em alguns momentos, recorro a trechos das falas, inserindo-os no corpo do texto, identificados por aspas duplas e itálico. Todos os nomes citados são fictícios.

[119] Para uma discussão sobre dilemas éticos da pesquisa, ver também a edição de número 27 da *Revista PUCVIVA*, a qual se dedica integralmente ao tema.

Oliveira (2010) cita como exemplo pesquisas que envolvem atividades consideradas ilícitas. Nesse caso, a assinatura do termo poderia incriminar os sujeitos e, ao mesmo tempo, colocá-los na condição de delatores para o grupo social onde estão inseridos.[120]

Com base nessa argumentação, gostaria de afirmar que a formalização do consentimento livre e esclarecido por meio de um termo não é suficiente. Numa perspectiva ética, a responsabilidade do/a pesquisador/a engloba todos os processos de uma pesquisa: planejamento, execução e divulgação de resultados. Dizendo de outro modo, as responsabilidades éticas não podem ser traduzidas ou encerradas pelo termo de consentimento.

Nesta pesquisa, foi fundamental uma discussão sobre a relação entre a pesquisadora e as mulheres-mães participantes. Na medida em que havia uma relação anterior ao vínculo produzido pela pesquisa, foi necessário refletir sobre as implicações desse vínculo para o consentimento. Isso facilita ou não facilita a aceitação do sujeito? Quais são as implicações da recusa de um sujeito? Considerando essas questões, durante o primeiro encontro do grupo focal, não houve formalização do consentimento. O processo de obtenção do consentimento envolveu algumas etapas.[121]

Primeiro, apresentei coletivamente todas as informações às mulheres-mães que participavam do *Grupo Sala de Espera*. Utilizei uma linguagem clara para explicar que nossa relação prévia não poderia ser confundida com a relação que estava propondo que estabelecêssemos a partir daquele momento. Durante essa etapa, além de esclarecer as convidadas sobre a relação entre pesquisadora e participantes da pesquisa, também foi importante explicar que não haveria prejuízo caso alguma integrante do *Grupo Sala de Espera* decidisse não participar da pesquisa. Ou seja, a recusa não implicaria a necessidade de se retirar do grupo ao qual pertence.[122]

---

[120] Oliveira (2010) explica que há uma alteração no Código de Ética da *Associação Americana de Antropologia* (AAA) que contempla a questão em análise. Segundo esse código, passa a não ser obrigatória a assinatura de documento para o consentimento livre e esclarecido. Além de não precisar ser mais assinado, o consentimento passa a ser compreendido de forma mais ampla, ou seja, não se restringe ao documento.

[121] A ideia de propor às mulheres-mães uma discussão coletiva sobre a pesquisa foi suscitada pelo artigo de José Roberto Goldim, "Ética e pesquisa em Antropologia" (2004).

[122] A relação da pesquisadora Maria Cláudia com os sujeitos da pesquisa é diferente da relação da professora com as famílias. Se uma mulher-mãe procura o Educas ou a professora Maria Cláudia, ela está buscando espontaneamente uma profissional para tratar de uma questão. Na pesquisa, a natureza da relação e as posições dos sujeitos envolvidos são modificadas. Quando a mulher-mãe aceita participar da pesquisa, a pesquisadora passa a considerá-la um sujeito da pesquisa – alguém que vai participar da produção de informações para possibilitar o estudo em si.

Embora esse procedimento tenha ampliado as possibilidades de escolha das mulheres-mães convidadas, não posso afirmar que tenha sido suficiente para minimizar os efeitos do vínculo previamente existente entre nós – ao final dessa etapa, todas as mulheres-mães participantes do *Grupo Sala de Espera* aceitaram participar do grupo focal. Somente depois disso, formalizei a anuência de cada participante por meio de um Termo de Consentimento Livre e Esclarecido.

c) Composição da equipe de pesquisa

No contexto desta pesquisa, a condução do grupo focal foi desenvolvida por uma *equipe de pesquisa*. Sua composição foi muito importante para que os objetivos da pesquisa pudessem ser atingidos. Cada integrante da equipe desempenhou uma função distinta e focalizou algumas etapas importantes para a realização do trabalho de campo. De forma resumida, apresento a equipe de pesquisa:[123]

- Coordenadora da pesquisa – pesquisadora. Atuou como moderadora do grupo focal, sendo responsável pela condução da discussão com base no roteiro de debate previamente elaborado.
- Duas auxiliares de pesquisa no campo. Participaram dos encontros do grupo focal com o objetivo de acompanhar e avaliar o processo de condução do grupo focal. Durante cada encontro, realizaram registros importantes e indicaram pontos a serem observados para o planejamento do encontro seguinte – abordagem dos temas pela moderadora e pelas participantes; função exercida pela moderadora; controle do tempo de fala de cada participante; favorecimento da participação de todas as participantes; comentários paralelos entre participantes; entre outros.
- Duas auxiliares de pesquisa pós-campo. Atuaram após a conclusão do trabalho de campo, com a atribuição de transcrever os materiais de áudio resultantes dos encontros. A partir desse trabalho, os debates foram transformados em texto, com destaque para detalhes (tom de voz empregado, pausas de fala, contexto da resposta) que pudessem subsidiar as análises posteriores. As auxiliares realizaram também a transcrição das entrevistas.

[123] Agradeço à Melissa Müller (psicóloga) e às alunas vinculadas à Unisinos, Deise Szulczewski (mestranda em Educação), Gabrielle Grisa (estagiária de Psicologia) e Virginia Zílio (aluna de Letras), pela competente e generosa participação em diferentes etapas do trabalho de campo.

Por fim, antes de passar para o próximo tópico, gostaria de ressaltar que a composição de uma equipe de pesquisa ampliou as possibilidades de abordar cada tema escolhido, redirecionou muitos planejamentos e multiplicou os modos de ver e compreender cada discussão desenvolvida.

d) Estruturação do grupo

Sendo esse um grupo real, pode-se dizer que a regularidade, o número e o tempo de duração dos encontros estavam definidos previamente. Para fins desta pesquisa, foram realizados seis encontros durante o primeiro semestre de 2010, cada um com duração de uma hora e 40 minutos. Em cada encontro, conforme combinação prévia, foi utilizada a tecnologia de gravação de áudio para registro detalhado das discussões e sua posterior transcrição.[124]

e) Planejamento dos encontros

Com o objetivo de realizar uma discussão focada e obter informações relevantes para a pesquisa, elaborei um planejamento que é chamado de *Roteiro do debate* ou *Agenda dos encontros*. Para organizar o roteiro, foram considerados o(s) tópico(s) abordado(s), o(s) objetivo(s) e a duração prevista. Da mesma forma, foram elaboradas estratégias de condução visando a estimular a discussão e gerar tópicos para os demais encontros.[125]

Apresento, a seguir, a título de exemplo, uma agenda:

[124] Quando desenvolvemos uma pesquisa com pessoas, é necessário avaliar as implicações do uso de equipamentos para a gravação, a produção e o registro das informações. Essa avaliação me levou a privilegiar o uso do gravador e dispensar a filmadora e a máquina fotográfica. Da mesma forma, optei por não gravar alguns encontros com o grupo, porque seu conteúdo não estava diretamente relacionado com a pesquisa ou em razão da presença de pessoas que não participaram do estudo.

[125] Pelas razões já explicitadas, o grupo tinha uma dinâmica própria. Apesar disso, para desenvolver a pesquisa, propus às participantes alternar tópicos usualmente discutidos e outros especificamente propostos por esta investigação. Além disso, o roteiro preservou algumas ações próprias da dinâmica do Educas, como as reuniões mensais com as famílias e as apresentações elaboradas por crianças e jovens. Por isso, minha participação extrapolou os seis encontros destinados à pesquisa – 25/03, 08/04, 22/04, 06/05, 27/05, 10/06. Durante o primeiro semestre de 2010, estive com o grupo de março a junho. Essa participação possibilitou o fortalecimento do vínculo entre a equipe de pesquisa e as participantes, e a ampliação da documentação da pesquisa.

Encontro III: dia 22 de abril de 2010
Tópico de discussão: Formação familiar, educação e relações de gênero
Objetivo(s): conhecer a dinâmica do grupo familiar; estimular as participantes a falarem sobre as atribuições de homens-pais e mulheres-mães, principalmente no que se refere à educação e à participação na vida escolar dos(as) filhos(as).
Plano de trabalho:
Estímulo para discussão: Exibição do filme *Acorda Raimundo, acorda*. (20 min.) **Discussão:** A moderadora solicita ao grupo que faça comentários gerais sobre o filme – o que mais chamou a atenção de vocês neste filme? A moderadora direciona a discussão, enfatizando alguns comentários relacionados ao tópico do encontro, e solicita ao grupo que comente – o que o grupo pensa sobre [...]? (50 min.)
Geração de tópico para o próximo encontro. (10 min.)
Confraternização com lanche. (20 min.)

Depois de discorrer sobre um dos procedimentos metodológicos – grupo focal –, gostaria de finalizar, retomando o convite feito no início deste texto.

COMO CONCLUIR? OS PRÓXIMOS PASSOS

Como já referi, o que me instigou a escrever este capítulo foi a oportunidade e o desafio de compartilhar com quem faz pesquisa no campo da Educação os caminhos percorridos. Ao mesmo tempo, fiz isso para convidar, a quem aceitar, a movimentar-se, não para seguir exatamente os mesmos passos, mas para construir seus processos de pesquisa.

Por isso, para finalizar este texto, cito aqui uma afirmação de Foucault que foi meu ponto de partida e meu ponto de chegada.

> Uma crítica não consiste em dizer que as coisas não estão bem como estão. Ela consiste em ver sobre que tipos de evidências, de familiaridades, de modos de pensamento adquiridos e não refletidos repousam as práticas que se aceitam. [...] A crítica consiste em caçar esse pensamento e ensaiar a mudança: mostrar que as coisas não são tão evidentes quanto se crê, fazer de forma que isso que se aceita como vigente em si, não o seja mais

> em si. Fazer a crítica é tornar difíceis os gestos fáceis demais. [...] A partir do momento em que se começa a não mais poder pensar as coisas como se pensa, a transformação se torna, ao mesmo tempo, muito urgente, muito difícil e, ainda assim, possível (FOUCAULT, 2006b, p. 180).

Ao concluir a tese, dei-me conta do maior desafio que enfrentei. Ele está muito bem traduzido nas palavras de Foucault. Quem sabe seja melhor dizer que as ideias do autor me levaram ao desafio: *tornar difíceis os gestos fáceis demais*. O que procurei fazer, ao aceitar o desafio proposto por Foucault, foi suspeitar de meu próprio problema de pesquisa: a relação família-escola. Isso exigiu de mim um exercício de crítica permanente – questionamento das evidências, das familiaridades, do modo de pensar sobre o tema no tempo em que vivemos.

Por isso, retomo aqui tal desafio para afirmar que a trajetória de pesquisa que construí está estreitamente relacionada às inquietações que sinto. Após ter vivido um trabalho de conclusão, uma dissertação e uma tese, parece-me que o exercício de *pensar o pensamento* tomou conta de mim. Não há como, portanto, separar vida e trabalho quando se está falando das aprendizagens construídas durante um processo de formação.

Acredito que esta pesquisa me permitiu: ampliar os referenciais teóricos já estudados, formular perguntas e problemas, exercitar a crítica permanente, elaborar outras formas de pensar e de fazer educação; enfim, articular meus interesses de pesquisa com minhas atividades de formação docente nos diferentes níveis.

Hoje, ao olhar deste lugar, compreendo meu trabalho como uma prática social e cultural que também produz efeitos sobre os sujeitos; portanto, está implicada em relações de poder. Afirmar isso não significa dizer que estou em um local iluminado, acima de qualquer suspeita. Ao contrário, significa admitir que somos responsáveis por aquilo que dizemos e fazemos enquanto docentes e que temos intenções que orientam nosso fazer pedagógico e que fazem dele um ato político. Nesse sentido, entendo que, para que possamos exercitar a postura investigativa que nos permite suspeitar permanentemente das nossas próprias práticas, é imprescindível articular a atuação profissional com a pesquisa.

Com – e a partir de – Foucault, enfrentei o desafio: *tornar difíceis os gestos fáceis demais*. Ainda que tenha ampliado o grau de dificuldade do trabalho, tal desafio transformou-se num ponto de ruptura em minha trajetória de pesquisa. Por isso, ao finalizar este texto, convido aqueles e aquelas que me leem, sobretudo os(as) que se dedicam a *fazer pesquisa*, para que criemos agendas de pesquisa que mantenham viva a vontade de *fazer a crítica* e de *transformar*.

REFERÊNCIAS

BARBOUR, Rosaline. *Grupos focais*. Porto Alegre: Artmed, 2009.

BAUMAN, Zygmunt. *Modernidade e ambivalência*. Rio de Janeiro: Jorge Zahar, 1999.

BRASIL. Ministério da Saúde. Conselho Nacional de Saúde (CNS). *Resolução 196/1996*: diretrizes e normas regulamentadoras de pesquisas envolvendo seres humanos. Brasília: CNS, 1996.

COSTA, Marisa Vorraber. *Trabalho docente e profissionalismo*. Porto Alegre: Sulina, 1995.

COSTA, Marisa Vorraber. Uma agenda para jovens pesquisadores. *In*: COSTA, Marisa Vorraber (Org.). *Caminhos investigativos II*: outros modos de pensar e fazer pesquisa em educação. Rio de Janeiro: DP&A, 2002. p. 143-156.

CRUZ NETO, Otávio; MOREIRA, Marcelo; SUCENA, Luiz Fernando. Grupos focais e pesquisa social qualitativa: o debate orientado como técnica de investigação. *In*: ENCONTRO NACIONAL DE ESTUDOS POPULACIONAIS, 13., 2002, Ouro Preto, MG. *Anais*... Belo Horizonte: Abep, 2002. Disponível em: <http://www.abep.org.br/>. Acesso em: 3 jul. 2010.

DAL'IGNA, Maria Cláudia. *Família S/A*: um estudo sobre a parceria família-escola. Tese (Doutorado em Educação) – Programa de Pós-Graduação em Educação, Faculdade de Educação, Universidade Federal do Rio Grande do Sul, Porto Alegre, 2011.

DAL'IGNA, Maria Cláudia *"Há diferença"?*. Relações entre desempenho escolar e gênero. Dissertação (Mestrado em Educação) – Programa de Pós-Graduação em Educação, Faculdade de Educação, Universidade Federal do Rio Grande do Sul, Porto Alegre, 2005.

DAL'IGNA, Maria Cláudia. *A produção dos corpos de sujeitos em posições de não aprendizagem*. Monografia (Graduação em Pedagogia) – Universidade do Vale do Rio dos Sinos (Unisinos), São Leopoldo, 2001.

DAL'IGNA, Maria Cláudia; HERBERT, Daniela; MÜLLER, Melissa. Educas: espaço de questionamento das narrativas de fracasso escolar, não-aprendizagem e deficiência. *In*: BEMVENUTI, Vera Lúcia (Org.). *Cadernos de Extensão V*. São Leopoldo: Unisinos, 2009. p. 85-93.

DAMICO, José Geraldo. *"Quantas calorias eu preciso para emagrecer com saúde?"* Como mulheres jovens aprendem estratégias para cuidar do corpo. Dissertação (Mestrado em Educação) – Programa de Pós-Graduação em Educação, Faculdade de Educação, Universidade Federal do Rio Grande do Sul, Porto Alegre, 2005.

ÉTICA EM PESQUISA. *Revista PUCVIVA*, São Paulo, n. 27, jul./set. 2006.

FABRIS, Elí; SALDANHA, Letícia. SAI: Serviço de Avaliação Interdisciplinar: um espaço para pesquisa, o ensino e a aprendizagem. *In*: BEMVENUTI, Vera Lúcia (Org.). *Cadernos de Extensão I*. São Leopoldo: Unisinos, 2000. p. 37-46.

FISCHER, Rosa Bueno. A paixão de trabalhar com Foucault. *In*: COSTA, Marisa Vorraber (Org.). *Caminhos investigativos I*: novos olhares na pesquisa em educação. Rio de Janeiro: Lamparina, 2007. p. 39-60.

FISCHER, Rosa Bueno. Verdades em suspenso: Foucault e os perigos a enfrentar. *In*: COSTA, Marisa Vorraber (Org.). *Caminhos investigativos II*: outros modos de pensar e fazer pesquisa em educação. Rio de Janeiro: DP&A, 2002. p. 49-72.

FLICK, Uwe. *Introdução à pesquisa qualitativa*. Porto Alegre: Artmed, 2009.

FONSECA, Claudia. *Família, fofoca e honra*: etnografia de relações de gênero e violência em grupos populares. Porto Alegre: Ed. UFRGS, 2000.

FONSECA, Claudia. Quando cada caso não é um caso: pesquisa etnográfica e educação. *Revista Brasileira de Educação*, Rio de Janeiro, n. 10, p. 58-78, jan./abr. 1999.

FONSECA, Claudia. Que ética? Que ciência? Que sociedade? *In*: FLEISCHER, Soraya (Org.). *Ética e regulamentação na pesquisa antropológica*. Brasília: Letras Livres; UnB, 2010. p. 39-70.

FOUCAULT, Michel. Est-il donc important de penser? *In*: FOUCAULT, Michel. *Dits et écrits IV (1980-1988)*. Paris: Quarto; Gallimard, 2006b. p. 178-182.

FOUCAULT, Michel. Le souci de la vérité. *In*: FOUCAULT, Michel. *Dits et écrits IV (1980-1988)*. Paris: Quarto; Gallimard, 2006a. p. 668-678.

FOUCAULT, Michel. Verdade e poder. *In*: FOUCAULT, Michel. *Microfísica do poder*. Rio de Janeiro: Graal, 2003. p. 1-14.

GASTALDO, Denise; MCKEEVER, Patrícia. Investigación cualitativa, ¿intrínsecamente ética? *In*: MERCADO, Francisco; GASTALDO, Denise; CALDERÓN, Carlos (Org.). *Investigación cualitativa en salud en Iberoamérica*. Métodos, análisis y ética. Guadalajara: Universidad Autónoma de Nuevo León; Servício Vasco de Salud Osakidetza, 2002. p. 475-479.

GATTI, Bernadete. *Grupo focal na pesquisa em ciências sociais e humanas*. Brasília: Líber Livro, 2005.

GIDDENS, Anthony. *As conseqüências da modernidade*. São Paulo: UNESP, 1991.

GOLDIM, José Roberto. Ética e pesquisa em antropologia. *In*: VÍCTORA, Ceres *et al.* (Org.). *Antropologia e ética*. O debate atual no Brasil. Niterói: UFF, 2004. p. 163-167.

GOMES, Alberto. Apontamentos sobre a pesquisa em educação: usos e possibilidades do grupo focal. *Eccos – Revista Científica*, São Paulo, v. 7, n. 2, p. 275-290, jul./dez. 2005.

GONDIM, Sônia. Grupos focais como técnica de investigação qualitativa: desafios metodológicos. *Paidéia*, Ribeirão Preto, v. 12, n. 34, p. 149-161, 2002.

HOUAISS. *Dicionário Houaiss Eletrônico da Língua Portuguesa*. Rio de Janeiro: Objetiva, 2009. CD-ROM.

LERVOLINO, Solange; PELICIONI, Maria Cecília. A utilização do grupo focal como metodologia qualitativa na promoção da saúde. *Revista da Escola de Enfermagem*, São Paulo, v. 35, n. 2, p. 115-121, 2001.

LOURO, Guacira Lopes. Conhecer, pesquisar, escrever... *Educação, Sociedade & Culturas*, Porto, n. 25, p. 235-245, 2007b.

LOURO, Guacira Lopes. Gênero, sexualidade e educação: das afinidades políticas às tensões teórico-metodológicas. *Educação em Revista*, Belo Horizonte, n. 46, p. 201-218, 2007a.

MELO, Patrícia; ARAÚJO, Waldirene. Grupo focal na pesquisa em educação. *In*: ENCONTRO DE PESQUISA EM EDUCAÇÃO, 6., 2010, Teresina. Teresina: UFPI. *Anais...* Disponível em: <http://www.ufpi.br/>. Acesso em: 03 jul. 2010.

MEYER, Dagmar Estermann *et al. Educação, saúde, gênero e mídia*: um estudo sobre HIV/AIDS-DSTs com Agentes Comunitários/as de Saúde do Programa de Saúde da Família em Porto Alegre, RS. (Relatório de Pesquisa) – Faculdade de Educação, Universidade Federal do Rio Grande do Sul, Porto Alegre, 2003.

MEYER, Dagmar Estermann. *Vulnerabilidade, programas de inclusão social e práticas educativas*: uma abordagem na perspectiva dos estudos de gênero e culturais. (Projeto de Pesquisa) – Faculdade de Educação, Universidade Federal do Rio Grande do Sul, Porto Alegre, 2008.

MEYER, Dagmar Estermann; SOARES, Rosângela. Modos de ver e movimentar-se pelos "caminhos" da pesquisa pós-estruturalista em educação: o que podemos aprender com – e a partir de – um filme. *In*: COSTA, Marisa Vorraber; BUJES, Maria Isabel (Org.). *Caminhos investigativos III*: riscos e possibilidades de pesquisar nas fronteiras. Rio de Janeiro: DP&A, 2005. p. 23-44.

OLIVEIRA, Luis. Antropologia e seus compromissos ou responsabilidades éticas. *In*: FLEISCHER, Soraya (Org.). *Ética e regulamentação na pesquisa antropológica*. Brasília: Letras Livres; UnB, 2010. p. 25-38.

RIBEIRO, Paula. *Inscrevendo a sexualidade*: discursos e práticas de professoras das séries iniciais do ensino fundamental. Tese (Doutorado em Bioquímica) – Programa de Pós-Graduação em Ciências Biológicas, Universidade Federal do Rio Grande do Sul, Porto Alegre, 2002.

RORTY, Richard. *Objetivismo, relativismo e verdade*: escritos filosóficos I. Rio de Janeiro: Relume-Dumará, 1997.

SILVA, Tomaz Tadeu da. *Identidades terminais*: as transformações na política da pedagogia e na pedagogia da política. Petrópolis: Vozes, 1996.

SOUZA, Nádia G. de. *Que corpo é esse?* O corpo na família, mídia, escola, saúde... Tese (Doutorado em Bioquímica) – Programa de Pós-Graduação em Ciências Biológicas, Universidade Federal do Rio Grande do Sul, Porto Alegre, 2001.

TEIXEIRA, Sandra; MACIEL, Maria Delourdes. Grupo focal: técnica de coleta de dados e espaço de formação docente. *In*: ENCONTRO NACIONAL DE PESQUISA EM EDUCAÇÃO EM CIÊNCIAS, 7., 2009, Florianópolis. Belo Horizonte: UFMG, 2009. *Anais*... Disponível em: <http://www.fae.ufmg.br/>. Acesso em: 03 jul. 2010.

VEIGA NETO, Alfredo. Dicas... *Revista Aulas*, São Paulo, v. 1, p. 11-23, 2010. Disponível em: <http://www.unicamp.br/~aulas/07.htm>. Acesso em: 9 nov. 2010.

VEIGA NETO, Alfredo. *Equívocos ou o (falso) problema da relação entre teoria e prática, na formação docente*. Texto apresentado e discutido na Universidade Luterana do Brasil (ULBRA), 2003.

VEIGA NETO, Alfredo. Na oficina de Foucault. *In*: GONDRA, José; KOHAN, Walter. (Org.). *Foucault 80 anos*. Belo Horizonte: Autêntica, 2006. p. 79-91.

VEIGA NETO, Alfredo. Paradigmas? Cuidado com eles! *In*: COSTA, Marisa Vorraber (Org.). *Caminhos investigativos II*: outros modos de pensar e fazer pesquisa em educação. Rio de Janeiro: DP&A, 2002. p. 35-47.

VEIGA NETO, Alfredo. Teoria e método em Michel Foucault: (im)possibilidades. *Cadernos de Educação*, Pelotas, n. 34, p. 83-94, set./dez. 2009.

ZIMMERMANN, Marlene; MARTINS, Pura. Grupo focal na pesquisa qualitativa: relato de experiência. *In*: VIII CONGRESSO NACIONAL DE EDUCAÇÃO; III CONGRESSO IBERO-AMERICANO SOBRE VIOLÊNCIA NAS ESCOLAS. Curitiba: PUCPR, 2008. *Anais*... Disponível em: <http://www.pucpr.br>. Acesso em: 03 jul. 2010.

CAPÍTULO 10

Nos rastros de uma *bruxa*, compondo *metodologias alquimistas*

LÍVIA DE REZENDE CARDOSO

Uma ciência? Uma arte? Ou pura magia? Talvez a *bruxa* dissesse que se trata mesmo de uma ciência-arte-magia! Recorro, aqui, aos feitios *alquimistas* de uma *bruxa* para pensar modos pelos quais se pode compor metodologias sem os excessos de rigidez e de recomendações que, tradicionalmente, têm permeado a ciência moderna: racionalidade, objetividade, neutralidade e universalidade. As discussões e reflexões reunidas neste texto foram elaboradas quando segui os *rastros* de tal *bruxa* e construí caminhos metodológicos em minha tese de doutorado.[126] Nela, analiso a produção do sujeito *Homo experimentalis* em um currículo de aulas experimentais de Ciências de uma escola pública de Belo Horizonte. Quis, em síntese, entender: como são fabricados/as alunos/as e professores/as de Ciências em aulas experimentais? Quais características lhes são prescritas, demandadas e engendradas em tal currículo? Como discursividades multiplicam-se em aula para construir e governar sujeitos científicos?

Neste capítulo, objetivo, guiada pelas teorizações da *bruxa*, discutir algumas possibilidades apresentadas pela *metodologia alquimista* quando adentrei uma *caverna* e analisei um currículo. Argumento, aqui, que é possível articular elementos da etnografia pós-moderna com a análise de discurso foucaultiana e compor uma

[126] Tese intitulada *Currículo de aulas experimentais de ciências e a produção do Homo experimentalis*, elaborada na Faculdade de Educação da UFMG, sob a orientação da profa. Dra. Marlucy Alves Paraíso.

metodologia que atende aos pressupostos pós-críticos. Uma *metodologia alquimista* considera, por um lado, a ciência como um artefato cultural, como inserida em disputas, como uma cadeia de significação cultural, como propícia às impregnações por outros artefatos que venham para movimentar análises e pensamentos, interrogações e problematizações. Por outro lado, sabe que, ao se fazer pesquisas, também se está inscrito nesse campo específico de produção de saberes. Por isso, um/a pesquisador/a alquimista é solicitado/a a explicitar objetos e objetivos, questões e problematizações, fundamentação teórica e caminhos metodológicos.

No próximo tópico, busco, inicialmente, definir e caracterizar a *metodologia alquimista* por meio de alguns pressupostos teóricos. Nos dois tópicos seguintes, discuto formas de caminhar, problematizando algumas *alquimias* experimentadas na *caverna*, e aproximo campos diferenciados de pesquisa em educação: a etnografia pós-moderna e a análise do discurso foucaultiana. Nesse empreendimento, escolho a *bruxa* como personagem para guiar a leitura e a argumentação. Ela, aqui, é entendida como uma pesquisadora que busca compor *metodologias alquimistas* em suas *cavernas* de pesquisa.

POR UMA *METODOLOGIA ALQUIMISTA*

Erros, enganos, miragens, lorotas, asneiras, mal-entendidos, quiproquós, disparates, contrassensos, inexatidões, desvarios, falsidades, despropósitos, imperícias, ratas, balbucios, desvios, absurdos, engodos, quimeras, ilusões, alucinações, cegueiras, visagens, chacotas, patranhas, extravagâncias, trapalhadas... É assim que Jean-Pierre Lentin inicia sua obra *Penso, logo me engano* para contar os "mais de dois mil anos de besteiras" (1996, p. 13) já defendidas por cientistas de diversas áreas do conhecimento. De início, a *bruxa* mostrou-me isso não para que eu o rememorasse a todo momento, como num impulso de investir-me de maior rigor científico ao pesquisar. Ao invés disso, trouxe a lembrança de que, na ciência, há inúmeros equívocos para explicitar que não a vê como verdade inquestionável, considerando-a uma "construção interessada" (MOSTAFA, 2004, p. 70).

Afinal, para uma *bruxa alquimista*, é interessante construir uma ciência sem ferramentas rígidas e que a tudo permite tornar-se inspiração. Uma ciência sem caminhos para, assim, deixar desejar múltiplas possibilidades de caminhar. Uma ciência sem modelos, em que o único paradigma permitido é o da invenção. Dessa *metodologia alquimista* desejada pela *bruxa*, resultaria "uma bricolagem diferenciada, estratégica e subversora das misturas homogêneas típicas da modernidade" (CORAZZA, 2002, p. 121). A *metodologia alquimista* composta por ela é resultante de uma junção híbrida de procedimentos lidos de diferentes modos de pesquisar. É, além disso, uma forma de pesquisar inserida em uma ciência pós-moderna, uma ciência interessada. É, também, uma metodologia fruto de nossa *alquimia*, de nossa ressignificação do lido, de nossas recriações e invenções, como nos sugere Marlucy Alves Paraíso em seu capítulo.

Passei, então, a entender que a pesquisa que se buscaria realizar, por meio da *metodologia alquimista*, deveria ser caracterizada como uma pesquisa-experimentação. É experimentação porque permite arriscar, saber que nada está garantido e que não existe um livro de metodologia a ser seguido. Com ela, é possível juntar e afastar, mas com a necessidade de explicar como se junta e porque se afasta. Assim, empenhei-me, por meio dela, a desaprender o já sabido e experimentei operar com outros conceitos, usar outros procedimentos e ensaiar outras explicações porque sei que é necessário estar insatisfeita com o já dito, o já significado e com o já sabido sobre o objeto escolhido.

Ao adentrar o currículo de aulas experimentais para arriscar uma pesquisa experimentação, busquei, entre outros acontecimentos, "as condições sob as quais algo de novo é produzido" (TADEU; CORAZZA; ZORDAN, 2004, p. 16). Cuidei para ter muito explicitadas as perguntas, as perspectivas teóricas e os conceitos que permitem ver e dizer o que vejo e sinto. Para tanto, sabia que uma *bruxa alquimista* seleciona ferramentas de investigação como material de um trabalho manual e paciente para ver, sentir, escutar, fazer falar. Essas ferramentas são lupas, pinças, cadinhos, estufas ou, quiçá, olhos, mãos, bocas, ouvidos, corpos. Afinal, como sugere Marisa Vorraber Costa (2002, p. 16), "não importa o método que utilizemos para chegar ao conhecimento; o que de fato faz diferença são as interrogações que podem ser formuladas dentro de uma ou outra maneira de conceber relações entre poder e saber". Importa, ainda, colocar para funcionar "outra máquina de pensar, de significar, de analisar, de desejar, de atribuir e produzir sentidos, de interrogar em que sentido há sentidos" (CORAZZA, 2002, p. 111). Enfim, o que interessa a um/a cientista em devires pós-moderno é "problematizar todas as certezas, todas as declarações de princípios" (VEIGA NETO, 2002, p. 34).

Eram muitas as certezas, significações e verdades produzidas quando delimitei meu objeto de estudos. Muito já havia sido dito, significado e sabido. Quis, porém, desaprender, problematizar, desnaturalizar o comum. Parti para a sua análise, sabendo que, há muito, produziram-se condições que possibilitaram a experimentação científica tornar-se um dispositivo e, assim, desejar um sujeito específico; que muito tem sido demandado aos sujeitos *Homo experimentalis* em escolas, revistas, jornais, *sites*, programas televisivos, cinema, desenhos animados, artigos especializados etc.; que os conteúdos científicos e as metodologias acionadas nos currículos de ciências inserem-se em um projeto de normatização científica o qual perpassa a sociedade ocidental. Arrisquei em tais análises, inspirada nas reflexões da *metodologia alquimista*, problematizar certezas, significações e verdades consolidadas pelas pesquisas em Educação em Ciências.[127]

Passei, então, a não mais entender o currículo investigado como um conjunto de saberes e práticas para melhor formar indivíduos. Entendi que, se para a ciência o dispositivo da experimentação funcionou como máquina de verdade e solicitou um sujeito adequado em dado momento histórico, no currículo de ciências, esse dispositivo encontra um campo fértil para acionar um ensinar diferente, um aprender distinto, um alunado e professorado adequados às aspirações científicas. Por meio do discurso do ensino por experimentação, defende-se e naturaliza-se no currículo a necessidade de um aprendizado dos procedimentos e saberes científicos. Legitimam-se suas verdades e formas de significar o mundo que passam a ser também dos sujeitos que a ciência engendra. Valida-se o seu investimento em tantos outros artefatos. Cerca-se a vida cotidiana de tal modo que se torna, por vezes, impossível pensá-la por outras perspectivas. Entendi, sobretudo, que nesse currículo cerceiam-se sujeitos para que se tornem o efeito esperado, para que passem a agir, também, de modo experimental.

Não é, entretanto, apenas a escolha do modo de olhar, da abordagem metodológica que intriga um/a *alquimista*. O próprio teor inesperado, inusitado e surpreendente dos *cenários educativos* trava qualquer pretensão de estabelecer rigidamente os caminhos a serem seguidos. Por isso, com a *metodologia alquimista*, a *bruxa* experimenta. Sem perder o rigor, autoriza-se a cometer erros e a recomeçar sempre, a investigar de um modo diferente dos modos por demais rígidos. Descarta-se a rigidez ainda que buscando permanentemente o rigor. Esse rigor, porém, tem que ser somado à alegria, à descontração, assumindo todos os riscos e as alegrias do experimentar, do juntar, do *processo alquímico*. Com ela, autoriza-se a ler o mundo de uma aula, de um currículo, de uma escola, de um artefato cultural, de um discurso com rigor e leveza, livres da rigidez de ter que classificar nossa leitura em um método já pronto e

[127] Ver uma análise de tais pesquisas em Lívia Cardoso (2011).

completamente definido. Permite-se até, quem sabe, bailar com uma pesquisa como nos propõe o capítulo de Thiago Ranniery Moreira de Oliveira neste livro.

Com a *metodologia alquimista*, aventura-se a construir uma narrativa, que é fruto do híbrido que nos cerca, sabendo de nossa implicação e explicitando nossa posição nessa construção. Aceita-se, como sugere a *bruxa alquimista*, relatar significações, enunciações, sensações, sentimentos. Prioriza-se o modo de funcionamento de um discurso, de um texto, de uma aula, de um artefato. Desconfia-se das ditas descobertas. Com a *alquimia*, experimenta-se investigar em educação de um modo geral sem seguir um método seguro e, portanto, com base em um "significado da prática científica que se opõe radicalmente à visão canônica que dela se teve até recentemente na sociedade ocidental" (BUJES, 2002, p. 11).

Ao clamar por implicações, significações, enunciações, sensações e sentimentos na *metodologia alquimista*, que é também pesquisa experimentação e experimentalmente pós-moderna, extrapolam-se amostras, ensaiam-se artifícios, potencializam-se meios e fins. Inventam-se, fundamentalmente, "instrumentos através dos objetos" (FOUCAULT, 2006c, p. 229). Assumem-se as possibilidades da invenção de uma metodologia pensada e fabricada pela *alquimia* que é "arte química" (PORTO, 2006, p. 172), que "parece uma ciência sem ser. [...] Chega mesmo a ser surrealista" (LENTIN, 1996, p. 111). Uma atividade considerada "pré-científica que visava alcançar uma melhor compreensão do cosmo, da matéria e do homem" (LENTIN, 1996, p. 111). Em síntese, trata-se de uma tradição antiga que combina elementos de química, física, astrologia, arte, filosofia, metalurgia, medicina, misticismo, geometria e religião. Foi uma fase importante na qual se desenvolveram muitos dos procedimentos experimentais e conhecimentos que mais tarde foram utilizados pela ciência moderna (PAWELS; BERGIER, 1985).

Na *alquimia* que realizei para dar conta das especificidades do meu objeto, a *bruxa* sugeriu a aproximação de dois campos de pesquisa: a etnografia pós-moderna e a análise do discurso foucaultiana. Pensada de vários lugares, desejosa de novas composições, de desconcertantes possibilidades, que ora se envenena, a *metodologia alquimista* foi movimentada, então, para *produzir a pedra filosofal* e *criar vida humana artificial*: os *homúnculos*. Nessa tentativa de aproximação, permitiu-se misturar conceituados/as autores/as pós-críticos/as, mesmo que eles/as nunca tivessem dialogado entre si, e utilizar suas teorias, roubando e incorporando parcialmente suas falas, mesmo indicando a quem correspondia cada uma delas. A *bruxa* inseriu-se nesses campos como etnógrafa pós-moderna e analista do discurso na tentativa de construir uma *metodologia alquimista* a partir do que esses/as autores/as discutem e problematizam acerca do fazer ciência na pós-modernidade, mesmo sem nunca terem discutido sobre *alquimia* e *bruxa*.

Eis, a seguir, o traçado de uma "imedótica de práticas de pesquisa, construída pelas práticas já existentes, mas acrescida daquelas que pudermos e necessitarmos criar quando saltarmos das pontes" (CORAZZA, 2002, p. 126). *Horror*! *Pavorosa hipótese*! *Bruxaria*! *Loucura*! *Para a fogueira*! Poderiam até gritar homens brancos, homens de ciência, homens do método clássico, inquisitorial (PAWELS; BERGIER, 1985). Assumi o risco do *erro*. Afinal, para Foucault (1970, p. 11), "talvez não haja erros em sentido estrito, porque o erro não pode surgir e ser avaliado senão no interior de uma prática definida". Assumi tal possibilidade de erro porque quem aqui escreve, experimenta e cria é mulher, é *alquimista*, é *bruxa*.

QUANDO A *PEDRA FILOSOFAL* ENCONTRA A ETNOGRAFIA PÓS-MODERNA

Depende de tal princípio o aumento e procriação de Metais puros. Portanto, disso poderia ser preparada a Pedra filosofal, que converteria todos os outros metais em ouro. Tais palavras foram proferidas pelo alquimista Boerhaave, em 1734,[128] quando discorreu sobre o poder da pedra filosofal: substância capaz de provocar a magia da transmutação de quaisquer *metais inferiores* em *ouro*. Embora, na química, o termo metais inferiores refira-se aos materiais de baixa densidade, aqui, aceito essa expressão sem nenhuma conotação valorativa. Chamo de *metais inferiores* quaisquer práticas de prescrição, de ordem, de enquadramento para que algo se torne uma forma específica. Já *ouro*, aqui, é usado para me referir às práticas criativas, às atividades que extrapolam as possibilidades, ao encontro entre alunos/as e professores/as ou ao produto das pesquisas-experimentações.

Em meio às buscas e às produções de tal mineral ao longo dos tempos – primeiro desejo de uma *bruxa alquimista* –, o processo de *alquimia* se modificou substancialmente em meados do século XX. Inicialmente, surgiu uma nova classe de *intelectuais alquimistas* com o desejo de anunciar a crise da razão e da ciência ocidental, influenciados pelo movimento pós-estruturalista francês, sendo Michel Foucault um dos maiores representantes. Os/as *alquimistas* – ou antropólogos norte-americanos,

[128] Texto extraído de Ana Goldfard e Márcia Ferraz (2006).

James Clifford, George Marcus, Dick Cushman, Marilyn Strathern, Robert Thornton, Michael Fischer – passam a modificar o processo de fabricação da antiga *pedra filosofal*. Esses novos modos de fazer etnografia inspiraram e produziram curiosos procedimentos, como os apresentados nos capítulos de Shirlei Sales, de Carin Klein e José Damico e de Rosângela Soares e Patrícia Balestrin.

Os novos *procedimentos alquimistas* produzem a *pedra filosofal* ou etnografia pós-moderna como um texto ou gênero literário, enfatizando as novas alternativas de escrita etnográfica (JORDÃO, 2004). Nos *pergaminhos* dos *alquimistas* desse modo de fazer etnografia, encontram-se curiosas passagens: *experimentar*, *experimentar*, *experimentar*!; construir narrativas interessadas; declarar uma invisibilidade impossível; produzir variados mundos através de suas próprias lentes; *desejar*, *desejar*, *desejar*!; investigar espaços comuns e impregnar-se deles para estranhá-los; fugir de conceitos totalizantes; ultrapassar as aparências; *criar*, *criar*, *criar*!

A *pedra filosofal* é, então, utilizada para *tocar* um dado *metal inferior* – um currículo não tocado, não experimentado – num desejo de que este se torne um material mais puro, o *ouro* – currículo tocado, experimentado, analisado, criado. Sim, trata-se de "experimentar, em lugar de interpretar" (MONTEBELLO, 2010, p. 131). Com isso, quer-se "dizer coisas simples em nome próprio, e nada além. Experimentar, abrir-se às multiplicidades, às intensidades que percorrem, de ponta a ponta, a própria pele" (MONTEBELLO, 2010, p. 131). Admite-se que, num processo de *fabricação* rico em experiências, *bruxas* deixam-se levar pela intuição, pelas sensações que *os metais inferiores* lhes proporcionam, pelas possibilidades de *transmutarem-se* e construírem suas *pedras*.

Para tanto, é necessário escolher, delimitar e caracterizar os *metais inferiores* a serem transmutados na caverna de acordo com as especificidades do objeto. Na pesquisa realizada, também escolhi, delimitei e caracterizei. O critério de escolha da instituição investigada por um ano letivo foi encontrar professores/as de Ciências que anunciassem utilizar a experimentação em suas aulas. Além desse critério, a escola escolhida apresentou um diferencial: tinha, em sua grade curricular, uma disciplina intitulada Grupo de Trabalho Diferenciado, cujo tema daquele ano era "Conhecendo a ciência por atividades práticas". Outro diferencial foi possuir dois laboratórios de Ciências disponíveis, com boa estrutura e adequado fornecimento de materiais para realização de experimentos.

A *bruxa* destaca que as aulas não acontecem isoladamente e sem contextos específicos. Por isso, preocupei-me em conversar com a coordenação pedagógica da escola para explicitar os objetivos e procedimentos metodológicos, pedir permissão para realizar tal pesquisa e solicitar os livros didáticos utilizados, o plano político-

-pedagógico dos anos letivos e o projeto de construção dos laboratórios. Foram firmados, ainda, compromissos éticos com pais, professores/as, alunos/as, estagiários/as e coordenação escolar de modo a assinarem termos de responsabilidade e de consentimento para os devidos usos do material empírico coletado. Sim, na *metodologia alquimista* de nossos tempos, não se pode esquivar desses procedimentos ao se dirigir a uma escola para pesquisar.

Atendendo intuições e sensações, a *bruxa* ajudou-me a acompanhar as referidas aulas para observar acontecimentos, registrar ditos, gestos e emoções, perceber demandas e sensações, entender a dinâmica escolar, anotando tudo em diário de campo. Aproveitei conversas dos/as alunos/as entre si ou com professores/as, bem como entrevistas que realizei com alguns/algumas deles/as. Recolhi roteiros das práticas, materiais didáticos que foram possíveis, exemplares dos livros didáticos utilizados, anotações, desenhos, exercícios, atividades propostas, estudos dirigidos, relatórios de aula, avaliações. Fiquei atenta, ainda, à organização das aulas, à estrutura dos laboratórios e de outros espaços destinados a aulas específicas, às vestimentas, aos materiais, aos métodos, às instruções dos/as professores/as.

De modo não menos importante, a *bruxa* destacou-me o fato de que as docentes e discentes eram confrontados/as, atravessados/as e subjetivados/as diariamente por diferentes práticas discursivas. Mídia, *sites* de entretenimento, revistas científicas, congressos, formação acadêmica, pesquisas em educação científica, práticas cotidianas disputaram espaço na produção de significados sobre ciência, seu ensino e modos de ser-professora-de-ciências e de ser-aluno/a, construindo uma dinâmica específica nessas aulas. Assim sendo, deixei tornar-se material empírico todo artefato cultural que se apresentou conectado ao currículo. Isto é, analisei os discursos divulgados em diferentes espaços, mostrando como há encontros entre o que se divulga no currículo escolar e em outros espaços. Afinal, é necessário perceber os acontecimentos, quando no discurso o poder toma outra forma e produz novas enunciações por outras terem perdido seu efeito em meio aos conflitos e dispersões.

Uma *bruxa alquimista* experiente já entende que, no *toque*, a *pedra filosofal* produz um texto, "situa as interpretações culturais em diferentes contextos intercambiáveis e obriga os escritores [*alquimistas*] a encontrar diversas maneiras de apresentar realidades [*ouro*], que são de fato negociadas, como inter-subjetivas, cheias de poder e incongruentes" (CLIFFORD, 1986, p. 15). Enfim, entende que "os dados não falam por si só" (FONSECA, 1999, p. 69), ao contrário, o material empírico é *tocado*, é experimentado pelas lentes de quem observa. Por conseguinte, a *pedra filosofal* é o discurso do mundo pós-moderno, pois "o mundo que fez a ciência, e que a ciência fez, é agora um modo arcaico de consciência" (TYLER, 1986, p. 123). Por sua ação ser um discurso, Vincent Crapanzano (1986) destaca que o/a pesquisador/a assume uma invisibilidade impossível. Afinal, a presença, o ato, a experimentação, o *toque* da *bruxa* é processo intencional, declarado, assumido e *ambicioso*!

A todo momento, a *bruxa* disse-me que uma invisibilidade seria impossível e, portanto, essa não foi a pretensão. Contudo, fui solicitada a passar-se como nativa por uma das professoras. Isso pode ser observado em uma passagem inicial do diário de campo, onde é narrado que: "com cuidado, ela [uma das professoras investigadas] se aproxima de mim e pede que eu use também um guarda pó. Acatei tranquilamente, pois entendi que, naquela dinâmica, desejava-se que eu desse exemplo aos/às alunos/as". Por outro lado, entendi que precisava assumir uma postura diferente daquela que era estabelecida entre alunos/as e professores/as. Isto porque precisava conhecê-los/as, queria perceber suas fugas. Por isso, tentei passar a eles/as a ideia de que tudo isso me interessava, como pode ser constatado em outra passagem: "algumas meninas ouvem música no celular e ao perceberem que estou olhando para elas, sorriem e eu devolvo um sorriso". Ou quando fui reconhecida, no ano seguinte, pelos/as alunos/as repetentes e que haviam participado da pesquisa no semestre anterior: "Ei, Camila, ela é a nossa tia que anota tudo que a gente faz, gosta e não gosta".

A *bruxa alquimista* não parte para o *toque* sem antes saber como se quer a *pedra filosofal*. Isto é, "sem pré-concepções ou diretrizes para sua observação" (WIELEWICKI, 2001, p. 29). No processo *ambicioso*, porém, de tudo querer *tocar* para virar *ouro*, a *bruxa* pode se *envenenar* nos seus próprios *procedimentos alquímicos*. Assim, ela precisa considerar que, no ato de *tocar* [descrever/experimentar/multiplicar os sentidos] o *metal inferior*, ela é a "detentor[a] do poder de representá-los" (WIELEWICKI, 2001, p. 29), mas sem almejar a pretensão de reproduzir a realidade do grupo pesquisado. Além disso, uma possível "autoridade monofônica é questionada, aparecendo como uma característica de uma ciência que pretendeu representar culturas" (CLIFFORD, 1986, p. 15). Uma alternativa apresentada às/pelas *bruxas alquimistas* seria o *procedimento alquimista* da polifonia, da etnografia experimental (LACERDA, 2001).

Objetivando essa relação fluida e polifônica, primei pelo ensaio, exercício e experimentação de outras formas de coletar dados além das citadas. Então, em alguns momentos, solicitei que os/as alunos/as registrassem com a câmera fotográfica o que era interessante ou não nas aulas, bem como comandassem a gravação do áudio. Por vezes, participei, ainda, dos horários de lanche e observei recreações, cheguei mais cedo para presenciar conversas prévias sobre o que fariam na aula ou ouvir lamentações. Em outros momentos, optei por acompanhar o preparo das aulas no laboratório, por escutar as conversas dos/as professores/as entre si em relação às suas aulas ou alunos/as, por acompanhar as reuniões pedagógicas.

Ao ficar, portanto, em contato com os *materiais inferiores*, um/a *alquimista* os conhece bem e até se assemelha a eles. Contudo, não acredita que seja necessário um afastamento daquilo que lhe é comum. Realmente, isso não se configura como um problema para o/a pesquisador/a na *metodologia alquimista*. A *pedra filosofal* será produzida por quem vive, experimenta e se insere em tal conjuntura. Nesse contexto, "não prevalece nem o critério comumente adotado pelas monografias clássicas – em que o rotineiro permanecia anônimo, enquanto o excepcional era identificado –, tampouco o procedimento oposto, adotado pelas etnografias contemporâneas realizadas em sociedades distintas das do pesquisador" (BEVILAQUA, 2003, p. 54).

A etnografia, em sua versão pós-moderna, pode sim ser realizada em espaços comuns e conhecidos da *bruxa*. Na *metodologia alquimista*, afasta-se da ideia de que a etnografia só pode ser realizada em outras culturas como concebiam alguns etnógrafos que adentravam ditas culturas primitivas.[129] O/a pesquisador/a pode e deve realizar investigações em espaços comuns ao seu cotidiano, tais como: escolas, praças, eventos, ruas, *shopping*, festas. Considero que isso propicia "captar arranjos, mecanismos e saídas surpreendentes dos atores sociais e que não são visíveis a um olhar meramente de fora" (MAGNANI, 2003, p. 93). Então, com a *metodologia alquimista*, experimentam-se diferentes *toques*, *transmutações*, *pedras filosofais*. Reconhece-se que, "por olhar de perto e de dentro" (MAGNANI, 2002, p. 17) o *ouro* carregará marcas de ambos: da *bruxa* e do *metal inferior*. Tal produto textual, porém, será "mais geral do que a explicação nativa, presa às particularidades de seu contexto, [...] e mais denso que o esquema teórico inicial do pesquisador" (MAGNANI, 2002, p. 17).

A *pedra filosofal* – que não é mais vista, na *metodologia alquimista*, como uma observação participante – torna-se mais que um *toque*, torna-se um encontro no qual *bruxas alquimistas* e *metais inferiores* experimentam uma relação fluida, cambiante e imprevisível. Fluida por ser informe ou sem partir de uma configuração *a priori*. Cambiante por gostar do indefinido, do indistinto, do imprevisto que a etnografia reserva. O encontro estabelecido entre *bruxa* e *metais inferiores*, portanto, deve primar pelo ensaio, pelo exercício, pela inovação dos *procedimentos alquimistas* em busca de

[129] Refiro-me a antropólogos como Bronislaw Malinowski (1984) e Claude Lévi-Strauss (1970).

múltiplas *pedras filosofais*. Logo, quaisquer pesquisadores/as na etnografia e, aqui, a *bruxa*, devem "evocar, sugerir conexões de sentido, provocar, ironizar, mas não descrever totalidades culturais" (LACERDA, 2001, p. 25).

Nesse exercício de criação de textos ditos analíticos acerca dos dados produzidos na pesquisa de campo, a *bruxa alquimista* incentivou-me a inventar formas de escrita, de movimentar o pensamento, que os inscreva como uma narrativa interessada. Com o intuito de não descrever, interpretar ou fixar o pensamento no lugar comum, vali-me de *metaforizações* apanhadas de diferentes artefatos: literatura, música, culinária, filmes, etc. Uma forma de escrita que pretendeu, ainda, estabelecer sentidos, provocar efeitos e potencializar os conceitos existentes. Além das metaforizações, lancei mão do artifício analítico de *colagem fotográfica*, de composição de cenários para fazer aparecer continuidades e descontinuidades nos acontecimentos discursivos do currículo investigado.

É tarefa básica da *bruxa alquimista* explorar a dimensão política que caracteriza a construção de significados. Um processo que "envolve sujeitos [*materiais inferiores*], portadores de distintos recursos materiais e simbólicos, em situação de cooperação e conflito" (JAIME JUNIOR, 2003, p. 452). Os/as pesquisados/as – isto é, os *materiais inferiores* – não são puros, suas características expressadas, suas vozes, são sinalizadas como pertencentes "a outro registro, outra língua, outro discurso" (SILVEIRA, 2002, p. 69). Na intenção de produzir uma *pedra filosofal* para o material a ser *tocado*, na *metodologia alquimista* aqui apresentada, reconhece-se a necessidade de não ficar no plano das aparências. Afinal, "perceber diferente do que se vê é indispensável para continuar a olhar ou a refletir" (FOUCAULT, 1998, p. 13).

CRIAR VIDA HUMANA ARTIFICIAL

Põe-se num alambique a porção suficiente de sêmen humano, sela-se o alambique e este é conservado durante quarenta dias à temperatura semelhante à que prevalece no interior dum cavalo. Ao fim de este prazo, a semente humana começa a crescer, a viver e a mover-se. A isso se dá o nome de homúnculo. Deve ser tratado com todo o cuidado, até crescer o necessário e começar a evidenciar sinais de inteligência.[130] Eis o

[130] Trecho retirado da obra intitulada De Natura Ruran escrita em 1537 pelo alquimista Paracelso. Disponível em: <http://www.apfertilidade.org/blog/2010/01/11/o-homunculo-entre-o-desejo-e-a-ficcao/>. Acesso em: 14 abr. 2011.

segundo desejo de uma *bruxa alquimista*: a produção de *homúnculos*, *que é a* vida humana criada a partir de materiais inanimados (GOLDFARD; FERRAZ, 2006). Aqui, uso esse termo para pensar a produção de subjetividades no currículo de aulas experimentais de ciências quando realizei a etnografia.

Desvendar como cada um desses seres, *homúnculos* ou as diferentes subjetividades contemporâneas, é produzido é, também, tarefa da *metodologia alquimista*. Esse não é, porém, um trabalho simples, pois a criação de *homúnculos* envolve segredo e não se encontram facilmente *pergaminhos com manuais de criação* de *homúnculo* em todo lugar! Para isso é necessário recorrer a algum *alquimista astuto* que auxilie no processo de análise de como tais *homúnculos* são fabricados. Tenho solicitado caminhos, nessa empreitada, a Michel Foucault, não para encontrar *o sêmen* ou *a semente*, mas para recriar os passos da invenção e, por conseguinte, conhecer a formação das subjetividades dos *homúnculos*. É importante registrar que procuro nesse processo não o ponto de criação, mas, sim, o "princípio de descontinuidade" dos discursos e seus desdobramentos estratégicos (FOUCAULT, 1970, p. 19).

Para tanto, a *bruxa*, em sua *metodologia alquimista*, faz traçados usando, por exemplo, conceitos/*ferramentas* foucaultianos. Analisa, nesse sentido, o discurso como *elemento que compõe os homúnculos*,[131] como "práticas que formam sistematicamente os objetos de que falam" (FOUCAULT, 2005, p. 55). Afinal, com Foucault e operando com a *metodologia alquimista*, a *bruxa* passa a entender que o segredo está em desnaturalizar as enunciações,[132] em desconfiar das essências mascaradas nos saberes contidos nos *pergaminhos*. Sabe, então, que tudo é produzido, criado e reinventado. Nesse processo de produção, entretanto, há articulações com poderes, há estratégias e táticas que ao serem acionadas na produção dos saberes deixam no próprio discurso suas marcas. Cabe a ela, que tomou a tarefa de mostrar a composição dos *homúnculos*, narrar de que modo se dá essa composição e que articulações estratégicas carrega. É por isso que, operando com a *metodologia alquimista*, a *bruxa* deixa de acreditar nas enunciações e passa a mapeá-las, *escutá-las*, mostrar suas relações, para perceber suas condições de existência, os *acontecimentos que elas instauram*, as *formas* que

[131] Assim, essa ideia opõe-se à originalidade individual: "princípio de regularidade" dos discursos (FOUCAULT, 1970, p. 19).

[132] Enunciado seria a unidade do discurso, mas "não é uma unidade do mesmo gênero da frase, [...]. É uma função de existência que pertence, exclusivamente, aos signos [...] Uma função que cruza um domínio de estruturas e unidades possíveis e faz com que apareçam, com conteúdos concretos, no tempo e no espaço" (FOUCAULT, 2005, p. 97-98).

elas tomam, as *estratégias que nela são usadas*, seus *investimentos*, as *repetições* e seus *feitos* e *efeitos discursivos*. Com a leitura dos *pergaminhos*, a *bruxa* deseja realizar *alquimias* pondo a diferença em movimento.

Foi nesse sentido que analisei as aulas experimentais como um currículo permeado por relações de poder-saber e verdade. Em tais aulas, meu trabalho *alquímico* foi o de conectar o que acontecia em laboratório com práticas discursivas de outros espaços. Foi, também, o de entender que os discursos pertenciam a diferentes formações discursivas, que não se restringiam a discursos educacionais. Assumi, com isso, o desafio de estranhar tudo o que era vivenciado, perceber os discursos e suas enunciações que ali produziam efeitos. Para analisar toda essa produtividade, mapeei e pus em relação os diferentes discursos, busquei sua regularidade e descontinuidade.

Afinal, o/a pesquisador/a, ou a *bruxa*, operando com a *metodologia alquimista*, precisa entender que "é inserindo-se no discurso, aprendendo as regras de sua gramática, de seu vocabulário e de sua sintaxe, participando dessas práticas de descrição e redescrição de si mesma, que a pessoa se constitui e transforma sua subjetividade" (LARROSA, 1994, p. 68). Assim, um dos primeiros procedimentos ao trabalhar com essa metodologia é entender a prática discursiva "como o princípio de dispersão e de repartição dos enunciados, segundo o qual se sabe o que pode e o que deve ser dito, dentro de determinado campo e de acordo com certa posição que se ocupa nesse campo" (FISCHER, 2001, p. 203).

Na pesquisa realizada, ao seguir essas sugestões da *bruxa*, percebi que a todo momento explicitava-se o que podia ou não ser dito, o que se desejava ou não que fosse demandado. Buscava-se, reiteradamente, produzir *homúnculos*, ou sujeitos *Homo experimentalis*, para: manipular instrumentos; realizar empirias racionais; ter sobriedade, cuidado e consciência planetária; ser detalhista, organizado, lúdico, eficiente e vigilante; revelar e registrar; por vezes, ser envergonhado, temeroso, obediente, regulado, por outras, curioso, criativo, autônomo, centrado; primar pela diversidade e perfeição da espécie; dosar o sua sexualidade; hibridizar dicotomias para naturalizar leis culturais; ler, agenciando familiares, a vida cotidiana por meio dos saberes científicos úteis; testar e teorizar para ter prestígio e autoridade; seguir e criar protocolos e roteiros de experimentações; desqualificar e criticar a não ciência.

Ao tomar um dado discurso que produz *homúnculos* como objeto de análise, a *bruxa* assume a tarefa de desnaturalizá-lo, de buscar suas produções. Ou seja, o/a pesquisador/a que opera com a análise do discurso deve desfazer "os laços aparentemente tão fortes entre as palavras e as coisas", e buscar destacar "um conjunto de regras, próprias da prática discursiva" (FOUCAULT, 2005, p. 56). Pode-se dizer que cabe a ele/a perceber, no *alambique* com sua *lupa*, "como determinados enunciados aparecem e como se distribuem no interior de um certo conjunto" (FISCHER, 1996, p. 108) e de que modo eles são usados para a produção de determinados *homúnculos*.

Entendendo que *homúnculos* são formados por um emaranhado de discursos – "conjunto de estratégias que fazem parte das práticas sociais" (FOUCAULT, 2003, p. 11) –, a *bruxa* reconhece que não são os *homúnculos* que falam, discursam ou proferem o discurso, como se esse fosse "a manifestação majestosamente desenvolvida de um sujeito que pensa, que conhece e que diz"[133] (FOUCAULT, 2005, p. 61). Vale pontuar que, ao procurar conhecer a criação do *homúnculo* e, por conseguinte, analisar seu elemento formador – os discursos –, não se busca o sentido oculto ou o que está por trás do discurso. Afinal, na *alquimia*, sabe-se que não há "um tesouro indeterminado das significações ocultas" (FOUCAULT, 1970, p. 19). Prima-se, então, pelo "princípio de exterioridade" dos discursos (FOUCAULT, 1970, p. 19) e trabalha-se "com o próprio discurso, deixando-o aparecer na complexidade que lhe é peculiar" (FISCHER, 2001, p. 198). A *bruxa alquimista* sabe, inspirada no pensamento foucaultiano, que, na análise do discurso, precisa mostrar como os diferentes discursos "remetem uns aos outros, se organizam em uma figura única, entram em convergência com instituições e práticas, e carregam significação que podem ser comuns a toda uma época" (FOUCAULT, 2005, p. 134).

Para facilitar a procura da invenção, a *bruxa* pode operar inspirada em procedimentos das análises foucaultianas, tanto oriundos da *arqueologia* como da *genealogia*. Com *pinças* e *cadinhos*, a *bruxa alquimista* opera com a arqueologia – *ferramenta* que "interroga o já dito ao nível de sua existência" (FOUCAULT, 2005, p. 149), que "extrai os acontecimentos como se eles estivessem registrados em um arquivo" do *alambique* (FOUCAULT, 2006a, p. 257). Ela sente a necessidade de identificar de onde vem, de onde parte cada discurso. Assim, é necessário compreender como os "enunciados que nesse tempo e lugar se tornam verdade, fazem-se práticas cotidianas, interpelam sujeitos, produzem felicidades e dores, rejeições e acolhimentos, solidariedades e injustiças" (FISCHER, 2003, p. 378). A *bruxa* opera com o discurso escolhido para investigar de modo a situar as "coisas ditas" em campos discursivos. Isto é, extrai delas "alguns enunciados e coloca-os em relação a outros, do mesmo campo ou de campos distintos" (FISCHER, 2001, p. 205).

133 Assim, destitui-se a ideia de unidade: "princípio de especificidade" dos discursos (FOUCAULT, 1970, p. 19).

Ao separar, porém, com a *pinça* cada enunciado que forma o discurso, o *homúnculo*, e dispor em *cadinhos*, a *bruxa* percebe que o enunciado não cabe no recipiente. Essa é uma tarefa impossível por se fazer evidenciar, entre os enunciados, "jogos de relações" (FOUCAULT, 2005, p. 32). Além disso, a *bruxa* sabe que sua busca não é pela origem do discurso, mas sim que "é preciso tratá-lo no jogo de sua instância" (FOUCAULT, 2005, p. 28). "A questão pertinente a uma tal análise poderia ser assim formulada: que singular existência é esta que vem à tona no que se diz e em nenhuma outra parte?" (FOUCAULT, 2005, p. 32). Entretanto, entender essas condições de possibilidade – "constituição do sujeito na trama histórica" (FOUCAULT, 2007a, p. 10) – não é simples: os *pergaminhos* estão "embaralhados, riscados, várias vezes reescritos" (FOUCAULT, 2007b, p. 15). Isso exige do/a *genealogista* "a minúcia do saber, um grande número de materiais acumulados, exige paciência" (FOUCAULT, 2007b, p. 15).

Científico, racional-empírico, psicopedagógico, construtivista, ambientalista, sociointeracionista, higienista, médico, biológico, estatístico, de segurança, heteronormativo, generificado são alguns discursos que compõem o currículo investigado. Entendê-los em relação uns com os outros foi importante para analisar suas demandas, descontinuidades e atualizações. Quando em cruzamentos, esses discursos podem articular-se ou conflitar-se. Por meio deles, possibilita-se a invenção de um espaço na escola para a empiria, o laboratório escolar, aliando-se elementos científicos, higienistas, médicos, ambientalistas, construtivistas e psicopedagógicos que, por vezes, também competem. É possível, também, observar a negociação entre o discurso racional da ciência e o discurso psicopedagógico, compondo na aula experimental uma didática lúdica, espetaculosa, cheia de analogias e atrativa para infantis. Ou, ainda, inventando estratégias em que a argumentação, o vocabulário, os desenhos, os gráficos e anotações tornam-se cientifizados.

Quando em articulação com o discurso generificado, o discurso pedagógico destina meninos e meninas a certas funções na experimentação, o que, conflituosamente, cria tensões entre atender a essas funções específicas – fazer a prática ou pensar sobre seus resultados – e ser bem-sucedido/a no currículo investigado. Além disso, nesse cruzamento discursivo, as simulações, a natureza e os resultados do experimento são lidos de modo a confirmar arranjos heteronormativos de diversidade das espécies. Em outros momentos, entram em ação conflitantes demandas do discurso científico que, mesmo primando por racionalidade e objetividade, hibridiza leis naturais e humanas de modo a atingir e governar as condutas. Quando se trata de dispor saberes úteis sobre a vida cotidiana, os discursos higienista, médico, biológico, estatístico e de segurança articulam-se. Além disso, justificam uma suposta importância e necessidade do discurso do ensino por experimentação em escolas, currículos e políticas públicas.

Aí, o *homúnculo* é "ao mesmo tempo falante e falado, porque através dele outros ditos se dizem" (FISCHER, 2001, p. 207). Assim, ao ser formado por tais discursos – que determinam "qual é a posição que pode e deve ocupar todo indivíduo para ser seu sujeito" (FOUCAULT, 2005, p. 108) –, como o *homúnculo* se vê? Quais posições de sujeito lhe são demandadas? Ao atentar para isso, a *bruxa* passa a utilizar procedimentos retirados da genealogia – análise das "práticas pelas quais os indivíduos foram levados a prestar atenção a eles próprios" (FOUCAULT, 2006b, p. 11) "a partir de uma série de práticas e processos contingentes" (ROSE, 2001, p. 35). Isso corresponde a buscar investigar os modos de subjetivação que "são todos os processos e as práticas heterogêneas por meio dos quais os seres humanos vêm a se relacionar consigo mesmos e com os outros como sujeitos de um certo tipo" (PARAÍSO, 2006, p. 101).

Isso me ajudou a entender que os discursos conduzem verdades e provocam efeitos naqueles/as a quem foram lançados. Sozinhos ou atuando em cruzamento com outros, de modo harmonioso ou conflitante, os discursos que compõem o currículo investigado atravessam alunos, alunas e docentes do currículo das aulas experimentais. Quando isso acontece, é possível visualizar a produção de certos *homúnculos* ou posições de sujeito: instrumentalizado, controlador, ambientalista, psicopedagógico, vigilante, funcional, infantil, mestre, infantil-cientista, florzinha, espinho, cravo, cozinheira, mestre-cuca, bruta flor, dosado, safada, evolutivo, pós-orgânico, investigador, da vida cotidiana.

Em tal investimento analítico, demarquei práticas discursivas e seus enunciados com o intuito de mapear de onde eles "falam", bem como evidenciar as relações de poder-saber e regimes de verdade existentes. Assim, deixei aparecer uma microfísica do poder, ao estudar as condições de possibilidade dos discursos ao passo que interliguei fragmentos de saber e de verdade – suas interligações e implicações – produzidos em torno do sujeito. Explicitei, detalhadamente, as tecnologias, técnicas de si e técnicas de dominação acionadas para fazer funcionar um currículo. Por técnicas de si, a *bruxa* entende as práticas de "atenção a si mesmo" (TVARDOVSKAS *et al.*, 2010, p. 64), "formas pelas quais os indivíduos vivenciam, compreendem, julgam e conduzem a si mesmos" (ROSE, 2001, p. 41). Por outro lado, técnicas de dominação ou "técnicas de poder" (FOUCAULT, 1982, p. 02) dizem respeito à condução do comportamento do outro, a uma espécie de dominação de uns sobre os outros (FOUCAULT, 1993).

Tais tecnologias de governo puderam ser analisadas no currículo analisado: instrumentalização, cientifização, gênero, hibridização e utilidade. Para arranjar um espaço propício aos/às discentes e às experimentações, operou-se como a instrumentalização. Aparelhos, instrumentos, bancadas circulares, lápis de cor, papéis milimetrados, murais e microscópios foram misturados para criar um cenário laboratorial específico e garantir vigilância, controle, aprendizado e eficácia. Por meio da cientifização, argumentos, gestos, condutas, escritas e cadernos foram comparados, adaptados e normatizados segundo o padrão da ciência. Ao dispor comportamentos adequados a alunos e alunas, o currículo analisado acionou a tecnologia de gênero de modo a governar condutas no fazer ciência: quem racionaliza, quem realiza, quem a isso escapa e precisa ser reiteradamente corrigido/a na norma. Ao separar, articular e hibridizar natureza, corpos, máquinas e leis, esse currículo, por meio da hibridização, naturalizou e deu o caráter de verdade a certos elementos culturais. Para convidar ainda mais sujeitos a posicionarem-se como *Homo experimentalis*, acionou-se a tecnologia da utilidade. Com ela, a vida cotidiana foi tomada nesse currículo para garantir aos saberes científicos um caráter útil e benéfico à humanidade e assegurar que a ciência moderna seja inquestionável.

Passar de procedimentos arqueológicos para procedimentos genealógicos implica uma "necessidade de dirigir a leitura 'horizontal' das discursividades para uma análise 'vertical' – orientada para o presente – das determinações históricas de nosso próprio regime de discurso" (REVEL, 2005, p. 17). No entanto, a *bruxa* opta por operar sua *metodologia alquimista* com a *ferramenta* arqueogenealógica. Nas relações entre *alquimia* e *homúnculos*, estabelecem-se relações de poder-saber multidirecionais. Assim, ao mesmo tempo que se quer fabricar *homúnculos* para serem de uma ou de outra forma, para agirem de tal maneira ou comportar-se de tal modo, seguindo certos critérios de verdade, esses seres são livres para constituírem sua subjetividade.

Atendi tal recomendação e observei que os discursos não encantaram a todos/as. Até mesmo os/as professores/as e estagiários/as apresentaram diversos conflitos e dúvidas sobre a sua eficácia e produtividade. Por vezes, confessaram não saber ao certo que idade seria a mais apropriada para tal experimentação, ou se não seria necessário reavaliar a quantidade de conteúdos, atividades e demandas que lhes são ofertados. Declararam-se ansiosos para atender a tantas teorias da educação em ciências. Disseram não saber lidar com o desinteresse de parte dos/as alunos/as por esse tipo específico de ensino, apesar de fazerem tudo para a experimentação parecer ser convidativa para se aprender ciências.

Inspirada nos procedimentos *arqueogenealógicos* usados na *metodologia alquimista*, fiquei atenta a certos cuidados ao analisar o currículo de aulas experimentais, tais como: 1. demorar para marcar as singularidades dos acontecimentos; 2. espreitar os acontecimentos naquilo onde menos se espera, naquilo que não possui história, que é silenciado para a história da verdade não se apagar; 3. aprender o retorno do acontecimento, para redesenhar as diferentes cenas em que ele aparece (em outro tempo, em outro discurso); 4. definir os pontos de lacuna dos acontecimentos; 5. descrever minuciosamente as multiplicidades dos conflitos e as dispersões; 6. organizar os fragmentos de um saber explicitando suas interligações e implicações; 7. explicitar sempre as condições de possibilidade, interligando as coisas ditas em locais e tempos diferentes; 8. mostrar o funcionamento: as técnicas e os arranjos sutis para explicitar verdades e produções dos sujeitos; 9. fazer aparecer a microfísica do poder, apresentando os dois lados do poder, o confronto entre ambos; 10. identificar a constituição de sujeitos nessas articulações entre saber e poder; 11. mapear como diferentes discursos operam para formar sujeitos que se reconhecem em determinados saberes e verdades; 12. percorrer os modos pelos quais o sujeito é convidado a posicionar-se frente a diferentes formações discursivas, por vezes conflitantes; 13. fazer aparecer os dispositivos positivos; 14. demorar no detalhe, pois o poder é uma anatomia do detalhe (FOUCAULT, 2007a; 2007b; 2005).

É fundamental, sobretudo, em qualquer uma das etapas, atentar-se ao objeto, ser mobilizado por ele, inventar-se com e para ele. Guiar-se pelas perguntas e inquietações, inspirar-se e intuir-se por *cartas de baralho*, ou conceitos teóricos, retiradas pela *bruxa* antes de trilhar por suas investigações. Adentrar uma *caverna* educacional tendo como guia os princípios da *metodologia alquimista* é não mais resumir a cultura a um conjunto de conhecimentos universais que deveria ser transmitido pelas gerações. Deixa-se, portanto, de dar ênfase a questões como: quais conteúdos científicos são mais significativos para ensinar? Que habilidades e competências devem ser desenvolvidas? Qual a melhor maneira de conduzir uma aula de modo que os/as estudantes aprendam? Ao adentrar uma *caverna* de pesquisa, a *bruxa* entende que os processos de ensino-aprendizagem se dão no campo cultural, que os conteúdos científicos disponibilizados se inscrevem no território de disputas culturais e que as posições de sujeito engendradas são bem desejadas. Entende, ainda, que é preciso inventar seus métodos de coleta de dados para fazer aparecerem as demandas, as produções e as práticas discursivas.

Afinal, já se sabe que a *metodologia alquimista* gosta do não método, da mistura, da magia, da possibilidade, do proibido, do risco. Em sua *caverna*, a *bruxa* pode operar articulando procedimentos de duas correntes metodológicas: "a etnografia e as análises discursivas ou textuais" (PARAÍSO, 2004, p. 55). Por meio de alguns de seus procedimentos, fabrica a *pedra filosofal*, ambiciona o *ouro* e recria os *homúnculos* em sua *caverna*. Pode-se valer de técnicas inventadas para experimentar, percorrer vestígios discursivos e explorar a emergência de dadas origens. Enfim, imaginar, registrar e construir realidades. Seduzidos/as por essa forma de pesquisar, pesquisadores/as podem exercitar a referida metodologia, quando se quer realizar *alquimias* em *cavernas* denominadas das mais diversas formas nos *cenários educativos*: currículos, salas de aula, materiais pedagógicos, recreios, visitas a museus, aulas de campo, atividades de produção etc. Em cada etapa, é preciso inventar métodos próprios.

CONSIDERAÇÕES FINAIS

Então, qual seria a melhor descrição do que um *alquimista* ou uma *bruxa* faz em sua *caverna*? Eis que um *alquimista* responde e se interroga: – *A repetição indefinida da experiência. – O que espera ele? – A preparação das trevas. – O gás electrónico. A água dissolvente. – Será a pedra filosofal energia em suspensão? – A transmutação do próprio alquimista* (PAWELS; BERGIER, 1985, p. 147). Chegamos a um ponto interessante: a *bruxa alquimista* com sua *metodologia alquimista* não quer apenas transmutar *ouro* ou reproduzir *homúnculos*. Ela deseja sua própria *transmutação*, uma espécie de *liberação do espírito*, de elevação interior, da passagem do material ao espiritual. Para fazer funcionar a *metodologia alquimista*, precisa-se entender que ela é regida pelo que está no interior da *bruxa alquimista*, que a *alquimista* pesquisa para ela, para satisfazer uma "insatisfação com o já sabido" (CORAZZA, 2002, p. 111).

Um/a pesquisador/a *alquimista* em educação e em currículo, insatisfeito/a com o já sabido e os costumeiros ditos, busca construir um texto, uma realidade, uma escrita sobre o que observa, experimenta e inventa em sua etnografia pós-moderna, ou *pedras filosofais*. Feito isso, percorre a produção de subjetividades, ou *homúnculos* que ali se encontraram, por meio da análise do discurso foucaultiano. Nessa construção movida por insatisfações, deixam-se tornar inspiração múltiplos artefatos, criam-se diferentes métodos, constroem-se caminhos outros. Uma *metodologia alquimista* seria, portanto, uma forma de fazer pesquisa que considera a ciência como uma construção, o método como um ensaio e o objeto de estudo como um produto dos modos pós-críticos de olhá-lo, senti-lo e experimentá-lo.

Na *metodologia alquimista*, então, juntam-se procedimentos e conceitos com rigor, cautela, articulações, costuras, mesmo sabendo que, quando se junta, precisa-se dar explicações. Fazem-se as explicações, quantas se fizerem necessárias. Afinal, aceita-se ter que dar explicações porque não existe um caminho pronto já feito a ser seguido. Nenhum caminho já feito serve completamente, embora saiba que se pode aprender com muitos deles. Isso porque já se compreende e se aceita que nosso caminho se faz ao caminhar. Busca-se, na *metodologia alquimista*, fazer tudo isso sem fixar um ou outro modelo e sem achar que o caminho percorrido deve servir de modelo para outras pesquisas que virão. Ele só servirá de inspiração, de ponto de partida, para uma nova *alquimia* que certamente virá no decorrer de uma nova investigação que se iniciará. Afinal, a pesquisa em educação é nosso ofício e nossa paixão, nosso trabalho e nossa magia, nosso campo de ação e nossa fonte de inspiração, nossa *caverna* de experimentações, nossa fonte de *alquimias* e, porque não, de alegrias.

REFERÊNCIAS

BEVILAQUA, Ciméa. Etnografia do Estado: algumas questões metodológicas e éticas. *Campos – Revista de Antropologia social*, Curitiba, v. 3, p. 51-64, jan./jun. 2003.

BUJES, Maria Izabel. Descaminhos. *In*: COSTA, Marisa V. *Caminhos investigativos II*: outros modos de pensar e fazer pesquisa em educação. Rio de Janeiro: DP&A, 2002. p. 13-34.

CARDOSO, Lívia de R. Currículo e experimentação em ciências: um mapa dos cenários discursivos na produção acadêmica brasileira. *In*: I CONGRESSO IBEROAMERICANO DE INVESTIGACION EN ENSENANZA DE LAS CIENCIAS E VIII ENCONTRO DE PESQUISA EM EDUCAÇÃO EM CIÊNCIAS, Campinas, 2011.

CLIFFORD, James. Introduction: partial truths. *In*: CLIFFORD, James; MARCUS, George E. *Writing culture*: the poetics and politics of ethnography. Berkeley: University of California Press, 1986. p. 1-26.

CORAZZA, Sandra. Labirintos da pesquisa, diante dos ferrolhos. *In*: COSTA, Marisa V. (Org.). *Caminhos investigativos*: novos olhares na pesquisa em educação. 2. ed. Rio de Janeiro: DP&A, 2002. p. 105-132.

COSTA, Marisa V. Introdução. Novos olhares na pesquisa em educação. *In*: COSTA, Marisa Vorraber (Org.). *Caminhos investigativos*: novos olhares na pesquisa em educação. 2. ed. Rio de Janeiro: DP&A, 2002. p. 13-22.

CRAPANZANO, Vicent. Hermes' dilemma: the masking of subversion in ethnographic description. *In*: CLIFFORD, James; MARCUS, George E. *Writing Culture*: the poetics and politics of ethnography. Berkeley: University of California Press, 1986. p. 51-76.

FISCHER, Rosa Maria B. *Adolescência em discurso*: mídia e produção de subjetividade. Tese (Doutorado em Educação) – Programa de Pós-graduação em Educação da Universidade Federal do Rio Grande do Sul, Porto Alegre, 1996.

FISCHER, Rosa Maria B. Foucault e a análise do discurso em Educação. *Caderno de Pesquisa*, São Paulo, v. 114, p. 197-223, nov. 2001.

FISCHER, Rosa Maria B. Foucault revoluciona a pesquisa em educação? *Perspectiva*, Florianópolis, v. 1, n. 02. p. 371-389, jul./dez. 2003.

FONSECA, Claudia. Quando cada caso NÃO é um caso: pesquisa etnográfica e educação. *Revista Brasileira de Educação*, Rio de Janeiro, v. 10, p. 58-78, jan./abr. 1999.

FOUCAULT, Michel. *A ordem do discurso*, 1970. p. 01-29. Disponível em: <http://vsites.unb.br/fe/tef/filoesco/foucault/ordem.pdf>. Acesso em: 12 maio 2010.

FOUCAULT, Michel. *As técnicas de si*, 1982. p. 01-23. Disponível em: <http://vsites.unb.br/fe/tef/filoesco/foucault/tecnicas.pdf>. Acesso em: 12 maio 2010.

FOUCAULT, Michel. Verdade e subjetividade. *Revista de Comunicação e Linguagem*, Lisboa, v. 1, n. 19, 1993.

FOUCAULT, Michel. *História da sexualidade I*: a vontade de saber. São Paulo: Graal, 1998.

FOUCAULT, Michel. *A verdade e as formas jurídicas*. 3. ed. Rio de Janeiro: NAU Ed., 2003.

FOUCAULT, Michel. *A arqueologia do saber*. 7. ed. Rio de Janeiro: Forense Universitária, 2005.

FOUCAULT, Michel. Poder e saber. *In*: MOTTA, Manoel Barros da (Org.). *Estratégias, poder-saber*. 2. ed. Rio de Janeiro: Forense Universitária, 2006a. p. 223-40.

FOUCAULT, Michel. Diálogo sobre o poder. *In*: MOTTA, Manoel Barros da (Org.). *Estratégias, poder-saber*. 2. ed. Rio de Janeiro: Forense Universitária, 2006b. p. 253-266.

FOUCAULT, Michel. *História da sexualidade II*: o uso dos prazeres. São Paulo: Graal, 2006c.

FOUCAULT, Michel. Verdade e Poder. *In*: MACHADO, Roberto (Org.). *Microfísica do Poder*. 24. ed. Rio de Janeiro: Graal, 2007a. p. 1-14.

FOUCAULT, Michel. Nietzsche, a genealogia e a história. *In*: MACHADO, Roberto (Org.). *Microfísica do poder*. 24. ed. Rio de Janeiro: Graal, 2007b.

GOLDFARD, Ana Maria A.; FERRAZ, Márcia Helena M. "Experiências" e "experimentos alquímicos e a experimentação de Hermann Boerhaave. *In*: GOLDFARD, Ana Maria A.; BELTRAN, Maria Helena R. (Org.). *O saber fazer e seus saberes*: experimentos, experiências e experimentações. São Paulo: Livraria da Física; EDUC; FAPESP, 2006. p. 11-42.

JAIME JUNIOR, Pedro. Pesquisa em organizações: por uma abordagem etnográfica. *Civitas*, Porto Alegre, v. 3, n. 2, p. 435-456, jun./dez. 2003.

JORDÃO, Patrícia. A antropologia pós-moderna: uma nova concepção da etnografia e seus sujeitos. *Revista de Iniciação Científica da FFC*, São Paulo, v. 4, p. 35-51, n. 1, jan./jun. 2004.

LACERDA, Eugênio P. Trabalho de campo e relativismo: a alteridade como crítica da antropologia. *In*: *Comunidade Virtual de Antropologia*, abr./maio 2001. Disponível em: <www.antropologia.com.br/arti/colab/a5-eplacerda.pdf>. Acesso em: 15 abr. 2010.

LARROSA, Jorge. Tecnologias do eu e educação. *In*: SILVA, Tomaz T. da. *O sujeito da educação*: estudos foucaultianos. 2. ed. Petrópolis: Vozes, 1994. p. 35-86.

LENTIN, Jean P. *Penso, logo me engano*. São Paulo: Ática, 1996.

LÉVI-STRAUSS, Claude. *Antropologia estrutural*. Rio de Janeiro: Tempo Brasileiro, 1970.

MAGNANI, José Guilherme Cantor. A antropologia urbana e os desafios da metrópole. *Tempo Social – Revista de Sociologia da USP*, São Paulo, v. 15, n. 1, p. 81-95, maio 2003.

MAGNANI, José Guilherme Cantor. De perto e de dentro: notas para uma etnografia urbana. *Revista Brasileira de Ciências Sociais*, São Paulo, v. 17, n. 49, p. 11-29, jun. 2002.

MALINOWSKI, Bronislaw. *Argonautas do pacífico ocidental*. São Paulo: Abril Cultural, 1984.

MONTEBELLO, Natália. ... revoltar-se? – contra si. *Revista Aulas – Foucault e as Estéticas da Existência*, Campinas, n. 7, p. 125-144, 2010.

MOSTAFA, Solange Puntel. O paper para a tradição documentalista. *Educação Temática Digital*, Campinas, v. 6, n. 1, p. 68-79, dez. 2004.

PARAÍSO, Marlucy Alves. Pesquisas pós-críticas em educação no Brasil: esboço de um mapa. *Cadernos de Pesquisa*, São Paulo, v. 34, n. 122, p. 283-303, 2004.

PARAÍSO, Marlucy Alves. Política da subjetividade docente no currículo da mídia educativa brasileira. *Educação e Sociedade*, Campinas, v. 27, n. 94, p. 91-115, 2006.

PAWELS, Louis; BERGIER, Jacques. *O despertar dos mágicos*. Traduzido por Gina de Freitas. São Paulo: Círculo do Livro, 1985.

PORTO, Paulo A. O olhar do químico céptico sobre os experimentos de Van Helmont. *In*: GOLDFARB, Ana M. A.; BELTRAN, Maria H. R. (Org.). *O saber fazer e seus saberes*: experimentos, experiências e experimentações. São Paulo: Livraria da Física; EDUC; FAPESP, 2006. p. 171-198.

REVEL, Judith. *Michel Foucault*: conceitos essenciais. São Carlos: Claraluz, 2005.

ROSE, Nicolas. Como se deve fazer a história do Eu? *Educação e Realidade*, Porto Alegre, v. 26, n. 1. p. 33-58, jan./jun. 2001.

SILVEIRA, Rosa Maria H. A entrevista na pesquisa em educação – uma arena de significados. *In*: COSTA, Marisa V. (Org.). *Caminhos investigativos II*: outros modos de pensar e fazer pesquisa em educação. Rio de Janeiro: DP&A, 2002. p. 119-142.

TADEU, Tomaz; CORAZZA, Sandra; ZORDAN, Paola. *Linhas de escrita*. Belo Horizonte: Autêntica, 2004.

TVARDOVSKAS, Luana S. Modos de viver artista: Ana Miguel, Rosana Paulino e Cristina Salgado. *Revista Aulas – Foucault e as Estéticas da Existência*, Campinas, n. 7. p. 59-96, 2010.

TYLER, Stephen A. Post-modern ethnography: from document of the occult to occult document. *In*: CLIFFORD, J.; MARCUS, G. E. *Writing Culture*: the poetics and politics of ethnography. Berkeley: University of California Press, 1986. p. 122-144.

VEIGA NETO, Alfredo. Olhares... *In*: COSTA, Marisa V. (Org.). *Caminhos investigativos*: novos olhares na pesquisa em educação. 2. ed. Rio de Janeiro: DP&A, 2002. p. 23-38.

WIELEWICKI, Vera Helena G. A pesquisa etnográfica como construção discursiva. *Acta Scientiarum*, Maringá, v. 23, n. 01, p. 27-32, jan. 2001.

CAPÍTULO 11

O uso da metodologia *queer* em pesquisa no campo do currículo

CRISTINA D'ÁVILA REIS

A metodologia *queer* tem sido discutida e apresentada como aquela que subverte padrões rígidos relacionados ao fazer científico. Ela é entendida por muitos/as teóricos/as como um modo de fazer pesquisa que permite ao/à pesquisador/a a mistura de métodos e procedimentos, a transformação dos já existentes e a criação de novas formas de abordar os objetos de pesquisa, por meio de uma posição questionadora do que é aceito e válido como método e procedimento científico.

Modos *queer* de fazer pesquisa passaram a ser pensados e discutidos por acadêmicos/as que se utilizavam dos estudos *queer* como base teórica de suas pesquisas. Surgidos nos anos oitenta, nos Estados Unidos (MISKOLCI, 2009), tais estudos enfocaram, inicialmente, a desconstrução de identidades sexuais e de gênero fixas (LOURO, 2004) e, posteriormente, passaram a enfocar, também, os variados processos de produção do conhecimento (SILVA, 1999).

Pesquisas realizadas em uma perspectiva *queer* utilizam-se de procedimentos metodológicos que visam a desconstruir os objetos de análise, desnaturalizar concepções fixas sobre corpos e sujeitos e explicitar os modos pelos quais alguns corpos são produzidos como normais à custa da constituição de outros como anormais (MISKOLCI, 2007). Enfocam-se, nessas pesquisas, os processos de classificação, hierarquização e normalização de corpos e sujeitos (MISKOLCI, 2007), de modo a expor a produção cultural e discursiva daquilo que é tido como "natural, estável e verdade" (SOUZA; CARRIERRI, 2010, p. 65).

Neste trabalho, descrevo a utilização da metodologia *queer* em uma pesquisa sobre currículo escolar e gênero,[134] mostrando como combinei procedimentos e articulei conceitos teóricos para abordar o objeto de pesquisa. Apesar de entender que há pontos em comum em várias definições de metodologia *queer*, que diz respeito a um modo de fazer pesquisa em que o/a pesquisador/a utiliza o próprio pensamento *queer* para questionar e subverter concepções fixas e normativas sobre o processo de pesquisa, orientei-me pela posição de Browne e Nash (2010), os quais afirmam que, mais do que estabelecer pontos em comum sobre esse tipo de metodologia, o pensamento *queer* leva ao questionamento da própria necessidade de se fixar uma concepção única. Nesse sentido, o que apresento aqui como um modo *queer* de fazer pesquisa é um jeito próprio de usar essa metodologia, construído a partir de uma *bricolagem*[135] de concepções teóricas e procedimentos que são reunidos para dar um efeito de composição específico.

UMA EXPERIÊNCIA *QUEER* DE FAZER PESQUISA

O termo *queer* é um termo inglês que pode ser entendido como "estranho, raro, esquisito" (LOURO, 2004, p. 7) e que foi usado para se referir a pessoas que não se encaixam nos padrões culturais sexuais e de gênero, de forma a depreciá-las (LOURO, 2004). Esse mesmo termo foi utilizado por alguns teóricos e militantes de movimentos *gays* e lésbicos, a partir do final da década de 1980, para se referir à posição de contestação à normalização produzida pela "heteronormatividade compulsória da sociedade [e pela] política de identidade do movimento homossexual dominante" (LOURO, 2004, p. 38). *Queer* passou a ser entendido por esses teóricos e militantes como uma forma de ser e de pensar que questiona as normas sexuais, de gênero (LOURO, 2004) e como a diferença que não quer ser nem assimilada, nem tolerada (LOURO, 2004; SPARGO, 2007).

Os estudos *queer* surgiram na década de 1980, sob a influência dos estudos culturais (MISKOLCI, 2009), do pós-estruturalismo francês, da teoria feminista, dos estudos *gays* e lésbicos (PINO, 2007). A expressão *queer theory* foi empregada pela

[134] Pesquisa de mestrado realizada sob orientação de Marlucy Alves Paraíso e defendida em 2011, na Faculdade de Educação da Universidade Federal de Minas Gerais.

[135] Ver, no primeiro capítulo deste livro, a descrição do processo de bricolagem feita por Marlucy Alves Paraíso.

primeira vez por Teresa de Lauretis, em uma conferência nos Estados Unidos, para demarcar uma nova proposta teórica, diferente dos estudos *gays* e lésbicos existentes, que operavam com concepções de identidades sexuais fixas (MISKOLCI, 2009). De modo diverso do que ocorreu nos Estados Unidos, onde esses questionamentos surgiram inicialmente em meio aos movimentos sociais, no Brasil, eles surgiram em meio acadêmico (MISKOLCI, 2011). Para Miskolci (2011, p. 58), "o marco de nossa recepção *queer* pode ser estabelecido em 2001, quando Guacira Lopes Louro publicou, na Revista Estudos Feministas, o artigo 'Teoria *queer:* uma política pós-identitária para a educação'".[136]

Na época do surgimento dessa abordagem teórica nos Estados Unidos, os estudos *queer* passaram a tecer críticas às políticas de identidade de alguns dos movimentos de *gays* e lésbicas, considerando que eram formas de regular e disciplinar as possibilidades de expressão sexual e de gênero, da mesma forma que a heterossexualidade compulsória, contestada por esses movimentos (LOURO, 2004). "Afirmar uma posição de sujeito, supõe, necessariamente, o estabelecimento de seus contornos, seus limites, suas possibilidades e restrições" (LOURO, 2004, p. 33). Para teóricos/as *queer*, a afirmação da posição de sujeito homossexual, em oposição à hegemonia heterossexual, produz a exclusão de todos aqueles que não se encaixam no binário heterossexual/homossexual como formas reconhecidas de manifestações sexuais (LOURO, 2004).

O binarismo heterossexual/homossexual tornou-se inicialmente o foco de análise desse novo campo teórico, assim como o binarismo masculino/feminino (SPARGO, 2007). Para tal análise, teóricos/as *queer* passaram a enfocar os processos sociais normalizadores, os modos como os sujeitos são classificados e hierarquizados, produzindo concepções de identidades estáveis e coerentes (MISKOLCI, 2009). Pensar as identidades sexuais e de gênero como ambíguas e instáveis foi a proposta inicial desses estudos (LOURO, 2004), proposta essa que se expandiu para o questionamento e a problematização das identidades e do conhecimento de maneira geral (SILVA, 1999). Pensar *queer* passou a significar, portanto, uma forma de "questionar, problematizar, contestar, todas as formas bem-comportadas de conhecimento e de identidade" (SILVA, 1999, p. 107).

[136] Contudo, há que se registrar que, antes dessa publicação de Guacira Lopes Louro, em 1999, Tomaz Tadeu Silva publicou um capítulo sobre teoria *queer* e currículo, na primeira edição de seu livro *Documentos de identidade: uma introdução às teorias do currículo.*

A introdução da reflexão sobre os intersexos e transexuais nesses estudos, durante a década de 1990, gerou novos questionamentos. Teóricos/as *queer* passaram a problematizar não apenas a forma como a incorporação do gênero produzia identidades binárias, sustentadas pela marcada distinção entre mulheres e homens, mas, também, a forma como os próprios corpos eram produzidos culturalmente e naturalizados de forma binária (PINO, 2007). A experiência da intersexualidade, de um corpo regulado pelo saber e pelas práticas da medicina que designam seu sexo verdadeiro e que definem como esse corpo pode se constituir na relação entre comportamento, manifestações sexuais e caracteres sexuais secundários, passou a suscitar importantes reflexões sobre os processos de normalização dos corpos (PINO, 2007).

Utilizando o pensamento *queer* de que os corpos são constituídos cultural e discursivamente, desenvolvi uma pesquisa em que busquei investigar a constituição generificada de corpos e posições de sujeito meninos-alunos em um currículo escolar. Gênero foi entendido na pesquisa como o define a teórica *queer* Judith Butler (2006): como um conjunto de normas que orientam as ações dos sujeitos, que regulam a produção dos corpos e produzem a ideia de corpos sexuados considerados naturais e pré-discursivos. Currículo, por sua vez, foi compreendido como campo cultural, como um espaço de produção de significados, de discursos, mas, também, como um território em que há uma disputa na produção de significados sobre os sujeitos (SILVA, 2006). Tendo por base esses conceitos, busquei investigar, então, como são produzidos, como circulam e se entrelaçam os vários discursos presentes em um currículo escolar que demandam, de forma generificada, corpos e posições de sujeito *meninos-alunos.*

No desenvolvimento da pesquisa, fundamentei-me na ideia de Halberstam (2008, p. 35) de que a metodologia *queer* é aquela que utiliza "diferentes métodos para coletar e produzir informações [e] rejeita a exigência acadêmica de uma coerência entre as disciplinas"[137]. Também no campo dos estudos culturais esse pensamento está presente, quando é dito que o processo metodológico é

> o de alquimia mesmo, resultando daí uma bricolagem diferenciada, estratégica e subvertedora das misturas homogêneas típicas da Modernidade – alquimia que rompe com as orientações metodológicas formalizadas na e pela academia (particularmente, nos cursos de pós-

[137] Tradução minha

> -graduação), cuja direção costuma ser a das abordagens classificatórias, [...] em que cada método vem apresentado em estado puro (CORAZZA, 2002, p. 121).

A metodologia para a pesquisa foi construída, então, pela composição de procedimentos etnográficos de coleta de informações com procedimentos de análise *queer.* Os procedimentos etnográficos foram utilizados, principalmente, por considerar que é necessário participar de forma intensiva do dia a dia da escola, para observar como práticas curriculares são produzidas e se relacionam na constituição de corpos e posições de sujeito *meninos-alunos.* Como diz Butler (2006), é por meio das práticas corporais cotidianas que as normas de gênero são produzidas, reproduzidas, alteradas. Os procedimentos inspirados na etnografia foram úteis, então, para buscar os significados relacionados a gênero produzidos por meio dessas práticas.

Algumas ideias de Clifford Geertz (1989, 1997) nortearam esse processo de coleta de informações. Segundo esse autor, o trabalho etnográfico deve se orientar no sentido de buscar os significados que são específicos de cada contexto cultural. Ele entende a cultura como uma rede de significados, como um contexto em que acontecimentos sociais, instituições, comportamentos "podem ser descritos de forma inteligível – isto é, descritos com densidade" (GEERTZ, 1989, p. 24). O trabalho do etnógrafo não deve ser, para ele, o de procurar a explicação dos fatos, mas o de observar e descrever o significado social produzido sobre eles. O acesso a esses significados é possível, segundo Geertz (1997), porque a cultura é pública; sendo pública, os significados também o são. Estes são transmitidos por meio das práticas sociais e é observando os acontecimentos cotidianos que se tem acesso a eles. No entanto, a descrição de significados não é um processo imparcial, objetivo, mas é, em si, um processo ficcional, no sentido de que são construções também daquele/a que descreve (GEERTZ, 1989; 1997).

Orientei-me, portanto, por essa ideia de Geertz (1989) de que as informações coletadas em um trabalho de campo não são *dados* passíveis de serem explicados, mas são *significados* produzidos no contexto pesquisado, que podem ser *lidos* e *construídos* de diferentes formas. No entanto, ao entender como Corazza (2001) que os *ditos* de um currículo expressam também significados elaborados em outras instâncias (CORAZZA, 2001) e que essa produção de significados, em um currículo, como diz Silva (2006), é disputada e faz-se em meio a relações de poder, optei por trabalhar também com o conceito de discurso e por realizar a análise discursiva do material coletado. Realizei, então, uma análise *queer* do material coletado, entendendo que os

> discursos possuem uma materialidade; [que eles são] práticas modeladoras da realidade – que mostram, tornam visíveis, hierarquizam, criam objetos [e que] a importância do discurso não está no significado das palavras, mas sim no papel produtivo que exerce nas práticas sociais, na produção de "verdades", nas formas como os discursos institucionalizados funcionam como práticas que induzem efeitos regulares de poder (PARAÍSO, 2006, p. 6).

Para Miskolci (2009, p. 169), as obras de Michel Foucault têm sido referências para a busca de conceitos e métodos por teóricos/as *queer*, e a origem dessa abordagem teórica nos estudos culturais "marcou o *queer* em sua atenção aos discursos". No entanto, para esse autor, as análises realizadas por meio de uma perspectiva *queer* se diferenciam das análises culturais, por revelarem "um olhar mais afiado para os processos sociais normalizadores, que criam classificações e que, por sua, vez, geram a ilusão de sujeitos estáveis, identidades sociais e comportamentos coerentes e regulares" (MISKOLCI, 2007, p. 7).

Silva (1999) diz que as análises culturais se baseiam na ideia de que

> o mundo cultural e social torna-se, na interação social, naturalizado: sua origem social é esquecida. A tarefa da análise cultural consiste em desconstruir, em expor esse processo de naturalização. Uma proposição frequentemente encontrada nas análises feitas nos Estudos Culturais pode ser sintetizada na fórmula "x" é uma "invenção", na qual "x" pode ser uma instituição, uma prática, um objeto, um conceito (SILVA, 1999, p. 134).

Entendendo que a perspectiva *queer* radicaliza essa proposta dos estudos culturais de desconstruir o objeto de análise, parti da ideia de que *meninos* são invenções culturais; são invenções culturais num duplo sentido: tanto no sentido de que os significados sobre os *corpos-meninos* são produzidos culturalmente, quanto no de que essa produção de significados tem efeitos na materialização desses corpos, como tem sido defendido por teóricos/as *queer*. Como afirma Louro (2004, p. 81), "não há corpo que não seja, desde sempre, dito e feito na cultura; descrito, nomeado e reconhecido na linguagem, através dos signos, dos dispositivos, das convenções e das tecnologias". Assim, não podemos ter acesso a uma suposta essência natural dos corpos-meninos, pois o próprio ato de conhecê-los já se faz por meio de maneiras de olhar, de descrever, de classificar esses corpos, que são culturais. Por outro lado, os corpos são, também, produtos culturais desde o momento em que são gerados, pois são constituídos, desde o início de suas vidas, por práticas culturais que estabelecem para eles restrições e possibilidades de ação em um meio social (BUTLER, 2006). Não se trata aqui, como diz Louro (2008, p. 22), "de negar a materialidade dos corpos, mas sim de assumir que é no interior da cultura e de uma cultura específica que características materiais adquirem significados".

Sendo assim, para observar e analisar a produção cultural generificada dos *corpos-meninos-alunos*, foram associados procedimentos etnográficos para a coleta de informações, que me permitiram observar os significados produzidos cotidianamente sobre eles, no currículo escolar pesquisado, com procedimentos *queer* de análise das informações coletadas, que me possibilitaram focar nos processos de classificação, hierarquização e naturalização dos corpos, de modo a problematizar as relações de poder neles envolvidas.

Entendendo como Marlucy Paraíso que a metodologia é um modo de interrogar específico associado a procedimentos e estratégias analíticas e de descrição,[138] interroguei como corpos e posições de sujeito meninos-alunos são produzidos, compondo procedimentos e estratégias de análise que possibilitem a desnaturalização dos corpos, a desconstrução de posições de sujeito consideradas fixas, imutáveis e de hierarquias sociais instituídas e assentadas na naturalidade das características relacionadas ao gênero.

PROCEDIMENTOS DE COLETA DE INFORMAÇÕES

As informações foram coletadas por meio de observações registradas em diário de campo, conversas informais e consulta a documentos. As observações foram realizadas, diariamente, na escola pesquisada. Minha atitude como observadora foi de acompanhar o dia a dia das atividades escolares, registrando, por meio da escrita em diário de campo, falas, ações, imagens, expressões, escritos, desenhos, disposição de objetos, de espaços e tempos. Esses registros foram realizados de duas formas: concomitantemente ao acontecimento observado e posteriormente ao acontecimento.

[138] Ver a apresentação deste livro.

O registro posterior foi feito em momentos em que achei necessário dedicar total atenção ao que estava ocorrendo, ou em momentos em que percebi que o registro poderia inibir aqueles/as que estavam sendo por mim observados/as.[139]

Ao desenvolver a pesquisa, minha postura não foi a de uma observadora distante, mas a de alguém que se permitiu, na convivência diária com os/as participantes da pesquisa, estabelecer trocas, afetar e ser afetada pelas pessoas com as quais conviveu. Assim, houve momentos em que, na falta de profissionais, dispus-me a ajudar na realização de algumas tarefas cotidianas como distribuir bilhetes nas salas, atender telefonemas na sala de coordenação, socorrer crianças machucadas. Ajudava em tais atividades, quando percebia que algum/a profissional estava muito ocupado/a, com várias tarefas para realizar. Em outro momento, também, assumi uma posição de educadora, quando algumas meninas da turma observada me solicitaram que lhes ensinasse a serem pesquisadoras. Essa experiência se deu por alguns dias, quando cinco meninas decidiram pesquisar "quem gosta de quem" e passaram a andar por vários lugares da escola, com lápis e caderno nas mãos, fazendo suas anotações. Assim, diferentes posições foram por mim assumidas, juntamente com a posição de pesquisadora, durante o trabalho de campo.

Outro procedimento de coleta de informações utilizado foi a conversa informal. Não utilizei, na pesquisa, entrevistas anteriormente planejadas, mas registrei, em diário de campo ou em gravador de áudio, conversas informais com crianças e com profissionais da escola. Busquei conversar separadamente com algum/a profissional ou criança, quando houve a necessidade de entender melhor algum fato ocorrido ou de me inteirar mais sobre o que pensavam à respeito de algum assunto. Para que o uso do gravador não inibisse as crianças, em muitos momentos em que as gravei falando, propus a elas que fizéssemos de conta que elas eram pessoas muito famosas e eu era uma repórter que as estava entrevistando. Iniciava a gravação com falas como: *estamos aqui, diretamente da Escola Aprender,*[140] *para conversar com a famosa (ou o famoso) fulano/a.* Logo após, fazia perguntas como: *qual a sua cor preferida? De qual programa de televisão você mais gosta? O que você mais gosta de fazer aqui na escola?* A partir dessas perguntas iniciais, desenvolvia outros assuntos que julgava serem também importantes para a pesquisa.

---

[139] Apesar de os registros das informações terem sido realizados posteriormente, eles foram realizados no mesmo dia de sua ocorrência.

[140] Esse nome da escola é fictício.

Entendi, então, que a escolha dos procedimentos, do modo de usá-los deveria ser feita por meio de um trabalho cotidiano de avaliação das relações empreendidas em campo e do entendimento de que esses procedimentos devem ser reavaliados e recriados a todo momento. Dessa forma, improvisações ocorreram nas interações com as crianças, como a brincadeira de faz de conta acima relatada, que não estava planejada e não correspondia a um padrão de conversa informal cotidiano. Por meio dessa forma de interagir com as crianças, procurei atender às suas necessidades, adentrando o universo lúdico que buscavam frequentemente, ao mesmo tempo em que pude obter informações relevantes que, talvez, não pudessem ser obtidas por meio de um padrão de conversa cotidiano. Entretanto, esse modo de abordar as crianças só foi possível de ser pensado e criado no decorrer da pesquisa, no contato com seus/suas participantes. Ele só pôde, também, ser posto em prática pelo fato de ter sido adotada a metodologia *queer*, que segundo Tom Boellstorff (2010), é situada; uma metodologia que me permitiu criar e transformar procedimentos, a partir das relações empreendidas em campo. Além de afirmar a ideia de que ser situada é uma característica da metodologia *queer*, esse autor diz, também, que essa é uma característica do trabalho dos etnógrafos, para os quais a flexibilidade é central na efetividade do processo de pesquisa (BOELLSTORFF, 2010).

Essa flexibilidade foi importante também para avaliar qual procedimento utilizar com cada pessoa, como utilizar e qual procedimento descartar. Alguns/algumas familiares e crianças não autorizaram a gravação de áudio das conversas. Grande parte dos/as familiares manifestou também receio com relação a fotografar as crianças. Devido a isso, optei por não usar a câmera fotográfica e o gravador com algumas crianças. Apesar de inicialmente haver pensado em conversar também com os/as familiares das crianças e de eles/as terem concordado com isso, optei por não realizar esse procedimento, após perceber receio por parte de muitos deles/as com relação a essas conversas. Perdi a oportunidade de colher informações que poderiam ser relevantes, mas, por outro lado, penso que a atitude de não realizar esse procedimento, de respeitar os limites apresentados pelos/as familiares, foi importante para o bom prosseguimento da pesquisa.

Para a *análise documental* realizada na pesquisa, considerei como documento "qualquer registro escrito que possa ser usado como fonte de informação" (ALVES-MAZZOTTI; GEWANDSNAJDER, 1999, p. 169), como, por exemplo, registros em livros, cadernos, trabalhos feitos por alunos/as, cartazes, registros em diários, documentos escolares, bilhetes. Busquei, nos documentos consultados, as enunciações relacionadas a gênero e discência, para analisar, posteriormente, as posições de sujeito que divulgavam.

Coletei informações, portanto, por meio desses três procedimentos acima descritos. Foram as várias produções discursivas materializadas em falas, textos escritos, desenhos, imagens, expressões corporais, organização espacial e temporal dos corpos, disposição de móveis e arquitetura escolar que busquei. Para isso, embasei-me na ideia de que os discursos se referem tanto ao processo de "produção de conhecimento através da linguagem e da representação, quanto ao modo como o conhecimento é institucionalizado, modelando práticas sociais e pondo novas práticas em funcionamento" (HALL, 1997, p. 29). Posteriormente à coleta de informações, realizei uma análise discursiva *queer* do material coletado.

A ANÁLISE DAS INFORMAÇÕES

Para Joshua Gamson (2006), as pesquisas na perspectiva *queer* têm enfatizado o estudo da produção discursiva de identidades sexuais e de gênero, por meio de procedimentos de análise que promovem a desnaturalização dessas identidades. São os processos de categorização social dos sujeitos e sua desconstrução que têm sido enfocados (GAMSON, 2006) e não os sujeitos em si, como "tipos sociais coerentes e disponíveis" (GAMSON, 2006, p. 354). Ao analisar, portanto, a constituição generificada de corpos e posições de sujeito *meninos-alunos*, não defini quem são eles, por meio de concepções biológicas ou culturais dadas *a priori*, nem pretendi apenas descrever os significados sobre eles produzidos no currículo, mas procurei, também, analisar as práticas discursivas de produção de corpos, de posições de sujeito e as relações de poder envolvidas nesses processos.

Esse tipo de análise focada nas posições de sujeito permite-nos utilizar a teoria e a metodologia *queer* para pesquisar não apenas aqueles/as considerados/as e que se consideram *queer*, ou seja, pessoas que escapam ou ficam nas fronteiras das dicotomias homem/mulher, heterossexual/homossexual, masculino/feminino, mas ter como sujeitos da pesquisa quaisquer pessoas. O que buscamos, afinal, são os significados expressos por meio dos atos corporais, de fala e como esses atos divulgam posições de sujeito com as quais cada um/a poderá ou não se identificar.

Para Miskolci (2009, p. 12), a análise fundamentada nos estudos *queer* é uma *analítica da normalização*. É um tipo de análise que focaliza os processos de classificação, hierarquização e as "estratégias sociais normalizadoras dos comportamentos" (MISKOLCI, 2007, p. 7). É a análise dos processos que produzem a normalidade e naturalidade de alguns sujeitos, por meio da produção da perversidade e patologia de outros (MISKOLCI, 2007). Souza e Carrieri (2010, p. 65) afirmam que um pesquisador *queer* é aquele que busca "problematizar aquilo que se apresenta como natural, estável e verdade". São características de uma análise *queer*: "a) crítica ao modelo sexual binário, seja ele biológico ou sociológico/cultural; b) fim das classificações em identidades sexuais, princípio que a fundamenta; c) combate à heteronormatividade; e d) desnaturalização do sexo" (SOUZA; CARRIERI, 2010, p. 63).

Seguindo essas propostas *queer*, busquei, então, analisar as várias práticas curriculares que nomeiam, classificam, hierarquizam *corpos-meninos-alunos* e que produzem esses corpos como normais ou anormais, com relação a gênero. Dessa forma, analisei e problematizei a constituição binária dos corpos sexuados, buscando explicitar como se produzem e se inter-relacionam as várias práticas curriculares que participam dessa produção. Busquei analisar os discursos como estratégias de poder, que convocam os sujeitos a ocupar posições generificadas e que produzem efeitos na maneira como os corpos são materializados.

Para Foucault (1986, p. 56), "os discursos são feitos de signos; mas o que fazem é mais que utilizar esses signos para designar coisas [...] É esse 'mais' que é preciso fazer aparecer e que é preciso descrever". Para fazer com que esse *mais* aparecesse, segui o seguinte percurso analítico: busquei identificar no material coletado os significados produzidos sobre os corpos. Perguntei: como esses corpos são nomeados, classificados, hierarquizados entre si e em relação a outros corpos por meio das práticas curriculares observadas? De que maneira as normas de gênero se fazem presentes nessa produção discursiva sobre os corpos considerados meninos-alunos?

Para analisar essa produção discursiva sobre os corpos meninos-alunos, busquei fazer relação do que ali é expresso por meio de atos corporais, de fala, com os ditos em outros campos e por outras instâncias culturais, procurando, assim, as citações presentes. Considerei como Butler (2001; 2006) e Bento (2003) que atos reiterados podem ser vistos como citações de saberes tidos por verdadeiros sobre os corpos. Busquei entender, então, como vários discursos se fazem presentes e como se relacionam na produção de posições de sujeito meninos-alunos no currículo pesquisado. Perguntei, enfim: que posições de sujeito os corpos considerados meninos-alunos são convocados a ocupar por meio dessa produção discursiva?

No processo de análise, trabalhei com o pensamento de que o corpo carrega "discursos como parte de seu próprio sangue" (BUTLER *apud* PRINS; MEIJER, 2002, p. 163). Ele é efeito de discursos porque é produzido culturalmente em uma arena discursiva (GOELLNER, 2003; LOURO, 2004; BUTLER, 2006). O corpo veicula discursos, porque discursos são expressos por meio dele, mas não são por um sujeito que se pressupõe ser a origem exclusiva de sua ação e pensamento (BUTLER, 2009) e, sim, por um sujeito que é subjetivado por variados discursos, que o convocam continuamente a ocupar, segundo Stuart Hall (2003), diversas posições de sujeito que se sobrepõem e podem entrar em conflito.

Os discursos são, portanto, "blocos táticos no campo das correlações de força" (FOUCAULT, 2006b, p. 112). Para explicar o tipo de análise que pode ser realizada com esse modo de entender os discursos, Foucault (2006c) faz um paralelo entre essa forma de análise e a análise fenomenológica que transcrevo a seguir.

> Eu parto dos discursos tal como é. Em uma descrição fenomenológica, tenta-se deduzir do discurso algo que concerne ao sujeito falante, trata-se de reencontrar, a partir do discurso, quais são as intencionalidades do sujeito falante, um pensamento que se está formando. O tipo de análise que eu pratico não se ocupa do problema do sujeito falante, mas examina as diferentes maneiras pelas quais o discurso cumpre uma função dentro de um sistema estratégico onde o poder está implicado e pelo qual o poder funciona. O poder não está, pois, fora do discurso. O poder não é nem a fonte nem a origem do discurso. O poder é algo que funciona através do discurso, porque o discurso é ele mesmo, um elemento em um dispositivo estratégico de relações de poder (FOUCAULT, 2006c, p. 253).

Assim, para analisar os atos de um sujeito, não busquei descrevê-los como provenientes de uma entidade psicológica individual, autônoma, coerente e passível de ser acessada e classificada por meio de suas manifestações. Não busquei suas *verdades interiores* e nem suas essências naturais ou culturais. Analisei os atos corporais, de fala como produções discursivas veiculadas pelo corpo lido e pelo corpo que lê. Considerei que esse corpo que é lido não se expressa e se constitui apenas em uma materialidade corporal que fala e se movimenta, mas também em imagens, na materialidade que o cerca, naquilo que é dito sobre esse corpo.

Tanto a análise das informações, quanto a coleta das informações por meio de procedimentos etnográficos não foram entendidos como atividades estanques. Tal visão desse processo de pesquisa foi possibilitada pela ideia de que a bricolagem de conceitos teóricos, métodos e procedimentos gera algo diferente da mera da junção das partes, como nos diz Marlucy Paraíso, no primeiro capítulo deste livro. Cada conceito, cada ferramenta teórica ou metodológica ao se ajuntar a outros/as pode ser ressignificado/a ou transformado/a, gerando algo novo, formado pela composição das partes.

Assim, na pesquisa realizada, a proposta de utilizar concepções de etnografia de Geertz (1989; 1997) como inspiração, juntamente com a análise *queer* das informações coletadas, propiciou um desenho próprio tanto do trabalho de campo, quanto do de análise do material coletado. A proposta de análise *queer* ajudou-me a entender o campo como algo que está situado não apenas local e temporalmente, buscando em outros meios (na internet, em livros, em programas televisivos) os discursos que o currículo pesquisado citava e atualizava de diferentes modos. A proposta de Geertz (1989, 1997) de observação dos significados partilhados pelo grupo social pesquisado, entendendo esses significados como públicos, transmitidos por meio das práticas sociais e como construções também daquele/a que descreve, inspirou-me a entender que pesquisadora e pesquisados/as foram coprodutores/as dos significados sobre os atos e os corpos observados, pensamento esse que borrou a linha de separação entre aquela que pesquisa e aqueles/as que foram pesquisados/as. Tal separação tem sido questionada por teóricos/as *queer* como Kath Browne, Catherine Nash (2010) e Michael Connors Jackman (2010), os quais afirmam que um processo de pesquisa *queer* é aquele que, entre outras coisas, desconstrói binarismos presentes em discursos científicos como, por exemplo, o binarismo pesquisador/a ou pesquisado/a e nativo/a ou estrangeiro/a.

Desconstruir binarismos, mas, também, criar, transformar, misturar procedimentos e conceitos teóricos, científicos foram as ideias por mim utilizadas para compor o que entendi por uma metodologia *queer*. Pensando como Alisson Rooke (2010) que os estudos *queer* não se limitam a abordar subjetividades sexuais e de gênero, mas a discutir sobre qualquer forma de normatividade, incluindo a dos processos de pesquisa e de escrita, termino este tópico, então, lançando o pensamento sobre o processo de elaboração do texto final da pesquisa.

Na construção do texto final, escritas e reescritas foram feitas, embasadas na ideia de que o texto produzido estaria permeado por discursos que atuariam também como estratégias de poder. Estive atenta, assim, ao fato de que a pesquisa social é um processo de produção, de criação do sujeito pesquisado (GAMSON, 2006), pois aquilo que falamos sobre as coisas "nem são as próprias coisas (como imagina o pensamento mágico), nem são uma representação das coisas (como imagina o pensamento moderno); ao falarmos sobre as coisas, nós as constituímos" (VEIGA NETO, 2007, p. 31). Considerei, então, que, ao falar sobre *meninos-alunos*, estaria inserida em um universo discursivo que faria com que minha fala fosse posicionada em um campo de relações de poder, de produção dos sujeitos pesquisados. Tendo tal compreensão do processo de pesquisa, o repensar da escrita foi configurado como uma análise dos próprios discursos presentes no texto produzido, por meio do meu posicionamento não como autora exclusiva daquilo que escrevi, mas como um sujeito que também foi e é constituído em um universo específico de relações de poder. Nesse sentido, houve um trabalho não registrado na escrita final da pesquisa, em que o próprio texto por mim produzido foi também objeto constante de uma análise *queer*.

CONSIDERAÇÕES FINAIS

Um questionamento presente entre pesquisadores/as que se utilizam de teorias pós-estruturalistas em suas pesquisas tem sido com relação à viabilidade de se realizar uma pesquisa embasada nessas teorias, com metodologias próprias da ciência moderna. Como pesquisar com metodologias oriundas de uma ciência que divulga metanarrativas universais, por meio de perspectivas teóricas que questionam a ideia de um sujeito coerente, racional, universal, produtor exclusivo de seus atos e pensamentos? Percebendo as limitações dessas metodologias para abordar os objetos de pesquisa, caminhos próprios de condução de processos de pesquisa são postos em prática, nos quais procedimentos metodológicos são transformados, criados e misturados, como nos diz Marlucy Alves Paraíso, no primeiro capítulo deste livro.

Movidos por esse ímpeto de questionar a racionalidade e a normatividade moderna científica, pesquisadores/as *queer* propuseram novas maneiras de conduzir pesquisas, desconstruindo, transformando e criando diferentes formas de abordar seus objetos de pesquisa. No trabalho de pesquisa por mim empreendido, considero que a possibilidade de improvisar, de alterar os procedimentos de pesquisa, de acordo com uma avaliação constante das relações estabelecidas em campo, contribuiu para a produção de uma maior complexidade de informações, para a captura daquilo que escapa ao anteriormente pensado, planejado e instituído no fazer científico. Tal modo de pesquisar também favoreceu um melhor relacionamento com os sujeitos pesquisados, ao propiciar a mudança daquilo que incomoda, daquele procedimento que inicialmente foi aceito, mas depois foi percebido como não adequado ou ameaçador.

Outro ponto forte dessa metodologia refere-se ao tipo de procedimento analítico utilizado, que está centrado não na ideia de um sujeito íntegro, racional e autor de seus atos, mas em posições de sujeito que são produzidas discursiva e culturalmente. Tal tipo de análise problematiza os processos de normalização e hierarquização generificada dos corpos, assim como a violência relacionada a eles, não como atos considerados individuais, próprios a pessoas ou grupos específicos/as (professores/as, alunos/as etc.), mas como produtos culturais e discursivos produzidos em meio a relações de poder, que estão dispersas no tecido social. Isso parece evitar tanto o sentimento de culpabilização individual das pessoas pesquisadas, quanto a produção de uma possível resistência a ser pesquisado/a.

Os processos de nomeação, classificação e hierarquização social fazem parte da luta discursiva constante que se trava em várias instâncias culturais. Corpos são classificados dicotomicamente, hierarquizados e naturalizados de acordo com várias características além da sexualidade e do gênero. Para desconstruir essa produção normativa dos corpos podemos pensá-la, assim como têm pensado os/as teóricos/as pós-estruturalistas que estudam os currículos, em como cada campo cultural se constitui como um currículo, como ensina, divulga formas consideradas verdadeiras de ser, como produz corpos e posições de sujeito considerados/as normais, ao mesmo tempo que constitui outros/as como anormais e abjetos/as.

Como padrões de inteligibilidade e normalidade se fazem presentes ou são produzidos nos currículos pesquisados? Como corpos são classificados, hierarquizados e naturalizados? Como posições de sujeito prescritas pelas normas estabelecem um padrão do que é um corpo inteligível ou não, normal ou anormal e, também, como esse efeito produtivo se estabelece a partir da concorrência de múltiplas práticas discursivas? Esses são alguns questionamentos com os quais podemos continuar a nos ocupar.

REFERÊNCIAS

ALVES-MAZZOTTI, Judith Alves; GEWANDSZAJDER, Fernando. *O método nas ciências naturais e sociais*. 2. ed. São Paulo: Pioneira, 1999.

BENTO, Berenice. Transexuais, corpos e próteses. *Labrys Estudos Feministas*, n. 04, ago./dez. 2003. Disponível em: <http://e-groupes.unb.br/ih/his/gefem/labrys4/textos/berenice1.htm>. Acesso em: 21 ago. 2009.

BOELLSTORFF, Tom. Queer techne: two theses on methodology and queer studies. *In*: BROWNE, Kath; NASH, Catherine J. (Org.). *Queer methods and methodologies*: intersecting queer theories and social science research. Surrey: Ashgate, 2010. p. 215-30.

BROWNE, Kath; NASH, Catherine J. Queer methods and meghodologies: an introduction. *In*: BROWNE, Kath; NASH, Catherine J. (Org.). *Queer methods and methodologies*: intersecting queer theories and social science research. Surrey: Ashgate, 2010. p. 1-23.

BUTLER, Judith. Corpos que pesam: sobre os limites discursivos do sexo. *In*: LOURO, G. L. (Org.). *O corpo educado*: pedagogias da sexualidade. Belo Horizonte: Autêntica, 2001. p. 153-172.

BUTLER, Judith. *Deshacer el gênero*. Buenos Aires: Paidós, 2006.

BUTLER, Judith. Performatividad, precariedad y políticas sexuales. *Revista de Antropología Iberoamericana*, v. 4, n. 3, p. 321-336, set./dez. 2009. Disponível em: <http://www.aibr.org/antropologia/04v03/criticos/040302.pdf>. Acesso em: 08 jan. 2010.

CORAZZA, Sandra. *O que quer um currículo?*. Rio de Janeiro: Vozes, 2001.

CORAZZA, Sandra. Labirintos da pesquisa, diante dos ferrolhos. *In*: COSTA, M. V. (Org.). *Caminhos investigativos*: novos olhares na pesquisa em educação. 2. ed. Rio de Janeiro: DP&A, 2002. p. 105-131.

FOUCAULT, Michel. *As palavras e as coisas*. São Paulo: Martins Fontes, 1986.

FOUCAULT, Michel. *História da sexualidade I*: a vontade de saber. 17. ed. Rio de Janeiro: Graal, 2006b.

FOUCAULT, Michel. Diálogo sobre o poder. *In*: MOTTA, Manoel Barros da (Org.). *Michel Foucault*: estratégia, poder-saber. 2. ed. Rio de Janeiro: Forense Universitária, 2006c. p. 253-266. Ditos e escritos IV.

GAMSON, Joshua. As sexualidades, a teoria queer e a pesquisa qualitativa. *In*: DENZIN, Norman; LINCOLN, Yvonna. S. K. (Org.). *O planejamento da pesquisa qualitativa*: teorias e abordagens. 2. ed. Porto Alegre: Artmed, 2006. p. 345-362.

GEERTZ, Clifford. *A interpretação das culturas*. Rio de Janeiro: LTC, 1989.

GEERTZ, Clifford. *O saber local*: novos ensaios em antropologia interpretativa. Petrópolis: Vozes, 1997.

GOELLNER, Silvana Vilodre. A produção cultural do corpo. *In*: LOURO, Guacira Lopes; FELIPE, Jane; GOELLNER, Silvana Vilodre (Org.). *Corpo, gênero e sexualidade*: um debate contemporâneo na educação. Petrópolis: Vozes, 2003. p. 28-40.

HALBERSTAM, Judith. *Masculinidad femenina*. Barcelona: Egales, 2008.

HALL, Stuart. A centralidade da cultura: notas sobre as revoluções culturais do nosso tempo. *Educação & Realidade*, Porto Alegre, v. 22, n. 2, p. 15-46, jul./dez. 1997.

HALL, Stuart. *A identidade cultural na pós-modernidade*. 8. ed. Rio de Janeiro: DP&A, 2003.

JACKMAN, Michael Connors. The trouble with field: queering methodologies. *In*: BROWNE, Kath; NASH, Catherine J. (Org.). *Queer methods and meghodologies*: intersecting queer theories and social science research. Surrey: Ashgate, 2010.

LOURO, Guacira Lopes. *Um corpo estranho*: ensaios sobre sexualidade e teoria *queer*. Belo Horizonte: Autêntica, 2004.

LOURO, Guacira Lopes. Gênero e sexualidade: pedagogias contemporâneas. *Pro-Posições*, Campinas, v. 19, n. 2, p.17-23, ago. 2008.

MISKOLCI, Richard. Teoria queer e a questão das diferenças: por uma analítica da normalização. *In*: CONGRESSO DE LEITURA DO BRASIL, 16., Campinas, 2007. Disponível em: <http://www.alb.com.br/anais16/prog_pdf/prog03_01.pdf>. Acesso em: 09 jul. 2009.

MISKOLCI, Richard. A teoria queer e a sociologia: o desafio de uma analítica da normalização. *Sociologias*, Porto Alegre, n. 21, p. 150-182, jan./jun. 2009.

MISKOLCI, Richard. Não ao sexo rei: da estética da existência foucaultiana à política *queer*. *In*: MAGALHÃES, L. A. F.; SABATINE, T.; SOUZA, B. R. (Org.). *Michel Foucault*: sexualidade, corpo e direito. Marília: Cultura Acadêmica, 2011. p. 47-68.

PARAÍSO, Marlucy Alves. *Currículo e a produção de sujeitos*: relações de gênero nos "reagrupamentos" escolares, 2006. Projeto de pesquisa apresentado ao CNPq.

PINO, Nádia Perez. A teoria queer e os intersex: experiências invisíveis de corpos desfeitos. Cadernos Pagu, Campinas, v.28, p. 174-94, jan./jun. 2007.

PRINS, Baukje; MEIJER, Irene Costera. Como os corpos se tornam matéria: entrevista com Judith Butler. *Revista Estudos Feministas*, Florianópolis, v. 10, n. 1, p. 155-167, 2002.

ROOKE, Alice. Queer in the field: on emorion, temporality and performativity in ethnography. *In*: BROWNE, K; NASH, C. J. (Org.). *Queer methods and meghodologies*: intersecting queer theories and social science research. Surrey: Ashgate, 2010.

SILVA, Tomaz Tadeu. *Documentos de identidade*: uma introdução às teorias do currículo. 2. ed. Belo Horizonte: Autêntica, 1999.

SILVA, Tomaz Tadeu. *O currículo como fetiche*: a poética e a política do texto curricular. Belo Horizonte: Autêntica, 2006..

SOUZA, Eloiso Moulin; CARRIERI, Alexandre Pádua. A analítica queer e seu rompimento com a concepção binária de gênero. *Revista de Administração Mackenzie Online*, v. 11, n. 3, p. 46-70, 2010.

SPARGO, Tamsin. *Foucault y la teoria queer*. Barcelona: Gedisa, 2007.

VEIGA NETO, Alfredo. Olhares... *In*: COSTA, Marisa Vorraber; VEIGA NETO, Alfredo (Org.). *Caminhos investigativos I*: novos olhares na pesquisa em educação. 3. ed. Rio de Janeiro: Lamparina, 2007. p. 23-38.

CAPÍTULO 12

O uso das imagens como recurso metodológico

MARIA SIMONE VIONE SCHWENGBER

CONVERSA INICIAL

Quando me lancei ao desafio de escrever este capítulo, optei pela oportunidade de tornar público o caminho percorrido na construção metodológica da minha pesquisa de doutorado,[141] realizada no Programa de Pós-Graduação em Educação da Universidade Federal do Rio Grande do Sul, na linha de pesquisa *Educação, relações de gênero e sexualidade*. Parece-me produtivo partilhar a experiência de aproximar-se de uma metodologia de pesquisa e redesenhá-la, isso porque os inícios em pesquisa, como diz Mario Osório Marques (1997, p. 33), "são precários e incertos, como os inícios das andanças em terras inexploradas". O autor desafia-nos ao afirmar que o ato de escrever – e aqui me refiro à metodologia – é "como um ato inaugural, cujo maior desafio é começar" (*ibidem*, p. 33). Comecei a escrever e a delimitar as ferramentas teórico-metodológicas, "uma aventura que não se sabe onde nos vai levar; ou melhor, que, depois de algum tempo, se saiba não ser mais possível abandonar" (*ibidem*, p. 91).

[141] SCHWENGBER, Maria Simone Vione. *Donas de si?*. A educação de corpos grávidos no contexto da *Pais & Filhos*. Tese (Doutorado em Educação) – Programa de Pós-Graduação em Educação, Faculdade de Educação, Universidade Federal do Rio Grande do Sul, Porto Alegre, 2006. A tese foi orientada pela professora Dagmar Meyer.

Fui gradativamente experimentando e construindo a metodologia na minha tese, inspirada em abordagens teórico-metodológicas dos campos dos estudos culturais e dos estudos feministas, em sua aproximação com a abordagem pós-estruturalista de Michel Foucault, exatamente porque essa perspectiva permite entender e trabalhar os recursos analíticos dos discursos (e enunciados) e das imagens. Sérgio Vasconcelos de Luna (1988, p. 72) ensina-nos que a metodologia "não tem *status* próprio e precisa ser definida em um contexto teórico. Abandona-se a ideia de que faça qualquer sentido discutir a metodologia fora de um quadro de referência teórica". O referencial teórico é como um filtro pelo qual o/a pesquisador/a enxerga a realidade, sugerindo perguntas e indicando possibilidades (*idem*).

A parte metodológica, na minha pesquisa, foi tomando corpo recorrendo a Marques (1997, p. 114): "é no andar da carroça que se ajustam as abóboras, também é no andar da pesquisa que ela se organiza, ela se reconstrói de contínuo, harmonizando seus distintos momentos". A perspectiva que norteou os meus passos na pesquisa abriu possibilidades para descrever o meu caminho, as escolhas do meu *corpus* – os discursos e as imagens – a partir das ferramentas que me proporcionaram as condições de descobrir modos de pensar e problematizar o objeto de estudo. Tomando novamente as palavras de Marques (*ibidem*, p. 115), se "o caminho se faz andando, também o método não é senão o discurso (relato) dos passos andados". Passo, então, na próxima seção, a apresentar (rapidamente) o meu objeto de estudo para melhor localizar o/a leitor/a.

OBJETO DE ESTUDO

O objeto tema de estudo da tese partiu do argumento de Dagmar Meyer (2000; 2003) acerca da "politização do feminino e da maternidade". Desse modo, passei a examinar, a compreender um pouco mais algumas pistas e suspeitas de que essa politização da maternidade se estende, em particular, para a politização dos corpos grávidos. Comecei tateando, focalizando e desenvolvendo os argumentos, centrando-me na ideia da politização dos corpos grávidos, sabendo que uma tese exige certa originalidade.[142] Construir um objeto é pesquisar. Pesquisar, por sua vez, inicialmente foi explorar e problematizar a estrutura da temática da maternidade, sobretudo a partir dos Estados modernos, na expansão institucional das políticas de saúde, por meio

[142] Para Marques (1997), a originalidade de uma tese pode se dar a partir da construção do objeto, do *corpus* e/ou do modo de análise.

do "imperialismo moral" do discurso médico e do aparecimento de outros diferentes discursos, voltados ao cuidado da saúde materno-infantil, principalmente os enfatizados pela mídia[143] (em sentido amplo).

Rosa Fischer (2002) chama a atenção para a importância que a mídia assume, ocupando uma posição central no processo de constituição do sujeito contemporâneo, nos modos de ser homem e mulher e, inclusive, nos de ser pai, mãe e gestante. Tendo em vista essa centralidade da mídia impressa na educação contemporânea de corpos grávidos, escolhi investigar, no enorme acervo de publicações sobre gravidez, a revista *Pais & Filhos*. Entre as revistas que estão disponíveis no mercado editorial brasileiro, esta é a revista mais antiga[144] (de 1968 a 2004). A partir daí, mobilizei-me para discutir a problemática da *politização dos corpos grávidos*. Seduziu-me o desafio de responder à seguinte pergunta: como os discursos e as imagens veiculadas na *Pais & Filhos* colaboram com o processo dessa politização?

Apresento, a seguir, os modos de olhar que construí para fazer a pesquisa, apontando as ferramentas teórico-conceituais que me ajudaram a descrever os critérios de escolha dos discursos (enunciados) e das imagens. Este texto busca mostrar um pouco do "sujar das mãos na cozinha empírica da pesquisa", expressão de Jesús Martín-Barbero (2002, p. 42).

Tomei como referência o pressuposto de Foucault (2004) quando diz que cada época produz suas verdades e as condições de sua enunciação discursiva. Analisei os textos da *Pais & Filhos* buscando identificar nos discursos os enunciados que dão (e davam) sustentação para uma determinada configuração do corpo grávido. Para Foucault (2004), são os enunciados que posicionam os sujeitos de forma particular nos discursos:

> Descrever uma formulação de enunciados não consiste em analisar a relação entre o autor e o que ele diz (ou quis dizer, ou disse sem querer), mas em determinar que posição de sujeito pode e deve ser ocupada por qualquer indivíduo para que ele seja o sujeito dele (p. 95-96).

---

143 No Brasil, encontramos uma grande gama de materiais – jornais, manuais, programas de TV, propagandas, revistas e, mais recentemente, *sites* – endereçados às mulheres-maes. Entendo que esses materiais têm um papel central no movimento moral de educação sobre os corpos de grande parte das mulheres gestantes no Brasil.

144 Ao tomar a revista como *corpus*, fui conhecendo o contexto de criação dos periódicos, sua linha editorial, os profissionais que escrevem, os patrocinadores e anunciantes, no intuito de alargar o entendimento que permeia a produção e a circulação do periódico (SCHWENGBER, 2006).

Trata-se, ao contrário, de trabalhar no interior do discurso, compreender e "estabelecer séries, distinguir o que é pertinente, descrever as relações, definir as unidades enunciativas" e significativas (FOUCAULT, 2004, p. 7). De acordo com Foucault, o/a pesquisador/a atento/a estuda o que os enunciados suscitam, a luta política que eles colocam em movimento.

Então, descrever um enunciado "consiste em descrever a posição que pode ocupar o indivíduo para ser seu sujeito" (*ibidem*, p. 109). Foi assim que articulei questões como estas: De que modo e segundo que condições o sujeito aparece na ordem desses discursos? Que lugar o discurso dá ao sujeito? Quais são os modos de existência desses discursos? Enfim, trata-se de compreender, captar a posição que o sujeito ocupa na formação discursiva, bem como quem fala, com que autoridade, sob que condições, sobre que sistema de legitimação social.

RECORTE DAS IMAGENS

A partir da leitura de Foucault (1996), percebi também que um enunciado comporta duas dimensões: uma *dizível* e outra *visível*. Daí que, para mim, foi possível identificar tanto os enunciados dizíveis quanto os visíveis pelas imagens, no sentido de melhor mapear o movimento da politização contemporânea do corpo grávido no contexto da *Pais & Filhos*. Para o autor, o saber é também um "arquivo audiovisual", uma vez que se constitui como um discurso, em enunciados dizíveis e visíveis (FOUCAULT, 1996). Assim, analisei as imagens que frequentemente integram os textos da *Pais & Filhos*, não como peças ilustrativas, mas como prática discursiva, procurando explorar seu caráter produtivo.

Tratar da imagem como recurso metodológico de expressão em uma pesquisa acadêmica não é uma tarefa fácil, mesmo numa cultura da "civilização da imagem", pois, como diz Boris Kossoy (2001), temos um aprisionamento multissecular à tradição escrita como mais "científica", mais filosófica, mais "verdadeira"; consequentemente, as imagens são identificadas como mais imediatas, instintivas, ilusórias. O autor destaca a dificuldade que o/a pesquisador/a encontra na academia para vencer a "resistência em aceitar, analisar e compreender a informação quando esta não está transmitida segundo um sistema codificado em conformidade com os cânones tradicionais da comunicação escrita" (*ibidem*, p. 30).

Pode-se dizer que vivemos hoje num mundo saturado de imagens. Para Lucia Santaella (1983, p. 2), "as imagens invadem nossa casa e chegam mais ou menos do mesmo modo que a água, o gás ou a luz". As imagens produzem e veiculam, em suas formas plásticas, concepções estéticas, políticas e sociais. A experiência humana contemporânea, no caso da politização dos corpos grávidos, é quase impossível de ser compreendida fora de suas relações com as imagens técnicas da fotografia, do cinema, da televisão e diferentes telinhas, vídeos, raios-x, ultrassom, manuais, livros, revistas, jornais, publicidade, cartazes, internet, *outdoors*, placas luminosas. A produção da imagem técnica estática e em movimento, como define Roland Barthes (1990), é um recurso valioso porque catalisa o uso da perspectiva do ponto de fuga, o que possibilita à memória sua fixação.

As imagens, como meio de comunicação e de representação de mundos, têm um lugar central na contemporaneidade, sobretudo na revista pesquisada. Não aceitar a imagem como possibilidade de instrumento metodológico é negligenciar um material importante de compreensão da experiência humana contemporânea.

Entendo a imagem como produto e produtora do cotidiano contemporâneo, presente no contexto comunicativo pós-moderno, por isso a considero como um importante *corpus* de pesquisa no campo educacional. As imagens formam e informam. Cabe à academia mergulhar no aqui e agora para acessar o que Clifford Geertz (2001) denomina como "desafio de uma época", ou seja, dar um estatuto teórico para a iconografia contemporânea.

Assim, tomei as imagens como um texto discursivo e enunciativo, visível, que também conta a nossa história contemporânea. Nas páginas da *Pais & Filhos*, em muitas reportagens, as imagens são centrais para a produção de atenção e para a significação. Como diz Silvana Goellner (2003), são produtoras de uma dada sensibilidade e instauradoras de dada forma de ver e dizer a realidade. Considerei as imagens como uma linguagem, um registro, "uma comunicação sem palavras, mas repleta de ideias e memórias trazidas por elas" (BARTHES, 1990, p. 41). Barthes (*idem*) ensina-nos a ver que, nas imagens, o "meio natural" é recortado, implicando, portanto, uma escolha; o recorte supõe escolhas e objetivos ao que será registrado; as imagens são manipuladas, feitas de escolhas de luz, posições, ângulos, câmeras, enquadramentos.

Nessa direção é que considero produtiva a combinação entre texto escrito e imagens, entre o dizível e o visível; utilizei as imagens, então, como mais um recurso analítico.[145] Enfatizo que as imagens associam "duas linguagens: o que implica tentar

[145] A minha opção pelo uso da imagem como fonte analítica deve-se à leitura dos trabalhos de Carmen Soares (2006) e de Silvana Goellner (2001). *Imagens da educação no corpo*, de Soares, mostra de um modo especial o quanto as imagens produzem fios de um discurso despretensioso, numa composição *sui generis*

ler pelos códigos da língua a fluidez da linguagem, o que significa também estabelecer significados, conceitos, racionalizar, esquematizar" as unidades significativas (SILVA, 2001, p. 125). Portanto, a imagem está ligada ao *exercício de uma linguagem*, está vinculada a uma organização simbólica (a uma determinada cultura, a um determinado tempo e contexto).

Propus, então, o entendimento da relação da imagem como um texto (um discurso). A imagem, mais do que apenas ilustrar, *ornar* um texto, representa, descreve, narra, simboliza, expressa, brinca, persuade, normatiza, pontua e educa, além de enfatizar sua própria configuração e chamar a atenção para o seu suporte – a linguagem visual. Concebo que as imagens (texto) se somam aos discursos. Daí a escolha das imagens como um instrumento no sentido de acrescentar à pesquisa, aos dados discursivos.

Essas abordagens ensinaram-me que podemos trabalhar com as imagens como fonte de pesquisa, não como meras formas de ilustração: "imagem como um texto que amplia a possibilidade de movimentar uma tensão entre diferentes fontes/testemunhos que dizem sobre algo que ocorreu num tempo/espaço" (GOELLNER; MELO, 2001, p. 122). Para esses autores, a imagem "não apenas ilustra" os textos, como também "movimenta sentidos e significados, apela à nossa memória" e nos ensina, na medida em que é tomada como um texto "a ser lido, imaginado, observado, reconstruído no seu significado" (*ibidem*, p. 123). As imagens seriam possibilidades de "modelar representações, afirmar conceitos, estabelecer possíveis verdades" (*ibidem*, p. 123).

Uma imagem não é apenas um conjunto composto por linhas, cores, luzes ou sombras; não é apenas uma questão de forma, um pensamento plástico; ela existe como um pensamento político, histórico, cultural. Assim, a leitura de uma imagem exige um esforço de reconhecimento que, de alguma forma, depende dos modos de expressão e compreensão de cada época e lugar, ou seja, cada imagem conta a sua história. As imagens podem ser um recurso produtivo que reafirma, amplia e/ou fixa os enunciados escritos ou atuam como outro texto. Considerei, inclusive, que elas podem se constituir, também, num texto que perturba o texto escrito, sendo capazes

---

com as palavras, figuras e pinturas, em que o texto, a partir de sua articulação imagética, mostra modos especiais de conceber os corpos. O trabalho de Goellner (2003), *Bela, maternal e feminina: imagens da mulher na revista Educação Physica*, narra a história das imagens dos corpos femininos, presentes na revista *Educação Physica* nos anos 1930 e 1940, as quais, para a autora, explicitam representações dos corpos femininos daquelas décadas.

de iluminar outros sentidos. Barthes (1990) diz que o uso da imagem é rico nas pesquisas educacionais exatamente porque as imagens apresentam "polifonia e dialogia". O desafio é fazer ouvir as vozes que habitam as imagens e os demais sentidos. As imagens não possuem uma linguagem precisa de uma "racionalidade instrumental"; elas são feitas também de fantasias, de sonhos, ao que se irmana o caráter idílico, ficcional (*idem*).

Como objetivo de uma atitude analítica com relação às imagens, quero

> demonstrar que a imagem é de fato uma linguagem, uma linguagem específica e heterogênea; que, nessa qualidade, distingue-se por meio de signos particulares, propõe uma representação escolhida e necessariamente orientada; distinguir as principais ferramentas dessa linguagem e o que sua ausência ou sua presença significam (JOLY, 2005, p. 48).

O desafio é compreender a imagem como linguagem a partir dos seus elementos signos, narrativos, que a compõem, como descreve Joly (*idem*). Luiz Henrique dos Santos (2002, p. 120) assevera que as imagens "não são janelas transparentes para ver o mundo"; elas incorporam e apresentam determinadas representações de modos muito particulares, pois seus significados nunca são inocentes. Nesse sentido, é possível pensá-las e explorá-las como um tipo de discurso. Jacques Aumont (1993) lembra que as imagens não são independentes, pois sempre estão ligadas a um determinado regime de poder (visualidade), organizando experiências, induzindo o/a leitor/a a ver algumas coisas e não outras. Para o autor, cabe dizer que uma das tarefas do/a pesquisador/a é explorá-las, mostrando como elas se modificam historicamente e como estão implicadas em contextos históricos específicos. Na mesma direção, Stuart Hall (1997, p. 112) destaca que nunca há uma única resposta à questão "o que esta imagem significa".

No meu trabalho de análise, em primeiro lugar, selecionei as imagens repetidas, anunciadas, comentadas ou mesmo tensionadas pelos próprios textos. Procurei selecionar as que se repetiam, que eram retomadas (propiciando identificações-projeções), observando as respectivas posições sociais e modelos formadores que delimitam e governam os corpos grávidos.

Partindo da premissa de que as imagens produzem e veiculam saberes, procurei compreender seu entorno, os valores e os preceitos que elas expõem, respondendo às seguintes questões: Quais imagens apresentam maior potencialidade de persistência/repetição/recorrências? Quais têm o poder de criar e introduzir novas projeções-

-identificações, sensibilizando o olhar das mulheres? Onde aparecem, onde circulam as de maior *peso* na revista?

Situei as imagens em termos de sua significação cultural; procurei destacar as relações de poder que produzem no contexto da *Pais & Filhos*. Jacques Aumont (1993) refere que há duas instâncias nas quais os significados das imagens são construídos: a da produção técnica ou *composicional* (enquadramento, angulações, iluminação) e a da produção *social* e *cultural*, que se refere às variedades de relações econômicas, sociais e culturais que as circundam – respectivos significados visuais (como a imagem é utilizada, como circula, qual posição é oferecida, como se relaciona com o texto, a imagem expressiva). Minha análise procurou explorar mais a segunda instância, a dimensão social da própria imagem. O importante, para o autor (*idem*), é aquilo que dá sentido à imagem (enquanto representação visual), seus efeitos e as circunstâncias da sua circulação.

Para uma análise mais detalhada das imagens, procurei seguir a noção de plano, apoiando-me nas categorias utilizadas por Aumont (1993). Essa opção permitiu o entendimento da conjunção dos dispositivos técnicos com os elementos sociais da composição das imagens. O autor sugere que se trabalhe com o plano central, social (o que representa), observando-se as questões de fundo que fazem parte da imagem retratada, analisando-se poses, gestos, vestimentas, acessórios, o que é o enquadramento central, o que circunda a imagem, como se dirige e o que ensina ao leitor.

Muitas foram as dúvidas para delimitar os *olhares* sobre o *corpus* de investigação, para aí analisar os discursos acerca da gravidez que circulam no material reunido durante a investigação. Entre tantos temas existentes no contexto da *Pais & Filhos*, selecionei aqueles dirigidos claramente às grávidas, tomando-os como *corpus* da tese. O critério utilizado para a seleção foi o de que, de alguma maneira, os assuntos envolvessem a questão dos cuidados na gravidez. Porém, do conjunto das imagens, a partir desse recorte, optei por analisar na tese aquelas imagens que produziram em mim certo *estalo* (mexeram comigo). Na relação entre imagem e pesquisador/a observador/a, Barthes (1990) explica que existe um *punctum*. É como uma flecha que parte da imagem e atinge o/a observador/a, transpassando-o. *Punctum*, em latim, quer dizer uma picada, uma marca feita por um instrumento pontiagudo. O *punctum punge, também mortifica, fere.* Para o referido autor, algumas das imagens que nos atraem são pontuadas, cheias de pontos sensíveis. Ele diz: algumas imagens "me animam, eu as animo" também (*ibidem*, p. 41).

O primeiro passo na leitura do material foi localizar somente as reportagens sobre gravidez, delineando sua abrangência; localizei os tópicos principais das reportagens, o ponto central dos artigos e, dentro deles, a posição dos seus enunciados, as formações discursivas articuladas. Classifiquei os temas por ordem cronológica, no sentido de identificar as mudanças de ênfase nas abordagens e também por entender que os discursos veiculados determinam o que pode ser dito e/ou escrito sobre um objeto e/ou tema relacionado com a gravidez numa dada época.

O movimento inicial de análise ajudou-me a compreender e a destacar as questões educativas mais amplas referentes à gravidez. Foi o modo que achei para melhor ir me aproximando de meu tema/objeto de pesquisa.[146]

Dessa maneira, algumas perguntas iniciais foram se estabelecendo: Como se define e se posiciona o corpo grávido no contexto da revista? O que se ensina? Sobre o quê? Em que circunstâncias?

Analisei os exemplares da revista tendo em mente o conceito de *a priori* histórico, explanado por Foucault (1996, p. 173) deste modo:

> é o que, em dada época, recorta na experiência um campo de saber possível, define o modo de ser dos objetos que nele aparecem, arma o olhar cotidiano de poderes teóricos e define as condições em que se podem enunciar as coisas num discurso reconhecido como verdadeiro.

Busquei olhar aquilo que atravessa o projeto editorial da *Pais & Filhos*, tendo como critérios a *insistência*, a *repetição* e a *regularidade* de certos enunciados e também o que escapa, o que rompe, o que desarranja essa regularidade.

Neste capítulo, então, opto por apresentar parte de um movimento analítico da *Pais & Filhos* a partir de duas imagens, porque o uso metodológico do recurso da imagem é mais raro em trabalhos acadêmicos. A partir da primeira imagem (e de muitas outras que localizei), é possível observar um movimento que denominei de *educar corpos femininos como corpos grávidos*. Na segunda imagem, localizei o

[146] Data. O que diz? O que enuncia? Quais os enunciados centrais? Efeitos sociais. Os regimes de verdade que aparecem. Como a revista posiciona as gestantes? Depois de feita essa primeira classificação, passei para uma segunda, organizando e mapeando o que permanece e o que muda em termos de enunciados (as continuidades, as rupturas) e verificando as redes e as relações de poder que constituem, classificam, posicionam as gestantes: ano de publicação e número de exemplares da revista. Temas (enunciados). O que emerge? O que permanece? O que desaparece? Como a revista posiciona as mulheres gestantes?

movimento que chamei de *posicionando a mãe carinhosa (que cuida e se cuida)*. A análise que passo a apresentar não será única, talvez nem mesmo a mais adequada, mas, ao final, foi o que fiz no sentido de dimensionar e responder à minha questão de pesquisa.

EDUCAR CORPOS FEMININOS COMO CORPOS GRÁVIDOS

Encontramos muitos exemplos de exposição do corpo grávido na *Pais & Filhos*. A revista aposta na força dos enunciados e das imagens.[147]

Grande parte das imagens evidencia e destaca o corpo grávido. As imagens, geralmente, destacam a barriga, a posição dos braços e das mãos, demarcando os seios e a região pubiana, o que produz uma moldura de proteção ao feto. Ao mesmo tempo, a exaltação da barriga, de forma pronunciada, parece indicar a fertilidade feminina. Essas imagens exaltam o corpo grávido e geralmente recorrem ao fundo escuro, cortado verticalmente pela luz, ressaltando a barriga. Com essas estratégias, a gestante passa a ter sua significação corporificada: ela *é* (a portadora de) um corpo (útero) abundante. As imagens mostram o corpo feminino como receptáculo, aquele que engendra a gestação, associada à fêmea. Essa parece ser uma associação inevitável, por ser a gravidez uma condição biológica particular às fêmeas, desencadeada – ou passível de sê-lo – nos seus corpos.

A demarcação dos corpos (barriga, seios) nas imagens chama a atenção para sua posição central na maternagem. Para Marilyn Yalom (1997, p. 131), os corpos grávidos começaram a adquirir significado político a partir do século XVIII, e "não é muito forçado argumentar que foram as modernas democracias ocidentais que inventaram o corpo politizado e a partir daí cada vez mais ampliaram esta experiência".

Observa-se, ainda, geralmente no primeiro plano das imagens, que o seio, a barriga, o quadril e o baixo ventre são partes para onde nosso olhar é automaticamente direcionado. No plano intermediário, destaca-se a posição dos braços e das mãos da gestante, em torno da barriga, o que parece convidar o/a leitor/a a pensar também que não se trata mais de um corpo solitário, mas de um corpo que abriga a existência de outro ser humano, que transporta uma carga preciosa que precisa

[147] Para olhar ou acessar a imagem que analiso especificamente aqui nesta seção, utilize <http://www.lume.ufrgs.br/bitstream/handle/10183/8937/000591456.pdf?sequence=1>, p. 64. Fonte: *Pais & Filhos*, n. 140, p. 12, ago. 1980.

ser cuidada e protegida. Essas imagens carregam enunciados simbólicos de que é o corpo da mãe que dá condições de proteção, alimento, tranquilidade e segurança, necessárias para que o feto/embrião se desenvolva bem. A gestante é posicionada, em muitas imagens, como aquela que dispensa amor, proteção, amparo à barriga e, portanto, defesa e resguardo ao feto/embrião.

As gestantes são instigadas pelas imagens a aderirem à ideia de cuidarem de si, cuidarem da vida. Cuidar de si implica afinar a escuta em relação ao próprio corpo, a um constante exercício de autodomínio, de vigilância de si. É conferido às grávidas o dever de corrigir e aperfeiçoar seu próprio corpo e desenvolver competências necessárias para cuidar do Outro – feto/criança – e da vida.

Ao transitar pelas páginas da revista, observamos facilmente o quanto se posicionam as gestantes como mulheres que necessitam desenvolver competências específicas, segundo padrões definidos, para melhor conduzir suas gestações e cumprir com as *obrigações* inerentes a essa condição. Deparamo-nos com uma ampla iconografia, repleta de descrições de cuidados corporais e de técnicas para melhor preparar os corpos, o que vai desde *sutiãs específicos para amamentação, cremes, óleos, dosagem diária de sol nos mamilos, dietas e massagens* até *exercícios específicos (ginástica) e cuidados nutricionais e estéticos*, que demarcam e posicionam o corpo das gestantes. Pode-se dizer que a revista, ao veicular essa série de imagens, define um ideal: o de que o corpo feminino é um corpo de ajuste flexível a condições mutantes, como as da gravidez.

Etimologicamente, "gravidez" vem do latim "gravis", que significa pesado – um corpo que se deixa fecundar, o que remonta à composição e/ou o desenvolvimento de outro corpo, abrigando-o em si e afetando-se por essa alteridade. A gravidez não é algo que possa acontecer despercebidamente na vida das mulheres, haja vista tratar-se de um acontecimento que abala o sossego e a estabilidade, mesmo que temporariamente, transportando a mulher à condição de mãe e/ou gestante.

O corpo grávido, ou melhor, a barriga é destacada em imagens pela *Pais & Filhos* como o meio ideal e mais imediato para intervenções, "a cavidade hospedeira" onde, por um período prolongado de nove meses, o embrião se aloja, e é ali, portanto, que "devem começar os cuidados" (PAIS & FILHOS, 1978, p. 41). Essas imagens associam-se a enunciados discursivos, afirmando que, quanto mais cedo as mulheres aceitam a condição de estarem grávidas, mais rapidamente têm probabilidade de mudar alguns maus hábitos, tais como: beber muito café e refrigerantes, ingerir álcool, continuar fumando, usar outras drogas. Essas prescrições são onipresentes e uniformes, a ponto de serem retomadas em quase todos os exemplares – elas imperam. São estratégias educativas em que as gestantes são ensinadas a renunciar aos maus vícios e/ou, pelo menos, a reprimi-los na gravidez.

Essas mensagens, em sua unidade técnica, oferecem imagens para identificação, indicando para o/a leitor/a como se "deve" proceder quando grávida. Essas afirmações destacam a vida intrauterina e a ideia de que grande parte da saúde do sujeito adulto é preparada, de modo particular, durante a gravidez, sobretudo no e pelo corpo da gestante. Do ponto de vista de Schwengber (2006), as imagens, em especial da puericultura intrauterina[148] (das últimas três décadas), apresentam o feto como necessitado de proteção não apenas das "mãos superzelosas" das autoridades de saúde, mas principalmente do corpo – de preferência, disciplinado – da própria mulher que o gesta.

As imagens contribuem para redimensionar e (re)significar a prática social da maternidade, produzindo sujeitos generificados sob o ponto de vista político e social. Associam-se a enunciados, discursos de que "a saúde do/a filho/a depende do corpo da mãe". Percebe-se, assim, a vitalidade de uma ideia moderna que perdura até os nossos dias: a de que a saúde dos/as filhos/as é o espelho da saúde da mãe. As imagens explícitas de corpos grávidos na revista são formadoras de novos códigos de valores e de novos comportamentos que evidenciam de forma clara a incitação do discurso: *seja mãe cuidadosa com seu corpo.*

O corpo grávido ideal de que nos fala a *Pais & Filhos* é um corpo que não disfarça a barriga – a barriga se abre (se expõe), e os seios se erguem. O corpo é ativo, mas completamente controlado. A barriga, o bumbum e os seios ficam maiores e mais pronunciados, porém controlados. A beleza das grávidas é uma beleza que permite às mulheres terem, em "determinadas" partes, "formas cheias". A barriga grande justifica-se por conter o bebê; os seios crescem porque produzem o leite materno. Essas são as "formas cheias" de um corpo que exprime abundância e que simultaneamente está "sob total controle".

---

[148] Meyer (2004) chama-nos a atenção para o fato de que as políticas públicas de saúde privilegiam o ciclo gravídico-puerperal, legitimando e exaltando a capacidade reprodutiva da mulher. Observa-se que a assistência pública em relação à saúde da mulher, no Brasil, sempre esteve voltada, de modo geral, para os programas relacionados com reprodução, controle de natalidade, planejamento familiar, saúde reprodutiva, saúde materno-infantil. Dagmar Meyer avalia que a maioria dos programas que compõem as políticas de atenção à saúde da mulher, na atualidade, pretende ampliar "a noção de saúde da mulher para além de sua ênfase na reprodução da espécie. Apesar dessas pretensões, a redução das noções de mulher à noção de mãe, e de *saúde da mulher* à dimensão de saúde do aparelho feminino é um processo bastante ativo nesses programas" (*ibidem*, p. 90).

A MÃE CARINHOSA QUE (CUIDA E SE CUIDA) ABRIGA E PROTEGE

Busquei imagens que permitissem dizer que o processo da gravidez, no contexto da revista, está estreitamente relacionado com o de construção de gênero: educar mulheres para tornarem-se grávidas e viverem como grávidas está dentro desses processos que nos educam como sujeitos de gênero.

A imagem da gestante relacionando-se harmonicamente, com afabilidade, maciez, brandura e curiosidade, com seu estado de gravidez[149] é uma das muitas imagens que se associam a excertos como o que segue:

> Toque na barriga.
> Você deve respirar devagar e num ritmo constante, toque, aperte e solte (como se estivesse amassando pão) a barriga, toque afagando-a, toque muito suave e lentamente, toque encostando levemente na pele, toque mais firme (de segurança). Essa técnica pode ser feita também em movimentos circulares (PAIS & FILHOS, 1976, p. 119).

São enunciados que ordenam movimentos seguros, comedidos, sensíveis, tranquilos, harmoniosos. Para realizá-los, a mãe age, ordena, acarinha, mima, afaga – mãe representada aqui como aquela que dá assistência, auxilia, aguenta; aquela que não se afasta da interação e se conforma com a conduta, abaixa os olhos, junta as mãos e cobre com ternura o/a filho/a, num ato de espera do que deseja. Um desejo que se realiza com a suavidade do movimento dos dedos, o apelo ao tato, ao toque, à intimidade, o desejo expresso de harmonia, de realizar a fusão mãe-corpo-filho. A ênfase do exercício está na comunicação da mãe consigo e com o outro (feto/embrião), no prazer de enfrentar a si e à gravidez.

Enunciados e imagens destacam a relação mãe-filho/a em primeiro plano, reforçando o pressuposto das ciências *psi* de que é no decorrer da gravidez que a vinculação, o apego mãe-filho/a se estabelece. As gestantes são conclamadas a cumprirem seu dever de procriar, cuidar da sobrevivência e amar os/as filhos/as sem restrições. A posição da "mãe amorosa", tão exaltada a partir do catolicismo e reiterada pelo romantismo (BADINTER, 1985), também é reforçada pela revista. Verifica-se que o

---

149 Para olhar ou acessar a imagem que analiso, utilize: <http://www.lume.ufrgs.br/bitstream/handle/10183/8937/000591456.pdf?sequence=1>, p. 116.

amor é um exercício, uma prática construída no decorrer da gravidez; um amor que não nasce junto com os bebês, na hora do parto...

Da mesma forma, pode-se dizer que o recurso técnico utilizado pela revista em imagens e enunciados que demarcam as mamas, a barriga, a região genital e abdominal, e não as pernas, retira essas partes do silêncio e convida o/a leitor/a a observar a especificidade de cada uma delas. O corpo grávido é fragmentado; raramente é apresentado por inteiro, e o olhar analítico prevalece sobre o sintético. A estratégia é a de isolar os segmentos corporais em diferentes imagens para melhor demarcar a estrutura e a função de cada um deles. Trata-se da localização de cada parte, conhecimento e descoberta das leis que presidem combinações, numa avaliação sem descanso – uma maternidade intensiva. Cada parte tem aqui "uma função social muito precisa [...], as partes metaforizam o social e o social metaforiza as partes" (LE BRETON, 2006, p. 70).

A revista interpela a mulher gestante por meio de enunciados e imagens, colocando-a em uma posição de sujeito aprendente; ao fazê-lo, demanda fortemente a aquisição de capacidades cognitivo-afetivas que possibilitem a absorção e a implementação de informações corporais específicas. Ao centralizarem o foco nas regiões ligadas à reprodução, essas imagens representam o corpo materno como um *semicorpo*, reduzido àquilo que importa dele, ou seja, algumas de suas partes: aquelas que se localizam no espaço que vai das mamas ao baixo ventre, que é destacado pela revista como área também de aconchego, como a região do corpo que *acalenta, esquenta, acarinha* a criança. De modo particular, imagens como essa trazem à tona aspectos emocionais na expressão do corpo acolhedor, em nível dos seios, do colo e da pele e do ordenamento das mãos afáveis da mãe. É para o corpo da mãe que a criança se volta para pedir ajuda e proteção, é ali que ela busca abrigo e segurança.

É interessante perceber como a *Pais & Filhos* participa desse movimento que articula o corpo individual da gestante e (re)significa de modo especial a relação mãe-feto na cultura ocidental. A responsabilidade dos corpos grávidos ganha centralidade, e eles são posicionados como fundamentais – reforça-se a noção de vínculo das mães como únicas, insubstituíveis e presentes todo o tempo numa relação que começa com a concepção (a gravidez) e que segue reforçada, de outras formas, ao longo da vida.

Várias imagens parecem acentuar muito mais a dimensão da comunicação individual de cada gestante com o próprio corpo e com o/a do/a filho/a. As imagens mostram a possibilidade de viver a gravidez com suavidade, delicadeza, produção de si por meio de diferentes cuidados, ao mesmo tempo com flexibilidade e rapidez de adaptação ao estado da gravidez, com leveza e mobilidade, trabalho de vínculo com o outro, senso de iniciativa e capacidade de envolver-se com outros.

Parece que aprender a ser mãe é uma das aprendizagens mais enfatizadas do feminino,[150] eternizadas por poetas, cantores e escritores, propagadas pela mídia, reafirmadas pelo discurso das ciências, promovidas por filmes, revistas e propagandas, enfim, amplamente disponíveis na cultura contemporânea da imagem. Muitas mulheres começam a ter acesso a essas aprendizagens bem antes de tornarem-se mães.

A experiência do corpo grávido e da gestação é sempre modificada pela cultura. Destaco aqui a cultura das imagens. Considerar, então, que o pessoal é político implica pensar que os diferentes significados culturais – do Estado, das instituições, dos discursos das ciências, da mídia (sobretudo, as de imagens) – lutam entre si para assegurar/regular as nossas vidas. Para encerrar esta seção, recorro a Antonin Artaud (2001, p. 43) quando ele diz:

> meu corpo é às vezes meu, uma vez que ele porta os traços de uma história que me é própria, de uma sensibilidade que é minha, mas ele contém, também, uma dimensão que me escapa radicalmente e que o reenvia aos simbolismos de minha sociedade.

PARA FINALIZAR

É importante destacar que as duas seções analíticas que acabei de apresentar não constituem um trabalho avaliativo daqueles que tradicionalmente buscam *os defeitos e as virtudes* do objeto da pesquisa, no caso, a revista *Pais & Filhos*. Não pretendi construir uma *alternativa* aos modos de educar os corpos grávidos que a revista e/ou outras instâncias culturais veiculam, como também não pretendi julgar suas ações e opções como *certas* e/ou *erradas*. Meu objetivo foi mostrar um movimento analítico a partir de imagens em que destaquei a gravidez e a maternidade sob uma perspectiva educativa – da politização do corpo grávido. Para isso, tratei de mergulhar nas

[150] Em recente pesquisa, estrangeiros/as elegeram a palavra *mother* como a mais bonita da língua inglesa. A palavra *father* nem sequer aparece entre as setenta mais votadas. Essa pesquisa foi realizada em 102 países, onde se falam outros idiomas que não o inglês (EM PRIMEIRO, MÃE. *Veja*, São Paulo, n. 8, ano 37, p. 46, dez. 2004).

significações veiculadas nas imagens, observando suas forças e fazendo aparecer algumas das relações de saber-poder que vêm constituindo esse discurso da politização contemporânea dos corpos grávidos.

Finalizo este capítulo registrando que, de um lado, se analiso e critico a atual politização da gravidez veiculada, sobretudo, pelas imagens na revista *Pais & Filhos* – o imperativo categórico da mãe perfeita, cuidadosa, saudável –, de outro, fui e sou uma mãe subjetivada por muitos desses *novos* discursos da politização da maternidade. Portanto, como pesquisadora, não estou fora nem acima do contexto e do objeto que investigo. No decorrer da pesquisa, muitas vezes olhava para as imagens, que me saltavam aos olhos com seus efeitos retumbantes, e ficava ligada a elas por uma interrogação em aberto, por um elo estranho, enigmático, sempre restabelecido, sem jamais deixar de pensar:

> Esta mulher que é minha mãe.
> Esta mulher que é minha avó.
> Esta mulher que é minha filha.
> Esta mulher que sou.
> Sou todas elas, ainda mais algumas.
> E nenhuma delas, nenhuma.
> Nenhuma delas é
> A mulher que sou (LISPECTOR, 1993, p. 42).

Gostaria que este capítulo, de acordo com seu compasso e mesmo com seus limites, pudesse constituir-se como uma contribuição acadêmica e política para a difusão dos procedimentos metodológicos do fazer pesquisa acadêmica na universidade, assumindo a criação investigativa, dita científica, como construção, criação dos passos andados, fraturando algum dos ferrolhos metodológicos da modernidade.

REFERÊNCIAS

ARTAUD, Antonin. *Linguagem e Vida*. São Paulo:Perspectiva, 2001.

AUMONT, Jacques. *A imagem*. São Paulo:Papirus,1993.

BADINTER, Elisabeth. *Um amor conquistado*: o mito do amor materno. Rio de Janeiro: Nova Fronteira, 1985.

BARTHES, Roland. A mensagem fotográfica. *In*: BARTHES, Roland. *O óbvio e o obtuso*: ensaios críticos. Rio de Janeiro: Nova Fronteira, 1990. p. 47-83.

BAUMAN, Zygmunt. *Amor líquido*: sobre a fragilidade dos laços humanos. Rio de Janeiro: Zahar, 2004.

FISCHER, Rosa Maria Bueno. Problematizações sobre o exercício de ver: mídia e pesquisa em educação. *Revista Brasileira de Educação*, n. 20, p. 45-84, maio/ago. 2002.

FOUCAULT, Michel. *A arqueologia do saber*. Rio de Janeiro: Forense, 1996.

FOUCAULT, Michel. A ética do cuidado de si como prática da liberdade. *In*: FOUCAULT, Michel. *Ética, sexualidade, política*: ditos e escritos. Rio de Janeiro: Forense: 2004. p. 245-278.

GEERTZ, Clifford. *Nova luz sobre a antropologia*. Rio de Janeiro: Jorge Zahar, 2001.

GOELLNER, Silvana Vilodre. *Bela, maternal e feminina*: imagens da mulher na Revista Educação Physica. Ijuí: Unijuí, 2003.

GOELLNER, Silvana Vilodre. Mulher e esporte no Brasil: fragmento de uma história generificada. *In*: SIMÕES, A. C.; KNIJNIK, J. D. *O mundo psicossocial da mulher no esporte*: comportamento, gênero, desempenho. São Paulo: Aleph, 2004. p. 45-79.

GOELLNER, Silvana Vilodre; MELO, Victor Andrade de. Educação física e história: a literatura e a imagem como fontes. *In*: FERREIRA, A. (Org.). *Pesquisa histórica na educação física*. São Paulo: Hucitec, 2001. p. 28-52.

HALL, Stuart. A centralidade da cultura: notas sobre as revoluções de nosso tempo. *Educação e Realidade*, v. 22, p. 25-78, n. 2, jul./dez. 1997.

JOLY, Martine. *Introdução à análise da imagem*. Campinas: Papirus, 2005.

KOSSOY, Boris. *Fotografia e história*. São Paulo: Ateliê Editorial, 2001.

LE BRETON, David. *A sociologia do corpo*. Petrópolis: Vozes, 2006.

LISPECTOR, Clarice. *A hora da estrela*. Rio de Janeiro: Francisco Alves, 1993.

LUNA, Sérgio Vasconcelos de. O falso conflito entre tendências metodológicas. *Cadernos de Pesquisa*, n. 66, p. 70-74, 1988.

MARQUES, Mario Osório. *Escrever é preciso*: o princípio da pesquisa. Ijuí: Unijuí, 1997.

MARTÍN-BARBERO, Jesús. *Oficio de cartógrafo*. Travesías latinoamericanas de la comunicación en la cultura. México: Fondo de Cultura Económica, 2002.

MEYER, Dagmar E. A politização contemporânea da maternidade. *Gênero*: núcleo transdisciplinar de estudos de gênero – NUTEG, Niterói, v. 6, n. 1, p. 4-28, 2006.

MEYER, Dagmar E. Educação, saúde e modos de inscrever uma forma de modernidade nos corpos femininos. *Revista Movimento*, v. 9, n. 3, p. 38-52, 2003.

MEYER, Dagmar E. *Educar e assistir corpos grávidos para gerar e criar seres humanos "saudáveis"*. Educação, saúde e constituição de sujeito "de direito" e "de risco". (Projeto de Pesquisa) – Faculdade de Educação, Universidade Federal do Rio Grande do Sul, Porto Alegre, 2002.

PAIS & FILHOS. São Paulo: Bloch e Manchete. v. 1-37. (Coleção). Disponível em: <http://www.revistapaisefilhos.terra.com.br>. Acesso em: 2003 a 2006.

SANTAELLA, Lucia. *O que é semiótica*. São Paulo: Brasiliense, 1983.

SANTOS, Luiz Henrique Sacchi dos. *Biopolíticas de HIV/AIDS no Brasil*: uma análise dos anúncios televisivos das campanhas oficiais de prevenção (1986-2000). Tese (Doutorado em Educação) – Programa de Pós-Graduação em Educação, Faculdade de Educação, Universidade Federal do Rio Grande do Sul, Porto Alegre, 2002.

SCHWENGBER, Maria Simone Vione. *Donas de si?*. A educação de corpos grávidos no contexto da *Pais & Filhos*. Tese (Doutorado em Educação) – Programa de Pós-Graduação em Educação, Faculdade de Educação, Universidade Federal do Rio Grande do Sul, Porto Alegre, 2006.

SILVA, Tomaz Tadeu da. *Nunca fomos humanos*: nos rastros dos sujeitos. Belo Horizonte: Autêntica, 2001.

SOARES, Carmen. Pedagogias do corpo: higiene, ginástica, esporte. *In*: RAGO, Margareth; VEIGA NETO, Alfredo. *As figuras de Foucault*. Belo Horizonte: Contexto, 2006. p. 25-55.

VAZ, Paulo Roberto. Corpo e risco. *Fórum Media*. Disponível em: <http://www.eco.ufrj.br/paulovaz/textos/corpoerisc.pdf>. Acesso em: 6 mar. 2006.

YALOM, Marilyn. *A história do seio*. Lisboa: Teorema, 1997.

CAPÍTULO 13

Mapas, dança, desenhos: a cartografia como método de pesquisa em Educação

THIAGO RANNIERY MOREIRA DE OLIVEIRA

A vida de uma pesquisa é algo intrigante. Sujeita à sorte, ao tempo, aos lugares, à hora, ao perigo. O improviso vem sempre turbilhoná-la. Pesquisar talvez seja mesmo ir por dentro da chuva, pelo meio de um oceano, sem guarda-chuva, sem barco. Logo, percebemos que não há como indicar caminhos muito seguros ou estáveis. Pesquisar é experimentar, arriscar-se, deixar-se perder. No meio do caminho, irrompem muitos universos díspares provocadores de perplexidade, surpresas, temores, mas também de certa sensação de alívio e de liberdade do tédio. O trabalho de pesquisa em educação lembra às vezes a *Nau dos insensatos*[151] que Michel Foucault (2008) descreve, mas que, em vez de vagar à deriva das águas, como na Renascença, aporta em solo acadêmico com todas as promessas e riscos que isso implica. Uma nau atracada, um pouco como as barcas-casa nos canais de Amsterdã, um tanto flutuantes, mas já sedentárias, numa indecisão entre o fluxo do rio e a fixidez da cidade. A vontade de aportar com segurança faz corrermos o risco de restrição do potencial da viagem.

Parece ser preciso irrigar a pesquisa em educação com virtualidades desconhecidas para que o já conhecido não vire uma camisa de força, para se criarem

[151] A Nau dos Insensatos é uma antiga alegoria usada na cultura ocidental em composições literárias e pictóricas dos séculos XV e XVI, retomada por Michel Foucault (2008). A Nau dos Insensatos, uma paródia da Arca da Salvação da Igreja Católica, transportava passageiros perturbados mentais, expulsos das cidades, em uma grande viagem simbólica e transportados para territórios distantes sem saber, nem se importarem para onde estavam indo.

muitos modos de pesquisar em educação, os mais diversos, variados, desconectados e até disparatados. Simplesmente, para que a pesquisa em educação possa bailar. Este capítulo foi escrito a partir desses desafios metodológicos impostos durante a escrita da dissertação que o subsidia[152] e compartilha, aqui, movimentos e bastidores da pesquisa de um aprendiz de cartógrafo em educação. Se, como diz Marlucy Paraíso, neste livro, a pergunta "como vocês fazem a pesquisa em educação e em currículo trabalhando com perspectivas pós-críticas" é uma pergunta constantemente feita a nós, essa também foi e, de certo modo, ainda é uma questão que me coloquei quando me vi diante do material tão desconexo e fragmentário como são os escritos de Antonin Artaud.[153]

Na pesquisa em que me propus investigar as potencialidades e virtualidades contidas na equação *Currículo + Teatro + Artaud*, a cartografia apareceu não apenas como um caminho metodológico possível, mas também como um modo de conceber o encontro entre pesquisador e objeto de estudo. Exploro, assim, neste capítulo, como a Filosofia da Diferença de Gilles Deleuze em seu encontro especial com Félix Guattari permite trazer a cartografia como método de pesquisa em educação e poder, quem sabe, começar a estender a linha da feitura da multiplicidade. Pensar que contidos em um método de pesquisa há uma variedade de sujeitos e processos do mundo da educação que não cessam de escapar, de mudar de natureza, que vivem uma organização própria sem necessidade alguma de um sistema que lhes dê uma unidade. Fazer escutar, então, os passos da cartografia, mediante um trabalho que a conecta com a pesquisa em educação e apresentar o modo pelo qual lancei mão da pesquisa cartográfica são os objetivos do presente texto.

---

[152] Para uma versão completa da dissertação, ver *Currículo-teatro: uma cartografia com Antonin Artaud* (OLIVEIRA, 2012).

[153] A obra de Antonin Artaud inclui desde textos famosos como *O teatro e seu duplo*, *Van Gogh: o suicidado pela sociedade*, *Para acabar com o juízo de Deus*, *O pesa-nervos*, *Umbigo dos limbos* e *Heliogábalo, o anarquista coroado*; versos, prosas, roteiros para filmes, escritos sobre cinema, pintura e literatura; ensaios, críticas corrosivas e polêmicas sobre o teatro; as várias peças de teatro e notas para vários projetos teatrais nunca realizados; ensaios sobre o culto do *peiote* entre os índios *tarahumara*; até as centenas de cartas, "sua forma 'dramática' mais completa, constituindo um corpo partido, auto-mutilado, uma vasta coleção de fragmentos" (SONTAG, 1986, p. 54). Toda essa produção está reunida nas chamadas *Œuvres complètes* compostas por 56 tomos, equivalentes ao total de 406 cadernos que ele escreveu ao longo de sua vida, dos quais apenas 28 deles estão, atualmente, disponíveis para aquisição.

A CARTOGRAFIA E SUA SOMBRA

> *Em relação a um filósofo cujo empreendimento provocou tantos ecos e aparentemente tão longe do ponto em que ele mesmo se colocava [...] toda comemoração é também traição, seja porque lhe prestamos a homenagem supérflua de nossos pensamentos, como para provê-los de uma garantia a que não tem direito, seja porque ao contrário, com um respeito que não se faz sem distância, o reduzimos por demais estritamente ao que ele mesmo quis e disse.* (MERLEAU-PONTY, 1991, p. 91)

Essas palavras de *O filósofo e sua sombra* escritas por Merleau-Ponty (1991) a propósito de Edmund Husserl podem muito bem aplicar-se à tarefa deste capítulo. Lidar com Gilles Deleuze na pesquisa em educação, a partir de nossos pensamentos ou reduzi-lo aos seus próprios? Essas seriam talvez duas formas possíveis de festejá-lo na pesquisa em educação. Apoiar-se em Deleuze para defender as próprias ideias ou procurar fazer a exegese das suas? Essas seriam talvez duas formas de traí-lo. Contudo, no limite, essas questões pressupõem outra, anterior e mais abrangente: no que consiste um método de pesquisa em educação? E, por conseguinte, como lidar com Deleuze enquanto parte tributária de um método de pesquisa em educação, ainda que seu pensamento constitua uma parte bem à parte?[154]

Uma pista para perseguir essa questão talvez se encontre no próprio trabalho de Gilles Deleuze. No ensaio *Manifesto de menos*, sobre o dramaturgo, encenador e cineasta italiano Carmelo Bene, Deleuze comenta que um autor pode ser objeto de dois tipos de tratamento. Por um lado, em uma operação, "de um pensamento se faz uma doutrina, de uma maneira de viver se faz uma cultura, de um acontecimento se faz História. Pretende-se assim reconhecer e admirar, mas de fato normaliza-se" (DELEUZE, 2010a, p. 37). Pode-se, porém, conceber, por outro lado, uma outra operação "para extrair devires contra a História, vidas contra a cultura, pensamentos contra a doutrina, graças ou desgraças contra o dogma" (DELEUZE, 2010a, p. 37). Meu objetivo não será, portanto, situar daqui para frente um método "deleuziano" em um quadro geral da pesquisa em educação. A razão disso é simples: não só a tarefa pode soar à contramão das ideias de Gilles Deleuze e Félix Guattari – e efetivamente esse

[154] Em rastreamento da teorização pós-moderna e pós-estruturalista, Peter Pál Pelbart (2003) apontou que Gilles Deleuze parece funcionar como uma espécie de carta fora do baralho. Notável, por exemplo, em Marun Sarup (1993) e Michael Peters e Nicholas Burbules (2003).

pensamento não existe –, como não interessa retratar o pensamento nem de um nem de outro sob qualquer ângulo sintetizador para aproximá-lo do campo educacional. "Aproximar" da pesquisa educacional, aliás, pode ser um termo bastante impróprio. Compreender um pensador não é chegar a coincidir com o seu centro, com aquilo que disse ou quis dizer. É, ao contrário, deportá-lo, conduzi-lo a uma trajetória em que articulações se afrouxam e permitem um jogo.

Seria possível desfigurar esse pensamento para refigurá-lo de outro modo, sair da restrição de suas palavras para enunciá-lo na língua da pesquisa educacional? A cartografia pareceu-me um meio possível de desatar esse novelo para deslocá-la na trajetória de uma questão que parece cara ao território da educação e, especialmente, ao território curricular. Não que possa ser tomada como um articulador do vocabulário conceitual de Deleuze e Guattari. Lanço mão, daqui para frente, apenas de alguns dos seus modos de conceituação que me parecem solidários e potentes para dispor a cartografia como método de pesquisa em educação. Arrisco um caminho de encontro no qual a conceituação de cartografia, implicada na filosofia da diferença de Deleuze e na sua parceria com Guattari, faz eco ao que há de ser pensado sob uma pesquisa em educação: a vida que pulsa e não para de movimentar-se nos territórios educacionais. O que podemos, então, fazer da cartografia quando se fala de métodos de pesquisa em educação e em currículo? Parece que aquele que não explicitamente se debruçou sobre os problemas educacionais, sobre nossos métodos e metodologias de pesquisa tem algo a nos dizer mais do que podemos imaginar.

Entretanto, não é de se esperar que se situe o "discurso deleuzeano" no âmbito das metodologias de pesquisa em educação, em uma perspectiva que concebe o método de pesquisa como um caminho predeterminado com seus objetivos, finalidades, objetos e até escolas de pensamento. Uma imagem comum de pensamento do método de pesquisa toma-o como uma figura de linha reta, um caminho que sabe previamente aonde vai e traça, entre ele e seu objeto, a linha mais curta, mesmo que tenha que passar por cima de montanhas e rios. A palavra "método" não designa exatamente essa disciplina. Um método não é um caminho para saber sobre as coisas do mundo, mas um modo de pensamento que se desdobra acerca delas e que as toma como testemunhos de uma questão: a potência do pensamento. A cartografia é uma figura sinuosa, que se adapta aos acidentes do terreno, uma figura do desvio, do rodeio, da divagação, da extravagância e da exploração. Desdobro, então, nas duas primeiras seções deste capítulo, como a cartografia desterritorializa, faz estranhar e potencializa os sistemas de pensamento da pesquisa em educação. Por fim, exploro que, se a cartografia converte o método em problema, torna-se metodologicamente inventiva.

Uma das coisas mais fascinantes e mais difíceis de fazer na pesquisa em educação talvez seja mesmo multiplicar as formas de conexão, de linguagens, de abordagens. Subtrair de um conjunto dado a unidade que o totaliza e aquilo que vem territorializando as forças que movimentam seu campo de investigação e a própria pesquisa em educação. Pôr em xeque o fora e o dentro de um território, desmarcar as relações de propriedade e apropriação de um objeto de estudo com o qual podemos fazer este ou aquele tipo de pesquisa. E se for mesmo uma pesquisa de tipo nenhum? E se for uma pesquisa sem imagem do que é pesquisar? Deleuze (2006a) propôs, certa vez, substituir uma imagem do pensamento por um pensamento sem imagem. Imagem do pensamento significa uma forma à qual o pensamento está territorializado, impedido de dançar. Forjar, por sua vez, um pensamento sem imagem, isto é, sem uma imagem prévia do que seja pensar, implica abrir mão de um modelo seguro. Será isso possível nos fazeres da pesquisa em educação?

As impressões do cansaço e do peso do modelo positivista de ciência e da razão sistemática moderna bem podem funcionar como justificativas possíveis. Em larga medida, porém, não são as únicas. A questão, a saber, é, para seguirmos uma sugestão de Michel Foucault, se em uma pesquisa podemos "pensar diferentemente do que se pensa e perceber diferentemente do que se vê [...] explorar o que pode ser mudado, no seu próprio pensamento, através de um exercício de um saber que lhe é estranho" (FOUCAULT, 1994, p. 15). Sobre a pesquisa em educação, porém, é difícil saber se ela precisa de uma revolução dessas, se ela a deseja, se é capaz de provocá-la e, sobretudo, se ela a suporta. Como fazer uma pesquisa em educação sem um modelo de pesquisa quando muitos de nós buscamos o melhor método ou o mais seguro? Mais do que abrir mão do método, a cartografia começa por repensar o estatuto da pesquisa em educação, injetando na própria ideia de método a precariedade que lhe é intrínseca, a fim de que ela possa liberar tudo aquilo que não cessa de escapar. Expressão de uma pesquisa errante que navega na embriaguez do movimento pela sua própria mudança. Partir. Sair. Deixar-se um dia perder a cabeça. Ir quebrar em algum lugar. A cartografia não dispensa a viagem.

CARTOGRAFIA: A CRIAÇÃO E VIDA DA PESQUISA

Esquizoanálise, filosofia das multiplicidades, filosofia rizomática, filosofia pragmática universal: muitos podem ser os nomes da cartografia. Inventada por Gilles

Deleuze em sua parceria com Félix Guattari[155], quando transportada para a pesquisa em educação, parece soar como "uma espécie de tecnologia de reconsideração das significações dominantes" (GUATTARI, 1988, p. 175) dos nossos fazeres lineares e unívocos da pesquisa científica, daqueles que convertem nossos pés em pesos a carregar e impedem a pesquisa de bailar. Bem menos que uma nova "metodologia" a compor nossas listas de procedimentos metodológicos, a cartografia está mais próxima de deslocar o estatuto de pensamento de uma pesquisa qualquer. Quem nunca sentiu mesmo que a corrida de uma pesquisa começa a seguir curvas de nível, segundo um perfil, cada vez mais estranho, dependente ao mesmo tempo das pernas de quem leva e do terreno que elas atravessam? Logo, percebemos que ninguém contou do sofrimento, da coragem, dos tormentos, das rachaduras abertas que marcam e abrem o que chamamos de territórios de pesquisa para todos os lados.

Uma cartografia desliza as noções essenciais de objetos de pesquisa que estão em algum lugar desde já e para sempre. Eles, sejam quais forem, de onde forem ou de onde vierem, de um mar ou de um deserto, de uma festa ou de um pântano, correm, são fluídos, quase gasosos, escapam. O objeto cartográfico é a dissolução da forma e a instauração da velocidade. Primeiro, porque um objeto a ser cartografado não é, assim, algo fixo, um objeto de dado empírico, organizado e fechado segundo as exigências da representação. Ele é como alguma coisa que se estende sobre uma superfície, geográfico, geológico, e que pode tomar emprestado um grande número de modos de existir. O que temos são processos de (des)territorialização, que se fazem nas conexões entre fluxos heterogêneos, dos quais qualquer objeto e seus contornos são apenas uma resultante parcial que transborda por todos os lados. Pura lógica da multiplicidade na qual fragmentos e fluxos se articulam, sem horizonte de totalização (DELEUZE, 2006a). Segundo, o que importa a uma cartografia é o que um objeto de pesquisa pode ter de atributos, ter de componentes, "o que pode um corpo?" (DELEUZE, 2002, p. 87). A cartografia tem uma linguagem especial, como os carpinteiros, só quer saber quais ferramentas usar, como elas funcionam, o que podem criar, nunca por que construir. Toma emprestado dos objetos apenas suas forças, não as formas, mas o material para fazer formas; não sua história e cenários, mas os elementos de sua matéria.

Lá estávamos, eu e a tarefa que tinha que cumprir: cartografar os escritos do poeta, dramaturgo e ensaísta Antonin Artaud a fim de fabricar outras imagens de

[155] Refiro-me, de modo especial, a Deleuze e Guattari (1977; 1996;1997a).

pensamento para um currículo. Ali, diante de uma obra que quis "acabar com as obras-primas" (ARTAUD, 1983), a cartografia dos escritos de Artaud acompanha e se faz ao mesmo tempo do desmanchamento de certos mundos para um currículo e a formação de outros: mundos que se criam para expressar os encontros potentes que Artaud e o teatro podem criar em um currículo. Sendo essa a tarefa cartográfica, fiquei atento aos componentes e atributos teóricos e analíticos que atravessam o material de pesquisa e devorei as que me pareciam possíveis para a composição de uma imagem de pensamento para um currículo. Nesse sentido, a presença de Artaud tornou-se palpável por meio do uso e do deslocamento de noções, conceitos e ideias deportados e conduzidos[156] em uma trajetória em que as articulações permitissem um jogo de bordar pontes entre um currículo, Artaud e o teatro. Frequentemente, também não é a presença de Artaud a que a cartografia permite ter acesso, e sim a seus elementos metabolizados que sofreram transformações e foram incorporadas ao estilo de um currículo. Em alguns momentos, os elementos se transformam tanto que se misturam e se diluem a tal ponto que sequer são detectáveis.

Em uma cartografia, um objeto de pesquisa é tomado apenas como testemunho de uma vontade de viver, de durar, de crescer e intensificar a vida. Em quais criações a vida pode entrar, que outros modos de existência em educação podem ser criados. A criação torna-se mesmo a gênese do método cartográfico. Método que varia com cada autor e faz parte da obra (DELEUZE; GUATTARI, 1997b), criador de fluxos de experiências notáveis, de sensibilidades e ações sobre as disposições sensório-motoras e capacidades intelectuais. Linguagem, raciocínio, coordenação, explicação, medição, compreensão, notação, operações, relações simbólicas, geometrias das imagens, acordos e contrastes, sequências infinitas, equivalências, repetições, variações estão em jogo na criação de uma cartografia (DELEUZE; 1999; 1988; 2006a; DELEUZE; GUATTARI, 1997b). Embora, comumente, possamos ligar a criação da pesquisa em educação à resolução de problemas já dados, encerrando a invenção nos quadros da previsibilidade e da necessidade, indissociável de uma perspectiva instrumental, estando a serviço de oferecer ou encontrar soluções para as perguntas de pesquisa. O problema de uma cartografia não é um tesouro a ser descoberto em uma ilha perdida, é seu objeto de criação.

[156] Embora fuja do escopo do presente trabalho uma apresentação das chamadas obsessões e constâncias do pensamento de Antonin Artaud, ver, especialmente, Allain Virmaux (1978), Monique Borie (1989), Paule Thévenin (1993; 2006) e Kimberly Jannarone (2010).

A criação está como que entranhada em qualquer pesquisa – "pesquisar é criar, e criar é problematizar" (CORAZZA, 2004, p. 27), desenvolver a problematicidade imanente das coisas, expressão do problema de uma pesquisa em toda sua potência e expansão. A criação, em seu sentido mais importante e livre, é a criação de problemas (DELEUZE, 1999). Meu esforço na cartografia consistiu em suscitar problemas em um currículo com elementos de Artaud e do teatro, em criar os termos nos quais eles se colocam, dar ao ser de um currículo o que não era, podendo nunca ter vindo, mexer, revolver, tirar o pensamento do lugar. Elementos como *duplo, teatro, formas, forças, anarquia, imagem, palavra* que rondam os escritos de Artaud são tomados como figuras problematizadoras de uma experiência vital e serviram-me para reinserir os termos de pensamento dos mundos de um currículo. Fazem advir o desassossego, são agitadores de interações violentas com o pensamento e formadores de novos mundos.

Curiosa a situação de uma cartografia. Sobretudo, ambígua, ambivalente, dúbia. Ao mesmo tempo que se vê sob o signo da construção e expansão da vida, também inclui o destruir, o aniquilar e o demolir, raspar e demover aquilo que pesa sobre a vida. Cartografar "implica alguma coisa que violenta o pensamento, que o tira de seu natural estupor, de suas possibilidades apenas abstratas" (DELEUZE, 1998, p. 56), que o mobiliza, que o potencializa em um plano de práticas. Cartografar em educação exige um dilaceramento que arranca uma parte do corpo de uma pesquisa, a parte que permanece aderente à margem do nascimento, à vizinhança do parentesco, à casa, à aldeia dos usos, à cultura da língua e à rigidez dos hábitos. Tomar um corpo, uma língua, uma alma a contrapelo. No mesmo movimento, esse caminho transversal inventa sua própria condução para um lugar inimaginável, "por meio de uma imóvel viagem que nos leva da identidade à multiplicidade" (DOEL, 2001, p. 92). A cartografia faz recortes em determinado espaço ou em determinado tempo, povoa de muitos modos com sujeitos e objetos e a eles confere um ritmo. As coisas ganham tons, intensidades, luzes, cores, temperatura, volume. A cartografia torna-se a própria expressão do percurso: *mapas, dança, desenhos*. Percurso que nunca é dado, seja por sucessões estáticas, por fases prefixadas ou por palavras de ordem. Um exercício de dispor o trabalho de pesquisa como uma operação de invenção da vida, de virtualização da existência, de potenciação do estar no mundo da educação, transfiguração das coisas, das palavras, dos territórios educacionais. *Invenção* – do latim *invenire* –, compor com restos arqueológicos (PRINGOGINE, 1993). Despojada de qualquer imaginário instituído e cooptado pela norma, a cartografia é um incêndio; destrói e (re)constrói.

UM RASCUNHO DE MAPA NA MÃO: A DANÇA DAS LINHAS

Um segundo rio corre neste que todo mundo vê. Atrás ou à frente as margens desaparecem. Lá ou aqui, forças de velocidade infinita inundam a vida. Seus movimentos deixam rastros, marcas, traços, *linhas*. Uma cartografia se situa, de entrada, no meio, no complexo, no jogo das linhas. Qualquer um de nós pode ser testemunha de que as linhas – "elementos constitutivos das coisas e dos acontecimentos" (DELEUZE, 1992, p. 47) – não são retas nem nas coisas, quem dirá na vida. Uma cartografia em educação segue e traça linhas que compõem seus mais diversos espaços, objetos, corpos, anima-se e se constitui no traçado de linhas. Como sugere o próprio Deleuze (2006b, p. 48), "numa cartografia, pode-se apenas marcar caminhos e movimentos, com coeficientes de sorte e de perigo, [...] análise das linhas, dos espaços, dos devires". Fazer a cartografia é, pois, a arte de construir um mapa sempre inacabado, aberto, composto de diferentes linhas, "conectável, desmontável, reversível, suscetível de receber modificações constantemente" (DELEUZE; GUATTARI, 1996, p. 21). A vida da cartografia vem do seu trabalho sobre as linhas. Fazer uma cartografia é expor linhas e as possibilidades por elas inauguradas, compondo um mapa de diferentes partes que serve para indicar zonas de indistinção. Ali, onde as coisas e sujeitos do mundo da educação perdem a forma e só existem como complexos de forças.

Ao sistema de pontos, entre os quais podemos traçar uma linha reta e curta, a cartografia deixa ver um mundo inundado de movimentos e forças, de traçados e linhas, suas virtudes elementares e seu jogo dinâmico de ressonâncias. As linhas, com efeito, de uma cartografia são muitas, infindáveis, multiplicam-se a cada novo olhar, sempre fogem antes de serem pegas. Linhas que não são do mesmo tipo. Em sua tipologia, Deleuze e Guattari (1997a) chegam a falar de três tipos: as *linhas de segmentaridade dura*, ou de corte molar; as *linhas de segmentação maleável*, ou de fissura molecular, e as *linhas de fuga*. As duas primeiras são as linhas de territorialização, estratificação, significação, as que tentam definir, dar uma rota segura, uma essência estática a um território. Já as últimas, as linhas de fuga ou de ruptura, são linhas de desterritorialização pelas quais um pensamento foge sem parar, uma linha pela qual se foge e se "faz fugir todo um sistema como se arrebenta tubos. Fugir é traçar uma linha, linhas, toda uma cartografia" (DELEUZE; PARNET, 1998, p. 47). Essas linhas não são, pois, fáceis de desenredar, cada uma trabalha nas outras, interagem entre si. Trigêmeas siamesas, "as três linhas não param de se misturar. [...] Elas se transformam e podem mesmo penetrar uma na outra (DELEUZE; GUATTARI, 1997a, p. 77).

Uma arquitetura inacessível de linhas submetida unicamente ao seu jogo, feita de dimensões, de direções múltiplas, de transformações tipológicas.

Tudo bem que seja o primado das linhas de fuga que a cartografia convoca quando elas parecem tão sufocadas diante da dominância, da regularidade e do controle que impregnam os territórios educacionais. Cartografar é também uma operação de traçar linhas de fuga nos territórios, às vezes tão cinzentos, da educação, bailar por entre territórios, abrir-se, engajar-se, indicar vazamentos diante das forças que tentam direcionar os acontecimentos, enfim fabular, criar, pintar outros mundos para a educação. Durante muito tempo, nós bem sabemos, a pesquisa em educação centrou-se na ideia de que seus procedimentos são caracterizados por uma dependência completa da existência prévia de uma realidade tomada como referente, na qual o pesquisador não faz nada além de registrar de uma forma passiva e transparente seu funcionamento. A pesquisa tornar-se-ia resultado de um elo perfeito, ou, pelo menos, próximo disso, entre a pesquisa e as próprias coisas do mundo, como realidade efetivamente capturada, para a qual a fuga poderia passar por uma simples deserção. Só que uma cartografia corre o risco da atividade criadora das linhas de fuga, "como uma espécie de mutação, de criação, traçando-se não na imaginação, mas no próprio tecido da realidade social" (DELEUZE; GUATARRI, 1997c, p. 111). A cartografia é, ao mesmo tempo, ciência e arte, registro e enunciado, referência e composição, descrição e criação, aqui e lá, atual e virtual, documento e expressão, função e sensação.

No traçado de um mapa, como em toda geografia, uma cartografia precisa dar conta da constituição de paisagens, dar, pois, conta da *longitude* e da *latitude* (DELEUZE; GUATTARI, 1997c). Do lado da longitude, um território já é um composto de partes, de espaços desconexos, que cabe à cartografia desenhar – do que é composto um território de investigação? Que linhas ainda compõem um currículo, uma prática docente, uma metodologia de ensino, uma sala de aula, uma escola? Do lado da latitude, um território é somente medido em termos de potência e graus de afecção (DELEUZE; GUATTARI, 1997c). Do que é capaz um território de investigação? O que pode um currículo, uma aula, uma escola, uma prática escolar?Que potência pode ser aí gerada? Seu pensamento pode levar uma vida? Pode uma pesquisa em educação transbordar? Crescer e inundar a vida de sentidos outros? Fazer com que as coisas percam sua fisionomia e adquiram a consistência de uma vida ou de uma obra? Ou mesmo de quem simplesmente solta os pés da terra e dança? A potência da cartografia não é apenas fazer da pesquisa partitura das linhas, dança e coreografia dos movimentos. Ela é coreógrafa do movimento das linhas e dos traços, imprimindo, como sugere Maria Cláudia Dal'Igna, neste livro, ritmo ao movimento, apertando e afrouxando o passo. *Uma pesquisa-bailarina*, que transforma a estética do movimento da vida em educação em pura intensidade.

No enfrentamento da jornada da cartografia, tomei, por um lado, quatro linhas que compõem e atravessam o território de Artaud – *a linha crueldade, a linha da fusão entre teatro e vida, a linha da experiência da loucura e a linha da experiência do corpo*. Para alguns, essas linhas poderão soar como os maiores clichês possíveis na obra de Artaud – teatro, crueldade, loucura e corpo. Todavia, tinha uma leve desconfiança de que, de alguma forma, esses clichês permitem que as imagens de pensamento de um currículo sejam postas em vazamentos e possam dizer outras coisas sobre si mesmas. Por outro lado, tomei do território curricular outras linhas, *a linha das forças e das formas* ou do poder/potência, *a linha do saber e do conhecimento* e *a linha do sujeito e da subjetividade*. A cartografia com a qual me ocupei dedicou-se, assim, a dar conta das linhas que engendram e compõem tanto a "genealogia de um currículo" (TADEU, 2003) e o território chamado de Artaud e o teatro, bem como dos movimentos fecundos e virtuais que possibilitam pôr as imagens de um currículo para dançar a partir de um elemento qualquer de Artaud que soasse com certa extravagância.

Na cartografia, portei-me, desse modo, segundo duas operações principais: uma crítico-genealógica e uma experimental-exploratória (DELEUZE, 1976; 2006). De um lado, busquei as linhas do que se deve pensar em um currículo, do que se ocupar nele, do que dizem que deve ser um currículo e o ser de um currículo. De outro, experimentei afirmar o valor permanente de abertura ao não legislado que os termos de Artaud e o teatro permitem colocar em um currículo. Primeiro, encontrar as linhas que nos fazem conhecer como um currículo torna-se aquilo que ele é. Segundo, cuidar de abrir espaço para imaginar que *ex-cêntricos* elementos e linhas de fuga – tanto no sentido de fora do escopo corrente da teoria curricular como também capazes de pôr o pensamento de um currículo em estado de exterioridade[157] – podem

[157] O estado de exterioridade ou o Fora, o "mais longínquo que qualquer mundo exterior" e ao mesmo tempo "mais próximo que qualquer mundo interior" (DELEUZE; PARNET, 1998, p. 137), pode ser entendido como um campo informal onde pontos de vista heterogêneos, correspondentes à heterogeneidade das forças em jogo, entram em relação, um espaço de singularidades, de matérias não formadas, de funções sem nenhum tipo de formalização, de forças sem estratificações, de fluxos não capturados, de pura virtualidade da vida. Para o conceito de pensamento exterior ou paixão do Fora, conferir Gilles Deleuze (1988), Michael Foucault (1990) e Maurice Blanchot (2001).

compor um currículo, de que forma afetam e movimentam imagens de pensamento e como alimentam a potência de agir e criar na educação.

UMA COREOGRAFIA DO DESASSOSSEGO

Que passos, porém, seguir? Há passos a seguir? Como proceder? Que movimentos traçar? Não há em nenhum dos escritos de Gilles Deleuze e Félix Guattari uma lista de "procedimentos metodológicos". Se há uma coisa que eles se negam a dar são *receitas-de-como-fazer* seja lá o que for. A cartografia sofre de "um desamparo radical dos princípios imutáveis, [...] de referenciais de como se orientar na pesquisa, de critérios *a priori*, [...] de diretrizes que forneçam a sua ação algum norte garantido" (CORAZZA, 2004, p. 69). Isso porque não adota a lógica do princípio e do fim, nem começa pelos princípios, pelos fundamentos, pelas hipóteses, nem termina com as conclusões, ou com o final, ou com a tese, ou a pretensão de se ter esgotado o objeto ou tema de pesquisa. Não segue nenhum tipo de protocolo normalizado, porque sua realização depende muito mais da postura com a qual o/a cartógrafo/a permite experimentar seu próprio pensamento.

Seria possível fabular movimentos para uma cartografia? Ou seria descabido demais? E se fabulássemos, inventássemos movimentos para uma cartografia em educação, não como etapas, mas simplesmente, como bem designa o nome, como movimentos, como passos e ritmos de uma dança que vem se somar e se multiplicar, se dizer e se desdizer, se fazer e se cozer, coexistir a partir de diversas estratégias? Convém admitir que, não obstante o pensamento quase indomável de Gilles Deleuze, continua o murmúrio constante e intenso de encontrar novas relações que nos expressem e expressem a vida da pesquisa em educação. Ao reconhecer que a cartografia trata, pois, de uma inevitável *coreografia do desassossego*, traço, a seguir, quatro movimentos nomeados de: *olhares-ciganos*, *noite de núpcias*, *pintar um quadro, linhas bailarinas*. Espécie de esboço coreográfico, no qual se congrega um desejo de reunir cada traço, cada cor, cada som ou texto que transpassa no fazer analítico da cartografia uma geografia intensiva da pesquisa em educação. A cartografia tende a embaralhar a fronteira entre a pesquisa em educação e a dança como se tivessem uma só carne, uma pesquisa compreendida em termos de coreografia e afecções, de ações e paixões, de experimentação e composição, vendo linhas de fuga e em torno das quais o pensamento ganha força.

MOVIMENTO I: OLHARES-CIGANOS

O olhar tem sido mesmo um sentido privilegiado na pesquisa em educação. Alguém, entretanto, já prestou atenção nos olhares de um/a cartógrafo/a? Peguemos, a título de empréstimo, a descrição de Machado de Assis sobre o olhar de Capitu. Do olhar de Capitu, o escritor disse: "são assim de cigana oblíqua e dissimulada" (ASSIS, 2002, p. 71). Oblíquo talvez seja mesmo um adjetivo interessante ao olhar cartográfico. Oblíquo: "Adj. 1. Não perpendicular; inclinado; de través 2. Torto; vesgo 3. *Fig.* Indireto. 4. Malicioso; dissimulado, ardiloso; sinuoso..." (FERREIRA, 1986, p. 1.209). Oblíquo: não se define, nem define *a priori* sobre o que se debruçará, sempre atravessando sinuosamente pelo meio. Do mesmo modo, talvez seja potente também dispor do olhar de um/a cartógrafo/a como os olhos de uma cigana que

> É ao mesmo tempo inquieto, penetrante quando se fixa, móvel, constantemente espiando [...]. Reflete, ao mesmo tempo, a doçura e a selvageria, uma imensa bondade e uma crueldade sem limites. Um olhar sempre fugidio, mas apesar disso se fixa aqui e acolá, num certo instante. Um olhar triste e altivo, amoroso e duro. Um olhar cheio de paixão, mas duma paixão contida, retida entre as pálpebras que deixam passar um estilhaço metálico, magnético, saltando de olhos paradoxalmente enevoados, velados, coalhados como mortos (NUNES, 1981, p. 40-41).

A figura da cigana oblíqua e dissimulada dá corpo ao olhar cartográfico. Uma presença marginal, condenada a vagar entre as paisagens empreendidas pelos territórios, selvagem, indolente, bárbara, nômade que, com sua maquinaria sibilante, mina todo tipo de sedentarismo e mutismo. Os olhares ciganos desconfiam da fixidez, preferem o devir. Devires são indóceis, não sabem respeitar a ordem e o jeito das coisas, nem conformar-se a um modelo de justiça ou de verdade (DELEUZE; PARNET, 1998). Para os olhares ciganos – sim, porque os olhos de um/a cartógrafo/a são muitos e, acreditem, não precisam estar nem mesmo no rosto, espalham-se por todo o corpo – não há pontos fixos, não há uma unidade principal, uma raiz, um encadeamento, uma ordenação. Os olhares ciganos da cartografia vão desterritorializando as formas e territórios de uma vida, abrindo-a ao encontro com os devires. Olhares que surgem como um exercício de erosão de nossas vidas, do tempo e da história e não permitem às coisas se assentarem, persistem e insistem no meio delas.

Cartografar é mostrar os devires que nos rondam e em quais devires podemos entrar, mostrar como a singularidade é afetada por gradientes de intensidade e de forças. O olhar cartográfico, ao enxergar proposições educacionais, sujeitos e objetos escolares, matérias e disciplinas, por exemplo, choca-se com o já feito. O atravessamento oblíquo do olhar cigano traz à tona que coreografia, passos e bailarinos não são dados de antemão, não estão na escola ou em qualquer outro lugar pedagógico, ao contrário, emergem do problema criado. O que está em jogo na pesquisa transforma-se, por sua vez, em uma unidade impossível, porque as formas e conteúdos pedagógicos são esvaziados de elementos representacionais, questionados quanto à suposta generalidade e universalidade, interrogados sobre a especificidade, particularidade e contingência de suas existências. Tudo é uma questão de topologia, de superfícies, de escavações, de vazamentos, de linhas que não param de remeter umas às outras. *Essas meninas bulhentas/ Mas de feição tão suave/ Não deixando de bulir/ Por elas, passo tormentas* – ressoa um fado português sobre ciganas. *Olhos de ressaca*, visão de uma carne indomável. Turbilhão de vida, efervescência do caos, dança entre as linhas.

Uma experiência no mínimo desconcertante, pois diante dos escritos de Antonin Artaud não havia obras a se ler, havia rastros que exibem um espírito, movimentos de forças para se acompanhar. Quando muito, pude indicar, em termos dinâmicos, uma espécie de vai e vem perpétuo de um elemento a outro, de uma linha a outra. Diante dos olhares-ciganos, Artaud nunca seria um objeto presente, nem tampouco um sujeito materializável. Nem mesmo pude falar de ou sobre Artaud, se falar dele quiser dizer falar a respeito do objeto-Artaud ou do sujeito-Artaud. Nem sujeito, nem objeto, nem referente, nem referenciado, apenas uma geografia de paisagens. Não havia também possibilidade de chave formal de leitura em Artaud. Com os olhares-ciganos, cada frase, cada enunciação pode conter em si mesma um número considerável, uma quase infinidade de chaves de leitura. Simplesmente, vi-me forçado a sentir sob cada uma das frases, das palavras, das forças da escrita um campo aleatório de possibilidades, que são todas possíveis sem que nenhuma seja determinável na certeza de que várias construções podem se articular. Uma abertura a sistemas de leituras incompatíveis, uma polivalência rigorosa e incontrolável da palavra.

MOVIMENTO II: NOITE DE NÚPCIAS

Onde, contudo, pousar a atenção nos diferentes movimentos que os *olhares-ciganos* podem fazer na pesquisa cartográfica? Como selecionar os elementos nos quais prestar atenção? Se o que conta é uma espécie de concentração sobre os territórios sem focalização, uma atitude que prepara para o acolhimento do inesperado, o/a cartógrafo/a entra em campo sem conhecer os alvos a serem perseguidos que surgirão de modo mais ou menos imprevisível, sem que se saiba nem de onde, nem muito bem para onde ou para quê. Aparecem de uma exploração assimétrica do território regida apenas por sensações diretas, por ações de forças como pressão, estiramento, dilatação e contração, até que se seja tocado por uma rugosidade. Não se trata exatamente de ver "dados" em um território de pesquisa, mas, antes, de desenhá-los, pintá-los, lançar sobre um suporte não só aquilo que se vê, mas aquilo que se quer fazer ver em uma virada na direção de encontrar traços que permitam um estado original de percepção.

Uma cartografia encontra-se com um território, "entra em núpcias" (DELEUZE; PARNET, 1998). É exatamente um encontro entre dois amantes que marca toda a possibilidade de uma erótica desejosa de criação de mundos em uma pesquisa cartográfica. É por *encontros* que o corpo da cartografia se define. "Encontrar é achar, é capturar, é roubar [...]. Um encontro é talvez a mesma coisa que um devir ou núpcias" (DELEUZE; PARNET, 1998, p. 6). Sim, em uma pesquisa em educação, nós podemos encontrar pessoas, documentos, instituições, planos, "mas também [encontramos] movimentos, idéias, acontecimentos, entidades" (DELEUZE; PARNET, 1998, p. 6). Aos *olhares-ciganos* somam-se *os amantes em núpcias* que fazem da cartografia não um reconhecimento exatamente das *in*formações de textos, das entrevistas, dos questionários, da etnografia, ou de qualquer outro material de nossas pesquisas, mas sim as suas *out*formações, aquilo que elas movimentam e os agenciamentos que podem provocar. Minha tarefa foi, então, imaginar que corpos, os mais heterogêneos, os mais disparatados, os mais improváveis podem ser arrastados de Artaud e do teatro, encontram-se e combinam-se em um currículo. Somar, conjugar, compor com esses dois mundos estranhos, dar vida à equação *Currículo + Teatro + Artaud.*

A poética e a erótica dos encontros apontam para que olhemos para a escola, o currículo, a cultura, a pedagogia, a didática, a formação docente como experimentos. Experimentar, em vez de falar sobre, eis a condenação que imputa a cartografia. À interpretação, a cartografia opõe uma experimentação obediente apenas às regras de um positivismo radical, uma máquina de produzir fatos que tramam a nossa existência (EWALD, 1991). A experimentação é mesmo o signo do exercício cartográfico. No movimento de cartografar, encontram-se coisas, corpos, ações, paixões que pulam em sua escrita, algo que inquieta e que convém, mapeiam-se movimentos de territorialização, indicam-se movimentos de desterritorialização. Por fim, combinam-se "elementos heterogêneos, díspares, fazendo surgir algo de novo, que não se pode reduzir a nenhum dos elementos isolados que o compõem" (TADEU, 2004, p. 157). Não se cessa de medir as misturas, as capturas, as intercessões entre os elementos. Tudo isso como estilo enunciativo e dançante de uma cigana, que se fixa aqui e ali de um modo nômade. Nesses encontros cartográficos, os elementos de determinado território de investigação estão sempre em relação de movimento, definem-se apenas pelo seu poder de afetar e ser afetados.

Um sopro de coragem: podemos utilizar nossos objetos de investigação não como figuração, mas como potência? Não o aluno-problema, o professor-pesquisador, mas, sim, o devir-mestre, o devir-mulher, o devir-índio, o devir-animal, o devir-negro, o devir-criança? Dessa forma, não o Louco, a Crueldade, o Corpo, o Teatro, como unidades linguísticas coerentes na obra de Artaud, formas de conteúdo acabadas, mas em direção ao devir-louco, ao devir-monstro, ao devir-corpo. Agenciar encontros com Artaud, o teatro e um currículo não significou negar-se ao chocante de seus textos, eliminar deles o inaudito, ou, ao explicar os fenômenos de sua escrita, utilizar analogias e generalidades que diminuíssem o impacto de seus escritos e o choque de sua experiência de leitura. Significou, em suma, encará-lo sem preconceitos e com a atenção que lhe é devida. Também seria estéril reduzir a geografia de Artaud ao que poderia ser colonizado nos territórios de um currículo. A potência de seus escritos repousa justamente nas partes que não nos dão nem nos dizem nada, exceto um intenso desconforto.

Fiz, assim, uso das constâncias e obsessões que atravessam os escritos de Artaud para mobilizar um encontro potente, impensável em certos termos em um currículo. Falar em noite de núpcias na cartografia é dizer que seus elementos e linhas não são peças de um quebra-cabeças, mas pedras de um caminho ainda por trilhar. Com a cartografia, permiti-me encontrar que linhas são potentes para criar as pedras na direção de se chegar a um currículo com Antonin Artaud e o teatro, promovendo entre elas encontros clandestinos, conexões insuspeitadas, agenciamentos notáveis, sempre grávidos de um devir fundamentalmente heterogêneo. Caminhei em Artaud e no teatro para penetrar um no outro, um com o outro, encadear um ao outro, um com o outro, sempre "ao lado de" (DELEUZE; GUATTARI, 1997a, p. 47). Na promoção de um encontro com "as coisas de Artaud", perguntei-me que ações convêm em Artaud para um currículo, mapeei que linhas podem ser aí geradas e movimentadas entre um currículo e o teatro de Artaud. A cartografia está tanto mais próxima da vida, quanto mais abre e multiplica as conexões e traça linhas de movimento com "seus quantificadores de intensidade e de consolidação"

(DELEUZE; GUATTARI, 1997d, p. 227). Questões insaciáveis de uma cartografia: Por que essa forma de existência e não outra? Com que outras forças, linhas elementos, nossas formas de existir nos territórios educacionais podem entrar em relação? Que novas formas podem surgir daí?

MOVIMENTO III: PINTAR UM QUADRO

E como tratar os rastros dessa navegação? É nesses momentos que o/a cartógrafo/a se põe a pensar sobre que alquimias de linguagem favorecem a passagem das intensidades que percorrem seu corpo no encontro com os corpos que pretende cartografar. Procedimento que não tem nada a ver com "contemplar, refletir ou comunicar" (DELEUZE; GUATTARI, 1997c, p. 16), é a arte de criar mundos, de construir pontes, de bordar tapetes voadores, de *pintar quadros*, exercícios no qual o movimento do/a cartógrafo/a indissociável do desenho – expressão da cor, sutileza das linhas e traços, instabilidade sensorial – tenta dar ao mundo que se pinta uma impressão bruta e uma existência efetiva. Mundos que não são reais, não ainda, e, todavia, não deixam de existir. Mundos que têm uma realidade própria enquanto possibilidade de existir. Mundos que enfrentam e cortam a multiplicidade, mas que não saem jamais da multiplicidade. Mundos que não preexistem ou existem fora da multiplicidade, mundos que só ganham consistência na multiplicidade. Esses mundos imaginados, imagéticos, fabulados, dançantes e mágicos é que são as regiões mesmas de uma cartografia, o solo no qual a cartografia se inscreve.

Mundos traçados na imanência de uma vida, na instauração de um plano de imanência na cartografia. Plano que enfrenta "a imagem do pensamento, a imagem que ele se dá do que significa pensar, fazer uso do pensamento, se orientar no pensamento..." (DELEUZE; GUATTARI, 1997c, p. 54). Nele, os traços diagramáticos instituem em território investigado certos elementos próprios, recitam uma organização, definem o que é pensar naquele terreno. Entretanto, esses quadros traçados na cartografia pulsam no coração de uma vida e não se deixam confundir com uma retrospectiva, uma pesquisa de estado da arte, uma análise sócio-histórica de um campo de pesquisa. A imanência desses mundos desenhados "não se define por um Sujeito ou um Objeto capazes de [a] conter" (DELEUZE, 2010b, p. 2). Aqui, "pensar e ser são uma coisa só" (DELEUZE; GUATTARI, 1997c, p 34). Sua característica mais elementar "é funcionar mais como uma geografia que propriamente uma história" (MACHADO, 1990, p. 25), não enlatar o pensamento em uma história linear e progressiva, mas privilegiar a constituição de espaços, de imagens de pensamento, de paisagens de viver a vida, de modos de vida.

Cartografar "tem que passar pela destruição, fazer toda uma limpeza, toda uma raspagem do inconsciente. [...] Destruir crenças e representações, cenas de teatro" (DELEUZE; GUATTARI, 2004, p. 325, 328), porém, não implica "somente se desviar, mas enfrentar, voltar-se, retornar, perder-se, apagar-se" (DELEUZE; GUATTARI, 1997c, p. 53). Se for para a invenção cartográfica mostrar aquilo que se encontra demasiadamente estriado em um território de pesquisa educacional, os movimentos do/a cartógrafo/a se dão a partir do que se definiu como próprio daquele território. A cartografia não parte do nada, mas de algo preexistente e parte, sobretudo, de suas paixões, dos seus encontros, do amor pelo que se toca e pelo que se vê. Tomando a contrapelo, desfazendo e recriando o material que lhe é disponível, embarcando em uma linha que os toca, os movimentos do/a cartógrafo/a transbordam as opiniões correntes, seus traços intensivos rompem o pensamento para construir novas composições mundanas para a educação. Um mundo de uma cartografia não tem nem mesmo uma essência ou uma descrição de um estado de coisa que o defina. Com um mundo múltiplo e composto na imanência, é um processo de produção, uma geografia da circunstância, quadros multidimensionais, desenhados na complexa rede de linhas que sugerem sua incompletude.

Daí que foi preciso visitar os espaços institucionais privilegiados de produção de imagens de pensamento de currículo, de teatro e do próprio Artaud – a teoria curricular, a teoria literária, a teoria teatral e seus grupos de pesquisa e trabalho em associações institucionais –, a fim de raspar e cavar imagens de pensamento e acompanhar a geologia delas e suas linhas de fuga. Trouxe também de Artaud e do teatro uma série de variações que desmontam as imagens dogmáticas dadas a um currículo, de modo que um currículo se veja liberto para outras, e para isso fui forjando o mundo fabular de um *currículo-teatro*. Um mundo que nomeado de *currículo-teatro* não pode ser identificado como uma ideia ou representação, destituído de concretude ou espacialidade, vagando por um tempo linear, sem cor, odor ou emoção. A instauração desse mundo não é a definição de uma essência nem a descrição de um estado de coisa, é a virtualização da existência de um currículo. Pude até convocar personagens que não têm muito a ver com interpretações, personificações abstratas, símbolos, alegorias, mas tramam a correspondência entre os mundos fabulados e a multiplicidade do mundo de um *currículo-teatro*. Daí as figuras de um viajante-artista no território curricular, Ery, e seu interlocutor amante, o Sr. Q. Ainda apareceram o Guerreiro, a menina Carolina, o Rei Anarquista, um funcionário público doente, tantos outros personagens que davam corpo à pintura de um *currículo-teatro*.

As figuras da bailarina, da cigana e do amante que circulam no fazer cartográfico somam-se à do pintor, aquele que dá consistência e materialidade para um mundo que pinta. A pintura da cartografia não é nem mesmo uma forma, mas um modo de enfrentar as forças. Em seus traços, juntam-se as linhas territorializantes do pensamento e as linhas intensivas da criação, conjura-se a atenção sobre movimentos virtuais vividos em um território educacional. Inventam-se os personagens mais produtivos para descrever tais movimentos, procura-se traçar as linhas sobre a multiplicidade do pensamento curricular. Para tanto, pinta-se um mundo que será seu próprio problema de pesquisa na completa expressão de suas condições. Um mundo que, ao recusar toda a profundidade analítica ou transcendência conceitual, permite ao/à cartógrafo/a estender-se sobre o horizonte do território de pesquisa, procurando detectar com qual força exterior atual seu objeto de pesquisa "faz passar alguma coisa, uma corrente de energia" (DELEUZE; GUATTARI, 1997c, p. 62). A cartografia faz da pesquisa uma experimentação de todas as espécies de fugas que escapam e as forças que eles tentam captar.

MOVIMENTO IV: LINHAS BAILARINAS

Nesse *working in progress*, o/a cartógrafo/a não se priva de caminhar por entre intercessores (DELEUZE, 2006a). Os intercessores são quaisquer encontros que façam o pensamento sair de sua imobilidade, quaisquer coisas que lhe permitam fazer cruzamentos. "Fictícios ou reais, animados ou inanimados, é preciso fabricar seus próprios intercessores" (DELEUZE, 2006a, p. 156). Na escrita de uma cartografia, os elementos são exatamente "como sons, cores ou imagens, são intensidades que lhes convêm ou não, que passam ou não passam" (DELEUZE; PARNET, 1998, p. 4). Por isso, cartografia não tem o menor racismo de linguagem, gênero ou estilo. É uma alquimista de sua própria viagem para seguirmos na trilha do capítulo de Lívia de Rezende Cardoso, em que todo e qualquer alimento que pode lhe servir, mesmo que não seja escrito ou teórico, lhe será bem-vindo. Na trama da cartografia, lancei mão, por exemplo, do cinema de Akira Kurosawa e de Chantal Akerman, dos contos de Franz Kafka e Clarice Lispector, de personagens da literatura curricular, das peças de Jean Genet e de montagens da Companhia Amok de Teatro e do Grupo XIX de Teatro, que ora eram personagens que Ery encontrava, ora eram fragmentos de narrativas que se mesclavam às suas.

A hora da escrita finalmente se aproxima, é por meio dela que a cartografia se faz. A escrita é a forma de pensamento da cartografia. Uma escrita radicalmente vertiginosa: não é contadora de histórias; não ilustra nem narra o que se passou. Algo passa por ela: traços, linhas, setas, devires, personagens, movimentos, corpos. É a escrita o corpo no qual a cartografia é chamada a se produzir. Aqui, não se perguntará qual o sentido da escrita cartográfica, pois a escrita faz advir o próprio sentido da cartografia. Esquiva-se de todo presente porque está livre das limitações de um estado de coisas, ou, antes, "não tem outro presente senão o da mobilidade e do fluxo constante" (DELEUZE, 2000, p. 47). Para uma cartografia, não há como pensar a pesquisa de outro modo, de fazer da pesquisa, enfim, fabulação, invenção e pintura de mundos para a educação, que não seja, também, um outro modo de nos relacionarmos com a escrita e com o que ela nomeia. Uma operação próxima ao fazer artístico.

A cartografia é também um composto de sensações, um composto de *afectos e perceptos* (DELEUZE; GUATTARI, 1997c) que não têm dívida nenhuma com estados subjetivos de sensibilidade. Não estão no/a cartógrafo/a, nem mesmo nas coisas por ele/a pesquisadas, surgem no agenciamento notável que a cartografia promove em sua escrita. Tanto os *perceptos*, as paisagens desenhadas pela escrita da cartografia, "são independentes daqueles que as experimentam" (DELEUZE; GUATTARI, 1997c, p. 213), como os afectos, devires que a escrita mobiliza, "transbordam aqueles que são atravessados por eles" (DELEUZE; GUATTARI, 1997c, p. 213). A escrita cartográfica é situada no eixo de uma economia de *afectos* e *perceptos* que embaralham os códigos das palavras e fazem dos seus sentidos ações e paixões, afecções de um corpo. Um trabalho de composição, no qual o/a cartógrafo/a labora sobre a escrita para misturar, mesclar, somar os mais diversos materiais advindos dos mais diversos territórios.

Ao tentar fazer da cartografia de Artaud e do teatro um exercício de traçar uma outra imagem do pensamento para o currículo, estive condenado a dar uma língua aos *perceptos* e *afectos* que pedem passagem nos escritos de Artaud para movimentar um currículo e povoá-lo com outras instâncias, outras entidades poéticas, romanescas, cinematográficas e musicais. Fazer da escrita um material fluído, deixando-me envolver pelas forças potentes de Artaud e do teatro que permitissem que um *currículo-teatro* funcionasse. Especialmente, não me perguntava o que se quer dizer com isso a um currículo, mas o que se quer fazer, o que se deseja e se sonha com as outras imagens que o pensamento de Artaud e o teatro podem criar. Daí fazer da escrita o exercício de acompanhar as aventuras e encontros do personagem

Ery tanto mediante uma narrativa, meio conto, meio romance, meio estória, meio fábula, como pelas cartas de Ery escritas ao amigo e interlocutor Sr. Q. Explorar o texto cartográfico "entre escrita (se podemos dizer assim) pensante ou cognoscitiva e entre imaginativa ou poética" (LARROSA, 2003, p. 105) no qual há o movimento de pensamento de um personagem fazendo-se outro de si mesmo dar-se a ver, sem a preocupação de uma sistematização acabada. Uma escrita que começa "com aquilo sobre o que se deseja falar; diz o que a respeito lhe ocorre e termina onde sente ter chegado ao fim, não onde nada mais resta a dizer" (ADORNO, 2003, p. 17) e apenas partilha intuições, pequenas ideias, pistas, fulgurações na certeza lúdica de que o que se estava escrevendo era apenas uma montagem singular, parcial e provisória.

A cartografia, de tal modo, desdobra e tece *afectos* e *perceptos*, entrelaça temas e relações em fragmentos esparsos, em blocos dispersos, em des-associações de ideias, precisando as palavras nesse desdobramento e nas relações que estabelece com as palavras, levando-as até o limite do que podem dizer, deixando-as à deriva. O espaço da escrita emerge do desvio da linguagem, faz as palavras aparecerem como estrangeiras em sua própria língua (DELEUZE; GUATTARI, 1977). "Há apenas palavras inexatas para designar alguma coisa exatamente. Criemos palavras extraordinárias" (DELEUZE; PARNET, 1998, p. 4). *Esquizocurrículo, theatrum curriculum, duplo de um currículo, devir-ator, ética da crueldade curricular* foram algumas dessas composições de linguagens experimentadas, fabricadas a partir de sequestros dos escritos de Artaud e até de Deleuze, a fim de dar transportabilidade à língua de um *currículo-teatro*. A escrita cartográfica é dessas que se deixa viajar na língua e nas palavras, sem começo, ou fim, sem vontade nenhuma de chegar a algum lugar. Escreve pelo meio, sem arborescências, ou raízes. Feita de devir, uma composição de signos para traçar linhas de fuga, querer alimentar fluxos, lançar flechas, provocar abalos, abrir alas, até valas para uma língua desviante que fia e engendra multiplicidades e singularidades. É deixar o verbo fazer-se carne para insuflar a vida. Afinal, não é este um dos sonhos do pensamento educacional – insuflar a vida que habita seus espaços pedagógicos?

CARTOGRAFAR EM EDUCAÇÃO A POTÊNCIA DE UMA VIDA

O/a cartógrafo/a em educação está atento/a à vida que se faz, desfaz e refaz nos espaços educacionais. Sua pesquisa cheira à vida, como ela se torna e pode se tornar. Seu eterno por vir. Seu método de pesquisa se constitui, assim, em uma *coreografia do desassossego*, porque se interessa pela dança da vida e é também capaz de pôr a vida para dançar. É por acreditar que a educação, a escola, a pedagogia, os currículos, os sujeitos educacionais podem ser alvos de um permanente processo de reinvenção de si e do mundo. É por acreditar que seu texto de pesquisa pode movimentar as linhas que vêm compondo e pintando os territórios da educação. Um método que inspira e logo conspira por outras composições, animado pelo trabalho de mapear as linhas de um território de investigação e que outras linhas podem ser aí agenciadas.

Em sua dança, o/a cartógrafo/a põe *olhares-ciganos* sobre objetos de estudos, constituindo-os e dando-lhes forma. É o olho que desenha sobre a folha de papel seus dados, abre espaços aos traçados e linhas dos devires. É cigano porque está atento àquilo que escapa aos códigos dominantes da educação e da pedagogia. Agencia *noite de núpcias* com o material que toma para analisar, arranquei dele sua potência, planta multiplicidades onde a estrutura padecia estriada demais, promovendo encontros insuspeitos e inesperados para o território educacional e curricular. Traça uma *pintura de quadro*, quadro que não é o mesmo que planejamento ou organização, que não vem antes da pesquisa, nem transcende a ela ou lhe dá profundidade.

Um quadro pintado que se instaura na e com a pesquisa, conjurando em seu horizonte as imagens de pensamento dadas a um território da educação e que vazamentos podem ser perseguidos e traçados para a constituição de outras imagens. Atividade que ganha força na criação e evocação de mundos, pois o/a cartógrafo/a em educação fabula, pinta, borda mundos. Não descreve mundos preexistentes, sugere a invenção de novos mundos para a educação. Exercitar fazer *em linhas bailarinas* da escrita educacional uma máquina de *afectos* e *perceptos*, reinscrição em um império dos sentidos, de sensações e signos. É na escrita que o movimento da pesquisa, finalmente, ganha seu sopro de vida, seu ritmo e sua música. A cartografia nos lembra que a pesquisa em educação tem a função de atualizar a potência de uma vida. Pode-se, realmente, querer mais?

REFERÊNCIAS

ADORNO, Theodor. *Notas de literatura I*. São Paulo: Ed. 34, 2003.

ARTAUD, Antonin. Acabar com as obras-primas. *In*: WILLER, Cláudio (Org.). *Escritos de Antonin Artaud*. Porto Alegre: L&PM, 1983. p. 15-18.

ASSIS, Machado de. *Dom Casmurro*. Rio de Janeiro: Martin Claret, 2002.

BLANCHOT, Maurice. *Conversa infinita*: a palavra plural. São Paulo: Martin Claret, 2001.

BORIE, Monique. *Antonin Artaud, le theateret le retour aux sources*: une approche anthropologique. Paris: Gallimard, 1989.

CORAZZA, Sandra. Pesquisar o acontecimento: estudo em XII exemplos. *In*: TADEU, Tomaz; CORAZZA, Sandra; ZORDAN, Paola (Org.). *Linhas de escrita*. Belo Horizonte: Autêntica, 2004. p. 7-78.

DELEUZE, Gilles. *Foucault*. São Paulo: Brasiliense, 1988.

DELEUZE, Gilles. *Conversações*. São Paulo: Ed. 34, 1992.

DELEUZE, Gilles. *Proust e os signos*. Rio de Janeiro: Forense Universitária, 1998.

DELEUZE, Gilles. *Bergsonismo*. São Paulo: Ed. 34, 1999.

DELEUZE, Gilles. *Lógica do sentido*. São Paulo: Perspectiva, 2000.

DELEUZE, Gilles. *Espinosa*: filosofia da prática. São Paulo: Escuta, 2002.

DELEUZE, Gilles. O método da dramatização. *In*: ORLANDI, Luiz. *A ilha deserta e outros textos*. São Paulo: Iluminuras, 2005. p. 131-162.

DELEUZE, Gilles. *Diferença e repetição*. Rio de Janeiro: Graal, 2006a.

DELEUZE, Gilles. *Crítica e clínica*. São Paulo: Ed. 34, 2006b.

DELEUZE, Gilles. *Sobre o teatro*. Rio de Janeiro: Jorge Zahar, 2010a.

DELEUZE, Gilles. *A imanência, uma vida...* Disponível em: <http://www.letras.ufrj.br/ciencialit/terceiramargemonline/numero11/xiii.html>. Acesso em: 24 mar. 2010b.

DELEUZE, Gilles; GUATTARI, Félix. *Kafka*: por uma literatura menor. Rio de Janeiro: Imago, 1977.

DELEUZE, Gilles; GUATTARI, Félix. *Mil platôs*: capitalismo a esquizofrenia. Rio de Janeiro: Ed. 34, 1996. v. 1.

DELEUZE, Gilles; GUATTARI, Félix. *Mil platôs*: capitalismo a esquizofrenia. Rio de Janeiro: Ed. 34, 1997a. v. 3.

DELEUZE, Gilles; GUATTARI, Félix. *O que é filosofia?*. Rio de Janeiro: Ed. 34, 1997b.

DELEUZE, Gilles; GUATTARI, Félix. *Mil platôs*: capitalismo a esquizofrenia. Rio de Janeiro: Ed. 34, 1997c. v. 4.

DELEUZE, Gilles; GUATTARI, Félix. *Mil platôs*: capitalismo a esquizofrenia. Rio de Janeiro: Ed. 34, 1997d. v. 5.

DELEUZE, Gilles; GUATTARI, Félix. *O anti-édipo*: capitalismo e esquizofrenia. Lisboa: Assrio& Alvim, 2004.

DELEUZE, Gilles; PARNET, Claire. *Diálogos*. São Paulo: Escuta, 1998.

DOEL, Marcus. Corpos sem órgãos: esquizoanálise e desconstrução. *In*: SILVA, Tomaz Tadeu (Org.). *Nunca fomos humanos*: nos rastros do sujeito. Belo Horizonte: Autêntica, 2001. p. 77-110.

EWALD, François. A esquizoanálise. *In*: ESCOBAR, Carlos Henrique. *Dossier Deleuze*. São Paulo: Hólon Editorial, 1991. p. 79-81.

FERREIRA, Aurélio Buarque de Hollanda. *Novo dicionário da língua portuguesa*. Rio de Janeiro: Nova Fronteira, 1986.

FOUCAULT, Michel. *O pensamento exterior*. São Paulo: Princípio, 1990.

FOUCAULT, Michel. *História da sexualidade II*: o uso dos prazeres. Rio de Janeiro: Graal, 1994.

FOUCAULT, Michel. *História da Loucura*. São Paulo: Perspectiva, 2008.

GUATTARI, Félix. *O inconsciente maquínico*. Campinas: Papirus, 1988.

JANNARONE, Kimberly. *Artaud and his douple*. Michigan: University Michigan Press, 2010.

LARROSA, Jorge. O ensaio e a escrita acadêmica. *Educação & Realidade*, v. 28, n. 2, p. 101-115, 2003.

MACHADO, Roberto. *Deleuze e a filosofia*. Rio de Janeiro: Graal, 1990.

MERLEAU-PONTY, Maurice. *Signos*. São Paulo: Martins Fontes, 1991.

NUNES, Olimpio. *O povo cigano*. Porto: Livraria Apostolado da Imprensa, 1981.

OLIVEIRA, Thiago Ranniery Moreira de. *Currículo-teatro*: uma cartografia com Antonin Artaud, 2012. 248f. Dissertação (Mestrado em Educação) – Universidade Federal de Minas Gerais, Belo Horizonte.

PELBART, Peter Pál. Deleuze e a pós-modernidade. *In*: PELBART, Peter Pál. *Vida capital*: ensaios de biopolítica. São Paulo: Iluminuras, 2003. p. 180-184.

PETERS, Michel; BURBULES, Nicholas. *Postestructuralism and educational research*. Oxford: Rowman & Littlefield Publishers, 2003.

PRIGOGINE, Ilya. *Enciclopédia Einsudi*. Lisboa: Imprensa Nacional, 1993.

SARUP, Marun. *An introductory guide to post-structuralism and postmoderrnism*. Athens: The University of Georgia Press, 1993.

TADEU, Tomaz. Dr. Nietzsche, curriculista – com a ajuda do Professor Deleuze. *In*: CORAZZA, Sandra; TADEU, Tomaz. *Composições*. Belo Horizonte: Autêntica, 2003. p. 35-58.

TADEU, Tomaz. Um plano de imanência para o currículo. *In*: TADEU, Tomaz; CORAZZA, Sandra; ZORDAN, Paola. *Linhas de escrita*. Belo Horizonte: Autêntica, 2004. p. 127-205.

THÉVENIN, Paule. *Antonin Artaud*: fin de l'èrechrétienne. Paris: Léo Scheer, 2006.

THÉVENIN, Paule. *Antonin Artaud*: ce desespere qui vous parle. Paris: Seuil, 1993.

VIRMAUX, Allain. *Artaud e o Teatro*. São Paulo: Perspectiva, 1978.

SOBRE OS/AS AUTORES/AS

MARLUCY ALVES PARAÍSO (Organizadora) – Professora Assossiada da Faculdade de Educação (FAE) da UFMG e do Programa de Pós-graduação em Educação da FAE/UFMG. Bolsista de produtividade em pesquisa do CNPq e Fundadora e coordenadora do GECC: Grupo de Estudos e Pesquisas sobre Currículos e Culturas da FAE/UFMG. Investiga e orienta principalmente nos seguintes temas: currículo e diferença, currículo e gênero, currículos e culturas, currículos e outros artefatos tecnoculturais. Autora do livro *Currículo e mídia educativa brasileira: poder, saber e subjetivação* (Editora Argos, 2007); organizadora dos livros: *Pesquisas sobre currículos e culturas: temas, embates, problemas e posibilidades* (Editora CRV, 2009); *Antonio Flavio Barbosa Moreira: pesquisador em currículo* (Editora Autêntica, 2010); co-organizadora dos livros: *Desafios Contemporâneos em Currículo e Escola Básica* (CRV, 2012) e *Estudos Curriculares: um debate contemporâneo* (CRV, 2013); e autora de diferentes artigos publicados no campo de currículo em perspectivas pós-críticas em inúmeras revistas brasileiras e estrangeiras.
E-mail: <marlucyparaiso@gmail.com>

DAGMAR ESTERMANN MEYER (Organizadora) – Doutora em Educação pela Universidade Federal do Rio Grande do Sul (UFRGS). Atualmente, professora colaboradora convidada no Programa de Pós-Graduação em Educação, desde 1999, vinculada à Linha de Pesquisa "Educação, sexualidade e relações de gênero". Membro do Grupo de Estudos de Educação e Relações de Gênero (GEERGE) desde sua criação, em 1990, e pesquisadora com bolsa de produtividade em pesquisa do CNPq desde 2001. Seus interesses de pesquisa e orientação estão voltados para a discussão de políticas públicas de inclusão social, na interface dos campos da educação, da saúde e dos estudos de gênero.
E-mail: <dagmaremeyer@gmail.com>

CARIN KLEIN – Licenciada em Pedagogia. Mestre e Doutora em Educação, na Linha de Pesquisa, Educação, Sexualidade e Relações de Gênero/UFRGS (2010). Membro do Grupo de Estudos de Educação, Sexualidade e Relações de Gênero (GEERGE). Funcionária da Rede Municipal de Canoas, onde atua como Membro do Grupo Técnico Municipal do Programa Primeira Infância Melhor. Seus interesses e publicações direcionam-se para as temáticas de gênero, maternidade, educação e políticas públicas de inclusão social.
E-mail: <carink@terra.com.br>.

CRISTINA D'ÁVILA REIS – Mestre em Educação e graduada em Psicologia pela Universidade Federal de Minas Gerais (UFMG). Atua como colaboradora do Programa de Extensão Universidade das Crianças da UFMG e participa do Grupo de Estudos e Pesquisas em Currículos e Culturas (GECC) da Faculdade de Educação da UFMG.
E-mail: <cristinadavilareis@gmail.com>.

JEANE FÉLIX – Pedagoga e Mestre em Educação pela Universidade Federal da Paraíba (UFPB). Doutora em Educação pela Universidade Federal do Rio Grande do Sul (UFRGS). Atuou como assessora técnica no Departamento de DST, Aids e Hepatites Virais do Ministério da Saúde, na área de educação em saúde, e como consultora técnica no Ministério da Educação, nas áreas de gênero e sexualidade. Tem experiência nas áreas de educação, sexualidades, juventudes, relações de gênero, educação em saúde e DST/HIV/Aids, especialmente, na formulação e acompanhamento de políticas públicas de educação e saúde.
E-mail: <jeanefelix@gmail.com>.

JOSÉ GERALDO SOARES DAMICO – Licenciado em Educação Física pela Universidade Federal do Rio Grande do Sul. Mestre em Educação pela FACED/PPGEDU/UFRGS. Doutor em Educação/Antropologia (Cotutela Universidade Federal do Rio Grande do Sul e Université Paris 8). Professor do Programa de Pós-Graduação em Educação e Ciências (PPGEC/FURG) e do Programa de Pós-Graduação em Saúde Coletiva (UFRGS). Professor do Curso de Educação Física da EsEF/UFRGS. Coordenador Adjunto da Residência Hospitalar Multiprofissional da FURG.
E-mail: <zdamico@yahoo.com.br>.

LÍVIA DE REZENDE CARDOSO – Professora do Departamento de Educação (DEDI) da Universidade Federal de Sergipe. Mestre em Educação e Licenciada em Biologia na referida universidade. Doutora em Educação e pesquisadora no Grupo de Estudos e Pesquisas em Currículos e Culturas (GECC) na Faculdade de Educação da Universidade Federal de Minas Gerais. Investiga infância, gênero, sexualidade, corpo e dispositivo em currículos de Ciências sob olhares pós-críticos.
E-mail: <livinha.bio@gmail.com>.

MARIA SIMONE VIONE SCHWENGBER – Doutora em Educação pela UFRGS. Professora do Curso de Educação Física e do Programa do Mestrado em Educação nas Ciências da Universidade Regional do Noroeste do Estado do Rio Grande do Sul (UNIJUÍ). Participante do Grupo de Pesquisa Paidotribus da Unijuí. Seus interesses e temas de pesquisa estão voltados para uma agenda que contempla a discussão no campo da Educação Física, infância/corpos, estudos de gênero.
E-mail: <simone@unijui.edu.br>.

MARLÉCIO MAKNAMARA – Professor do Programa de Pós-Graduação em Educação do Centro de Educação da Universidade Federal do Rio Grande do Norte, lotado no Departamento de Práticas Educativas e Currículo. Licenciado em Ciências Biológicas pela Universidade Federal do Ceará (2002). Mestre em Educação na Universidade Federal da Paraíba (2005). Doutor em Educação na Universidade Federal de Minas Gerais (2011). Membro pesquisador do GECC (Grupo de Estudos e Pesquisas em Currículos e Culturas) da UFMG e do Grupo de Pesquisa de Ensino de Ciências e Cultura da UFRN.
E-mail: <escrevequeeuleio@yahoo.com.br>.

MARIA CLÁUDIA DAL'IGNA – Pedagoga e Doutora em Educação. Professora e coordenadora do Curso de Pedagogia e da Especialização em Educação Especial na Universidade do Vale do Rio dos Sinos (UNISINOS). Membro do Grupo de Estudos de Educação e Relações de Gênero (GEERGE/UFRGS) e do Grupo de Estudo e Pesquisa em Inclusão (GEPI/UNISINOS). As pesquisas que desenvolve abordam os seguintes temas: formação docente e gênero; formação docente e fracasso escolar; relação família-escola e fracasso escolar; currículo e inclusão escolar.
E-mail: <mcdaligna@hotmail.com>.

PATRICIA ABEL BALESTRIN – Psicóloga. Mestre e Doutora em Educação pela Universidade Federal do Rio Grande do Sul. Membro do Grupo de Estudos de Educação e Relações de Gênero (GEERGE/UFRGS). Profesora da Universidade do Vale do Rio dos Sinos (UNISINOS) e professora colaboradora em cursos de especialização promovidos pelo Núcleo de Educação, Avaliação e Produção Pedagógica em Saúde (EducaSaúde) da Faculdade de Educação/UFRGS. Seus interesses e publicações concentram-se em temáticas envolvendo educação, gênero, sexualidade e cinema.
E-mail: <patricia.balestrin@unilasalle.edu.br>.

ROSÂNGELA SOARES – Doutora em Educação pela Universidade Federal do Rio Grande do Sul (UFRGS) e professora da Faculdade de Educação desta Universidade. Membro do Grupo de Estudos de Educação e Relações de Gênero (GEERGE) desde sua criação, em 1990, e coordenadora do curso de Especialização Educação, sexualidade e relações de gênero deste Grupo. Seus interesses e publicações direcionam-se para as temáticas sobre juventude, mídia, educação, gênero e sexualidade.
E-mail: <rosangelarsoares@gmail.com>.

SANDRA DOS SANTOS ANDRADE – Professora da Faculdade de Educação da Universidade Federal do Rio Grande do Sul. Graduada em Pedagogia, Mestre e Doutora em Educação. Membro do Grupo de Estudos em Educação, Sexualidade e Relações de Gênero (GEERGE) e do Grupo de Pesquisa em Educação e Disciplinamento (GPED), ambos da UFRGS.
E-mail: <santosa@terra.com.br>.

SHIRLEI REZENDE SALES – Professora do Programa de Pós-Graduação em Educação da Faculdade de Educação da UFMG. Professora Adjunta do Departamento de Administração Escolar, na mesma instituição. Pedagoga, mestre e doutora em educação. Membro do GECC (Grupo de Estudos e Pesquisas em Currículos e Culturas da FaE/UFMG) e do Observatório da Juventude da UFMG. Tem experiência na área de Educação, com ênfase em currículo, práticas culturais, juventude, relações de gênero, cibercultura, redes sociais digitais, projeto político pedagógico e coordenação pedagógica.
E-mail: <shirlei.sales@hotmail.com>.

THIAGO RANNIERY MOREIRA DE OLIVEIRA – Mestre em Educação pelo Programa de Pós-Graduação em Educação da Universidade Federal de Minas Gerais com Bolsa Capes de Demanda Social. Atualmente, é Doutorando pelo Programa de Pós-Graduação em Educação da Universidade do Estado do Rio de Janeiro com Bolsa do Conselho Nacional de Pesquisa (Cnpq). Licenciado em Ciências Biológicas pela Universidade Federal de Sergipe, é membro pesquisador do Grupo de Estudos e Pesquisas em Currículos e Culturas (GECC/FaE/UFMG) e do Grupo de Currículo , Cultura e Diferença (UERJ). Pesquisa Filosofia da Diferença. Estudos teatrais e da performance e seus desdobramentos no campo curricular.
E-mail: <tranniery@yahoo.com.br>.

A Coleção **Pensar a Educação Pensar o Brasil** é fruto de uma parceria entre a *Mazza Edições* e o *Projeto Pensar a Educação Pensar o Brasil – 1822/2022.* Este Projeto, desenvolvido em parceria por docentes e discentes da Pontifícia Universidade Católica de Minas Gerais, da Universidade Federal de Ouro Preto e da Universidade Federal de Minas Gerais, envolve ações de ensino, pesquisa e extensão que buscam refletir sobre o lugar da educação no âmbito dos projetos de Brasil delineados ao longo de nossa história. Fazem parte do Projeto um *Programa de Rádio*, levado ao ar toda semana na *Rádio UFMG Educativa*, *Seminários Anuais* sobre temas relevantes para a educação Brasileira e a presente *Coleção*.

Integram a Coleção cinco séries: *Série Seminário*, *Série Estudos Históricos*, *Série Clássicos da Educação Brasileira*, *Série Diálogos* e *Série Ensaios*.

A **Série Seminários** publica os textos apresentados nos Seminários Anuais do Projeto, dos quais participam os mais importantes pesquisadores em educação do País. A **Série Estudos Históricos** publica trabalhos de história da educação e de áreas afins que contribuam para alargar o entendimento sobre o lugar da educação no âmbito dos projetos de Brasil delineados ao longo de nossa história. A **Série Clássicos da Educação Brasileira** traz resenhas introdutórias das principais obras sobre educação brasileira publicadas pelos principais pesquisadores em educação do País. A **Série Diálogos** publica textos que buscam fortalecer o intercâmbio entre o professorado da educação básica e os(as) pesquisadores(as) das diversas áreas da educação. A **Série Ensaios** publica interpretações da relação entre a educação e as grandes questões que marcaram e marcam a história da sociedade brasileira nos últimos 200 anos.

O objetivo da Mazza Edições e do *Projeto Pensar a Educação Pensar o Brasil – 1822/2022* é que a Coleção contribua para a discussão da educação brasileira e, por meio desta, da constituição da própria sociedade brasileira.

Este livro foi composto em *Minion Pro Cond* e impresso em papel Offset 75 g/m² (miolo) e Cartão 250 g/m² (capa), no mês de março dois mil e vinte e um.